Baedeker

Allianz ⑪ Reiseführer

Slowenien

www.baedeker.com

Verlag Karl Baedeker

TOP-REISEZIELE ★ ★

Auf Slowenien-Reisende warten jede Menge schöne Ziele. Grandios sind die Landschaften: Man bekommt herrliche Berggipfel, Schluchten, Flusstäler, Höhlen, den Karst, die lieblichen Hügel des Ostens und die Adriaküste zu sehen. Aber auch die hübschen Bergdörfer, Weinorte, Küstenstädte haben ihren Reiz. Und eine Besonderheit ist natürlich Sloweniens Hauptstadt Ljubljana. Hier vorab eine Übersicht über die Ziele, die Sie auf jeden Fall ansteuern sollten.

1 ★ ★ Dolina Soče
In einem Kalksteinbett rauscht der Wildfluss quer durch die Julischen Alpen. Er ist ein Eldorado für Kanuten, seine urwüchsige Umgebung ist ein gutes Revier für Biker und Hiker. ▸ Seite 162

2 ★ ★ Triglav-Nationalpark
Der nach Sloweniens höchstem Berg benannte Nationalpark umfasst den größten Teil der Julischen Alpen – ein Wandergebiet par excellence! ▸ Seite 301

3 ★ ★ Bled
Eine Postkartenschönheit: Vor der Kulisse der Karawanken liegt ein großer See mit einer Kircheninsel, auf einer Uferklippe thront eine Burg. ▸ Seite 140

4 ★ ★ Logarska Dolina
Das Logar-Tal gilt vielen als eines der schönsten der Alpen. ▸ Seite 287

5 ★ ★ Savinjska Dolina
Weniger bekannt als das Soča-Tal, aber ähnlich attraktiv: Ein reißender Fluss rauscht durch eine schroffe Gebirgslandschaft. Vom Tal zweigt die Logarska Dolina ab, deren Almen mit grau verwittertem Gestein kontrastieren. ▸ Seite 285

6 ★ ★ Bohinj
Bleds wilde Schwester, ein Stück höher und einsamer gelegen. Der Bergsee ist so klar, dass man bis auf seinen Grund sehen kann; auf seiner Oberfläche spiegeln sich Bergriesen. ▸ Seite 146

© Baedeker

1 Dolina Soče
2 Triglav-Nationalpark
3 Bled
4 Logarska Dolina
5 Savinjska Dolina
6 Bohinj
7 Ljubljana
8 Štanjel
9 Predjamski Grad
10 Postojnska jama
11 Otočec ob Krki
12 Kostanjevica na Krki
13 Lipica
14 Škocjanske jame
15 Hrastovlje
16 Piran

Piran
Ein romantischer Platz am Meer: der Tartini trg, benannt nach dem in der Adria-Stadt geborenen Komponisten

7 ∗∗ Ljubljana
»Die Geliebte«: ein schöner Name für Sloweniens kleine Hauptstadt, die gemütlich, aber doch energiegeladen, außerdem voll eleganter Jugendstilarchitektur ist.
▸ **Seite 204**

8 ∗∗ Štanjel
Mitten im Karst, wo romanische und slawische Einflüsse aufeinandertreffen: Ein Ort aus unbehauenem Naturstein, umgeben von Olivenbäumen und Zypressen.
▸ **Seite 295**

9 ∗∗ Predjamski Grad
Eine Burg, direkt vor eine Höhle gesetzt. Geheime Burgstollen reichen mehr als einen Kilometer tief in den verkarsteten Berg. ▸ **Seite 265**

10 ∗∗ Postojnska jama
Wunder unter der Erde: Tropfsteinhöhlen der größten und schönsten Art, obendrein bestens erschlossen.
▸ **Seite 260**

11 ∗∗ Otočec ob Krki
Das mittelalterliche Schloss auf einer Flussinsel wurde in ein feudales Hotel umgewandelt – ein guter Ausgangspunkt zur Erkundung der Krka, die sich durch eine liebliche Hügellandschaft schlängelt. ▸ **Seite 248**

12 ∗∗ Kostanjevica na Krki
Das Mini-Städtchen auf einer Flussinsel überrascht mit mehreren Kirchen und Galerien. Doch ihre Hauptattraktion liegt am Ufer: ein Zisterzienserkloster, in dem Barock und Moderne einen reizvollen Kontrast bilden. ▸ **Seite 189**

13 ∗∗ Lipica
Anmutig und intelligent sind die Lipizzaner, die für die Wiener Hofreitschule gezüchtet wurden. Kostproben ihres Könnens erlebt man in dem traditionsreichen Gestüt. ▸ **Seite 201**

14 ∗∗ Škocjanske jame
UNESCO-Weltnaturerbe: ein unterirdischer Canyon, donnernd durchrauscht von einem Fluss. ▸ **Seite 268**

15 ∗∗ Hrastovlje
Ein künstlerisches Kleinod im Hinterland der Küste: Der »Totentanz« von Meister Ivan ist UNESCO-Weltkulturerbe.
▸ **Seite 188**

16 ∗∗ Piran
Sloweniens schönste Küstenstadt ist venezianisch geprägt. Hinter dem Hafen liegt der lichtüberflutete, schöne Tartini-Platz.
▸ **Seite 249**

DIE BESTEN BAEDEKER-TIPPS

Von allen Baedeker-Tipps in diesem Buch haben wir hier die interessantesten für Sie zusammengestellt. Erleben und genießen Sie Slowenien von seiner schönsten Seite!

■ Forma Viva
Ausgewählte Bildhauer aus Slowenien und aller Welt arbeiten seit 1961 jedes Jahr an vier Orten in Slowenien. Ihre Werke sind in den Skulpturenparks vor Ort zu sehen.
▶ Seite 60

■ Fly & sleep
Falls der Flieger zu früh startet oder zu spät landet: Die gemütliche Pension nahe dem Flughafen bietet ein komfortables Quartier. ▶ Seite 79

■ Buschenschänken
Zur Zeit der Weinlese kann man hier den jungen Wein probieren. Dazu werden Schinken, Ziegenkäse und geröstete Kastanien gereicht. ▶ Seite 85

■ Mit dem Museumszug durch die Alpen
Sloweniens schönste Bahnstrecke führt über Täler und Höhen, auf waghalsigen Brücken über Abgründe. ▶ Seite 127

■ Gostilna Avsenik
Stimmgewaltige Jodler, fetzige Akkordeons und Bläser – im Gasthaus der populären Avsenik-Brüder schwingt man das Tanzbein. ▶ Seite 144

■ Weinprobe im Gutshof
Berühmt ist der Schaumwein, den man im Gut Istenič bei Brežice kosten kann. Wer nach der Probe müde ist, kann hier auch übernachten. ▶ Seite 154

■ Laufarija-Fest
Karneval auf Slowenisch: Perchtengestalten machen Jagd auf Prust, die Personifikation alles Winterbösen.
▶ Seite 169

■ Topli val – Hotel Hvala
Kobarid ist ein Treffpunkt für Gourmets. Im Topli Val gibt es bestes Slow Food.
▶ Seite 178

Sloweniens Kunstszene
Forma Viva, Galerien in Murska Sobota und Ljubljana und vieles mehr ...

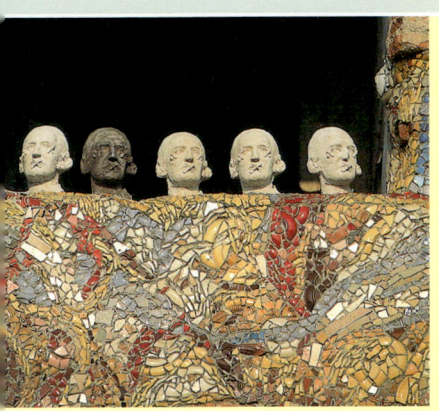

▶ Die besten Baedeker-Tipps   **INHALT**

Hotel Celica
Einst Gefängnis – heute attraktive und von Künstlern aufgefrischte Jugendherberge.

❗ Krainer Wurst
Wenn's um die Wurst geht, greift man zur Kranjska klobasa: Sie ist fett, mild geräuchert, hausgemacht.   ▶ **Seite 194**

❗ Kaffee bei Prešeren
Am Prešeren trg in Ljubljana schlägt das Herz der Stadt. In seinem weiten Rund gibt es mehrere Cafés.   ▶ **Seite 207**

❗ Hotel Celica
Schlafen in ehemaligen Gefängniszellen – das ganz besondere Übernachtungserlebnis   ▶ **Seite 216**

❗ Theater- und Filmmuseum
Wussten Sie, dass Starregisseur Fritz Lang als Frontsoldat just in Slowenien mit dem Film in Kontakt kam? Mehr dazu erfahren Sie in Ljubljana.   ▶ **Seite 217**

❗ Konzerte in Križanke
Im »Teufelshof« des mittelalterlichen Kreuzritterklosters gibt's nicht nur Klassik. Auch Pop, Hiphop und World Music werden aufgeführt.   ▶ **Seite 218**

❗ Sommer in Maribor: Stadtfestival
Tanz, Musik und Straßentheater im Hafenviertel Lent   ▶ **Seite 226**

❗ Baden im Fluss
An der sauberen Kolpa knapp südlich von Metlika kann man in saubere, klare Fluten springen.   ▶ **Seite 233**

❗ Knappenjause unter Tage
Ein deftiges Mahl erwartet die Besucher des Bergwerks.   ▶ **Seite 235**

❗ Galerija
Mini-Skulpturen aus der östlichen Grenzregion in Murska Sobota – zum Anschauen und Kaufen.   ▶ **Seite 236**

❗ Asketisches & Opulentes
Kräutertees aus Sloweniens ältester Apotheke in einem Kloster und gleich nebenan Süßes aus der Chocolateria   ▶ **Seite 255**

Gesundes Mitbringsel
Für manchen eine gute Souveniridee: Kräutertees aus einer alten Klosterapotheke

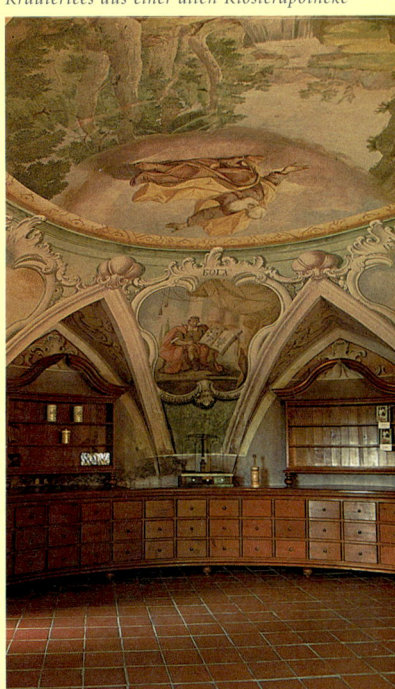

Tromostovje, die bekannte Dreibrückenanlage im Zentrum von Ljubljana
▶ **Seite 208**

HINTERGRUND

- **10 Die Sonnenseite der Alpen**
- **14 Fakten**
- 15 Natur und Umwelt
- 23 Bevölkerung · Politik · Wirtschaft
- 24 *Special: Slawen – Slowenen – Windische: Who is who?*
- **36 Geschichte**
- 37 Frühzeit und Antike
- 38 Völkerwanderung und Mittelalter
- 41 Unter habsburgischer Herrschaft
- 46 SHS und Königreich Jugoslawien
- 49 Nach 1945: Jugoslawien unter Tito
- 51 Autonomiebestrebungen und der Staat Slowenien
- **54 Kunst und Kultur**
- 55 Architektur- und Kunstgeschichte
- 60 Literatur
- **64 Berühmte Persönlichkeiten**

PRAKTISCHE INFORMATIONEN

- 76 Anreise · Reiseplanung
- 79 Auskunft
- 81 Mit Behinderung in Slowenien
- 82 Elektrizität
- 82 Essen und Trinken
- 87 Feiertage, Feste und Events
- 90 Geld
- 90 Gesundheit
- 91 Karten
- 91 Mit Kindern unterwegs
- 92 Knigge für Slowenien
- 93 Literaturempfehlungen
- 95 Medien
- 96 Naturschutzgebiete
- 97 Notrufnummern
- 97 Post · Telekommunikation
- 98 Preise · Vergünstigungen
- 98 Reisezeit
- 99 Shopping
- 100 Sprache
- 111 Übernachten
- 114 Urlaub aktiv
- 119 Verkehr
- 120 Wellness
- 121 Zeit

TOUREN

- 124 Touren im Überblick
- 126 Unterwegs in Slowenien
- 128 Tour 1: Alpen-Adria-Route
- 131 Tour 2: Durch den Karst nach Ljubljana
- 133 Tour 3: Weinstraße und Krka-Tal
- 137 Und außerdem …

PREISKATEGORIEN
Hotels ▶ **S. 112**
Restaurants ▶ **S. 86**

Romantisches Kleinod in den Alpen: Bled am Ufer des Bleder Sees
▶ **Seite 141**

REISEZIELE VON A bis Z

- 140 Bled
- 146 Bohinj
- 150 Bovec
- 152 Brežice
- 154 Celje
- 160 Cerknica
- 162 Dolina Soče
- **166** *Special: Julius Kugy – ungekrönter König der Julischen Alpen*
- 167 Idrija
- 170 Izola
- 174 Kamnik
- 176 Kobarid
- 180 Kočevje
- 181 Koper
- **186** *Special: Die Küstenregion – ein Objekt der Begierde*
- 189 Kostanjevica na Krki
- 193 Kranj
- 197 Kranjska Gora
- 201 Lipica
- 204 Ljubljana
- 225 Maribor
- 232 Metlika
- 234 Mozirje
- 236 Murska Sobota
- 238 Nova Gorica
- 241 Novo Mesto
- 245 Ormož
- 248 Otočec ob Krki
- 249 Piran
- 254 Podčetrtek
- 257 Portorož
- 260 Postojna
- **262** *Special: Karst – bizarre Welt über und unter der Erde*
- **266** *3 D: Predjamski Grad*
- 271 Ptuj
- 276 Radenci
- 277 Radovljica
- **280** *Special: »Allda gewaltig viele« Bienen*
- 281 Ribnica
- 283 Rogaška Slatina
- 285 Savinjska Dolina
- 288 Sevnica
- 289 Škofja Loka
- 293 Slovenj Gradec
- 295 Štanjel
- 298 Tolmin
- 301 Triglavski narodni park
- **304** *Special: Die Legende vom Goldhorn*
- 307 Vipavska Dolina

- 309 Glossar
- 310 Register
- 314 Bildnachweis
- 315 Verzeichnis der Karten und grafischen Darstellungen
- 315 Impressum
- 316 atmosfair

nachdenken • klimabewusst reisen
atmosfair

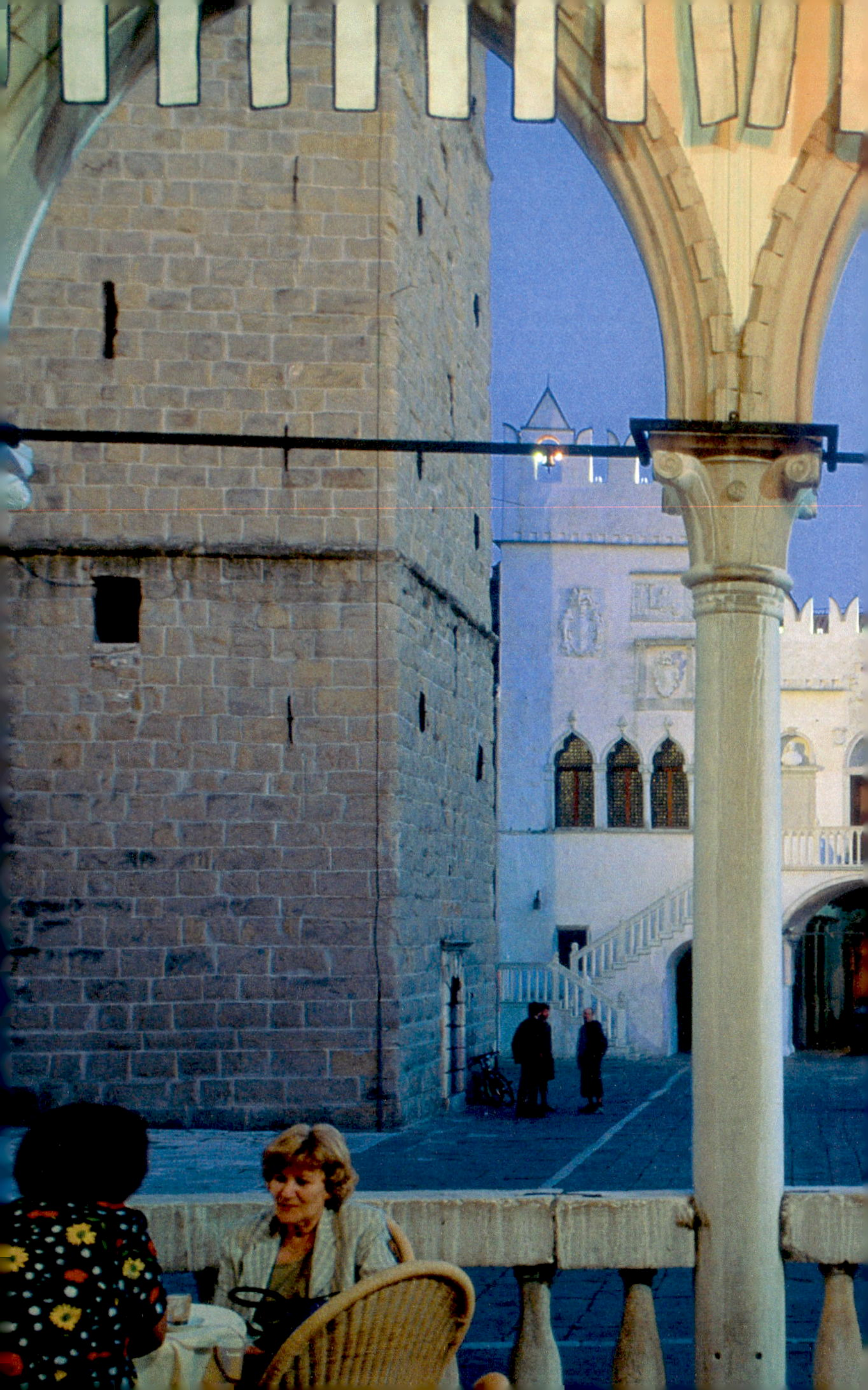

Hintergrund

WISSENSWERTES ÜBER SLOWENIEN: ÜBER LAND UND LEUTE, GESCHICHTE UND WIRTSCHAFT, SLAWISCHE, GERMANISCHE UND VENEZIANISCHE EINFLÜSSE, NATIONALGEFÜHL UND DIE BEDEUTUNG DES DICHTERS FRANCE PREŠEREN.

DIE SONNENSEITE DER ALPEN

Der Traum vieler Slowenen hat sich erfüllt: Seit 1991 haben sie einen eigenen Staat, seit 2004 gehören sie zur Europäischen Union. Mit spektakulären Alpengipfeln, einem Stück venezianischer Küste und einem anmutigen, weinreichen Hinterland präsentiert sich das Land als ein attraktives Reiseziel.

»So klein ist das Land«, witzeln die Slowenen, »dass ein gut genährtes Huhn mit Leichtigkeit darüber hinwegfliegen könnte.« Tatsächlich ist Slowenien nur halb so groß wie die Schweiz und wird von nicht einmal zwei Millionen Menschen bewohnt. Es zählt zu den grünsten Gebieten Europas mit riesigen Wäldern und sauberen Gewässern.

Aber so klein es auch sein mag – das Land hinter den Bergen ist für Überraschungen gut. Zwischen Alpen und Adria liegt Europa »en miniature« – alle Schönheiten des alten Kontinents sind hier in kleinem Maßstab vereint. Von schneebedeckten Gipfeln kommt man in wenigen Stunden über dramatische Flusstäler zur Küste, erlebt die Tropfsteinhöhlen des Karsts, Weingärten und urwüchsige Wälder. Die Übergänge zu den Nachbarländern sind fließend. Im Westen hat man das Gefühl, in Italien zu sein. Das mediterrane Klima lässt Zypressen, Holunder und Olivenbäume wachsen, und in den Städten stößt man auf das Erbe Venedigs. Kommt man von Norden, so scheint sich Österreich zu verlängern. Die behäbigen Bauernhäuser sind weiß getüncht, vom holzgeschnitzten Balkon ranken Geranien und Petunien. Aus dem Autoradio tönt Oberkrainer Volksmusik, und nur der Anblick der Ortsschilder lässt Besucher stutzen: Soča, Tržič, Sečovlje – Namen, die zeigen, dass man sich auf slawischem Terrain bewegt. Im Osten des Landes dann endlose Weinhänge und schließlich das Land »jenseits der Mura«, das an die ungarische Puszta erinnert.

Küstenstädte
Mediterran und venezianisch geprägt – die Städtchen an der Adria (hier: Piran)

Europas Schatzkästlein

Slowenien, die erst 1991 gegründete Republik, lädt zu einer Entdeckungsreise in Europas Vergangenheit ein. Stets lag das Land im Schnittpunkt unterschiedlicher Kulturen, hier berührten sich die ita-

← *Titov trg in Koper*

► Sonnenseite der Alpen **FAKTEN** 11

Klare Gebirgsseen
Einmalig schöne Natureindrücke: die slowenische Bergwelt mit ihren spiegelglatten Seen

Einfache Gasthäuser
Oft kann man gerade in schlichten Lokalen hervorragend essen: Hier kommen gute, hausgemachte Gerichte der jeweiligen Region auf den Tisch.

Urlaub am Meer
Baden und die Sonne genießen. Die slowenische Küste ist nur kurz, bietet aber ein paar hübsche kleine Städte und schöne Fleckchen zum Entspannen.

Großstadtleben
Modern, gesellig und keinesfalls provinziell: In den Cafés und Kneipen der jungen Hauptstadt wird das Neueste vom Neuen ausgetauscht.

Faszinierende Höhlen
Unterirdische Welt des Karsts. Traumhaft schöne Höhlen sind unter der Erdoberfläche verborgen.

Die berühmten Lipizzaner
Eine edle, intelligente Pferderasse, die aus dem alten Gestüt an der slowenisch-italienischen Grenze kommt. 250 weiße Lipizzaner leben hier heute.

lienische, slawische, die germanische und die magyarische Welt. Die Bewohner pickten sich das Beste heraus – das Resultat ist eine Mischung aus deutscher Disziplin und ungarischem Witz, italienischer Leichtigkeit und slawischer Gemütlichkeit. Da Lebensgenuss an erster Stelle steht, werden Essen und Trinken geradezu zelebriert. Doch auch kleinbürgerliche Träume sind groß geschrieben: Man hätte so gern einen Garten oder ein Wochenendhäuschen auf dem Land, verachtet Schmutz, ist ordentlich und sparsam. Und würde gern von den großen Nachbarn ernst genommen und nicht mehr mit Slawonien und der Slowakei verwechselt werden.

Was in der EU als Ideal gilt, praktizieren die Slowenen schon lange: Sie bewegen sich mühelos zwischen mehreren Sprachen, neben der eigenen sprechen sie Deutsch, Englisch, an der Küste auch Italienisch und im Osten Ungarisch. Kein Wunder, dass der Tourismus auflebt: Es spricht sich herum, dass man in diesem Land wunderbar Urlaub machen kann – in den Bergen, an der Küste, bequem im Hotel, rustikal auf dem Bauernhof.

Musterländle

Auch wirtschaftlich präsentiert sich Slowenien als »Musterländle«, wird seit dem EU-Beitritt auf den Wirtschaftsseiten vieler Zeitungen als »Zwergtiger« gepriesen: Mit seinem hohen Bruttosozialprodukt und Pro-Kopf-Einkommen hat es Altmitglieder wie Portugal und Griechenland hinter sich gelassen und gilt als so stabil, dass es als erster der neuen Mitgliedsstaaten 2007 den Euro als nationale Währung einführen durfte. »Made in Slovenia« sind Pharmazeutika und hochwertige Elektrogeräte, die in ganz Europa vertrieben werden. Weltweit führend auf dem Gebiet der Sportausrüstung ist die Firma Elan mit ihren Snowboards und Carving-Skiern. Als Importhafen macht Koper alteingesessenen Häfen an der Nordsee Konkurrenz, lockt Reeder aus dem Nahen und Fernen Osten mit dem Vorteil, dass sie sich bei Lieferungen nach Westeuropa den teuren Umweg über den Atlantik sparen können. Auch zum Süden werden intensive Kontakte geknüpft. Gern übernimmt Slowenien seine alte Rolle als Brückenkopf zum Balkan, wo die zukünftigen EU-Mitglieder Kroatien, Serbien und Montenegro in den Startlöchern stehen. Alte Kontakte und Kenntnisse werden reaktiviert, um sich als Vermittler zu profilieren. »In Slowenien denkt man europäisch und fühlt slawisch« – so lautet eine verbreitete Redensart.

Ljubljana
Hauptstadt und »Geliebte« der Slowenen. Am Prešernova trg steht das Denkmal des Nationaldichters Prešeren.

Fakten

Schon wenige Jahre nach seinem EU-Beitritt hat Slowenien den Euro eingeführt und damit gezeigt, dass es ganz und gar in Europa angekommen ist. Das Land steht unter anderem für großartige Natur. Allgegenwärtig ist die Farbe Grün und das Element Wasser findet sich in Form von Seen, Flüssen und Quellen – über und unter der Erde.

Natur und Umwelt

Geografische Gliederung

Slowenien ist ein vorwiegend gebirgiges Land, es bildet den **Übergang von Mittel- zu Südosteuropa**. In Slowenien lassen sich vier große Landschaftsräume unterscheiden, die in sich reich gegliedert sind: die Alpen, die Küste, der Karst und die Pannonische Ebene.

Ein weiter Bogen spannt sich von den Karawanken und Julischen Alpen im Nordwesten über die Kamniker (Steiner) und Savinjer Alpen bis zum Pohorje-Gebirge im Osten. Am spektakulärsten sind die Julier mit **Sloweniens höchstem Berg**, dem 2864 m hohen **Triglav**. Der größte Teil der Julischen Alpen steht als Triglav-Nationalpark unter Naturschutz. Bei den **Juliern** handelt es sich um ein typisches Kalkstein- und Dolomitgebirge, dessen grau-weiße, schroffe Wände im Norden fast senkrecht aus den Tälern aufragen, während im Süden weite, verkarstete Hochflächen vorherrschen.
Das von der Sava durchflossene Jesenice-Tal markiert den Übergang zu den **Kamniker und Savinjer Alpen**. Auch sie bestehen aus hellem Kalk, doch nur wenige Gipfel schwingen sich zu einer Höhe von mehr als 2000 m auf. Der Gebirgsstock wird von schmalen Schluchten durchbrochen; das vom Savinja-Tal abzweigende, aufgrund seiner **Eishöhlen** gerühmte **Logar-Tal** ist als Naturreservat geschützt. Präalpinen Charakter hat das sich östlich anschließende **Pohorje-Gebirge**. Seine sanft gerundeten Hänge sind dicht bewaldet, auf den Almen sieht man bis zur Gipfelregion (Rogla 1517 m) einzeln stehende Gehöfte. Südwärts fällt das bewaldete Bergland zu den Beckenlandschaften von Ljubljana und Celje ab.

Alpen

Der Küstenabschnitt Sloweniens, die **Slowenische Riviera**, ist nur 46,6 Kilometer lang; sie grenzt an Triest und ist **Teil der Halbinsel Istrien**. Hohe Kliffs wechseln ab mit flachen, im Norden tief eingeschnittenen Buchten. Die Lagunen bei Strunjan und Sečovlje wurden in Salinenfelder verwandelt. Strände sind rar, nur in Portorož findet man einen größeren, künstlich aufgeschütteten Sandstreifen. In dem milden mediterranen Klima gedeihen Oliven und Zypressen, an geschützten Hängen wächst Wein.

Küste

Landeinwärts bietet sich ein anderes Bild: Eine abrupt aufragende Kalksteinwand markiert die Grenze zum Karst (slow. »kras«: steinerner Boden), einem Gebirgsstock mit Tausenden von **Höhlen, periodisch auftauchenden Seen und unterirdischen Flüssen**. Karsthochflächen erstrecken sich über den gesamten Süden des Landes, die mit

Karst

← *Der kristallklare Gletschersee Jezero Jasna südlich von Kranjska Gora. In seinem ruhigen Wasser spiegeln sich die höchsten Berge Sloweniens.*

1796 m höchste Erhebung ist der Snežnik (Schneeberg) nahe der kroatischen Grenze. Unterschieden wird zwischen dem »nackten« und »bedeckten« Karst: Während sich Ersterer mit seinen felsig-kargen Hängen parallel zum Golf von Triest ausdehnt, erstreckt sich der mit Wald bedeckte Karst über den Südosten des Landes. Dort nimmt auch das Dinarische Gebirge seinen Ausgang, das südwärts längs der Küste verläuft und bis nach Albanien reicht.

Pannonische Ebene

Der **Osten des Landes** ist überwiegend **hügelig**, nur selten sind die Gipfel höher als 1000 Meter. Quer durchs Land ziehen sich die beiden großen, parallel verlaufenden **Flusstäler von Drava und Mura**, an deren Hängen Wein gedeiht. Zwischen den weitverzweigten Flussarmen erstrecken sich auf einer Fläche von 1000 km² urwüchsige Auwälder, die als »Europäisches Naturerbe« unter Schutz stehen. Jenseits der Mura, im äußersten Ostwinkel des Landes, beginnt die Pannonische Tiefebene, die weit nach Ungarn hineinreicht. Ton- und Schotterflächen sowie Maisfelder und Kartoffeläcker verleihen der Landschaft einen monotonen Anstrich. An der Verwerfungslinie zwischen Berg- und Tiefland treten **Thermal- und Mineralwasser** zutage – ideal für die Entstehung von Kurorten.

Morgenstimmung bei Stara Fužina in der Bergregion Gorenjska, der Oberkrain

Historische Großlandschaften

In Abwandlung der alten, noch aus Habsburger Zeit stammenden Provinznamen spricht man in Slowenien von den Regionen Gorenjska, Notranjska und Dolenjska, die einst das ehemalige Herzogtum Krain bildeten, außerdem von Primorska, Bela Krajina, Štajerska, Koroška und Prekmurje. Die Grenzen sind nicht präzise festgelegt, man orientiert sich grob am Verlauf von Flüssen und Gebirgen.

Landschaftsbezeichnungen

Als Gorenjska (Bergland, Oberkrain) gilt die Region von den Julischen bis zu den Kamniker Alpen. Insgesamt gibt es **28 Gipfel**, die **über 2500 m** aufragen, am höchsten der im Staatswappen verewigte Triglav (2864 m). Das Gebirge wird von tiefen Tälern durchschnitten, von denen zwei besonders markant sind: Im **Soča-Tal** rauscht ein türkisfarbener Wildfluss in Richtung Meer, im **Tal von Bohinj** breitet sich ein 4 km langer **Gletschersee** aus. Durch die Oberkrain führen alle wichtigen **internationalen Verkehrsverbindungen** (Karawankentunnel, Wurzen- und Loiblpass). Die slowenischen Alpendörfer mit ihren behäbigen, schindelgedeckten Gehöften erinnern an Österreich, auf saftig grünen Almen wird Viehzucht betrieben. Gorenjska ist die wirtschaftlich stärkste Region des Landes, Industrie konzentriert sich auf den Raum um Kranj.

Gorenjska

Bis zum Ende des Ersten Weltkriegs waren Kärnten und die Steiermark Herzogtümer der österreichisch-ungarischen Doppelmonarchie. Danach wurden die Grenzen neu gezogen: Die Gebiete nördlich der Karawanken gehörten fortan zur Republik Österreich, die südliche Region wurde Teil des neu geschaffenen Königreichs der Serben, Kroaten und Slowenen. Heute ist Koroška die Bezeichnung für den **in Slowenien liegenden Teil Kärntens**. Es handelt sich dabei um ein relativ kleines Landstück mit dicht bewaldeten, steilen Hängen und breiten Tälern, das von den Karawanken über die Drava bis zum Pohorje-Gebirges reicht. In Velenje und Ravne wird Bergbau betrieben, gefördert werden Blei-, Zink- und Eisenerz und Braunkohle.

Koroška

Östlich und südlich schließt sich Štajersko, die **slowenische Steiermark**, an. Dazu zählen die Ostkarawanken, die Savinjer Alpen, das Pohorje-Gebirge und das bis zur Sava und Mura reichende Hügelland. In der Štajerska wird vor allem Landwirtschaft betrieben. Die besten Tropfen des Landes kommen aus den **Weinbergen** der Slovenske Gorice (Windische Bühel), doch wird guter Weißwein auch in Haloze südlich der Drava hergestellt.

Štajersko

Primorska (Land am Meer) ist die Bezeichnung für die **slowenische Küste**, schließt aber auch ihr weites **Hinterland** ein, das über das Karstplateau Kras bis zum unteren Soča-Tal und zur Vipava reicht. Die gesamte Region gehörte früher zu Italien. Das milde Mittelmeerklima sorgt bis hinauf in die Berge für eine mediterrane Vegetation.

Primorska

Notranjska Die Notranjska (Innerkrain) umfasst jenen Teil des Karsts, der sich vom Flusstal der Ljubljanica über die Hochplateaus von Nanos und Javorniki zum Snežnik (Schneeberg) erstreckt. Alle **geologischen Besonderheiten des Karsts** trifft man hier an: vom fantastischen Tropfsteinreichtum in Postojna bis zu dem spektakulär »abtauchenden« See von Cerknica.

In der herben Landschaft gibt es nur wenige Siedlungen. Die aus Naturstein erbauten, meist auf Bergkuppen thronenden Dörfer wirken denn auch wie Trutzburgen, Zeugnisse von Zivilisation inmitten abweisender Natur.

Dolenjska Die Dolenjska (Unterkrain) zieht sich vom Becken von Ljubljana bis zu den Flusstälern der Kolpa im Süden und Sava im Osten. Hier gibt es weder gewaltige Gipfel noch geheimnisumwitterte Höhlen. Die **hügelige Landschaft** ist unspektakulär, doch **anmutig**: Die Hänge sind bewaldet, in den weiten, dicht besiedelten Niederungen wird intensive Landwirtschaft betrieben.

Schmuckstück von Dolenjska ist das **Flusstal der Krka**. Dank des hohen Kalkgehalts bilden sich im Fluss Tuffsteinschwellen, die von grünem Moosgras überwuchert werden. Über sie rauschen die Fluten hinweg und bilden kleine Wasserfälle. An den Flussufern stehen aufgelassene Mühlen, das Heu trocknet auf großen, fast haushohen Harfen. Die meisten Burgen und befestigten Klöster stammen aus jener Zeit, in der diese Region christliches Bollwerk gegen das Osmanische Reich war.

Slowenien Landschaftsräume und Regionen

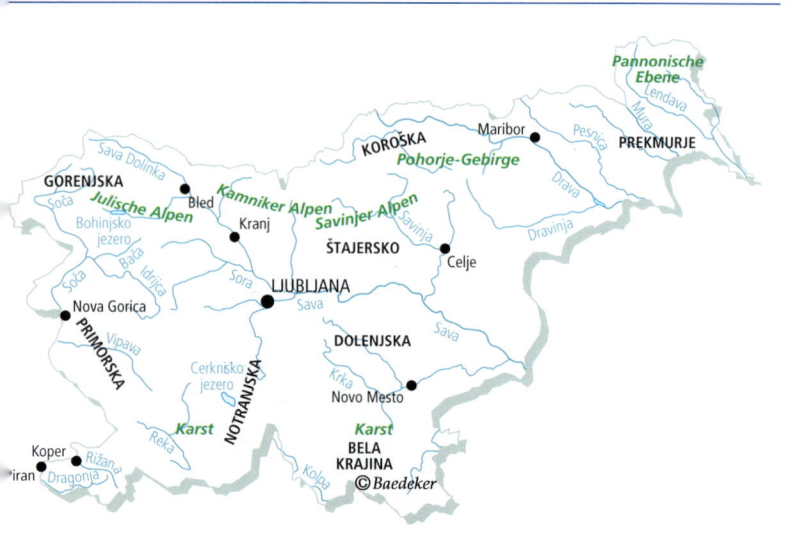

Einen ganz eigenen Charakter konnte sich die Bela Krajina bewahren. Ihren Namen (Weißkrain oder Weißmark) verdankt sie ihren vielen **Birken**, aber auch der **weißen Tracht**, die hier einst getragen wurde. Vom Rest des Landes durch hohe Karstplateaus abgetrennt, umfasst sie die dicht bewaldeten Berge im Südostzipfel Sloweniens zwischen dem Unterlauf der Kolpa und Krka. Es ist die am **dünnsten besiedelte und ärmste Region Sloweniens**; viele Bewohner leben von karger Landwirtschaft, an den Südhängen wird stellenweise Wein gepflanzt.

Bela Krajina

»Jenseits der Mur« – so die Übersetzung von Prekmurje – liegt Sloweniens östlichste Provinz. Mit ihren **weiten Ebenen** unterscheidet sie sich geografisch vom gebirgigen Rest des Landes, dank der Fruchtbarkeit des Bodens wird **Landwirtschaft im großen Stil** betrieben. 700 Jahre lang, bis zum Ende des Ersten Weltkriegs, waren die Gebiete östlich der Mur ungarisch, eine vergessene, auch kulturell wenig entwickelte Region. Während des Zweiten Weltkriegs wurde Prekmurje von **Ungarn** »heimgeholt«, doch nach 1945 an Jugoslawien abgetreten. So manches erinnert noch heute ans Nachbarland: Von stiller **Puszta-Sehnsucht** künden **Ziehbrunnen** und Wassermühlen, an strohgedeckten Bauernhäusern sind Mais- und Paprikagirlanden zum Trocknen aufgehängt. In den Restaurants, die hier oft Čarda genannt werden (abgeleitet vom ungarischen Wort csarda), wird zu den Klängen von Zigeunermusik Gulasch serviert.

Prekmurje

Quellen, Flüsse und Seen

Am häufigsten sind in Slowenien **Karstquellen**, die durchs poröse Kalkgestein des Gebirgsstocks zutage treten und als Wasserfall in die Tiefe stürzen. Zu den spektakulärsten gehören die Quelle der Sava Bohinjka bei Bohinj, die der Soča in den Julischen Alpen sowie die der Savinja im Logar-Tal. Im Osten des Landes, an der tektonischen Verwerfungslinie zwischen Gebirge und Tiefebene, entspringen warme **Thermal- und Mineralquellen**, denen ein Dutzend Kurorte ihre Existenz verdanken.

Quellen

Die Flüsse Sloweniens münden entweder in die **Adria** oder ins **Schwarze Meer**. Die Wasserscheide verläuft von den Julischen Alpen längs des küstennahen Karsts in Richtung Istrien. So münden Soča, Vipava, Reka, Dragonja und Rižana in die Adria, während alle übrigen Flüsse Zubringer zur Sava und Drava sind, die der Donau und damit dem Schwarzen Meer zufließen.
Sloweniens **längster Fluss** ist die **Sava**, die sich ca. 245 km durchs Land zieht. Ab Kranj wird sie industriell genutzt, u. a. liefert sie die Energie für die Turbinen großer Wasserkraftwerke und dient als Kühlwasser für das Kernkraftwerk in Krško. Sloweniens **wasserreichster Fluss** ist die **Drava**, die sogar noch im Sommer durch schmelzende Alpengletscher gespeist wird. 140 km verläuft sie durch

Flüsse

Sloweniens, an ihrem Unterlauf sind mehrere Kraftwerke postiert. Naturbelassen ist dagegen die **Mura**, die im Nordosten des Landes die Grenze zu Österreich bildet. Mit ihren vielen Schleifen, den toten Armen und dicht bewaldeten Mooren soll sie zum UNESCO-Biosphärenreservat erklärt werden. Der längste Gebirgsfluss ist die **Soča**, die in ihrem Oberlauf zu den saubersten Flüssen der Alpen gehört. Zusammen mit ihren Nebenbächen rauscht sie in engen, imposanten Klammschluchten talwärts. Weitere, vor allem touristisch interessante Flüsse sind die **Savinja** und die **Krka**. Während den alpinen Gewässern Sloweniens von der EU vollkommene Sauberkeit bescheinigt wurde, müssen die übrigen, teilweise sehr stark verschmutzten Flüsse im Rahmen eines etwa 1 Mrd. Euro teuren Umweltprogramms gereinigt werden.

Seen Die meisten Seen Sloweniens sind **Glazialseen**, entstanden in den ausgeschürften Hohlräumen zurückweichender Gletscher. Der größte von ihnen ist der **See von Bohinj** (3,2 km²) **im Triglav-Nationalpark**, wo sich auch fast alle übrigen Glazialseen befinden. Nur der **Bleder See** (1,5 km²) liegt außerhalb des Nationalparks. Geologisch interessant sind die **Karstseen**, die im Sommer im porösen Boden versickern, um sich erst nach herbstlichen Regenfällen neu herauszubilden. Der größte von ihnen ist der **See von Cerknica** (26 km²), dessen Bett sich nach dem »Abtauchen« des Wassers in eine fruchtbare Weide verwandelt. Außerdem gibt es noch Altwasserseen, d. h. stehende Gewässer in der Nähe von Flüssen, die ihr Bett verändert haben. Viele kleinere Seen auf dem undurchlässigen Boden des Pohorje-Gebirges bei Maribor sind mit der Zeit zu Hochmooren verlandet.

Vegetation und Tierwelt

Einst von weiten Wäldern bedeckt In vorhistorischer Zeit war der größte Teil des Landes bewaldet. Doch schon die Römer begannen, weite Flächen zu roden, um Anbaugebiete zu gewinnen. Aus dem Holz des Landes bauten sie Häuser sowie Kriegs- und Handelsschiffe. Heute sind dank **Wiederaufforstung** erneut 51 % der Landesfläche mit Wald bedeckt; da Weiden immer seltener landwirtschaftlich genutzt werden, ist zu erwarten, dass sich der Waldbestand noch vergrößert.

Vegetationszonen Je nach Höhenlage lassen sich in Slowenien sechs Vegetationszonen unterscheiden. Die **Küstenzone** reicht bis zu 600 m und lässt typisch mediterrane Kultur- und Zierpflanzen gedeihen, wie Zypressen und Olivenbäume, Oleander und Hibiskus. Auf den sich anschließenden **Hochebenen** bis 700 m wachsen vor allem Eichen und Weißbuchen. Im **unteren Gebirgsstreifen** bis 1300 m herrscht Buchenwald vor, während im mittleren **Gebirgsstreifen** bis zur Baumgrenze Fichten dominieren. Auf den **subalpinen Hochmatten** von 1600 bis 2000 m wachsen Legföhren und kleine, windgepeitschte Lärchen. In der **alpinen Zone** bis 2400 m behaupten sich zwischen Felsschutt und Geröll

Meditative Ruhe am See von Bohinj

zahlreiche Alpenblumen. Dort findet man auch viele endemische Pflanzen, die nirgendwo sonst auf der Welt vorkommen. Dazu zählen der Julische Mohn und die Julische Flockenblume, die Zois-Glockenblume außerdem die **Triglav-Rose**, um die sich eine der schönsten slowenischen Legenden rankt. Wie es heißt, ist sie dem Blut Zlatorogs, eines weißen Steinbocks mit goldenen Hörnern, entsprossen (▶Baedeker-Special, S. 304).

In den urwüchsigen Wäldern Sloweniens finden große Säuger wie **Braunbär, Wolf und Luchs** einen geschützten Lebensraum. Auf der Suche nach Nahrung ziehen sie vom Dinarischen Gebirge quer durchs Land bis in die Alpen. Weltweit Schlagzeilen machte der **»Ötscherbär«**, der 1972 von Kočevski Rog (Bela Krajina) in Richtung Norden aufbrach. Über die Alpen gelangte er bis vor die Tore Wiens, um sich schließlich am Berg Ötscher niederzulassen. In letzter Zeit hat man mit der Untertunnelung der Autobahnen begonnen, um die Wanderung der Bären zu erleichtern.

Tiere

Außer den großen europäischen Raubtieren bevölkern mehr als 300 **Vogelarten** das Land. Vor allem im Herbst kommen viele Zugvögel aus Ost- und Mitteleuropa, um in Slowenien einen Zwischenstopp einzulegen, bevor sie dann in Richtung Balkan bzw. Italien weiterziehen. Zu den wichtigsten Rastplätzen gehören die Salinen von Sečovlje an der Küste, im Binnenland der Karstsee Cerknica sowie die Überschwemmungsgebiete der Flüsse Drava und Mura. Tausende von Weißstörchen verbringen den Sommer bevorzugt in Prekmurje.

Auch **zwei endemische Lebewesen** hat das Land aufzuweisen: den bis zu 100 Jahre alten, in dunklen Karsthöhlen lebenden **Grottenolm** (Proteus anguinus) und die **Marmorata-Forelle** (Salmo trutta fario), die bis zu einem Meter lang wird und damit zu den größten ihrer Art zählt. Nach dem Ersten Weltkrieg war sie fast ausgestorben, weil sie hungernden Soldaten als Nahrung diente. Seit einigen Jahren wird sie in Tolmin gezüchtet und in der Soča ausgesetzt.

Klima

Slowenien ist ein Land mit unterschiedlichen **Klimazonen** auf relativ engem Raum. Im Nordwesten herrscht Alpenklima, bis in den Frühsommer bleiben höhere Lagen verschneit. An der Mittelmeerküste ist das Klima mediterran geprägt: Die Sommer sind sehr warm, die Winter mild. Seltene Kaltlufteinbrüche sorgen allerdings dafür, dass die für mediterrane Regionen typischen immergrünen Pflanzen hier nicht wachsen. In anderen Teilen des Landes ist mitteleuropäisches, nach Osten zu kontinentales Klima vorherrschend.

Im Triglav-Nationalpark: imposanter Blick über die höchsten Gipfel des Landes

Die **Durchschnittstemperatur** beträgt im Juli 21 °C in Ljubljana und 24 °C in Piran, im Januar – 2 °C in Ljubljana und 3 °C an der Küste. Bei der Auswahl des Reiseziels ist zu bedenken, dass die Höhe für die Temperatur entscheidender ist als die Entfernung von der Küste und man in Bergtälern häufig mit Nebel und sehr kalten Nächten zu rechnen hat.

Die höchsten **Niederschläge** werden mit 2500 bis 3000 mm am Westrand der Julischen Alpen gemessen. Dagegen sinken die Niederschläge im Landesinnern auf 1000 – 2000 mm, im Osten sogar auf 800 mm (Maribor) oder 650 mm (Murska Sobota).

Bevölkerung · Politik · Wirtschaft

Slowenien zählt ca. 2 Mio. Einwohner, was einer Bevölkerungsdichte von etwa 98 Einwohnern pro Quadratkilometer entspricht. Hauptstadt ist Ljubljana mit 264 300 Einwohnern. Im Land leben überwiegend ethnische Slowenen, des Weiteren Kroaten, Serben, Bosniaken, Ungarn, Italiener, Mazedonier, Montenegriner und Albaner sowie Sinti und Roma. Dazu kommen noch etwa 2000 Deutschstämmige, die erst 1998 als eigenständige Volksgruppe anerkannt wurden. Amtssprache ist Slowenisch.

Minderheiten in Slowenien

An der Küste ist Italienisch, in Prekmurje Ungarisch zweite Amtssprache, auch wurden dort zweisprachige Orts- und Verkehrsschilder aufgestellt. Die autochthonen Minderheiten der **Italiener** und **Ungarn** verfügen auf kommunaler und nationaler Ebene über eine politische Vertretung und haben in allen sie betreffenden Fragen ein Vetorecht. Sie haben eigene Schulen, vom Staat subventionierte Radio- und Fernsehsendungen werden in ihrer Muttersprache ausgestrahlt. Einen Sonderstatus genießen außerdem die im östlichen Prekmurje – vor allem rings um das Dorf Pušča – lebenden **Sinti** und **Roma**.

Slowenische Minderheiten im Ausland

Außerhalb der Landesgrenze leben ca. 500 000 Slowenen, die meisten in **Italien**, **Österreich** und in den **USA**. Die slowenische Regierung kämpft darum, dass die Slowenen in den Nachbarländern einen ähnlichen Minderheitenschutz erhalten wie die Italiener und Ungarn in Slowenien, d. h. zweisprachige Verkehrsschilder in den Grenzgebieten, Slowenisch als zweite Amtssprache und das Recht auf eigene Abgeordnete. Die ca. 40 000 **slowenischsprachigen Österreicher** in Kärnten erhalten bislang zweisprachigen Unterricht und können in Klagenfurt ein eigenes Bundesgymnasium besuchen. In Gemeinden mit mehr als 20 % slowenischsprachiger Bevölkerung ist ihr Idiom zweite Amtssprache. In der Steiermark, die auch ein traditionell gemischtsprachiges Gebiet war, bekennen sich heute nur noch weni-

◄ weiter auf S. 26

SLAWEN – SLOWENEN – WINDISCHE: WHO IS WHO?

Als die slawischen Bewohner des Ostalpenraums unter das Joch fremder Herrscher gerieten, gaben sie sich erstmals einen Namen. Sie nannten sich »Slovenci«, was übersetzt so viel heißt wie »diejenigen, die sich untereinander verstehen« (abgeleitet von »slovo« = Wort). Für die Andersprachigen verwendeten sie den Ausdruck »Nemci« – die Stummen, die der slawischen Sprache Unkundigen. Heute sind »nemci« in Slowenien die Deutschen.

Neben »Slovenci« erscheint in Schriften des Mittelalters für die **Slawen** die Bezeichnung **»Wenden«** oder **»Winden«**. Der Schriftsteller Jordanis berichtet schon im 6. Jahrhundert auf Lateinisch von den »Winidae«, im Althochdeutschen setzt sich die Bezeichnung »Winidâ« durch. Einige Sprachwissenschaftler behaupten, es handele sich dabei um eine verstümmelte Version des Begriffs »Slovenci« – das »slo« sei entfallen und die Nachsilbe »venci« zu »vendi« umgeformt worden.

Aufspaltung ...
Unter habsburgischer Herrschaft war der **identitätsstiftende Name** »Slovenci« offiziell verpönt. Wenn die Österreicher die fremdsprachigen Untertanen bezeichnen wollten, benutzten sie den Ausdruck **»die Windischen«**, dessen Verwandtschaft mit der alten Bezeichnung unschwer erkennbar ist. Die »Windischen« waren immer die **duldsamen Anderen** – diejenigen also, die zu Hause zwar Slowenisch sprachen, sich aber ansonsten ganz brav als Bürger des Kaiserreichs verstan-

den. Als »**Slowene**« wurde dagegen nur derjenige bezeichnet, der dem nationalen Gedanken anhing – sozusagen also ein **potentieller Rebell**.

... als Politikum

Als nach dem Zusammenbruch der Habsburger Monarchie der slowenische Nationalrat in Ljubljana den Anschluss des slowenischsprachigen Südkärntens an den neuen »Staat der Slowenen, Kroaten und Serben« (SHS) forderte, wurde 1920 in **Kärnten** eine **Volksabstimmung** durchgeführt. Nachdem ihnen ausdrücklich der Erhalt ihrer nationalen Eigenheit zugesichert worden war, stimmte eine Mehrheit der Kärntner Slowenen für einen Verbleib in Österreich. Entgegen den Versprechungen wurden sie aber nach der Abstimmung sogleich unter **Assimilationsdruck** gesetzt, und das Wahlergebnis wurde als ein Bekenntnis zur deutschen Kultur (um-)interpretiert. Diese Interpretation basierte u. a. auf Äußerungen des deutschnationalen Historikers Martin Wutte, der behauptete, es seien die »**Windischen**« gewesen, die sich **für Österreich** entschieden hätten. Er übernahm die alte Bezeichnung »Windische« für alle **assimilationswilligen Slowenen** und lieferte für das vermeintliche Bekenntnis zur deutschen Kultur zahlreiche Argumente, mit denen deutsche Wurzeln in der regionalen Kärntner Ausprägung von slowenischer Sprache und Kultur nachgewiesen werden sollten. Da verwundert es nicht, dass sich auch **Hitler**, als er 1941 Teile des heutigen Sloweniens annektierte, einer **tradierten Argumentation** bediente und sich, nun bezogen auf alle Slowenen, die Unterscheidung zwischen »Windischen« und »Slowenen« zu eigen machte: Die Windischen galten als **germanisierungsfähig**; die Slowenen wurden vertrieben, ermordet oder in Konzentrationslager verschleppt.

ge Familien zu ihren slowenischen Wurzeln. In **Norditalien** mit ca. 120 000 slowenischstämmigen Bürgern wurden in den Provinzen Gorizia und Triest zweisprachige Schulen eingerichtet, auch werden stundenweise Radio- und Fernsehsendungen in Slowenisch ausgestrahlt. Anders sieht es in der **Provinz Udine** aus, wo die Slowenen nicht als Minderheit, sondern lediglich als »Personen slawischer Herkunft« gelten.

Religion
Der überwiegende Teil der Slowenen (82 %) bekennt sich zum römisch-katholischen Glauben. Daneben gibt es laut Munzinger-Archiv 30 kleinere Glaubensgemeinschaften, darunter Orthodoxe (2 %), Muslime (2,4 %), die evangelisch-lutherischen Protestanten (1 %), Altkatholiken und Juden.
Die **katholische Kirche**, die schon zu sozialistischer Zeit einen großen Freiraum genoss, hat im unabhängigen Slowenien ihre weltliche Stellung ausgebaut. Sie setzte Religion als schulisches Pflichtfach durch, erhielt alle nach dem Zweiten Weltkrieg enteigneten Gebäude, Kunstschätze und Bibliotheken zurück und fordert die Rückgabe ihrer ehemaligen Latifundien. Bis heute haben aber viele Slowenen nicht vergessen, dass die katholische Kirche im Zweiten Weltkrieg den »Domobranci« den Segen erteilte – antikommunistischen Milizen, die mit den Besatzern kollaborierten.

Zusammenkünfte auf dem Land ...

▶ Bevölkerung · Politik · Wirtschaft **FAKTEN**

Bildung genießt in Slowenien einen hohen Stellenwert und wird vom Staat großzügig gefördert. Die Ausbildung ist kostenlos, außerdem werden ein Drittel aller Schüler und zwei Drittel aller Studenten finanziell unterstützt. Nach Angaben des slowenischen Bildungsministeriums hat das Land heute mit 0,3 % die **niedrigste Analphabetenquote in Europa** (Deutschland, Frankreich jeweils 1%). Schon ab dem ersten Lebensjahr stehen für Kinder sozialpädagogisch betreute Einrichtungen bereit. Vor der Einschulung ist ein Kindergartenjahr Pflicht. Traditionsreich ist die 1919 gegründete **Universität von Ljubljana**, an der über 50 000 Studenten eingeschrieben sind. Deutlich kleiner ist die 1975 eröffnete Universität von Maribor mit ca. 28 000 Studenten. Außer den Universitäten gibt es mehr als 40 weitere Institutionen für höhere Bildung, u. a. Akademien für Musik, Theater, Hörfunk, Film und Fernsehen sowie für Bildende Künste. Nicht gleichwertig mit der universitären Ausbildung sind die 1993 eingeführten, stark praxisorientierten Higher Professional Studies.

Bildung hat einen hohen Stellenwert

Staat und Gesellschaft

Seit dem 23. Dezember 1991 definiert sich Slowenien als eine souveräne, demokratische Republik: ein auf freier Marktwirtschaft basierender **Rechts- und Sozialstaat** mit **Mehrparteiensystem**. Höch-

Staatsform: demokratische Republik

... und in der Hauptstadt

ster Repräsentant des Staats ist der Präsident, der für fünf Jahre direkt gewählt wird und das Amt zweimal bekleiden darf. Auf den charismatischen Milan Kučan (1992 und 1997 gewählt), der als »Wendekommunist« unumstrittene Autorität genoss, folgte 2002 der pragmatische Janez Drnovšek, Kučans Parteifreund aus der LDS (s. u.). Seit 2007 ist der parteilose Danilo Türk erster Mann im Staat. Der **slowenische Präsident** ist Oberbefehlshaber der Armee und setzt die Parlamentswahlen an, er schlägt den Ministerpräsidenten und die neun obersten Richter vor. Das Amt hat vor allem symbolisch-repräsentative Bedeutung.

Parlament und Regierung Das slowenische Zweikammerparlament besteht aus der Staatsversammlung und dem Staatsrat. Die gesetzgebende Gewalt liegt bei der **Staatsversammlung** (Državni zbor), deren 90 Abgeordnete im Abstand von vier Jahren von allen volljährigen Slowenen gewählt werden. Zwei Abgeordnete vertreten die italienische bzw. die ungarische Minderheit. Mitwirkungsbefugnis besitzt der **Staatsrat** (Državni svet), dessen 40 Mitglieder alle fünf Jahre von Berufs- und Kommunalverbänden gestellt werden. Da diese nicht demokratisch gewählt werden, ist die Existenz des Staatsrats allerdings in der Bevölkerung umstritten. Die exekutive Gewalt liegt bei der Regierung, die von der Staatsversammlung gewählt wird und sich aus dem Ministerpräsidenten sowie 18 ihm unterstehenden Ministern zusammensetzt.

Parteien Nach der Staatsgründung 1991 entstanden zahlreiche neue Parteien. Den Regierungschef stellte bis 2004 die **»Liberale Demokratie Sloweniens« LDS** (Liberalna Demokracija Slovenije), die aus dem Zusammenschluss des Kommunistischen Jugendverbands, der Sozialistischen Partei Sloweniens, den Grünen und einem Teil der Demokratischen Partei hervorgegangen ist. Sie setzte sich von Anfang an für einen marktwirtschaftlichen, sozialverträglichen Umbau des Landes ein. Die andere Partei des Mitte-Links-Lagers ist die die **Socialni demokrati** (2005 hervorgegangen aus der »Vereinigten Liste der Sozialdemokraten« ZLSD). Für die Socialni demokrati kandidierte der derzeitige Staatspräsident Danilo Türk. Zur politischen Mitte gehört die **Rentnerpartei DeSUS** (Demokratična Stranka Upokojencev Slovenije).

Stärkste Partei im rechten Lager ist die **»Sozialdemokratische Partei Sloweniens« SDS** (Socialdemokratska Stranka Slovenije), die sich entgegen ihrem Namen für eine von staatlichen Fesseln weitgehend befreite Marktwirtschaft stark macht und 2004 Regierungspartei wurde. Zusammen mit der agrarischen Volkspartei und den Christdemokraten bildet sie den Kern der so genannten »Frühlingsparteien«. Die **»Slowenische Volkspartei« SLS** (Slovenska Ljudska Stranka) tat sich im Jahr 2000 mit den **»Slowenischen Christdemokraten« SKD** (Slovenski Krščamski Demokrati) zusammen. Die SLS/SKD, heute trägt sie den Namen SLS, steht für traditionell christliche Werte wie Familie und Heimat, ist unternehmerfreundlich ausgerichtet

Zahlen und Fakten *Slowenien*

- Minderheiten: 0,3 % Ungarn, 0,3 % Albaner, 0,1 % Italiener, Mazedonier, Montenegriner, Sinti und Roma

Die größten Städte
- Ljubljana (264 300 Einw.), Maribor (110 000), Kranj (53 000), Celje (48 000), Koper (47 000)

Staat
- Parlamentarische Republik
- Parlament: Staatsversammlung (90 Mitglieder) und Staatsrat (40 Mitgl.)

Wirtschaft
- Bruttoinlandsprodukt pro Kopf: ca. 18 000 Euro (2009)
- Wirtschaftsstruktur:
  Dienstleistungen: 64,7 %
  Industrie: 33 %
  Landwirtschaft: 2,2 %
- Arbeitslosenquote: 7 % (2009)

Republika Slovenija
- ein überwiegend gebirgiges Land, das den Übergang zwischen Mittel- und Südosteuropa bildet

Fläche und Ausdehnung
- 20 272 km² (Hessen: 21 114 km²)
- davon 10 124 km² Waldfläche
- 248 km West-Ost-Ausdehnung
- 163 km Nord-Süd-Ausdehnung

Grenzen
- im Norden 318 km zu Österreich
- im Osten 102 km zu Ungarn
- im Süden und Südosten 670 km zu Kroatien
- im Westen 280 km zu Italien
- im Südwesten 46,6 km Küste

Hauptstadt
- Ljubljana

Bevölkerung
- ca. 2 Mio.
- Bevölkerungsdichte 99 Einw./km² (Deutschland: 230 Einw./km²)
- Zusammensetzung: Slowenen (83,1 %), Serben (2,0 %), Kroaten (1,8 %), Bosniaken (1,1 %)

Flagge und Wappen
- Die Nationalflagge ist weiß-blau-rot gestreift. Seit 1991 ist in der linken, oberen Ecke das neu gewählte Nationalwappen eingelassen. Es hat die Form eines Schildes und repräsentiert den dreizackigen Triglav (= Dreihaupt), der in heidnischer Zeit als Herrscher über Himmel, Erde und Unterwelt verehrt wurde. Mit 2864 Metern ist er der höchste Berg des Landes. Die beiden wellenförmigen Linien an seinem Fuß symbolisieren das Meer und Sloweniens Flüsse; die drei sechszackigen goldenen Sterne entstammen dem Wappen der Familie Cilli, unter deren Herrschaft das Land im 15. Jahrhundert weitgehend autonom war.

und kämpft für die Zurückdrängung des Staats aus Wirtschaft und Recht. Für Deregulierung und Liberalisierung engagiert sich auch die **»Partei Neues Slowenien – Christliche Volkspartei« NSi** (Nova Slovenija – Krščanski Ljudska Stranka), doch will sie das Land stärker für ausländische Investoren öffnen.

Daneben gibt es weitere Parteien, die gute Aussicht haben, die für den Sprung ins Parlament notwendige 4 %-Grenze zu überspringen. Zu ihnen gehören die EU-skeptische **»Slowenische Nationalpartei« SNS** (Slovenska Narodna Stranka) und die **»Jugendpartei« SMS** (Stranka Mladih Slovenije).

Gewerkschaften Seit der Unabhängigkeit Sloweniens sind Sloweniens Arbeiter v. a. in zwei großen Dachverbänden organisiert: der »Vereinigung Unabhängiger Gewerkschaften Sloweniens« (ZSSS) und der »Konföderation Neuer Gewerkschaften Sloweniens – Unabhängigkeit« (KNSS).

Verwaltung Seit dem Jahr 2000 gliedert sich das Land nach einem Kommunalmodell in 58 örtliche Verwaltungseinheiten, die wiederum in 192 Gemeinden unterteilt sind, elf von ihnen sind städtisch.

Außenpolitik: Zu Hause in Europa Seit 1991 kehrt Slowenien dem Balkan den Rücken und verkündet lautstark »Doma v Evropi« (Zu Hause in Europa), wobei mit »Euro-

Mehr zweisprachige Ortsschilder in Kärnten! Demonstration gegen die Politik von Jörg Haider am Rande eines EU-Ministertreffens in Villach im Januar 2006.

pa« die Europäische Gemeinschaft gemeint ist. Von Anfang an hat sich die slowenische Regierung um ein Assoziierungsabkommen mit der EU bemüht, 1996 wurden die diesbezüglichen Verhandlungen erfolgreich abgeschlossen. In der Folge erfüllte Slowenien viele der gestellten politischen und wirtschaftlichen Anforderungen. Selbst das Verbot für Ausländer, Grund und Boden im Land zu erwerben, wurde aufgehoben, obwohl viele Slowenen in dieser Maßnahme einen »Ausverkauf« ihres gerade erst unabhängig gewordenen Landes sehen. Seit 2004 ist Slowenien **Mitglied der EU**.

Zeitgleich zur Annäherung an die EU wurde der Anschluss an die NATO und die WEU gesucht. Im Vorfeld des Irak-Krieges trat Slowenien mit nur verhaltener Zustimmung der Bevölkerung 2003 der **NATO** bei, 2007 wurde das Land als erstes der neuen EU-Mitgliedsstaaten in die **Euro-Währungsunion** aufgenommen.

Die Beziehungen Sloweniens zu seinen Nachbarn sind unterschiedlich. Konfliktfrei ist nur das **Verhältnis zu Ungarn**: Die jeweiligen Minderheiten (ca. 5000 Slowenen in Ungarn sowie ca. 8500 Ungarn in Slowenien) werden geschützt, die wirtschaftlichen Kontakte sind eng. Viele landwirtschaftliche Produkte werden aus Ungarn importiert, während Slowenien Industrieerzeugnisse exportiert.

Beziehungen zu Nachbarn

Schwierig ist hingegen das Verhältnis zu **Italien**: 1983 war zwischen Jugoslawien und Italien ausgehandelt worden, dass für die etwa 21 000 Italiener, deren Gebiet nach dem Zweiten Weltkrieg zwangsenteignet worden war, eine Entschädigungssumme von 110 Mio. US-Dollar (zahlbar ab 1990) zu entrichten sei. Als aber Berlusconi 1994 in Italien an die Macht kam, erklärte er das elf Jahre zuvor geschlossene Abkommen für ungültig und forderte die slowenische Regierung auf, das ehemalige italienische Eigentum in den südlich von Triest gelegenen Küstenstädten an die früheren Besitzer zurückzugeben. Dort lebende Slowenen, die nachweisen konnten, dass sie bis 1947 Italiener waren, wurden von der Regierung in Rom ermuntert, die italienische Staatsangehörigkeit neu zu beantragen. Zugleich wurden in Italien Stimmen laut, die eine Revision der nach dem Zweiten Weltkrieg gezogenen Grenzen und eine »Re-Italienisierung« der »verlorenen istrischen Gebiete« anmahnten. Als Slowenien das Ansinnen zurückwies, wurde es hart bestraft: Mehrfach scheiterte das anvisierte EU-Assoziierungsabkommen am Veto Italiens. Es kam erst 1996 unter der Mitte-Links-Regierung von Prodi zustande, womit der Weg zugleich frei wurde für Sloweniens EU-Mitgliedschaft. 1998 nahm Italien die 15 Jahre zuvor vereinbarten Entschädigungszahlungen in aller Förmlichkeit an, doch bleiben die Beziehungen beider Länder wegen der bisher nicht zufriedenstellenden Lage der slowenischen Minderheit in Italien weiterhin gespannt.

Etwas besser ist das Verhältnis zu **Österreich**: Österreichische Anleger stehen in Slowenien nach den deutschen an zweiter Stelle, auch hat sich die Regierung des Nachbarlandes stets für einen zügigen EU-Beitritt Sloweniens eingesetzt. Umstritten ist jedoch der Status der in Österreich lebenden slowenischen Minderheit. Nachdem die Kärntner Slowenen 1920 mehrheitlich für einen Anschluss an Österreich gestimmt hatten, wurde als »Dankeschön« das Slowenische auf breiter Front zurückgedrängt (▶Baedeker-Special, S. 24) und ist heute selbst in den mehrheitlich von Slowenen bewohnten Gebieten kaum wahrnehmbar. Die slowenische Regierung setzte sich bisher vergeblich dafür ein, dass die österreichischen Slowenen die gleichen Rechte erhalten, wie sie Italiener und Ungarn im slowenischen Staat schon lange besitzen: politische Vertretung auf kommunaler und nationaler Ebene, Vetorecht in allen sie betreffenden Fragen. Gefordert werden auch mehr zweisprachige Orts- und Verkehrsschilder.

Das Verhältnis zu **Kroatien** hat sich erst in jüngerer Zeit entspannt. Seit der Unabhängigkeit beider Staaten 1991 wurde um den korrekten Verlauf der gemeinsamen Grenze gerungen. Dabei ging es vor allem um die Hoheit über die Bucht von Piran und die damit verknüpften Bohrrechte auf dem Boden der Adria, wo beträchtliche Öl- und Naturgasreserven vermutet werden. Während Slowenien meinte, zu seinem Land gehöre auch die angrenzende Bucht, beanspruchte Kroatien die Souveränität über den Golf von Piran und ließ gegen slowenische Fischer Polizeischiffe auffahren. Erst im Jahr 2002 wurde von den Ministerpräsidenten beider Länder ein Abkommen unterzeichnet, das Fischern beider Länder die gemeinsame Nutzung der Hoheitsgewässer gestattet. Einer von den beiden Parteien gebildeten Kommission fällt die Aufgabe zu, den Fischfang mengenmäßig zu regulieren und überwachen zu lassen. Doch ob damit wirklich Ruhe im Piraner Golf einkehrt, ist ungewiss, denn bis wurde der genaue Verlauf der Seegrenze durch kein Abkommen ratifiziert.

Wirtschaft

Im **ehemaligen Jugoslawien** waren slowenische Arbeitskräfte hoch qualifiziert, aufgrund ihres Fleißes galten sie als die **»Preußen Jugoslawiens«**. Slowenen machten 8 % der Gesamtbevölkerung aus, doch erwirtschafteten sie 22 % des Bruttosozialprodukts (1989). Sie zahlten beträchtliche Summen an den »ar-

Werbeplakat in der Hauptstadt

Stapelweise Holz aus slowenischen Wäldern. Auch IKEA wird beliefert.

men Süden«, v. a. an Mazedonien, und verdienten dennoch mit durchschnittlich 8700 US-Dollar pro Jahr mehr als doppelt so viel wie die übrigen Bürger Jugoslawiens – mehr übrigens auch als die Einwohner von Portugal und Griechenland. Infrastruktur, Landwirtschaft und Industrie waren gut entwickelt, außerdem hatte Slowenien schon in sozialistischer Zeit – wenn auch begrenzt – Zugang zu westlichen Märkten.

Nach der Unabhängigkeit 1991 hat sich Slowenien aus der südslawischen Völkergemeinschaft verabschiedet und den Anschluss an den europäischen Westen vollzogen. Anfängliche Schwierigkeiten waren auf den Wegfall der traditionellen Handelsbeziehungen zu den osteuropäischen Ländern und auf den Zusammenbruch des jugoslawischen Binnenmarktes zurückzuführen. Schneller als erwartet wurde aber die durch den **Übergang zur Marktwirtschaft** ausgelöste Anpassungskrise überwunden, seit 1994 gibt es stabile Zuwachsraten, freilich auch zweistellige Arbeitslosenzahlen.

Im Unterschied zu anderen Transformationsländern hat Slowenien seinen Systemwechsel aber erst nach sozialer Abfederung vollzogen. Die **Privatisierung** staatlicher Betriebe wurde schrittweise durchgeführt, wobei alle Bürger sog. Eigentumszertifikate (je nach Alter zwischen 700 und 2800 Euro) erhielten, mit denen sie an der Börse von Ljubljana handeln konnten. Da ausländische Beteiligungen an der

Anschluss an Westeuropa

Privatisierung stark eingeschränkt waren, wurden die Slowenen vor einem Ausverkauf an ausländische Kapitaleigner geschützt. Um die privatisierten Unternehmen im neuen Wirtschaftssystem rentabler zu machen, wurden viele Entlassungen vorgenommen, durch hohe Abfindungen und Vorruhestandsregelungen aber erträglich gemacht. Wer in Slowenien **arbeitslos** wird, erhält für die Dauer von zwei Jahren ein Überbrückungsgeld. Ein mit der Inflationsrate steigender **Mindestlohn** sorgt dafür, dass die Arbeitnehmer nicht Opfer einer ungünstigen Wirtschaftsentwicklung werden.

Nach dem EU-Beitritt 2004 sah sich die Regierung gezwungen, Reformen zu verabschieden und Sloweniens Markt für Fremdinvestitionen zu öffnen. Sie musste den Energie- und Telekommunikationsbereich, das Banken- und Versicherungswesen privatisieren, wobei die interessierten EU-Unternehmen die gleichen Zugriffschancen haben sollten wie die slowenischen.

Land- und Forstwirtschaft

Wer durch Slowenien fährt, hat den Eindruck, ein Agrarland zu bereisen. Insgesamt 36 % der Fläche Sloweniens wird landwirtschaftlich genutzt, doch trägt die Landwirtschaft nur 2,2 % zum Bruttosozialprodukt bei, beschäftigt aber auch nur 2,5 % aller Slowenen. Die Eigentumsverhältnisse fördern die Ausrichtung auf den lokalen bzw. regionalen Markt: Mehr als 80 % aller Bauern besitzen weniger als zehn Hektar Land. Im Südosten werden Getreide, Kartoffeln, Obst und Wein angebaut, im gebirgigen Norden herrscht Rinderzucht

Der Dienstleistungssektor blüht – Café an der Mole von Piran.

vor. Da über die Hälfte des Landes mit Wald bedeckt ist, gilt Slowenien als das **grünste Land Europas**. Die Holzwirtschaft spielt traditionell eine große Rolle und macht 2 % des Bruttosozialprodukts aus. Sie liefert Material für die Bau-, Möbel- und Papierindustrie, auch IKEA wird von Slowenien beliefert. Aufgrund der niedrigen Papierkosten lassen viele ausländische Verlage ihre Bücher in Slowenien drucken.

Slowenien ist reich an **Bodenschätzen**: Gefördert werden Eisen bei Jesenice, Blei, Zink und Kupfer in Ravne und Mežica, Braunkohle bei Celje und Trbovlje sowie Quecksilber in Idrija. Bei Lendava an der ungarischen Grenze entdeckte man Erdöl, Gas in Gorna Vas. Die durch die Kriege auf dem Balkan lange Zeit nicht genutzte **Adria-Pipeline** führt von der Erdölraffinerie bei Lendava zur kroatischen Insel Krk und hat in den letzten Jahren an Bedeutung gewonnen. Wichtigster Energielieferant ist das Kernkraftwerk von Krško. Ergänzend gibt es Wasserkraftwerke an der Drava sowie auf der Basis von Kohle, Erdgas und Öl betriebene Wärmekraftwerke.

Bergbau und Energie

Ein beträchtlicher Teil der jugoslawischen Industrie wurde in Slowenien angesiedelt, wovon das Land noch heute profitiert. Zwar ist nach der Auflösung Jugoslawiens und dem Wegbrechen der traditionellen Märkte der Anteil der Industrie am Bruttosozialprodukt auf 33 % zurückgegangen (1991 noch 56 %), doch noch immer ist in ihr **knapp die Hälfte der Bevölkerung** beschäftigt. Führend sind Fahrzeug- und Maschinenbau (u. a. ein Renault-Werk in Novo Mesto), Eisen- und Stahlindustrie, Elektrotechnik und Elektronik (u. a. Iskra sowie der Mikrochip- und Softwarehersteller Hermes Softlab). Die Pharmaunternehmen Lek und Krka gehören zu den wichtigsten in Mitteleuropa, die Chemiefirma Semperit unterhält Joint-Ventures mit BASF und Bayer. Von der Textil- und Lederbranche werden u. a. Benetton, Boss und Bogner beliefert, und manch ein Adidas- bzw. Nike-Schuh stammt aus slowenischer Manufaktur. Der einheimische Sportausrüster Elan deckt von Skiern bis zum Segelflugzeug die gesamte Produktpalette ab; die weltweit begehrten Alpina-Skischuhe kommen ebenfalls aus Slowenien.

Industrie

Der Dienstleistungssektor macht mittlerweile knapp 65 % des Bruttosozialprodukts aus, einen Anstieg gab es durch die Gründung vieler Banken, Versicherungen und Beraterfirmen in der Zeit nach der Unabhängigkeit. Der Hauptanteil (über 14 %) geht auf den **Tourismus** zurück, der nach dem kriegsbedingten Einbruch in den Jahren 1991 – 1995 einen **enormen Aufschwung** nahm. Im Zuge der Privatisierung wurden ältere Hotels renoviert und modernisiert, außerdem entstanden neue Unterkünfte, Restaurants, Bars und Cafés. Naturliebhaber und Aktivurlauber entdeckten das Land; daneben gibt es gut ausgestattete Wintersportorte und attraktive Küstenstädte. Touristisch bedeutend sind auch die Kurorte mit Mineralquellen.

Dienstleistung und Tourismus

Geschichte

600 Jahre lebten die Slowenen im Herzogtum Krain unter habsburgisch-österreichischer Herrschaft. Nach einem 73 Jahre dauernden jugoslawischen Intermezzo gründeten sie ihren eigenen Staat, der mit seiner polyglotten Bevölkerung und einem hohen Pro-Kopf-Einkommen einen guten Ruf erwarb. 2004 wurde Slowenien Mitglied der EU – Brüssel darf fortan mitregieren.

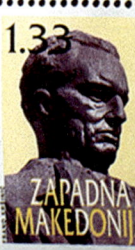

Frühzeit und Antike

ab 1200 v. Chr.	Illyrer lassen sich südlich der Alpen nieder und gründen das Königreich Noricum.
ab 400 v. Chr.	Von Norden einwandernde Kelten vermischen sich mit den Illyrern.
15 v. Chr.	Das Königreich Noricum fällt an das Römische Reich, das auch das östlich angrenzende Pannonien erwirbt.

Vorgeschichte

Die **Argonauten**, heißt es in der antiken Legende, kamen über Donau und Sava in das Becken von Ljubljana; dort schulterten sie ihre Boote und zogen weiter zur Adria. Tatsächlich scheint das Gebiet zwischen Karst und pannonischer Tiefebene schon früh besiedelt worden zu sein. Der **älteste Fund**, eine Flöte aus einer Höhle zwischen Ljubljana und Nova Gorica, stammt aus dem Paläolithikum vor ca. 45 000 Jahren (►Kunst und Kultur). Zahlreicher sind die Relikte aus dem Neolithikum (4000 – 1700 v. Chr.). Damals lebten die Bewohner in **Pfahlbauten**, die sie im Moorland südlich der heutigen Hauptstadt errichteten. Sie betrieben Landwirtschaft und Viehzucht und wussten bereits um die Bearbeitung von Ton und Kupfer. Sie partizipierten am Handel der **Bernsteinroute**, die von der Ostsee über den Balkan zum Schwarzen Meer verlief.

Illyrer, Griechen und Kelten

Die Illyrer, die sich ab dem 12. Jh. v. Chr. südlich der Alpen niederließen, brachten einen **Zivilisationsschub**: Sie stellten Werkzeuge aus Eisen her und lebten in Festungen, die sie zum Schutz vor Übergriffen auf Bergen erbauten. Die Siedlungen erstreckten sich vom Soča-Tal ostwärts bis zum heutigen Stična und Novo Mesto. In Küstennähe kam es ab dem 7. Jh. v. Chr. zu Auseinandersetzungen mit den Griechen, die im heutigen Koper eine Kolonie gegründet hatten. Mit den Illyrern vermischten sich ab 400 v. Chr. die aus West- und Mitteleuropa in den Balkanraum vordringenden Kelten. Sie gründeten das **Königreich Noricum**, dem im 1. Jh. v. Chr. aufgrund von Eisenförderung im Alpenraum wirtschaftliche Bedeutung zukam.

Unter römischer Herrschaft

Das Gebiet zwischen Adria und pannonischer Tiefebene war strategisch von größter Wichtigkeit. 181 v. Chr. schuf Rom im Golf von Triest die Colonia Aquileia: anfangs als Handelsbrücke, später als militärisches Sprungbrett zwecks Expansion gen Südosten. 15 v. Chr. fiel das Königreich Noricum durch einen Erbvertrag an Rom, bis 10 n. Chr. kam das östlich und südlich gelegene Pannonien hinzu – das ganze Gebiet des heutigen Slowenien war nunmehr unter römischer Herrschaft. Die Bevölkerung wurde romanisiert, die Militärla-

← *Josip Broz Tito. Der einstige Partisanenführer war nach dem Zweiten Weltkrieg bis zu seinem Tod Staatspräsident von Jugoslawien.*

ger Celeia (Celje, in der Provinz Noricum), Poetovio (Ptuj, in Pannonien) und Emona (Ljubljana, ursprünglich zur Provinz Pannonien gehörig, ab 200 n. Chr. zu Italia) entwickelten sich zu blühenden Handelsstädten und verfügten über Thermen, Tempel und Theater. Noch heute erinnern Ruinen an die römische Präsenz, in Šempeter bei ▶Celje hat sich eine große Nekropole erhalten.

Völkerwanderung und Mittelalter

4. bis 5. Jh.	Zerfall des Römischen Reichs
6. Jh.	Slawen – u. a. Slowenen – dringen auf den Balkan vor.
ab 630	Erstes slawisches Großreich mit Fürstentum Karantanien (Kärnten)
788	Karl der Große nimmt Karantanien und Karniola ein.
819–823	Die slawische Elite in Karantanien und Karniola wird entmachtet und durch deutsche Fürsten ersetzt.
976	Karantanien wird Teil des Heiligen Römischen Reichs Deutscher Nation.
ab 11. Jh.	Die Kolonisation Deutscher wird gefördert, aus Markgrafschaften werden die Länder Kärnten, Steiermark, Krain u. a.

Aufspaltung des Römischen Reichs Nach der Schlacht von Ad Frigidum 394 n. Chr. nahe dem heutigen Ajdovščina zerfiel das Imperium Romanum in zwei konkurrierende Blöcke. Das Weströmische Reich mit der Hauptstadt Rom umfasste West- und Mitteleuropa, das Oströmische Reich mit der Hauptstadt Byzanz Südosteuropa und Kleinasien. Die Grenze zwischen West- und Ostrom verlief entlang der Flüsse Sava und Drina, durch das heutige Bosnien. Territoriale Grenzen markierten bald auch scharfe Religionsgrenzen. Ostrom wurde das Zentrum der Orthodoxie, geistliches Oberhaupt war der Patriarch von Byzanz. Westrom war das Zentrum des Katholizismus, höchste Autorität in Glaubensfragen beanspruchte hier der in Rom residierende Papst.

Hunnen und Goten kommen Die **Schwächung Roms** bedeutete für das Gebiet des heutigen Slowenien den Beginn einer neuen, anfangs **unübersichtlichen Epoche**. Bereits 375 n. Chr. war das zentralasiatische Nomadenvolk der **Hunnen** nach Europa vorgestoßen, vier Jahre später überfiel ein **Gotenheer** Poetovio. Plündernde Stämme zogen über Emona westwärts nach Italien. Die Truppen des Hunnenkönigs Attila zerstörten bei ihrem Durchmarsch im Jahr 452 viele Städte, u. a. Emona und Aquileia. Fragmente römischer Kultur behaupteten sich einzig entlang der istrischen Küste. Dorthin flüchtete die romanisierte Bevölkerung und ließ sich in befestigten Orten nieder. 544 wurden diese vom oströmischen Kaiser Justinian ins Byzantinische Reich eingegliedert.

▶ **Völkerwanderung und Mittelalter**

Nach dem Abzug der Goten und Langobarden wanderten im 6. Jh. **slawische Stämme** – darunter auch **Slowenen** – aus dem Dnjepr-Gebiet ein, die im Bündnis mit den nomadischen Awaren weit **auf die Balkanhalbinsel** vorstießen. Im Westen wurde ihre Ausbreitung durch den »Langobarden-Limes« am Rand der Friaulischen Ebene gestoppt, im Osten, am Oberlauf der Drava, kämpften sie gegen die Bayern. In Bosnien und Dalmatien, stießen sie auf wenig Widerstand, dieses Gebiet gehörte damals zum Oströmischen Reich, das in verschiedene Kriege verstrickt war und sich außerstande sah, die Einwanderung der Slawen und Awaren zu stoppen.

Das **erste slawische Großreich** entstand unter dem Herrscher **Samo** (um 630/660) und reichte von der Lausitz im Norden – dem Stammesgebiet der von den Germanen »Wenden« genannten slawischen Sorben – über

Römischer Bürger aus Emona – Kopie einer in Ljubljana ausgegrabenen Statue

Böhmen, Mähren, Ober- und Niederösterreich bis zum Gebiet des heutigen Slowenien. Das Reich des Samo gliederte sich in **Fürstentümer**, von denen eines **Karantanien** (Karantanija) war. Dieses umfasste das Gebiet des heutigen Kärnten, vermutlich auch das Drava-Tal; seine Hauptstadt war Karnburg nördlich des heutigen Klagenfurt.

Karantanien und Karniola unter Karl dem Großen

Mit dem Tod Samos zerfiel das slawische Großreich. Die Karantanier lebten jetzt in einem autonomen Herrschaftsgebiet, das allerdings zunehmend unter bayrischen Einfluss geriet. 788 machte sich Frankenkönig **Karl der Große** das selbstständige bayrische Herzogtum untertan und konnte daher Karantanien gleichfalls seinem Reich zuschlagen. Auch die südlich der Karawanken siedelnden, im **Fürstentum Karniola** organisierten Slawen gerieten unter seine Kontrolle. Mit der Frankenherrschaft setzte ab 796 die systematische, massiv durchgeführte **Christianisierung** ein. Federführend war die Diözese Salzburg, die für ihre Missionsarbeit großzügig mit Land beschenkt wurde. Das Erzbistum Salzburg erhielt Ländereien in Kärnten, der Steiermark und im Sava-Tal, das Bistum Freising die Region Bischoflack (Škofja Loka), das Bistum Brixen das Gebiet von Wochein bis Veldes (Bohinj bis Bled) und das Bistum Bamberg Ländereien um Villach. Eine zweite Missionierungsoffensive startete an der Küste unter dem Patriarchen von Aquileia. Er hatte vom Frankenkönig Teile des Karsts, Görz (Gorica) und Isonzo (Soča-Tal) erhalten.

Aufstand in Karantanien und Karniola

Die national ausgerichtete slowenische Geschichtsschreibung bemüht sich, Karantanien und Karniola als »ersten slowenischen Staat« zu deuten. Tatsächlich hat Frankenkönig Karl der Große den dort lebenden Slawen, solange er ihrer Unterstützung gegen die Awaren bedurfte, die **Souveränität über ihr Fürstentum** belassen. Erst als sich der Karantanierfürst Ljudevit 819–823 gemeinsam mit dem Fürsten von Karniola gegen die fränkische Herrschaft erhob, wurde die **slawische Oberschicht entmachtet** und durch eine fremde, d. h. fränkische ersetzt. Von nun an war die Gesellschaft ethnisch zweigeteilt: Die Slawen waren fortan Bauern und Leibeigene, Adelige und Fürsten waren Deutsche.

Ethnische Gemeinschaft der Karantanier zerfällt

Im 9. und 10. Jh. brachen Ungarn über die pannonische Tiefebene wiederholt in das von Franken kontrollierte Gebiet ein. 955 wurden sie auf dem Lechfeld vernichtend geschlagen, worauf sich Karantanien nach Osten und Süden erweiterte (Groß-Karantanien). 976 wurde es **Teil des Heiligen Römischen Reichs Deutscher Nation**.

Nach der Jahrtausendwende kamen verstärkt deutsche Siedler, und es zerfiel die ethnische Gemeinschaft der Karantanier. Aus den Markgrafschaften bildeten sich die bis heute bekannten historischen

Bereich Slowenien um 1000

Länder (u. a. Kärnten, Steiermark und Krain). Im Zuge der Konsolidierung christlicher Herrschaft entstanden **Kirchen und Klöster**, die zu geistigen und kulturellen Zentren des Landes wurden. Zu den bedeutendsten zählten Stična (1136), Kostanjevica (1234), Bistra (1260) und Pleterje (1407). Daneben entwickelten sich in dieser Zeit alle wichtigen **Städte**, darunter Kranj (1256), Ljubljana (1243), Ptuj (1250), Maribor (1254) und Celje (1444).

Unter habsburgischer Herrschaft

ab 1335	Habsburg übernimmt die Führung in den slowenischen Ländern, an der Küste herrscht Venedig.
16. Jh,	Erstarken des Protestantismus, erste Bücher in slowenischer Sprache
16. – 17. Jh.	Bauernaufstände gegen die habsburgische Feudalherrschaft werden niedergeschlagen (1515, 1573, 1635).
1805 – 1813	Napoleonische Besatzung: Laibach (Ljubljana) wird Hauptstadt der »Illyrischen Provinzen«.
ab 1848	Bei Massenkundgebungen wird das Recht auf nationale Selbstbestimmung eingeklagt.
1916	Italien erklärt Österreich-Ungarn den Krieg, am Isonzo (Soča) werden erbitterte Schlachten geschlagen.

Ab dem 14. Jh. waren es vor allem Habsburger, die teils durch dynastische Verträge, teils durch Krieg immer größere Territorien gewannen. Als ihre **stärksten Rivalen** profilierten sich die **Grafen von Cilli**: Diese erwarben ab dem frühen 15. Jh. viel Land im Gebiet des heutigen Slowenien und Westslawonien und rückten dank der Vermählung einer Tochter mit dem deutschen Kaiser und König von Ungarn zu Reichsfürsten auf. Wie das Staatswappen (▶ S. 29) zeigt, sind die Slowenen mächtig stolz auf »ihre« Grafen, deren Dynastie allerdings mangels Nachkommen bereits 1456 erlosch.

Dagegen konnte das Haus Habsburg mit der dauerhaften Erlangung der Kaiserwürde Ende des 15. Jh.s seine Herrschaft stabilisieren. Die Steiermark, Krain, Kärnten, Istrien und später auch Gorizia (vormalig Mark Friaul) bildeten **Inner-Österreich**, d. h. das Kernland eines weitläufigen Imperiums, das – von einer kurzen Unterbrechung abgesehen – **bis 1918 habsburgisch** blieb. Die wichtigste Verkehrs- und Handelsstraße verlief von Wien nach Triest und ermöglichte den direkten Kontakt mit dem von **Venedig** beherrschten Küstenstreifen. Venedig war in der Zwischenzeit zur führenden **Handelsmacht im östlichen Mittelmeer** aufgerückt und unterwarf in der Folge weite Teile Istriens, zeitweise auch Dalmatiens (▶Baedeker-Special, S. 186).

Habsburger etablieren ihre Herrschaft

Parallele Entwicklungen auf dem Balkan

Kroatien Ein Blick auf die Entwicklung der benachbarten südslawischen Stämme ist hilfreich für das Verständnis der jüngsten Geschichte des Landes. Südlich des heutigen Slowenien hatten sich Vorfahren der heutigen Kroaten niedergelassen. Während die Gebiete nördlich von Split am Ende des 8. Jh.s von Truppen Karls des Großen erobert und nachfolgend missioniert wurden, blieb die Südregion im oströmischen Einflussbereich – das Siedlungsgebiet der **Südslawen** war damit ein erstes Mal zerschnitten. Im Norden herrschte das Frankenreich, im Süden Byzanz. 845 gelang es den Kroaten, sich von fränkischer Herrschaft zu befreien und für die Dauer von mehr als 200 Jahren einen eigenen stabilen Feudalstaat zu begründen; zeitweilig schloss dieser auch Bosnien-Herzegowina ein. Ab 1102 wurde Kroatien vom ungarischen König regiert, doch konnte es eine gewisse Selbstständigkeit wahren. So erhielt sich in der Bevölkerung die Idee einer eigenen, kroatischen Nationalität.

Dalmatinische Küste Eine andere Entwicklung ist an der dalmatinischen Küste auszumachen. Auch dort hatten sich die Kroaten niedergelassen, regiert aber wurde die Region von Ungarn und Ostrom. 1421 fiel sie für 376 Jahre an die Venezianer, **italienische Sprache und Kultur** wurden vorherrschend. Eine Ausnahme bildete die unabhängige Stadtrepublik Ragusa (heute Dubrovnik), in der slawischer Einfluss dominierte.

Serbien Die gleichfalls slawischen Serben hatten den Westraum des Balkans bis weit nach Süden besiedelt. Als Teil des Oströmischen Reichs konvertierten sie im 9. Jh. zum orthodoxen Glauben, errangen aber um die Mitte des 12. Jh.s die Unabhängigkeit. Zentrum ihres mittelalterlichen Reichs war das **Kosovo**, noch heute als »Wiege des Serbentums« verehrt. Im 14. Jh., unter der Regentschaft des Zaren Dušan (1331–1355), erlangte Serbien seine größte Ausdehnung. Es reichte von der Sava und Donau im Norden bis zum Ionischen Meer im Süden, von der Mündung der Neretwa im Westen bis zum Bulgarischen Reich im Osten.

Ende des 14. Jh.s wuchs eine Bedrohung für die Serben auf dem Balkan heran. Die **Osmanen**, türkisch-islamische Stämme aus Anatolien, brachten weite Teile des Oströmischen Reichs unter ihre Kontrolle und schickten sich an, dessen Erbe in Europa anzutreten. 1371 hatten sie bereits Mazedonien besiegt, am 28. Juni 1389 schlugen sie die Serben in der Schlacht auf dem Amselfeld (Kosovo Polje); bis 1459 war das serbische Territorium vollständig erobert. Für 400 Jahre geriet das Land nun unter **islamische Herrschaft**. Aufstiegsmöglichkeiten blieben den Angehörigen der christlichen Völker verwehrt – nur wer zum Islam konvertierte, durfte wichtige Funktionen im Staat bekleiden. Gleichwohl gelang es der serbisch-orthodoxen, von den Osmanen tolerierten Kirche, die Idee religiöser und kultureller Identität wach zu halten. Serbische Unabhängigkeitsbestrebungen manifestierten sich vor allem im unzugänglichen Gebirgsland Montenegro, das die Türken nicht unter ihre Kontrolle zu bringen vermochten.

Nach dem Fall Konstantinopels (1453) wurden bald auch Bosnien (1463) und Herzegowina (1482) von den Osmanen erobert. Damals wie heute markiert diese Region die **Grenzlinie zwischen Okzident und Orient**, zwischen katholisch-europäischem und orthodoxem bzw. islamischem Kulturkreis. Bosnien-Herzegowina, im 6. und 7. Jh. sowohl von Kroaten als auch von Serben besiedelt, hatte abwechselnd dem ungarisch-kroatischen und dem serbischen Staat angehört. Als eigenständiges Reich existierte es vom 13. bis zum 14. Jh.; es öffnete sich in dieser Zeit der Bogumilenlehre, die die Welt als Teufelsschöpfung verwarf und von der katholischen Kirche als ketzerisch bekämpft wurde. In Bosnien, das so oft Objekt des Machthungers seiner Nachbarn war, wurde die osmanische Herrschaft begrüßt, der Adel und große Teile der Bevölkerung traten zum Islam über.

Bosnien-Herzegowina

Im 16. Jh. drangen osmanische Truppen weiter auf dem Balkan vor. Sie besetzten 1526 Teile Ungarns und Kroatiens und standen drei Jahre später vor Wien. Zum Schutz seiner Territorien leitete Habsburg eine **liberale Siedlungspolitik** ein. Entlang der Militärgrenze am Südostrand des Reichs (Vojna krajina) erhielten die Bewohner als Gegenleistung für **ständige Kampfbereitschaft** zahlreiche **Privilegien**. Zehntausende vor der Türkenherrschaft geflohene Serben wurden willkommen geheißen, damit sie unter Einsatz von Leib und Leben das »Bollwerk der Christenheit« stärkten. Aus dieser Zeit stammten zahlreiche **serbische Enklaven** auf kroatischem Territorium, z. B. die Krajina um Knin. Trotz der Militärgrenze, die von der Adria bis Siebenbürgen reichte, gelang es den Osmanen immer wieder, in habsburgisches Territorium einzudringen. Bewohner des Grenzstreifens mussten sich mehr als 200 Jahre ihrer Angriffe erwehren. Erst 1683, als die Türken vor den Toren Wiens geschlagen wurden, begannen die Osmanen vor den Habsburgern zurückzuweichen. Kurzzeitig verloren sie sogar Belgrad, konnten die Stadt aber 1690 zurückerobern.

Islamische Invasionen

> **? WUSSTEN SIE SCHON …?**
>
> ■ Von den Türkeneinfällen künden bis heute – in Slowenien ebenso wie in Kroatien – die mit Wehrmauern befestigten Tabor-Kirchen, die den Dörflern Zuflucht boten, während Höfe und Häuser geplündert und zerstört wurden.

Unruhen, Gegenreformation, Illyrische Provinzen

Wachsende Konflikte innerhalb der feudalen Gesellschaft markierten den Übergang zur Neuzeit. Ab Ende des 15. Jh.s kam es auf dem Gebiet des heutigen Slowenien immer wieder zu Aufständen, Bauern lehnten sich auf gegen Leibeigenschaft und Frondienst. Die schwersten Unruhen gab es in den Jahren 1515, 1573, 1635 und 1713. Anfangs erhielten die Aufstände zusätzliche Sprengkraft durch die Ideen

Frühe Neuzeit und Einflüsse der Reformation

der Reformation, die den weltlichen und spirituellen Machtanspruch des Klerus in Frage stellten. Damit das Volk das Evangelium in seiner eigenen Sprache erfassen könne, veröffentlichte Primož Trubar den **»Katechismus« (1550) auf Slowenisch**.

Gegenreformation

Ab Ende des 16. Jh.s verschärfte sich das Vorgehen gegen Anhänger der Reformation. Kaiser Ferdinand II. konfiszierte reformatorische Bücher und erhob den Treueid auf den katholischen Glauben zur **Bürgerpflicht**. Wer sich weigerte, ihn abzulegen, musste Hab und Gut verkaufen und emigrieren. Auch die **Bildung** wurde in den Dienst des Katholizismus genommen; vor allem die Jesuiten waren es, die in neu gegründeten Lehranstalten den »wahren« Glauben verbreiteten. Allerorts entstanden katholische Gotteshäuser, deren barocke Pracht darauf abzielte, die Gläubigen auf die traditionelle Lehre der Kirche einzuschwören. Binnen weniger Jahrzehnte gelang es, den Protestantismus fast vollkommen zurückzudrängen. Bis heute sind nur 1 % aller Slowenen Protestanten.

Napoleonische Kriege (1797 – 1813)

Die napoleonischen Kriege veränderten die politische Landkarte des Balkans. Nach Auflösung der Seerepublik Venedig (1797) besetzten französische Truppen dreimal das Gebiet des heutigen Slowenien. Im Vertrag von Schönbrunn wurde **Laibach 1809 Hauptstadt** der neu geschaffenen **Illyrischen Provinzen**, eines großen Territoriums, zu dem Krain, Triest und Görz, Oberkärnten und Teile Tirols, Kroatiens und Dalmatiens gehörten. Die Forderung nach einer »freien, unteilbaren Nation« spiegelte sich in der Ideologie des **Illyrismus** (in Serbien: Panslawismus, Jugoslawismus), der auf die Vereinigung aller unter Fremdherrschaft lebenden südslawischen Völker abzielte.

> **? WUSSTEN SIE SCHON …?**
>
> - Unter französischer Besatzung fand die slowenische Sprache erstmals Eingang in Ämter und Schulen sowie in die neu gegründete Akademie.

Vom Völkerfrühling zur Unabhängigkeit

Wiener Kongress

1815 wurde noch einmal für über 30 Jahre das Rad der Geschichte zurückgedreht: Der Wiener Kongress stellte die alten Macht- und Besitzverhältnisse in Europa wieder her; das Habsburger Reich erhielt seine verlorenen Territorien im Gebiet des heutigen Slowenien zurück, dazu Dalmatien, Istrien und Venetien.

Idee der »freien Nation«

Doch ab 1848 wurde die Idee der »freien Nation« wieder zur bestimmenden politischen Kraft. Der »Völkerfrühling« erfasste auch die slowenischen Intellektuellen in Laibach und Wien. In einer ersten programmatischen Schrift wurde die **Wiedereinführung des Slowenischen als Amts- und Schulsprache** gefordert und der Wunsch formuliert, alle Landsleute in einem Bundesland zu vereinen. Ab etwa 1860 begannen sich die Slowenen zu organisieren, gründeten Turn- und Wehrsportvereine, Lese- und Kulturkreise, die sich zunehmend politisierten. Ab 1868 fanden vielerorts so genannte Tabors statt: Massenkundgebungen im Freien, auf denen die Redner das Recht auf nationale Selbstbestimmung einklagten.

Wien zeigte sich von solchen Deklarationen wenig beeindruckt. Erst 1867, ein Jahr nachdem Österreich seinen venezianischen Besitz eingebüßt hatte und weitere territoriale Verluste nicht auszuschließen waren, nahmen die **Habsburger** eine **flexiblere Position** ein. Ungarn wurde unabhängig und blieb mit dem übrigen Österreich nur durch die Personalunion des Monarchen und eine gemeinsame Außenpolitik verbunden. Die anderen Völker innerhalb des nunmehr »Österreich-Ungarn« genannten Reiches mussten sich vorerst bescheiden mit dem Status von »im Reichsrat vertretenen Königreichen und Ländern«. **Amtssprache** war weiterhin **Deutsch** – nur wer Deutsch beherrschte, hatte Aussicht auf sozialen Aufstieg. Deshalb blickten auch viele Slowenen mit Skepsis auf ihre Volksvertreter, die sie verdächtigten, ihren sozialen Status mit der Übernahme habsburgischer Sprach- und Verhaltenscodes erkauft zu haben. Tatsächlich hielten sich die slowenischen Abgeordneten im Reichsrat mit Stellungnahmen zur »freien Nation« auffällig zurück. Dies änderte sich erst 1907, als mit der Einführung des allgemeinen, gleichen und geheimen Wahlrechts alle Bevölkerungsgruppen (ausgenommen Frauen) durch Abgeordnete repräsentiert waren. Nun bildeten sich Fraktionen slowenischer Politiker, die eine offensive Nationalpolitik vertraten und mit den Vertretern anderer südslawischer Länder eng zusammenarbeiteten.

Als der Erste Weltkrieg ausbrach, wurden in Österreich-Ungarn die Truppenteile aller Nationalitäten mobilisiert. Trotz der wachsenden nationalistischen Tendenzen in ihren Heimatländern blieben die Regimenter den Habsburgern bis in die Schlussphase des Krieges hinein treu. Mit dem Eintritt Italiens auf Seiten der Entente war auch **Slowenien** zum **Kriegsschauplatz** geworden: Entlang dem Unterlauf der Soča – bekannt unter ihrem italienischen Namen Isonzo – wurden zwischen 1915 und 1917 nicht weniger als zwölf schwere Schlachten geschlagen. Besonders die Bewohner zwischen Bovec/Flitsch, Kobarid/Karfreit, Tolmin/Tolmein und Gorica/Görz hatten unter den Kämpfen zu leiden. Gleichzeitig wuchs, je mehr sich der baldige Zusammenbruch der Habsburger Monarchie abzeichnete, die Hoffnung der im Reichsverband zusammengeschlossenen Nationen auf Erlangung staatlicher Unabhängigkeit. **Erster Weltkrieg (1914–1918)**

Im **Oktober 1918** überschlugen sich dann innerhalb weniger Tage die Ereignisse. Am 6. Oktober 1918 trat ein Nationalrat aller österreichischen Südslawen in Zagreb zusammen und ging auf Konfrontationskurs. Am 17. Oktober versprach Karl I. den Völkern der Donaumonarchie einen föderativen Staatsaufbau. Der amerikanische Präsident Wilson forderte drei Tage später die **Anerkennung der**

Selbstständigkeitswünsche der Völker Österreich-Ungarns. Schließlich riefen am 28. Oktober die Böhmen, Mähren und Slowaken die Tschechoslowakische Republik aus. Noch am selben Tag erklärte sich auch der **slowenische Nationalrat** für autonom, trat tags darauf gemeinsam mit den anderen südslawischen Räten aus dem österreichischen Staatsverband aus und verkündete den **»Unabhängigen Staat der Slowenen, Kroaten und Serben« (SHS)**.

SHS und Königreich Jugoslawien

1918	Slowenien, Kroatien und Serbien erklären sich zum »Vereinigten Königreich der Serben, Kroaten und Slowenen«.
1920	Südkärnten wird durch Abstimmung österreichisch.
1921	Die von vielen Slowenen bewohnte Küstenregion Primorska und die westliche Innerkrain fallen an Italien.
1929	Auflösung des südslawischen Parlaments und Umbenennung des Staates in »Königreich Jugoslawien«.
1931	Aufhebung der »Königsdiktatur«
1941–1945	Deutschland, Italien und Ungarn teilen Jugoslawien unter sich auf. Gegen die Besatzungsmächte kämpft die kommunistisch dominierte Partisanenarmee.

Vereinigtes Königreich Am 3. November 1918 wurde ein Waffenstillstandsabkommen unterzeichnet, aber **keine Demarkationslinie** festgelegt. Italien beanspruchte »slowenische« Gebiete, die ihm 1915 im Londoner Abkommen zugesichert worden waren. Seine Truppen stießen in Richtung Ljubljana vor und kamen bis Logatec. Um sich bei den anstehenden Friedensverhandlungen besser gegen Italien durchsetzen zu können, erweiterte sich der unabhängige Staat SHS unter Einschluss Montenegros zum **»Vereinigten Königreich der Serben, Kroaten und Slowenen«**, das 1929 in »Königreich Jugoslawien« umbenannt wurde. **Serbien** gebührte der unumstrittene **Führungsanspruch**: Bereits 1878 hatte es sich von osmanischer Herrschaft befreit und war in der Folge für die »südslawischen Brüder« im »Völkergefängnis« der Donaumonarchie eingetreten. Und während Slowenien und Kroatien im Ersten Weltkrieg an der Seite der Verlierer gekämpft hatten, hatte Serbien das Schlachtfeld als Sieger verlassen. Mit 44 % stellte es zudem den höchsten Bevölkerungsanteil des südslawischen Königreichs (zum Vergleich: Slowenen 8 %, Kroaten 23 %).

Slowenen außerhalb des Köingreichs Doch auch die Siegermacht Serbien konnte nicht verhindern, dass mit Festlegung des neuen Grenzverlaufs ca. 400 000 Slowenen aus dem südslawischen Königreich ausgeschlossen blieben. Laut Vertrag von Rapallo fiel 1921 die mehrheitlich von Slowenen bewohnte Küs-

▶ SHS und Königreich Jugoslawien

tenregion Primorska (einschließlich Triest und Soča-Tal) ebenso wie das westliche Innerkrain mit Idrija und Postojna an Italien. In einem Plebiszit im Jahr 1920 sprach sich die Mehrheit der in **Südkärnten** und der **nördlichen Steiermark** lebenden Slowenen für den Verbleib in Österreich und gegen die Angliederung an das Königreich Jugoslawien aus (▶Baedeker-Special, S. 24).

Das vereinigte, von Serbien dominierte Königreich war durch die alte »Türkengrenze« in **kulturell und wirtschaftlich unterschiedliche Zonen** geteilt, zugleich übersät mit ethnischen Inseln, z. B. serbischen und moslemischen Enklaven in Kroatien – keine gute Voraussetzung für einen gemeinsamen Aufbruch. Die gebieterische Politik des **serbischen Königs** war zudem wenig geeignet, die historischen und kulturellen Differenzen zwischen den südslawischen Völkern zu überbrücken. Immerhin erlebte Slowenien mit dem Aufbau einer Textil-, Metall- und Nahrungsmittelindustrie trotz der zu leistenden Abgaben an Belgrad einen wirtschaftlichen Aufschwung und erhielt nebst Universität eine Reihe weiterer wichtiger Bildungs- und Kultureinrichtungen. Um der innenpolitischen Konflikte Herr zu werden, griff König Alexander zu autoritären Mitteln. Bereits 1921 wurde die Kommunistische Partei verboten, acht Jahre später das gesamte Parlament aufgelöst und der Staat in **»Königsreich Jugoslawien«** umbenannt. Alexander regierte als **»Königsdiktator«**, nach seiner Ermordung 1934 durch Parteigänger der rechtsextremen kroatischen Ustascha wurde er durch Statthalter ersetzt.

Plakat von 1919: »Slowenien und seine Nachbarn« – immer wieder ein Thema

Nach dem Anschluss Österreichs an das Deutsche Reich 1938 intensivierten sich die Wirtschaftsbeziehungen zwischen Jugoslawien und seinen nördlichen Nachbarn. Am 25. März 1941 schloss die Belgrader Regierung einen Beistandspakt mit den Achsenmächten Deutschland und Italien. Dies führte zwei Tage später zu einem Putsch oppositioneller Offiziere gegen die jugoslawische Staatsführung. Daraufhin marschierten am 6. April italienische und deutsche Truppen in Jugoslawien ein, das umgehend kapitulierte. Deutschland verleibte sich die Oberkrain (ohne Ljubljana) sowie die kärntnerischen und steirischen Gebiete ein, Italien annektierte Ljubljana und

Besatzung im Zweiten Weltkrieg

Unterkrain; Ungarn erhielt Prekmurje mit den fruchtbaren Ebenen östlich der Mura. Die **deutsche Besatzungspolitik** zielte auf dauerhafte **Germanisierung** der Region und machte den Slowenen ein »Angebot«: Wer deutsch wurde bzw. windisch, d. h. Slowenisch sprach und deutsch fühlte, durfte im Land bleiben. Wer sich jedoch dem Angebot widersetzte, dem drohten Vertreibung und Schlimmeres (▶ Baedeker-Special, S. 24). In den Folgemonaten wurden viele Intellektuelle, Priester und Bauern, die Widerstand leisteten, in Konzentrationslager deportiert bzw. vor Ort ermordet. Die **slowenische Sprache verschwand** aus dem öffentlichen Leben, Bücher in der Landessprache wurden verbrannt.

Serbien, Montenegro, Kroatien Serbien wurde im Mai 1941 deutscher Militärverwaltung unterstellt, Montenegro wurde italienisch. Kroatien erhielt unter Absegnung Hitlers einen eigenen Nationalstaat, die politische Führung wurde **Ante Pavelič**, dem Führer der faschistischen Ustascha übertragen. Kroatien durfte sich auf Bosnien und die Herzegowina ausdehnen, mit äußerster Brutalität wurde eine Politik der ethnischen Säuberung eingeleitet. Die Londoner Zeitung »The Times« berichtete am 1. September 1941: »Die numerische Schwäche der Ustaschi macht sie um so williger, ihre Gegner (proserbische Kroaten und Serben des

Partisanenführer Josip Broz Tito 1942 beim Blick in die Karte

griechisch-katholischen oder orthodoxen Bekenntnisses) aufzuhängen, zu erschießen und zu vertreiben, als sie spüren, dass sie selbst bei deutscher Unterstützung nur durch Terror gegen ihre Kritiker und Gegner überleben können.« Wenige Monate später gab der als »kroatischer Himmler« bekannt gewordene Mile Budak die Weisung aus: »Ein Drittel Serben töten, ein zweites Drittel vertreiben und das dritte durch die katholische Taufe zu Kroaten machen!« (»Politik und Zeitgeschichte«, B 37 / 93)

Der **Widerstand gegen die Besatzung** formierte sich vor allem in den von Deutschland annektierten Gebieten sowie in Kroatien. Die in Jugoslawien seit 1921 verbotene Kommunistische Partei organisierte gemeinsam mit anderen linken Gruppen und Christsozialisten eine schlagkräftige **Partisanenarmee**, die von **Josip Broz »Tito«** angeführt wurde, der halb Kroate und halb Slowene war. Sie erhielt erheblich mehr Zuspruch als die großserbisch-nationale Bewegung der Tschetniks und wurde 1944 auch von den Alliierten anerkannt. Besonders großen Zulauf hatten die Partisanen in Slowenien. Die Wälder des Karsts waren ihr wichtigstes Operationsfeld. Nordöstlich von Cerkno unterhielten sie ein Krankenhaus mit OP-Saal, Röntgen- und Intensivstation, Kranken- und Arztzimmer (▶ S. 169). Das geheime Führungsquartier der Partisanen lag im Kočevski Rog (▶ S. 181). Doch gab es auch – vor allem auf katholischer Seite – einflussreiche Kräfte, die sich mit den Besatzern arrangierten und für die Gründung der »Weißen Garde«, der sog. **Domobranci**, eintraten: eine Miliz von Kollaborateuren, deren Ziel es war, die kommunistisch geführte Partisanenbewegung zu zerschlagen. Bis heute wirkt die damalige Spaltung der Bevölkerung nach. So wird in politischen Auseinandersetzungen stets unterschieden, ob ein Slowene aus einer Partisanen- oder einer Domobranenfamilie kommt.

Widerstand gegen Besatzung

Nach 1945: Jugoslawien unter Tito

1945	Bei ersten Nachkriegswahlen erhält die Volksfront unter Tito 90 % der Stimmen. Die »Föderative Volksrepublik Jugoslawien« wird ausgerufen.
1954	Die Stadt Triest kommt endgültig zu Italien, die istrische Küstenregion zu Jugoslawien.
1974	Tito gesteht den Teilrepubliken weitgehende Autonomierechte zu.

Schon nach der Kapitulation Italiens hatte Tito große Teile Jugoslawiens unter seine Kontrolle gebracht. Mit Hilfe der Sowjetunion und der Alliierten wurde Jugoslawien endgültig vom Faschismus befreit.

Nach 1945

Die deutsche und italienische Minderheit, die mit den Besatzern kollaboriert hatte, wurde vertrieben und ihr Eigentum verstaatlicht. Die kommunistische Volksfront errang bei den **Wahlen zur Nationalversammlung** 90 % aller Stimmen. Mit diesem Ergebnis wurde **Titos Führungsrolle bestätigt** und die weitere politische Entwicklung vorgezeichnet: Aus seiner Position als kompromissloser Kämpfer entwickelte sich Tito zu einer Integrationsfigur und realisierte die von ihm angestrebte **Einigung der südslawischen Völker**. Die am 29. November 1945 ausgerufene »**Föderative Volksrepublik Jugoslawien**« setzte sich zusammen aus den Volksrepubliken Slowenien, Kroatien, Bosnien-Herzegowina, Montenegro, Serbien und Mazedonien sowie den autonomen Provinzen Kosovo und Vojvodina. Slowenien wurde gemäß der Pariser Friedenskonferenz 1947 um wesentliche Teile Julisch-Venetiens erweitert, bei Italien verblieben das untere Isonzo- und das Kanal-Tal. Jahrelang ungelöst blieb die **Zugehörigkeit Triests** und eines Teils Istriens. Da man sich im Friedensvertrag nicht hatte einigen können, wurden die Stadt selbst (als Zone A) und der strittige Teil Istriens (als Zone B) internationalisiert und als Freistaat der UNO unterstellt. Durch einen erneuten Vertrag zwischen Italien und Jugoslawien fiel schließlich 1954 die Zone A (223 km², ca. 300 000 Einwohner) an Italien und die mehr als doppelt so große Zone B (mit nur 67 000 Einwohnern) an Jugoslawien. Ein Jahr später gab die Regierung in Belgrad auch alle Ansprüche auf das Klagenfurter Becken (Südkärnten) offiziell auf.

Blockfreier sozialistischer Staat

Die sozialistische Revolution hat sich in Jugoslawien nicht nach dem Muster volksdemokratischer Umwälzung in den Staaten Osteuropas vollzogen. Zwar wurden auch hier Banken und Industrien verstaatlicht, Grundbesitz über 34 ha eingezogen und die Landwirtschaft kollektiviert, doch schon früh suchte Jugoslawien den Weg zu einem blockfreien Staat, der sich in bewusster Abgrenzung zum sowjetischen Stalinismus wie auch zum westlichen Kapitalismus entwickelte. Dabei setzte Staatspräsident Tito auf das vom Slowenen Edvard Kardelj konzipierte Modell der **betrieblichen Selbstverwaltung** und ließ sogar in begrenztem Umfang **Privateigentum an Produktionsmitteln** zu. Die Zwangskollektivierung wurde 1953 gestoppt, Bauern durften Anbauflächen bis zu einer Größe von 10 ha in eigener Regie bewirtschaften.

Nord-Süd-Gefälle

Obwohl sich die wirtschaftliche Situation stetig verbesserte, gelang es nicht, das wirtschaftliche Nord-Süd-Gefälle innerhalb Jugoslawiens zu beseitigen. Die weniger entwickelten Regionen im Süden forderten intensiveren Kapitalfluss aus dem reicheren Norden, doch zeigten sich Slowenien und Kroatien an der Leistung von Entwicklungshilfe wenig interessiert. Tatsächlich erwirtschaftete **Slowenien** mit nur 8 % der Bundesbevölkerung Jahr für Jahr **mehr als 20 % aller jugoslawischen Exporte**. Kroatien durfte gar die gesamte Küstenregion von Istrien, Kvarner Bucht und Dalmatien sein Eigen nennen, eine ewig sprudelnde Quelle touristischer Devisen. Zwar verfügten die Bewohner des Nordens über einen deutlich höheren Lebensstandard als diejenigen in Mazedonien, Montenegro und Kosovo, doch es ging ihnen – wie sie meinten – nicht gut genug. Slowenen und Kroaten wollten nicht einsehen, warum sie einen Teil des erwirtschafteten Reichtums an die Zentrale in Belgrad abtreten sollten, die damit Investitionsprogramme im ungeliebten Süden finanzierte.

Als auch die Wirtschaftsreformen von 1965 den Nord-Süd-Gegensatz nicht aufzuheben vermochten, begannen nationalistische Tendenzen in den Teilrepubliken zu wachsen. Als Konsequenz wurde 1974 eine neue jugoslawische Verfassung angenommen, in der die Rolle der Nationalitäten gestärkt, die Zuständigkeiten der Föderation eingeschränkt und die Souveränität der Teilrepubliken erhöht wurde.

Autonomiebestrebungen und der Staat Slowenien

ab 1980	Die Gegensätze verschärfen sich: In Slowenien und Kroatien erstarken separatistische Tendenzen.
1991	Slowenien erklärt sich am 25. Juni für unabhängig. Deutschland erkennt Slowenien am 23. Dezember an.
1992	Aufnahme Sloweniens in die UNO
1998	Nachdem Slowenien die Rechte der italienischen und ungarischen Minderheit anerkannt hat, wird auch der Sonderstatus der deutschsprachigen Volksgruppe bestätigt.
2002/2003	Beim NATO-Gipfel in Prag wird Slowenien als einzigem Land aus dem ehemaligen Jugoslawien die Mitgliedschaft angetragen, 2003 wird sie vollzogen.
2004	Slowenien wird in die EU aufgenommen.
2007	Der Euro wird als Landeswährung eingeführt.
2008	Slowenien übernimmt für 6 Monate den EU-Ratsvorsitz.

Nach Titos Tod 1980 spitzten sich die Konflikte wieder zu. Der historisch tradierte Riss, der Jugoslawien entlang einer über Donau, Sava und Una reichenden Linie durchzog, war mit Beschwörungsformeln der Solidarität nicht mehr zu kitten. Der katholische und europäisch geprägte Nordwesten stellte sich in Opposition zum orthodox-byzantinischen, teilweise auch islamisch beeinflussten Südosten. Zur Aufkündigung einer gemeinsamen Wirtschaftspolitik gesellte sich die unverhohlene Absicht, den politischen Zusammenhalt der sozialistischen Föderation in Frage zu stellen.

Auflösung Jugoslawiens

Slowenien als die ethnisch homogenste und historisch am wenigsten mit Serbien verflochtene Republik durfte hoffen, sich ohne größeres

Blutvergießen aus der Föderation lösen zu können. Beim Kampf um staatliche Eigenständigkeit spielte **Milan Kučan**, ab April 1986 Vorsitzender der Kommunistischen Partei Sloweniens, eine entscheidende Rolle. Geschickt verstand er es, das Einparteiensystem in eine pluralistische Regierungsform umzuwandeln und damit die Voraussetzungen für einen **Systemwandel** zu schaffen. Bei den ersten demokratischen Wahlen am 8. April 1990 siegte eine bürgerliche Oppositionsallianz, doch wurde der Reformkommunist Kučan mit deutlicher Mehrheit zum Präsidenten gewählt. Bei dem am 23. Dezember 1990 durchgeführten Plebiszit stimmten 88 % der Slowenen für die staatliche Unabhängigkeit. Zur gleichen Zeit hatte man in Slowenien bereits mit dem Aufbau einer mehrere Tausend Mann starken bewaffneten Bürgerwehr begonnen.

Neuer Staat Slowenien

Slowenien wird parlamentarische Republik

Am **25. Juni 1991** erklärte das slowenische Parlament die jugoslawische **Verfassung für ungültig**. Angehörige der **Bürgerwehr** übernahmen die Kontrolle an den Grenzübergängen und vertrieben die Grenzbeamten nach Österreich und Ungarn. Zwei Tage danach

29. Juni 1991: Slowenischer Soldat neben einem neu errichteten Schild an der österreichisch-slowenischen Grenze

Autonomiebestrebungen und der Staat Slowenien

rückten **jugoslawische Panzereinheiten** unter Führung des kroatischen Generals Veljko Kadijevič zu den italienischen und österreichischen Grenzen vor und stießen dabei auf erbitterten Widerstand der Slowenen. Die Soldaten der Bundesarmee hatten weder einen Schießbefehl noch die zur Bekämpfung der Revolte erforderliche Munition. Als sie am 7. Juli wieder abzogen, waren 56 Tote und 287 Verletzte zu beklagen – vorwiegend auf der Seite der Bundesarmee.

Drei Monate später übernahm Slowenien die Kontrolle über das Land und den Luftraum. Zumindest einige Staaten gab es, die das Auseinanderbrechen des Vielvölkerstaats Jugoslawien billigend in Kauf nahmen, sich daraus unmittelbare Vorteile für die Machtneuverteilung auf dem Kontinent ausrechneten. Den als Opfern definierten Slowenen und Kroaten wollte die **deutsche Regierung** am allerwenigsten die rasche Anerkennung versagen. Während die europäischen Nachbarn noch zauderten, hatte sie bereits am 15. Dezember 1991 die **diplomatische Anerkennung Sloweniens und Kroatiens** beschlossen. Der Patriotismus, der sich in diesen Ländern herausgebildet hatte, schien im Rahmen einer neu zu schaffenden europäischen Ordnung förderungswürdig.

Acht Tage später nahm das slowenische Parlament eine neue Verfassung an, die **Slowenien als parlamentarische Republik** definierte. Am 15. Januar 1992 wurde Slowenien (und mit ihm Kroatien) als unabhängiger Staat auch von **den übrigen EU-Staaten rechtlich anerkannt**, seit Mai 1992 ist es Mitglied der UNO.

Binnen kürzester Zeit baute das Land eine Staatsbürokratie und einen diplomatischen Dienst, eine eigene Polizei und Armee auf. Der Umbau von einer sozialistischen zu einer kapitalistischen Ökonomie erfolgte – im Gegensatz zu vielen anderen Transformationsländern – bei gleichzeitiger sozialer Abfederung. Nach wirtschaftlichen Rückschlägen in der Übergangsphase entwickelte sich Slowenien zu einem wohlhabenden europäischen Land, das seine Rolle als Bindeglied zwischen dem Zentrum Europas und dem Balkan gut zu spielen wusste und alle selbst gesteckten politischen Ziele im anvisierten zeitlichen Rahmen realisierte. 2002 wurde Slowenien Mitglied der NATO. Staatspräsident ist seit Dezember 2007 der parteilose **Danilo Türk**, den die Socialni demokrati (▶ S. 28) als Kandidat aufgestellt hatte.

Am 1. Mai 2004 erfolgte die Aufnahme in die Europäische Union. Gleichzeitig trat Slowenien dem Schengener Abkommen bei; seit Dezember 2007 gibt es im Zuge des Schengener Abkommens keine Grenzkontrollen mehr zu Österreich, Ungarn und Italien. Der **Euro** ist seit Januar 2007 Landeswährung. Im Januar 2008 übernahm Slowenien erstmals für sechs Monate die EU-Ratspräsidentschaft.

Eu-Mitgliedschaft

Kunst und Kultur

In Slowenien berühren sich romanische, germanische und slawische Welten. Von ihren unterschiedlichen Kulturen ist in dem kleinen Land etliches zu sehen. Kunstschätze findet man nicht nur in der Hauptstadt Ljubljana, sondern auch in vielen kleineren Städten, in Klöstern und Kirchen.

Architektur- und Kunstgeschichte

Aufgrund seiner Lage zwischen Alpen und Adria, Pannonien und Balkan haben unterschiedliche Völker im Land ihre Spuren hinterlassen. Auf die Illyrer und Kelten folgten die Römer, dann kamen die Langobarden, Goten und Slawen, die Franken, Venezianer, Österreicher und Jugoslawen. So sind auf engem Raum viele Kulturschätze versammelt: Die Palette reicht von **keltischem Schmuck** über **antike Skulpturen** bis zu goldenen Grabbeigaben aus der Epoche der Völkerwanderung. Die **christliche Kunst** ist mit hervorragenden Beispielen der Gotik und des Barock vertreten; über Wien, die Hauptstadt des Habsburgischen Reiches, dem Slowenien bis 1918 angehörte, war das Land an alle wichtigen Kunstströmungen angeschlossen. In der **jugoslawischen Epoche** suchte man nach einem eigenen Stil, ohne dass der Kontakt zur internationalen Kunstszene abriss.

Vielfalt an Kulturschätzen

Frühgeschichte und Antike

Das älteste Musikinstrument der Welt stammt aus dem Karst: In der Höhle Divje babe (Alte Weiber) wurde 1995 eine **Flöte** entdeckt, deren Alter auf 45 000 Jahre geschätzt wird. Sie ist aus dem Knochen eines jungen Bären geschnitzt und verfügt über perfekt perforierte Grifflöcher. Sensationell ist der Fund, weil er beweist, dass der Neandertaler – anders als bis dahin angenommen – nicht nur mit dem nackten Überleben beschäftigt war, sondern bereits einen hoch entwickelten Sinn für die Künste hatte. Ausgestellt ist die Flöte im Nationalmuseum von Ljubljana.

Das älteste Musikinstrument der Welt

Das kostbarste Stück im Nationalmuseum, die **»Situla von Vače«** (7.–4. Jh. v. Chr.), ist ein reich verziertes Bronzegefäß, das aufgrund seiner technischen Ausführung und der abstrahierten Figurendarstellung auf einen hohen künstlerischen Stand schließen lässt. In drei horizontalen Streifen sind Szenen aus Krieg und Frieden eingemeißelt: Ganz oben sieht man Reiter und Ross in Kampfmontur, in der Mitte ein fürstliches Fest mit Opfergaben, unten zahlreiche Tiere.

◄ Abb. S. 56

Von den Kelten haben sich Silbermünzen, Goldschmuck und einige wenige Skulpturen, z. B. das **»Porträt einer Keltin«** im Regionalmuseum Celje, erhalten. Reicher ist das Erbe der Römer, die in die Provinzstädte Emona (Ljubljana), Celeia (Celje) und Poetovio (Ptuj) Kunst aus dem Zentrum des Reiches mitbrachten. Im Nationalmuseum von Ljubljana sind gleich mehrere Skulpturen ausgestellt, darunter die vergoldete Bronzestatue eines **»Bürgers von Emona«**. In Ptuj steht ein 5 m hohes Orpheus-Denkmal. In Šempeter ist eine Nekropole mit prachtvollen Grabmälern erhalten.

Keltisches und Römisches

◄ Abb. S. 39

← *Die herrlichen Fresken in der Kirche von Hrastovlje wurden von der UNESCO zum Weltkulturerbe erklärt.*

In die Zeit römischer Herrschaft fallen die **Anfänge christlicher Kunst**. In Ljubljana entdeckte man in der Erjavčeva ulica farbenprächtige Bodenmosaiken; in Vranje (bei Sevnica) und Rifnik (bei Laško) überdauerten archaische Kirchen, die zugleich als Fluchtburgen dienten. Alle frühchristlichen Fundstätten sind als archäologische Parks zugänglich.

Mittelalterliche Bauten und Malereien

Romanik Die Völkerwanderung im 5. und 6. Jh. führte zum Sturz der römischen Herrschaft und der antiken Zivilisation. Von den durchziehenden **Langobarden** und **Ostgoten** erhielt sich Grabschmuck bei Kranj und Dravlje. Nur wenig erinnert dagegen an die **Slawen** aus dem Dnjepr-Gebiet, die sich neu in dem Gebiet ansiedelten. Erst mit ihrem **Übertritt zum Christentum** und der Übernahme des Lehnswesens wurden Voraussetzungen für eine größere Kunstproduktion geschaffen. Der neue Religionskult erforderte den Bau von Gotteshäusern; Heiligenfiguren und -bilder sollten den Gläubigen wichtige Episoden der Bibel nahe bringen. Auftraggeber der Kunst waren Klerus und Adel, die sich die Finanzierung von Baumeistern leisten konnten. Von nun an folgte die Kunst mitteleuropäischen Vorbildern, Venedig bestimmte den Ton an der Küste.

Die bronzene »Situla von Vače«

Der **Kirchenbau** im großen Stil setzte in der zweiten Hälfte des 10. Jh.s ein. Es entstanden einschiffige Bauten mit halbrunder Apsis in den schlichten Formen der Romanik, die eine feierliche Raumwirkung entfalteten. Aufwändiger wurden die **Klosterkirchen** gestaltet, die über mehrere Schiffe verfügten. Besonders eindrucksvoll sind die der Zisterzienser in Stična und der Kartäuser in Žiče.

Gotik Mit der Gründung neuer Klöster im 13. Jh. wurden die Stilformen der Gotik importiert. 1234 bauten die Zisterzienser in Kostanjevica an der Krka eine Kirche mit Spitzbogengewölben und reich ornamentierten Kapitellen. 1260 errichteten die Minoriter in Ptuj ein prächtiges Gotteshaus. Ihre Blüte erlebte die Gotik erst im Spätmittelalter mit hohen, lichtdurchfluteten Kirchen. Zu den schönsten zählen die **Wallfahrtskirche in Ptujska Gora** (um 1420), St. Kanzian in Kranj (um 1450) und St. Jakob in Škofja Loka (1471 – 1473).

Bildhauerkunst und Malerei standen der Architektur nicht nach. Unbekannte Meister schufen **Skulpturen im »Weichen Stil«**, der sich durch eleganten Faltenwurf und eine anmutige Gebärdensprache auszeichnet. Zu den herausragenden Werken gehört die um 1410 geschaffene **Madonna** im Hauptaltar von **Ptujska Gora**, unter deren ausgebreitetem Mantel mehrere Dutzend Bürger Schutz suchen. In der Malerei gelang es vielen Künstlern, aus der Anonymität herauszutreten. Janez Ljubljanski (Johannes aus Laibach) und Wolfgang von Crngrob schufen farbenfrohe und detailreiche, von italienischen Fresken inspirierte **Wandmalereien**; die kühne, expressive Malerei des Johannes aus Kastav, die in der **Kirche von Hrastovlje** bewundert werden kann, wurde zum UNESCO-Weltkulturerbe erklärt.

Kunst unter den Habsburgern

Die Renaissance kam via Venedig ins Land. Koper, das damals zur Seerepublik gehörte, erhielt in der zweiten Hälfte des 15. Jh.s einen Dom und einen Prätorenpalast, die neben gotischen bereits typische Stilformen der Renaissance aufweisen: Im Rückgriff auf die Antike wurden Rundbogenfenster, Säulen und Attiken verwendet. *Renaissance*

Da sich die Italiener auch als **Festungsbaumeister** hervortaten, wurden sie im 16. Jh. bevorzugt engagiert, um die Grenzen gegen die vorrückenden Osmanen zu sichern. Sie bauten **Schlösser** und **Burgen** in klassischer vierflügeliger Anlage. Selbst **Dorfkirchen** wurden aufgerüstet: Rings um den Baukörper wurden massive Mauern hochgezogen, auf dass im Angriffsfall die Bevölkerung samt ihrem Vieh Schutz finden konnte. Die Kirchen heißen **»Tabori«** (Tabor = Burg) und sind längs der damaligen Grenze, v. a. im Karst, zu finden.

Um 1600 sagten die katholisch-habsburgischen Herrscher dem im Land erstarkten Protestantismus den Kampf an. Zeitgleich mit der Vertreibung der »Ketzer« starteten sie ein offensives Bauprogramm, um verloren gegangenes geistliches Terrain zurückzugewinnen. Vor *Barock*

Wandmalereien in der Kirche von Hrastovlje: der berühmte Totentanzzyklus

allem in der Provinzhauptstadt **Laibach** (Ljubljana) entstanden **prachtvolle Kirchen**, die die Stärke des katholischen Klerus bezeugen sollten. Unter den Jesuiten, den glühendsten Verfechtern der Gegenreformation, entstanden die Domkirche, das angrenzende Priesterseminar, die Ursulinen- und die Franziskanerkirche. Barock ist auch das Rathaus und der davor platzierte »Brunnen der Krainer Flüsse« von Francesco Robba (▶Berühmte Persönlichkeiten), einem Meister des **»Laibacher Barocks«**. Andernorts wurden romanische und gotische Kirchen barockisiert, Pest- und Mariensäulen errichtet.

Die Adeligen, die mit der kaiserlich-klerikalen Bauoffensive mithalten wollten, schufen neue **Schlösser**. Zu den schönsten zählen die Residenzen der Familie Attems in Dornava, Štatenberg und Slovenska Bistrica. Dem Barock war in Slowenien eine durchschlagende Wirkung beschieden. Besonders auf dem Land blieb er wesentlich länger als anderswo in Mitteleuropa lebendig.

Klassizismus und Romantik

Der Klassizismus hat auf dem Gebiet des heutigen Slowenien kaum Fuß gefasst. Nur im steirischen Kurort Rohitsch Sauerbrunn (Rogaška Slatina), der im 19. Jh. beim Habsburger Adel in Mode kam, wurden streng-rationale Repräsentationsbauten errichtet. Andernorts gab es die volkstümlich-bürgerliche Variante; bescheidene Biedermeierhäuser verdrängten ihre prunkvollen, barocken Vorgänger.

Auch in der Malerei machte sich das **Biedermeier** bemerkbar. Josip Tominc (1790–1866), Matevž Langus (1792–1855), Mihael Stroj (1803–1871) zeigten in Porträts das erwachende bürgerliche Selbstbewusstsein. Wichtigste Landschaftsmaler der Romantik waren Marko Pernhart (1824–1871) und Anton Karinger (1829–1870).

Historismus und Fin de Siècle

In der **Architektur** bediente man sich ab Mitte des 19. Jh.s historischer Formen, schuf Kirchen und Repräsentationsbauten im Stil der Neoromanik, der Neogotik, der Neorenaissance und des Neobarocks. In Laibach (Ljubljana), wo es 1895 ein schweres Erdbeben gab, entstanden viele Gebäude im **Stil der Wiener Sezession**, den die in der habsburgischen Hauptstadt ausgebildeten Architekten adaptierten.

Auch zahlreiche slowenische **Maler** und **Bildhauer** erhielten in Wien ihre Ausbildung. Nach ihrer Rückkehr waren sie bemüht, **internationale Strömungen** wie Impressionismus, Symbolismus und Expressionismus mit dem damaligen slowenischen Zeitgeist in Einklang zu bringen. Mit dem Drang nach größerer politischer Selbstständigkeit wurden realistische Sujets wichtig. Typisch slowenische Stadt- und Landansichten wurden von Künstlern wie Jožef Petkovšek, Ivana Kobilica und den Brüdern Šubic angefertigt. Auf die Realisten folgten Impressionisten wie Ivan Grohar, Matija Jama, Matej Sternen und Rihard Jakopič. Am stärksten stellten sich die Bildhauer in den Dienst der Nation: Alojz Gangl, Ivan Zaje und Franc Berneker schufen Darstellungen großer slowenischer Dichter und Denker. **Anton Ažbè** gründete in München eine bedeutende Malschule; zu seinen Meisterschülern zählten Kandinsky, Jawlensky und Gabriele Münter.

▶ Architektur- und Kunstgeschichte FAKTEN 59

Moderne und sozialistischer Realismus

Als Slowenien Teilstaat des Königreichs Jugoslawien wurde, rückte das habsburgische Provinznest Laibach zur slowenischen Hauptstadt Ljubljana auf. **Jože Plečnik** (▶Berühmte Persönlichkeiten) wurde beauftragt, Ljubljana ein repräsentatives, modernes Gesicht zu geben. Andere wichtige Architekten sind Vladimir Šubic, der Ljubljanas ersten Wolkenkratzer (Nebotičnik; Slovenska cesta) entwarf, sowie **Max Fabiani**, der das Dorf Štanjel zu einer »Perle im Karst« aufpolierte.
In der **bildenden Kunst** brachten France und Tone Kralj, Božidar Jakac und Veno Pilon die krisengeschüttelte Zwischenkriegszeit in symbolistischen und expressionistischen Malereien zum Ausdruck.

Moderne

Nach dem Zweiten Weltkrieg wurde der Sozialistische Realismus offizielle Kunstdoktrin. Maler und Bildhauer erhielten den Auftrag, **Themen der Arbeiterbewegung** und **des nationalen Befreiungskampfs** in einer leicht verständlichen, realistischen Formensprache darzubieten. Heute sind die Werke des sozialistischen Realismus aus dem öffentlichen Raum nahezu verbannt; nur in neu gegründeten Arbeiterstädten wie etwa Nova Gorica stößt man noch hier und da auf Denkmäler, die gefallene bzw. verdiente Partisanen ehren.

Sozialistischer Realismus

Treppenhaus im Nebotičnik, Ljubljanas erstem Hochhaus

Kunst ab 1955

Noch vor dem politischen Tauwetter wurde die jugoslawische Kunst von allen ideologischen Vorgaben befreit. Als in Ljubljana 1955 unter Mitwirkung von Künstlern aus Ost und West die **erste Grafik-Biennale** stattfand, kam dies einem Befreiungsschlag gleich. Abstraktion, Informel und Action Painting verdrängten gegenständliche Motive und kompositorische Regeln. Im Anschluss an die erste Biennale entstand die »**Grafische Schule Ljubljana**«, zu deren wichtigsten Vertretern Janez Bernik und Riko Debenjak zählen.

Auch in der Malerei setzten sich **westliche Kunstströmungen** durch. Gojmir Anton Kos schuf abstrakte, farbintensive Stillleben; Marij Pregelj, Gabrijel Stupica und France Mihelič arbeiteten in einer eigenwilligen Formensprache, die bei aller Abstraktion noch figurale Elemente enthält. Lojze Spacal wurde der im Ausland am meisten beachtete Maler Sloweniens; viele seiner Werke sind in der Karstburg von Štanjel ausgestellt.

International Furore machte in den 1980er-Jahren die **NSK »Neue Slowenische Kunst«** (der deutsche Name gilt auch im Slowenischen!), ein Zusammenschluss der Malergruppe IRWIN, der Rock-Punkband Laibach (▶Berühmte Persönlichkeiten) und einer privaten Theatertruppe. Mit viel Lust an Provokation inszenierten sie Szenen der jüngsten Vergangenheit, wobei sich Betrachter nie wirklich sicher waren, ob sie diese nun ironisierten oder glorifizierten.

> ! *Baedeker* TIPP
>
> **Forma Viva**
>
> Seit 1961 finden an vier Orten Sloweniens Forma-Viva-Symposien statt: in Kostanjevica an der Krka, Seča (Portorož), Ravne und Maribor. Ausgewählte Bildhauer aus aller Welt arbeiten mehrere Wochen gemeinsam mit slowenischen Künstlern in dem für den jeweiligen Ort typischen Material. Der Staat übernimmt alle Kosten und behält dafür die entstandenen Werke. So sind jeweils vor Ort Skulpturenparks entstanden, in denen man die Werke führender slowenischer Bildhauer, u. a. Boris und Zdenko Kalin, Karel Putrin und Stojan Bato, sehen kann.

Mit der politischen Wende von 1990 wurde es stiller um slowenische Kunst. Das ersehnte marktwirtschaftliche System zwingt Künstler in die Rolle von Bittstellern, lässt sie auf Stipendien hoffen und Ausschau halten nach Sponsoren.

Literatur

Identität durch slowenische Sprache

Über 1000 Jahre lebten Slowenen unter fremden Herren und konnten nur mit Hilfe ihrer Sprache ihre Identität bewahren. Lange Zeit blieb deren Gebrauch auf die Privatsphäre beschränkt, in Amtsstuben, Schulen und in der Kirche musste Deutsch bzw. Italienisch gesprochen werden. Im 16. Jh. erschienen erste Bücher in slowenischer Sprache, weltliche Literatur entstand aber erst ca. 200 Jahre später.

Literatur — FAKTEN

Mittelalter

Bei den **ältesten slowenischen Schriftstücken** handelt es sich um katholische Lithurgien, drei in ein lateinisches Manuskript eingestreute Gebetstexte aus der Zeit um 1000. Da die Handschrift im bayrischen Freising gefunden wurde, gab man ihr den Namen **»Freisinger Sprachdenkmäler«**.

Reformation: Erste Bücher auf Slowenisch

Die Entwicklung der slowenischen Schriftsprache begann mit der Reformation ab 1550, als sie zugleich systematisch aufgezeichnet wurde. Pfarrer **Primož Trubar** (▶ Berühmte Persönlichkeiten) übersetzte u. a. das **Neue Testament**, wobei er den slowenischen Lauten eine Kombination aus deutscher und kroatischer Orthografie überstülpte. Aus den mehr als 40 im Land gesprochenen Dialekten wählte er das **in Ljubljana gesprochene Slowenisch**.
Nach dem Vorbild Trubars übertrug Jurij Dalmatin 1584 die komplette **Bibel**, noch im gleichen Jahr entwickelte Adam Bohorič eine erste slowenische Grammatik. Acht Jahre später entstanden erste slowenisch-deutsche bzw. slowenisch-italienische Wörterbücher.

Gegenreformation

Mit der Gegenreformation (ab 1600) wurden alle **Bemühungen zur Herausbildung einer slowenischen Hochsprache gestoppt**, da die habsburgische Führung befürchtete, sie sei ein Instrument zur Emanzipation ihrer Untertanen. Fortan durften allenfalls Kirchentexte auf Slowenisch entstehen, so die Predigtliteratur des Janez Svetokriški.

Aufklärung

Erst unter Joseph II. zur Zeit des aufgeklärten Absolutismus war eine systematische Beschäftigung mit der slowenischen Sprache wieder möglich. 1768 entwickelte Marko Pohlin eine moderne Grammatik, 1809 wurde sie vom kaiserlichen Zensor Jernej Kopitar überarbeitet. Wichtigster Mäzen jener Zeit war Baron Žiga Zois. Er unterstützte **Sloweniens erste Literaten**, die zugleich als Volksaufklärer auftraten. Anton Tomaž Linhart (1765–1795) schrieb Komödien, in denen er das ländliche und städtische Milieu schilderte. Als Historiker begann er mit der Niederschrift einer **»Slowenischen Universalgeschichte«**. Valentin Vodnik (1758–1819) verfasste Gedichte, gab die erste slowenische Zeitung, die »Ljubljanske novice«, heraus und verfasste Lehrbücher für die unter napoleonischer Besatzung entstandenen slowenischen Grundschulen.

Als Klassiker der slowenischen Literatur gilt der Dichter **France Prešeren** (▶ Berühmte Persönlichkeiten). Eine Strophe aus seinem »Trinklied« wurde 1991 zur **Nationalhymne** erkoren, der Todestag des Dichters ist in Slowenien Nationalfeiertag.

Nationaldichter France Prešeren

*Autoren aus Ex-Jugoslawien gründen die Gruppe 99.
Vierter von links ist der slowenische Schriftsteller Drago Jančar.*

Realismus Prešerens formvollendete Dichtung bewirkte, dass die Idee einer gemeinsamen Schriftsprache aller Südslawen, wie sie Vertreter der Illyrischen Bewegung forderten, nur wenige Anhänger fand. Die **Verfechter des Slowenischen** verteidigten das **Eigene**, das sich gerade erst zu artikulieren begann, und wollten es nicht für die gemeinsame Sache der Südslawen opfern.

Nach der Revolution von 1848 stellten die Schriftsteller sich in den Dienst der bürgerlichen Emanzipation und versuchten das nationale Selbstbewusstsein zu stärken. Führende Vertreter waren Josip Jurčič (1844–1881), der mit »Der Zehnte Bruder« den **ersten slowenischen Roman** verfasste, und Janko Kersnik (1852–1897), der in den »Bauernbildern« den Alltag der ländlichen Bevölkerung schilderte.

Modernismus **Westeuropäische Entwicklungen** übten einen **starken Einfluss** auf die Vertreter des literarischen Modernismus zu Beginn des 20. Jh.s aus. Die vorwiegend in Wien ausgebildeten Schriftsteller schrieben neuromantisch und symbolistisch, naturalistisch und realistisch. Als wichtigster Autor der Epoche gilt **Ivan Cankar** (1876–1918, ▶ Berühmte Persönlichkeiten). Weitere Vertreter der slowenischen Moderne sind Oton Župančič (1878–1949), Dragotin Kette (1876 bis 1899) und Josip Murn (1879–1901).

Expressionismus und sozialer Realismus Nach dem Ersten Weltkrieg und mit dem Eintritt Sloweniens ins Königreich Jugawien wurde der Expressionismus zum dominanten literarischen Stil. Stanko Majcen (1888–1970) verarbeitete seine **Kriegserfahrungen** zu Dramen wie »Apokalypse«. Unter dem Eindruck der Weltwirtschaftskrise setzte sich in den 1930er-Jahren eine **sozial engagierte Literatur** durch, zu deren führenden Vertretern Prezihov Voranc (1893–1950) gehörte, der 1930 wegen politischer Aktivitäten aus dem monarchistischen Jugoslawien emigrieren musste und ab 1942 in den Konzentrationslagern Sachsenhausen und Mauthausen interniert war. **Boris Pahor** (geb. 1913), der Meistern wie Primo Levi und Imre Kertész zur Seite gestellt wird, hat sein Martyrium in deutschen Lagern in »Nekropolis« beschrieben.

Nach 1945 stand die Literatur für einige Jahre unter dem Vorzeichen des doktrinären sozialistischen Realismus, doch wurde diese Konzeption bereits auf dem 3. Jugoslawischen Schriftstellerkongress 1952 aufgeweicht. Als einer der wichtigsten Nachkriegsautoren gilt **Edvard Kocbek** (1904–1981), der **»slowenische Camus«**. Er entzog sich allen politischen Zuordnungen; in seiner bilderreichen Sprache fühlte er sich einzig der Wahrheit seines Erlebens verpflichtet. Wie viele andere Schriftsteller der älteren Generation verarbeitete er in seinen Werken vornehmlich die Partisanenerfahrungen im Zweiten Weltkrieg. Ihm zur Seite steht Ciril Kosmač (1910–1980). In seiner neorealistischen »Ballade von der Trompete und der Wolke« widmete er sich der Frage von Heldentum und Verrat in Zeiten des Kriegs.
Zur mittleren Generation, die die Zeit nach 1945 als Kind kennen gelernt hat, zählt **Drago Jančar** (geb. 1948), heute einer der bekanntesten slowenischen Autoren im deutschsprachigen Raum. Sein Roman »Galeot«, der die Zeit der Pest im 17. Jh. schildert, lässt sich als Spiegel des zerfallenden Jugoslawien lesen; auch in »Luzifers Lächeln« setzt er sich mit den Zuständen auf dem Balkan auseinander.

Literatur nach 1945

Eine ganze Reihe **slowenischer Autoren** meldet sich **aus dem österreichischen Kärnten** zu Wort, u. a. Florjan Lipuš (geb. 1937), Janko Ferk (geb. 1958) und Gustav Januš (geb. 1939), die auf die Situation der slowenischen Minderheit aufmerksam machten.

Autoren aus Kärnten

Maruša Krese (geb. 1947) erlebte als **Wahl-Berlinerin** die Gründung des slowenischen Staats aus kritischer Distanz: »Die Freunde in der Heimat sprechen plötzlich eine andere Sprache … voller Vaterland, Heimat, Eigenes und Fremdes, meins, deins … alle ziehen Grenzen … jeder Quadratmeter Boden ist Messer und Blut wert.«
Sie steht mit ihrer Skepsis nicht allein. Vor allem **Vertreter der jüngeren Generation** setzen sich desillusioniert mit dem politischen Umbruch 1990/1991 und den neuen Verhältnissen auseinander. Jani Virk (geb. 1962) rechnet in »Sergijs letzte Versuchung« mit ehemaligen Revolutionären ab, die sich, sobald sie in Amt und Würden sind, als ebenso zynisch und korrupt wie ihre Vorgänger entpuppen, Aleš Debeljak (geb. 1961) erlebt die neue Zeit als »Untergang der Idole«. Aleš Steger (geb. 1973), Aufsteiger der slowenischen Literaturszene, artikuliert in seinen Gedichten die zunehmende Skepsis vieler Slowenen gegenüber dem vermeintlich gemeinsamen europäischen Haus.

Kritik am neuen Slowenien

Berühmte Persönlichkeiten

Das Land ist klein, doch seine Stimmen tönen laut: Ob die Oberkrainer mit Alpen-Folklore oder die Band »Laibach« mit durchdringend harten Rhythmen, ob der in Feuilletons gefeierte Philosoph Žižek oder der »Halbslowene« Peter Handke – sie alle haben der Welt Einiges mitzuteilen.

Slavko Avsenik (geb. 1929)

Wer an slowenische Folklore denkt, hat sofort den **Oberkrainer Sound** im Ohr. Erfunden hat ihn der Harmonikaspieler Slavko Avsenik aus Begunje, einem Alpendorf bei Bled, wo die Eltern schon in den 1940er-Jahren einen Gasthof betrieben. Slavko wird gern »**der Polka-König**« genannt, weil die von ihm zur Könnerschaft gesteigerte Sechzehntel-Begleitung auf dem **Akkordeon** überall auf der Welt Nachahmer fand. Während sich Bruder Vilko, der Klarinettist, später vom Spiel zurückzog, suchte Slavko neue musikalische Ausdrucksformen und engagierte für sein Ensemble den einstigen Jazzgitarristen Leo Ponikvar, den Trompeter Franc Koschir, den Klarinettisten Albin Rudan und den Bariton-Hornisten Mik Soss. Das Quintett machte Lieder wie das »Trompeten-Echo« und »Auf der Autobahn« zu **Top-Hits im gesamten Alpenraum,** eroberte die Goldene, die Diamantene und sogar die Platin-Schallplatte und erhielt zahlreiche internationale Auszeichnungen. Ausgestellt sind diese in der Galerie Avsenik, die ans Gasthaus der Familie angeschlossen ist (s. S. 144).

Musiker

Ivan Cankar (1876 – 1918)

Der bedeutendste slowenische Prosaschriftsteller ist der aus einer armen, kinderreichen Familie stammende Ivan Cankar. Mit 20 Jahren zog er nach Wien und studierte an der Technischen Hochschule. 1898 verfasste er erste Texte für die Zeitschrift »Der Süden«, die die Südslawen ermutigte, sich ihrer gemeinsamen Wurzeln zu besinnen. Der Durchbruch gelang Cankar 1902 mit dem **Roman »Am Abhang«**. Held des Buches ist Lojze, dessen Scheitern durch die soziale Herkunft vorgezeichnet ist: »Ich bin am Abhang geboren, am Abhang der Armen, und das Siegel war mir schon bei der Geburt auf die Stirn gedrückt.« Der Roman, der deutlich autobiografische Züge trägt, führt in die Kindheit des Autors zurück. Sein Geburtshaus in Vrhnika kann besichtigt werden. Schon früh erwarb Cankar den Ruf eines »**slowenischen Gorki**«, galt doch seine besondere Aufmerksamkeit denen, die am Rande standen. Seine Sprache war schnörkellos und klar, voll Mitempfinden für die Protagonisten, doch ohne Wehleidigkeit. 1907 schrieb Cankar eine poetische Umdichtung des Kommunistischen Manifests und kandidierte erfolglos als Abgeordneter für die Sozialdemokratische Partei der Südslawen.

Nach seiner Rückkehr nach Laibach 1909 wurde er zum **Wortführer** derer, die auf ein **Ende der Donaumonarchie** hofften. Seine bissigen Kommentare zum bevorstehenden Untergang weckten den Zorn der habsburgischen Obrigkeit. Kurz vor Ausbruch des Ersten Weltkriegs wurde er festgenommen und starb 1918 nach einem Treppensturz – wenige Wochen vor Proklamierung des südslawischen Königreichs.

Schriftsteller

← *Die Goldene, die Diamantene, die Platin-Schallplatte. Slavko Avsenik mit seiner »Plattensammlung«*

Peter Handke (geb. 1942)

Schriftsteller

Peter Handke wurde 1942 in Altenmark in der Gemeinde Griffen (Kärnten) geboren. Es war eine Zeit, da an den Hauswänden die Parole prangte: »Kärntner, sprich Deutsch! Die Sprache ist Ausdruck deiner Gesinnung!« Handkes Mutter, eine Slowenin, verliebte sich in einen verheirateten deutschen Soldaten. Als sie schwanger war, heiratete sie einen anderen Deutschen. Peter Handke verbrachte seine ersten Lebensjahre in Berlin, 1948 kehrten Mutter und Sohn nach Kärnten zurück und wohnten im Haus des Großvaters. Verwandte gab es kaum noch, viele waren im Krieg gefallen, andere hatten die Nazis deportiert. Südlich der Karawanken begann das Land, für das schon der Großvater gestritten hatte und mit dem sich auch Handke identifizierte: Jugoslawien, der Zusammenschluss aller Südslawen, utopischer Traum vom Zusammenleben verschiedener Völker. **Slowenien**, »das Land meiner Vorfahren«, **erwanderte sich Handke** auf zahlreichen Reisen, hier fühlte er sich heimisch. 1965 veröffentlichte er seinen ersten Roman und hängte das Jurastudium an den Nagel. Ein Jahr später war sein Name in aller Munde: Seine **»Publikumsbeschimpfung«** eroberte die Theaterbühnen Westeuropas und machte ihn zum **68er-Popstar**. In seinem Roman »Wunschloses Unglück« hat Handke den Freitod seiner Mutter verarbeitet und Stationen seiner slowenischen Kindheit Revue passieren lassen. Autobiografische Bezüge enthält auch »Die Wiederholung« (1986).

Während des Jugoslawienkriegs hat Handke, bis dahin einer der meistgelesenen Schriftsteller des deutschsprachigen Raums, viele Freunde in Slowenien verloren. In seinem Roman »Abschied des Träumers vom Neunten Land« (1991) setzte er sich entschieden für den **Erhalt des jugoslawischen Vielvölkerstaats** ein. Als er 1995 die Berichterstattung der Medien zum Krieg in Jugoslawien scharf kritisierte, machte er sich in Slowenien, Kroatien und Deutschland zur Persona non grata. Political correctness erlaubte es nicht, **»Gerechtigkeit für Serbien«** (so der Untertitel seines Buches) zu fordern. Im »Spiegel« wurde der »Anfang vom Ende des Schriftstellers Peter Handke« herbeigewünscht, und Borut Trekman, der Handkes Bücher ins Slowenische übersetzt hatte, zwischenzeitlich aber in den diplomatischen Dienst seines Landes aufgestiegen war, verhöhnte ihn als »Moralapostel auf dem glatten Parkett der Tagespolitik«. Handke hat bis heute seine Position nicht widerrufen, widmet sich aber wieder verstärkt der Schriftstellerei und der Kunstkritik.

Alma Karlin (1889 – 1950)

Reisende und Schriftstellerin

Viele Ausstellungsstücke im Regionalmuseum in Celje stammen von Alma Karlin, der 1889 in Celje geborenen, exzentrischen Weltenbummlerin und Schriftstellerin. Von Jugend an verabscheute sie die Konvention, die sie auf Mutterschaft und Hausfrauentätigkeit festschreiben wollte: »Alle fraulichen Tugenden«, notierte sie in ihrem

Peter Handke im Jahr 1978, zusammen mit dem Filmregisseur und -produzent Wim Wenders.

Tagebuch, »alle weibliche Sanftmut, jede Spur von Gehorsam fehlten mir, und meine selbstständige, etwas grüblerisch verschlossene und ganz und gar unfügsame Art verwandelte meine nächste Umwelt in erbitterte Widersacher. Meine spätere Gewandtheit im Verkehr mit Menschenfressern und Wilden überhaupt schreibe ich stets diesen meinen frühesten Übungen bei Familienzwisten zu.« Am 24. November 1919 startete sie in Triest zu einer Reise, die sie nach Japan und Neuseeland, Hawaii und Südamerika führte. Ihren Lebensunterhalt bestritt sie mit exotischen **Reiseberichten**, die sie europäischen Zeitungen zusandte. Nach acht Jahren kehrte sie in ihre Heimatstadt zurück, die Koffer voller Eingeborenenkunst und selbst verfasster Traktate. 1941 schloss sie sich der **Partisanenarmee** an und diente ihr als Kurier. Sie starb 1950 in Celje und wurde auf dem Dorffriedhof von Svetina bestattet. Sie hinterließ der Stadt alle gesammelten ethnologischen Funde, von ihren **20-bändigen Reisebeschreibungen** wurde in deutscher Sprache ein Extrakt publiziert (A. K., Einsame Weltreise: Erlebnisse und Abenteuer einer Frau im Reich der Incas und im Fernen Osten, Freiburg 1995).

Laibach (gegr. 1980)

Musikgruppe »Laibach« ist die einzige slowenische Musikgruppe, die international bekannt geworden ist. 1980 wurde sie gegründet: Vier junge Männer **in Jäger- und Naziuniform** traten an, das Publikum mit faschistischer Ästhetik zu irritieren. Groteske Übertreibung und Überspitzung waren ihre Stilmittel – nicht nur um die Verhältnisse zum Tanzen zu bringen, sondern auch um zu warnen vor dem, was da vor den Augen aller in Jugoslawien auszubrechen drohte. Die Künstler spielten mit historischen Bezügen und propagierten aus Witz eine völkische Einheit aus Slowenen, Slowaken, Slawoniern und Slawen. Sie attackierten die Lüge, die sich schützend vor den Verfall stellte, und waren misstrauisch gegenüber jeder Form von Ideologie. 1984 verfassten sie das Manifest **»Totalitarismus und Kunst schließen einander nicht aus«** und engagierten sich für politische Kunst. Doch welche genau gemeint war, blieb vielen ein Rätsel. Gemeinsam mit der Gruppe NSK (Neue Slowenische Kunst) gründete Laibach 1981 den **»Staat NSK«**. Für 28 Dollar konnte ihm jeder beitreten und sogar einen eigenen Pass bekommen – vorausgesetzt, man füllte das der Platte »NATO« beigelegte Antragsformular aus und verpflichtete sich zur Anerkennung hierarchischer Strukturen.

Milan Fras, Frontsänger von Laibach

Fritz Lang (1890 – 1976)

Filmregisseur Der erfolgreiche Filmregisseur verstand es zu Lebzeiten, durch das Erzählen immer der gleichen Anekdoten von einigen, seinem **Image als Pazifisten** nicht gerade zuträglichen Lebensabschnitten abzulenken. Funde auf dem Dachboden einer Villa in der slowenischen Weinstadt Ljutomer enthüllten indes interessante, klug **verschwiegene Details seiner Biografie**. Zu Beginn des Ersten Weltkriegs kam der kunstverliebte Lang nach Wien und zog als Freiwilliger der österreichisch-ungarischen Armee in den Krieg. Für seinen tapferen Einsatz an der Front wurde er ausgezeichnet und durfte von Juni bis Dezember 1915 an einem Offizierslehrgang in Ljutomer teilnehmen.

Dort wohnte er im Haus des Anwalts Grossmann, der zugleich ambitionierter Fotograf und passionierter Amateurfilmer war. In Ljutomer fertigte er aus Ton **Bacchusbüsten**, die den Betrachter durch ihr »ironisch-zweideutiges Lächeln« faszinieren. Für den Grossmannschen Garten schuf er zwei mit Masken und Gesichtern verzierte Blumenständer. Heute kann man diese im ersten Stock des Theater- und Filmmuseums von Ljubljana besichtigen. Viele Tongesichter nehmen vorweg, was in den Filmen – etwa in »Das Testament des Dr. Mabuse«, »Metropolis« und »Hangmen also die« – ausgemalt wird: eine Welt der Blinden und Geblendeten, die oft zu den Getäuschten gehören, aber nicht selten die Fähigkeit entwickeln, hinter den Schein der Oberfläche zu blicken.

Jože Plečnik (1872 – 1957)

Ältere Einwohner Ljubljanas erinnern sich noch an ihn: Mit Hut und schwarzem Gewand flanierte er durch die Straßen der Stadt, das Haupt grüblerisch gesenkt. Wie kein anderer hat der Architekt Jože Plečnik das Aussehen der Stadt geprägt. Nie machte er Zugeständnisse an den Zeitgeist, nie kümmerte er sich um wirtschaftliche Rationalität. Er liebte es, die **griechische und römische Antike** zu zitieren, und ließ sich von **italienischer Renaissance** und **Barock**, sowie Motiven der **regionalen Volkskultur** inspirieren. All diese Elemente verbinden sich bei ihm zu neuen originellen Ganzheiten, die sich in städtebaulichen Lösungen ebenso spiegeln wie in Bauten, Denkmälern und Details.

In Wien studierte er als Schüler Otto Wagners. Später ging er nach Prag, wo er 1911 Professor an der Kunstgewerbeschule wurde und zum Burgarchitekten avancierte – den Regierungssitz, die **Prager Burg**, verwandelte er in eine nationale Akropolis. Ab 1920 lebte Plečnik hauptsächlich in Ljubljana, wurde Professor an der Technischen Hochschule und begann, Parks und Plätze der Stadt zu erneuern. Obwohl Plečnik die **slowenische Hauptstadt entscheidend geprägt** und auch tiefe Spuren in Wien und Prag hinterlassen hat, war es in der Nachkriegszeit lange still um ihn. Dies änderte sich erst 1986, als ihm das Pariser Centre Pompidou eine große Ausstellung widmete. Wer nach Ljubljana kommt, kann eine umfassende Präsentation seines Werkes im Schloss Fužine im Architekturmuseum besichtigen.

Architekt

France Prešeren (1800 – 1849)

Noch heute wird er als Nationaldichter gefeiert, sein poetisches Werk gilt den Slowenen als Beweis dafür, dass die **slowenische »Bauernsprache«** auch als **Literatursprache** taugt. France Prešeren wurde am 3. Dezember 1800 als Sohn eines Bauern im Dorf Vrba am Fuß der

Nationaldichter

Karawanken geboren. Mit 21 Jahren schaffte er den Sprung zur Wiener Universität. Die Hauptstadt des Habsburger Reichs bedeutete für einen Slowenen viel: Hier wurden die Maßstäbe für Wissenschaft, Kunst und Poesie festgelegt. France Prešeren **studierte in Wien Philosophie und Jura**, war daneben Lehrer am Klinkowstömschen Institut, einer streng katholisch orientierten Erziehungsanstalt für adelige Söhne aus allen Winkeln der Monarchie. Einer seiner Schüler war der gleichfalls aus Krain stammende Graf Auersperg, der unter dem Pseudonym Anastasius Grün Schriftsteller und Politiker wurde. Prešeren hing den liberalen Ideen des europäischen Bürgertums an, er hielt wenig von den verstaubten Erziehungspraktiken des Instituts. Weil er nach Meinung des Leiters »zu frey und zu aufrichtig« sei, »um in diesem Haus bestehen zu können«, wurde er 1824 entlassen. Anstelle der vorgeschriebenen Gebets- und Erbauungsbücher hatte er griechische und lateinische Klassiker gelesen. »Den letzten Anstoß aber gab der Umstand, dass der Graf Auersperg Bücher aus seiner (d. h. Prešerens) Bibliothek las, wo er also auch auf die sündhaften kam, weil er vom Prešeren den Schlüssel hatte« (Brief von Matthias Gollmayr an den Philologen Matthias Čop, 15.1.1824). Trotz dieses Skandals erwarb Prešeren 1828 an der Universität sein Doktordiplom und kehrte nach Slowenien zurück. Die Eröffnung einer eigenen Anwaltskanzlei blieb ihm allerdings vorerst verwehrt, habsburgischen Bürokraten mochte der nationalbewusste Slowene nicht als geeignete Stütze der Gesellschaft erscheinen.

In den 1830er-Jahren veröffentlichte Prešeren seine ersten Gedichte. Der **sensiblen Liebeslyrik** lag bittere Erfahrung zugrunde – Prešerens Liebe zur Bürgerstochter **Julija Primič** blieb unerfüllt, wegen gesellschaftlicher Schranken war sie zum Scheitern verurteilt. In seinem »Sonettenkranz« (Sonetni venez, 1834) ist der Liebesschmerz auf meisterhafte Art mit der Reflexion gesellschaftlicher Misere verknüpft. Im historischen Poem »Die Taufe an der Savica« geht es um die Christianisierung der Slowenen im 8. Jh., eine Liebe wird zermahlen zwischen den Mühlsteinen der Geschichte. 1846 verfasste er ein optimistisches **»Trinklied«**, dessen sechste Strophe 1991 zur **Nationalhymne Sloweniens** erkoren wurde. Prešerens Todestag, der 8. Februar, ist heute nationaler Feiertag. In seinem Geburtshaus in Vrba bei Bled wurde ein Museum eingerichtet, eine Gedenkstätte gibt es in Kranj, wo Prešeren seine letzten beiden Lebensjahre verbrachte. Und in Ljubljana trifft man sich am Prešeren-Platz mit dem Prešeren-Denkmal und dem Relief seiner Geliebten Julija Primič.

Francesco Robba (1698 – 1757)

Meister des »Laibacher Barock« Dem vermutlich aus Venedig stammenden Francesco Robba verdankt die Stadt Ljubljana ihren barocken Zauber. Für die Franziskanerkirche am Prešeren-Platz schuf er einen Hochaltar, ebenso für die Ursulinenkirche am Kongressplatz. Gleichfalls sehenswert sind die Engelsfiguren in der Kathedrale und der Jakobskirche. Direkt neben dem Rathaus steht das wohl schönste von ihm geschaffene Barockdenkmal, der **Brunnen der Krainer Flüsse** (Sava, Krka, Ljubljanica). Robba schuf das Werk 1751 und ließ sich dabei von Berninis »Vier-Flüsse-Brunnen« in Rom inspirieren. Weil der Künstler den Brunnen nicht innerhalb der dafür vorgesehenen Frist fertigstellte, zahlte ihm der Laibacher Magistrat seinen Lohn nicht aus. Enttäuscht und verarmt zog Robba nach Zagreb, wo er wenige Jahre später starb.

Giuseppe Tartini (1692 – 1770)

In Piran ist einer der schönsten Plätze Sloweniens dem Musiker Giuseppe Tartini gewidmet. Ein bronzenes, mit grüner Patina überzogenes Denkmal erhebt sich in seiner Mitte und zeigt den Maestro in typischer Konzertpose: Mit der Violine in der Linken und einem Bogen in der Rechten verneigt er sich vor einem imaginären Publikum. Das Haus, in dem er 1692 **als Sohn reicher Patrizier geboren** wurde, ist nur einen Steinwurf entfernt und birgt ein biografisches Museum mit kostbarer Amati-Geige und handgeschriebenen Noten. Giuseppe Tartini wuchs mit Blick auf das Meer auf, stets umgaben ihn mediterranes Licht und venezianische Architektur. Genau das glaubt man auch seinen Stücken entnehmen zu können, denen »blühende Melodik« und »hinreißendes Temperament« attestiert werden. Tartinis **Kompositionen** sind verspielt, manchmal aber auch durchtrieben und voller Tücken; ihr **rasantes Tempo** hat schon manch einen Virtuosen scheitern lassen. 1721 zog Tartini als Konzertmeister nach Padua, wo er 1728 eine Musikakademie gründen sollte. Zuvor aber verschlug es ihn für fünf Jahre nach Prag, wo er sein Brot als Kammermeister des Grafen Franz Ferdinand Kinsky verdiente. Tartini hinterließ seiner Nachwelt 125 Violinkonzerte, Sinfonien und Cellokonzerte sowie 200 Violinsonaten, darunter die berühmte **»Teufelstrillersonate«**. Beigesetzt wurde Tartini in der Familiengruft der Piraner Franziskanerkirche.

Komponist und Autor der »Teufelstrillersonate«

Primož Trubar (1508 – 1586)

Der Reformator und Begründer der slowenischen Literatur wurde in Raščica geboren, einem kleinen Ort 28 km südöstlich von Ljubljana. 1542 stieg er zum Domherrn von Ljubljana auf, musste aber auf-

Theologe und Begründer der slowenischen Literatur

grund seiner **Begeisterung für die Ideen der Reformation** fünf Jahre später emigrieren und arbeitete fortan als Prediger in Deutschland. 1550 publizierte er in Tübingen den »Katechismus« sowie das »Abecedarium«, die beiden ersten in slowenischer Sprache gedruckten Bücher. Beide befinden sich im Besitz der Österreichischen Nationalbibliothek in Wien. Heute darf der »Ketzer« gelobt und gepriesen werden: Zum 400. Geburtstag des Reformators wurde in Ljubljana gegenüber dem Museum für moderne Kunst das von Franc Berneker geschaffene Trubar-Denkmal enthüllt. In der Trubarjeva ulica zählt die Café-Bar »Reformator« schon seit vielen Jahren zu den beliebtesten Treffs.

Johann Weichard Valvasor (1641 – 1693)

Universalgelehrter, »Krainer Herodot«

Am Stadtplatz Nr. 4 in Laibach wurde Valvasor 1641 geboren. Nachdem er die jesuitische Lateinschule absolviert hatte, zog es ihn in die Ferne. »Aus Neugier«, wie er schreibt, erforschte er Frankreich, Italien und Nordafrika und nahm an Feldzügen gegen die Türken teil. Des Reisens und Kämpfens müde, zog er sich 1672 auf sein Schloss Wagensburg (heute Bogenšperk) zurück und widmete sich »geistigen Expeditionen«. Er publizierte **Bildbände**, u. a. zur Passion Christi (1679), entwarf ein Panoptikum menschlicher Todesarten im Angesicht der um sich greifenden Pest (1692). Mit seinem Artikel über den regelmäßig versickernden See von Cerknica wurde er **Mitglied der Londoner Royal Society**. Noch berühmter machte ihn ein historisches und topografisches Werk, das vierbändige Opus **»Die Ehre des Herzogtums Krain«** (1689). Die Fülle der darin vereinten wissenschaftlichen, um scharfe Beobachtungen angereicherten Informationen bescherte Valvasor in der europäischen Geisteswelt den Beinamen **»krainischer Herodot«**. Er selb»er freilich ging an diesem Mammutwerk zugrunde. So groß waren die Ausgaben für die Recherchen und die Unterhaltung der grafischen Werkstatt, dass er 1693 bankrott war und sein Schloss verkaufen musste. Er siedelte um nach Gurkfeld (Krško), wo er kurz darauf starb.

Slavoj Žižek (geb. 1949)

Philosoph

Der philosophierende Psychoanalytiker aus Ljubljana ist einer der meistgefragten Redner auf internationalen Kongressen. Wo immer vernunftkritisch über **Fragen der Alltags- und Medienkultur** gestritten wird, ist er dabei und beeindruckt mit seiner provokanten Ironie, seinen eingestreuten Paradoxien und Anekdoten. 1999 erhielt er den mit einer Million D-Mark dotierten Kulturwissenschaftlichen Forschungspreis des Landes Nordrhein-Westfalen. Seit jenem Jahr ist er auch aus deutschen Feuilletons nicht mehr wegzudenken, sein Hauptwerk »Die Tücke des Subjekts« erschien 2001 im Frankfurter Suhrkamp Verlag. Für den Philosophen repräsentiert das Jahr 1990 eine Zäsur in der Geschichte der Menschheit: Der **globalisierte Kapi-**

Der Autor und Philosoph Slavoj Žižek 2001 auf der Frankfurter Buchmesse

talismus sei nun nicht länger gezwungen, ein humanes Gesicht aufzusetzen. Er zerstöre die sozialen Lebenswelten und vertraue, um Legitimation zu erwirken, auf die Überzeugungskraft des inszenierten Scheins. Žižek verspottet jene, sie sich früher zur Linken zählten, doch auf den wichtigen Feldern der Ökonomie längst resigniert haben, und plädiert für die **Intervention des engagierten Einzelnen**, gegen die »liberal-demokratische Hegemonie« und ihre ungeschriebenen Denkverbote anzugehen. Kulturelle Werte wie Demokratie und Solidarität, die den ökonomischen Verhältnissen als Maske dienten, sollte man freilich keineswegs verwerfen. Sie besitzen für Žižek eine eigene Dynamik und könnten genutzt werden, um die Widerstandsfähigkeit der Bürger gegen die »gespenstische Show«, in die sich das reale Leben verwandelt habe, zu stärken. Zuletzt erschienen von Žižek folgende Titel in deutscher Sprache: »Die Revolution steht bevor: Dreizehn Versuche über Lenin« (2002), »Ein Plädoyer für die Intoleranz« (2009) und »Auf verlorenem Posten« (2009).

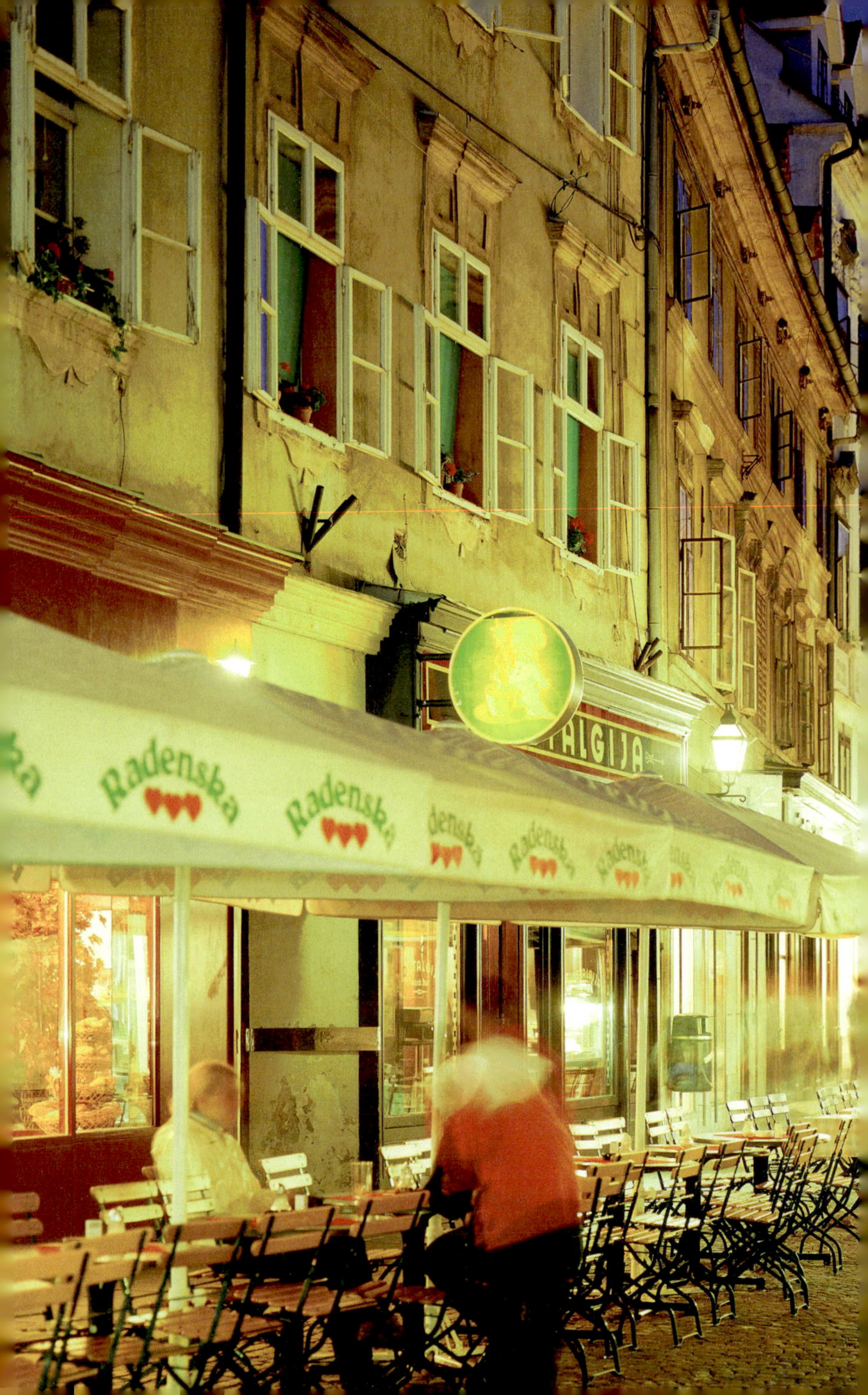
Radenska
Radenska

Praktische Informationen

WIE KOMMT MAN AM BESTEN NACH SLOWENIEN UND WO LÄSST ES SICH GUT ÜBERNACHTEN? WANN SIND DIE WICHTIGSTEN FESTE, WAS MACHT MAN IN LJUBLJANA AM ABEND UND WO GIBT ES KULINARISCHE MITBRINGSEL?

Anreise · Reiseplanung

Mit dem Auto — Anfahrtswege führen durch die Schweiz, Österreich und Italien. In all diesen Ländern und auch in Slowenien müssen Pkw-Fahrer auf Autobahnen und Schnellstraßen eine **Gebühr** zahlen. In der **Schweiz**, wo man eine Jahresvignette für das gesamte Autobahnnetz braucht, sind nicht nur Kraftfahrzeuge, sondern auch Anhänger gebührenpflichtig. In **Österreich** entfällt die Vignette für Anhänger, und man kann zwischen einem Jahrespickerl, einem Zwei-Monats-Pickerl und einem 10 Tage gültigen Pickerl wählen. In Italien ist die Gebühr von Hubraum und Achsabstand abhängig. Wer ohne Vignette angetroffen wird, muss laut ADAC mit Geldbußen bis zu 2 200 € rechnen. Pickerl-Sünder, die zur sofortigen Zahlung einer Ersatzmaut bereit sind, kommen billiger davon.

Von Deutschland ▶ Von Deutschland aus erreicht man Slowenien am schnellsten über Salzburg und die **Tauernautobahn**. Seit Fertigstellung des Karawankentunnels ist Ljubljana von München in etwa 4 Autostunden, von Frankfurt in etwa 7 Autostunden erreichbar. Um Staus zu vermeiden, verladen nicht wenige Urlauber ihr Fahrzeug bei Bischofshofen (hinter Salzburg) auf die stündlich verkehrende Bahn und setzen dann die Autofahrt in Spittal fort. Wer sich die österreichische Vignette sparen will, wählt die langsamere Bundesstraße über den Tauern- und Katschbergpass und reist ab Villach über den Wurzenpass weiter nach Kranjska Gora. Von dort führt eine romantische Straße durch das Soča-Tal in Richtung Slowenische Riviera – ist sie im Winter gesperrt, muss man über Tarvisio und den Predil-Pass ausweichen.

Von Österreich und der Schweiz ▶ Gäste aus Österreich, die im Wiener Raum starten, fahren bequem über Graz zum österreichisch-slowenischen Grenzübergang Spielfeld und von dort weiter nach Maribor. Urlauber aus der Schweiz wählen normalerweise die Anfahrt über Mailand und reisen über Triest oder Nova Gorica ein.

Mit dem Bus — Europabusse der **Deutschen Touring Gesellschaft** fahren von mehreren deutschen Städten nach Slowenien. Auskünfte erteilt die Deutsche Touring GmbH. Über Busverbindungen aus Österreich und aus der Schweiz informieren die Fremdenverkehrsämter in Wien und Zürich.

Mit der Bahn — Von allen größeren Städten gibt es täglich gute Verbindungen (Fahrzeit ab Hamburg oder Berlin nach Ljubljana ca. 12 Std.). Von Österreich verkehren Züge u. a. ab Salzburg, Villach, Wien und Graz, aus der Schweiz fährt man via Innsbruck und Schwarzach St. Veit oder via Mailand, Venedig-Mestre und Triest. Attraktiv sind auch **Nachtzugreisen** im Schlafwagen; die wichtigsten Nachtzüge verkehren auf den Strecken München-Salzburg-Ljubljana und Zürich-Innsbruck-Ljubljana. Günstiger wird die Zugfahrt mit Sondertarifen und spezi-

← *Abendliche Altstadtgasse in Ljubljana*

> Anreise · Reiseplanung **INFOS** 77

INFORMATIONEN ANREISE

FLUGHAFEN
- **Flughafen Ljubljana Brnik**
  Tel. 04/206 10 00
  www.lju-airport.si

ADRIA AIRWAYS
- **Im Internet**
  www.adria-airways.com
  www.adria.si

- **Flughafen Frankfurt**
  Terminal 1
  60547 Frankfurt/M.
  Tel. 069/269 56 720
  Fax 269 56 730

- **Flughafen München**
  Terminal 2
  85356 München
  Tel. 089/97 59 11 91
  Fax 97 59 11 96

- **Flughafen Wien**
  1300 Wien
  Tel. 01/700 73 69 13
  Fax 700 73 69 14

- **Zürich**
  Löwenstr. 54
  8001 Zürich
  Tel. 044/212 63 93
  Fax 212 52 66

- **Ljubljana**
  Kuzmičeva 7
  1000 Ljubljana
  Tel. 01/369 10 00,
  Fax 436 86 06

BAHNAUSKUNFT
- **Deutsche Bahn**
  www.bahn.de
  Tel. 11 8 61, Tel. 08 00/1 50 70 90

BUS
- **Deutsche Touring GmbH**
  Am Römerhof 17
  60486 Frankfurt
  Tel. 069/79 03 501
  www.deutsche-touring.de

JACHTHÄFEN
- **S. 118**

ellen Familienangeboten der Deutschen Bahn. Ein Teil der Vergünstigungen gilt auch in Österreich und Slowenien. Für Jugendliche unter 26 Jahren lohnt sich das **InterRail-Ticket**, mit dem man für die Dauer von 12 bis 30 Tagen beliebig oft in Slowenien, Italien, Griechenland und der Türkei fahren kann (innerhalb Deutschlands 50 % Ermäßigung).

Slowenien verfügt über Flughäfen in Ljubljana, Maribor und Portorož, doch im **internationalen Linienverkehr** wird nur Ljubljana (Aerodrom Brnik) angeflogen. Bequem und in nur wenig mehr als einer Stunde erreicht man die slowenische Hauptstadt mit der Fluggesellschaft Adria Airways – sie startet u. a. in Frankfurt/Main, München, Amsterdam, Zürich und Wien. **Mit dem Flugzeug**

Der Flughafen von Ljubljana verfügt über Post, Bank und mehrere Büros mit Autovermietung. Er liegt 30 km nördlich der Hauptstadt, ein Flughafenbus fährt alle 1 – 2 Stunden zum dortigen Bahnhof. ◄ Flughafen Ljubljana

Mit dem Segelboot unterwegs – an der slowenischen Küste kann man in mehreren Jachthäfen anladen.

Mit dem Fahrrad ▸Urlaub aktiv

Mit dem Schiff Es besteht eine **Linienverbindung** zwischen **Venedig und Izola**. Von April bis Oktober startet der Katamaran »Prince of Venice« mehrmals wöchentlich von der Lagunenstadt zur Slowenischen Riviera. Karten erwirbt man bei Kompas Italia (San Marco 1497, I-30124 Venezia, Tel. 00 39/41/240 56 00, Fax 520 61 84) oder in deutschen Reisebüros. Weitere Fährverbindungen gibt es im Sommer von den italienischen Häfen Triest und Lignano nach Koper, Izola und Piran.

Mit dem eigenen Segelboot ▸ Wer mit dem eigenen Segelboot unterwegs ist, kann es in den Jachthäfen von Portorož (beste Service-Einrichtungen), Izola und Koper vertäuen.

Reisedokumente

Personalpapiere Besucher aus Deutschland, Österreich und der Schweiz benötigen für die Einreise nach Slowenien einen gültigen **Personalausweis** oder einen gültigen **Reisepass** – dies gilt für einen Aufenthalt bis zu drei Monaten. Jedes Kind benötigt einen eigenen Personalausweis oder Reisepass, der Eintrag im Pass der Eltern reicht fortan nicht aus. Ab einem Alter von zehn Jahren muss der Ausweis vom Kind eigenhändig unterschrieben sein, der elektronische Reisepass mit integriertem Computerchip und Fingerabdrücken ist ab zwölf vorgeschrieben. Die alten Ausweise bleiben allerdings bis zum Ablauf der eingetragenen Frist gültig (www.auswaertiges-amt.de).

Fahrzeugpapiere

Reisende aus EU-Staaten benötigen den nationalen Führerschein und den Kfz-Schein, zusätzlich muss das Auto das Nationalitätenkennzeichen tragen.
Zwar genügt das amtliche nationale Kennzeichen als Nachweis einer bestehenden Kraftfahrzeug-Haftpflichtversicherung, doch wird für eventuelle Schadenfälle die Mitnahme der Internationalen Grünen Versicherungskarte empfohlen.

Hunde und Katzen dürfen nach Slowenien nur mitgeführt werden, wenn ein **EU-Heimtierpass** bzw. ein Impfnachweis gegen Tollwut vorliegt. Die Impfung muss mindestens 30 Tage vor der Reise erfolgt sein, darf jedoch nicht länger als 6 Monate zurückliegen. Außerdem wird ein amtstierärztliches Gesundheitszeugnis verlangt, das innerhalb der letzten zehn Tage ausgestellt sein muss.

> ! *Baedeker* TIPP
>
> **Fly & sleep**
>
> In Senčur, 6 km östlich von Kranj, gibt es eine Pension, die ideal ist für alle, die einen Frühflug vom Flughafen Ljubljana Brnik gebucht haben und eine weite Anfahrt zum Airport scheuen. Die Zimmer sind mit Sat-TV und Internetanschluss ausgestattet, das Haus verfügt über Pool, Sauna und Jacuzzi. Im Restaurant gibt es slowenische Küche. Gostišče Babica, Delavska c. 2b, 4208 Sencur, Tel. 04/251 93 50, Fax 251 93 61, www.cometobabica.com

Zollbestimmungen

EU-Mitglied

Seit 1. Mai 2004 ist Slowenien Mitglied der EU, gehört also zum EU-Binnenmarkt, in dem der **Warenverkehr für private Zwecke** weitgehend zollfrei ist. Es gelten gewisse obere Richtlinien (z. B. für Reisende über 17 Jahren 800 Zigaretten, 10 l Spirituosen und 90 l Wein).

Einreise nach Slowenien aus Nicht-EU-Ländern

Für **Reisende aus Nicht-EU-Ländern** liegen die Freimengengrenzen für Personen über 17 Jahren bei 200 Zigaretten oder 100 Zigarillos oder 50 Zigarren oder 250 g Rauchtabak, ferner bei 2 l Wein und 2 l Schaumwein oder 1 l Spirituosen mit mehr als 22 Vol.-% Alkoholgehalt oder 2 l Spirituosen mit weniger als 22 Vol.-% Alkoholgehalt.

Wiedereinreise in die Schweiz

Abgabenfrei sind Reiseproviant sowie gebrauchtes persönliches Reisegut; außerdem für Personen ab 17 Jahre 200 Zigaretten oder 50 Zigarren oder 250 g Rauchtabak, 2 l mit bis zu 15 Vol.-% Alkoholgehalt und 1 l mit mehr als 15 Vol.-% Alkoholgehalt; ferner Geschenke im Werte bis 300 sfr. Nähere Auskünfte erteilen die schweizerischen Zollbehörden (www.ezv.ch/zollinfo).

Auskunft

Außerhalb Sloweniens

Die slowenischen Fremdenverkehrsämter haben Listen mit Hotels, Pensionen, Campingplätzen, Aktivangeboten und Kulturprogramm.

▶ Auskunft

In Slowenien Die Adressen der touristischen Informationszentren vor Ort sind im Reiseteil von A – Z unter dem jeweiligen Hauptstichwort zu finden. Die »Turistično informacijski center« (TIC) helfen bei der Quartiersuche und informieren über Ausflugs- und Freizeitmöglichkeiten etc.

AUSKUNFTSADRESSEN

IN DEUTSCHLAND
▶ **Slowenisches Fremdenverkehrsamt**
Maximiliansplatz 12 a
80333 München
Tel. 089/29 16 12 02
Fax 29 16 12 73, www.slovenia.info

IN ÖSTERREICH
▶ **Slowenisches Tourismusbüro**
Opernring 1/R/4, 1010 Wien
Tel. 01/715 40 10, Fax 713 81 77
info@slovenia-tourism.at

DIPLOMATISCHE VERTRETUNGEN IN SLOWENIEN
▶ **Deutsche Botschaft**
Prešernova 27, 1000 Ljubljana
Tel. 01/479 03 00, Fax 425 08 99
www.laibach.diplo.de

▶ **Österreichische Botschaft**
Prešernova 23, 1000 Ljubljana
Tel. 01/479 07 00, Fax 252 17 17
www.aussenministerium.at/laibach

▶ **Schweizer Botschaft**
Trg republike 3/VI
1000 Ljubljana, Tel. 01/200 86 40
www.eda.admin.ch/ljubljana

IN DEUTSCHLAND
▶ **Botschaft der Rep. Slowenien**
Hausvogteiplatz 3-4, 10117 Berlin
Tel. 030/206 14 50, Fax 20 61 45 70

IN ÖSTERREICH
▶ **Botschaft der Rep. Slowenien**
Nibelungengasse 13, 1010 Wien
Tel. 01/586 13 09, Fax 586 12 65

IN DER SCHWEIZ
▶ **Botschaft der Republik Slowenien**
Schwanengasse 9, 3011 Bern
Tel. 031/311 44 21, Fax 312 44 14

INTERNET
▶ **www.slovenia.info**
Gute Homepage der slowenischen Fremdenverkehrszentrale mit aktuellen Informationen u.a. zu Übernachtungsmöglichkeiten und Aktivurlaub. Broschüren kann man kostenlos online bestellen.

▶ **www.slowenien-touristik.de**
Informationen zu Sehenswürdigkeiten, Unterkünften, Golfplätzen und Skigebieten; ergänzend dazu Satellitenbilder und Reiseberichte.

▶ **www.matkurja.com**
Slowenischer Internetführer mit engl. Fassung, informative Ausführungen u. a. zu »Arts and Culture«, »Business and Economy«, »Sports and Entertainment».

▶ **https://www.cia.gov/library/publications/the-world-factbook**
CIA World Factbook, Informationssammlung zu Geografie, Politik, Wirtschaft, Verkehr etc.

▶ **www.slowenien-touristik.de**
Infos zu Sehenswürdigkeiten, Unterkünften, Golfplätzen und Ski-

gebieten; ergänzend dazu Satellitenbilder und Reiseberichte.

▶ **www.alpe-adria-magazin.at**
Tipps zu Unterkünften, Gastro-Szene und Ausflügen.

▶ **www.visitljubljana.si**
Auf der Touristik-Homepage der Hauptstadt findet man unter »Events« einen ausführlichen Kulturkalender in Englisch.

▶ **www.ljubljana.info**
Die englischsprachige Zeitschrift über Ljubljana erscheint alle 2 – 3 Monate und liegt auch in Hotels aus. In der Onlineausgabe findet man diverse Adressen in Ljubljana und dem ganzen Land.

▶ **www.slovenia-heritage.net**
Einführung in die Kulturlandschaften Sloweniens, ihre Naturschätze, Kunst und Geschichte.

▶ **www.dars.si**
Die Website des slowenischen Automobilverbands informiert über die Autobahnen des Landes und die gegenwärtig zu zahlenden Vignette-Gebühren.

▶ **www.wetteronline.de/Slowenien.htm**
Aktueller Wetterbericht

Mit Behinderung in Slowenien

In slowenischen Hotels beginnt man sich erst langsam auf Menschen mit Behinderungen einzustellen. Informationen zu rollstuhlgerechten Unterkünften erhält man bei den verschiedenen Interessenverbänden und Arbeitsgemeinschaften für Behinderte. Der Veranstalter TUI hat einen kleinen Katalog mit **»Zusatzinformationen für Behinderte und ihre Begleiter«** herausgegeben, den man in jedem Reisebüro einsehen kann. Darin werden auch empfehlenswerte Hotels genannt: mit Detailangaben über Türbreiten, Anzahl der Stufen, Beschaffenheit der Zimmerausstattung und Infos zur Verpflegung.

▶ **Bundesarbeitsgemeinschaft der Clubs Behinderter und ihrer Freunde e. V.**
Langenmarckweg 21
51465 Bergisch Gladbach
Tel. 02 20 2/989 98-11
www.bagcbf.de

▶ **Mobility International Schweiz**
Froburgstr. 4
4600 Olten
Tel. 062/206 88 35, Fax 206 88 39
www.mis-ch.ch

▶ **BSK-Reise-Sevice**
Postfach 20
74236 Krautheim/Jagst
Tel. 0 62 94/42 81 0
Fax 42 81 79
www.bsk-ev.org

▶ **Verband aller Körperbehinderten Österreichs**
Schottenfeldgasse 29
1070 Wien
Tel. 01/ 914 55 62
Fax 512 36 61 55

Elektrizität

Alle elektrischen Geräte funktionieren mit 220 Volt Wechselstrom. Adapter werden nicht benötigt, deutsche Stecker passen in slowenische Steckdosen.

Essen und Trinken

Vielfältige Küche

Sloweniens Küche ist **mitteleuropäisch geprägt** und spiegelt die fast 600-jährige Zugehörigkeit Sloweniens zu Habsburg wider. Von den Rändern her nahm sie allerdings italienische, ungarische und kroatische Einflüsse auf, sodass sie heute **sehr vielfältig** erscheint. Auf einer Fläche, die nicht größer als Burgund ist, kann man – je nachdem, wo man sich aufhält – mediterran oder alpenländisch, klassisch österreichisch oder steirisch speisen. Immer mehr Restaurants schließen sich der **Slow-Food-Bewegung** an: Traditionelle Gerichte werden fantasievoll abgewandelt und auf leichtere Art zubereitet.

Weitere Informationen im beiliegenden Special Guide »Slow Food« ▶

Seit der Unabhängigkeit hat **slowenischer Wein** enorm an Qualität gewonnen, er zählt heute zu den besten in der EU. Drei große Weinregionen lassen sich unterscheiden: In **Štajerska** wachsen weiße, trockene Spitzenweine, in **Dolenjska** und im küstennahen **Primorska** werden hochwertige Rotweine gekeltert. Jede Weinregion ist in kleinere Gebiete mit unterschiedlichen Charakteristika aufgefächert – nirgends auf der Welt gibt es so viele verschiedene Weine auf so engem Raum.

Gerichte und Weine der Regionen

Primorska
Im Küstenbereich ist die Küche von Italien, genauer **von Venetien und Friaul, beeinflusst**. Auf den Tisch kommen **Fisch und Meeresfrüchte** sowie natürlich Pasta und Polenta – klassisch ist z. B. »bacala con polenta«, zerdrückter Stockfisch auf Maissterz. Landeinwärts lernt man die Spezialitäten des

Edler Tropfen Movia

Fisch und Meerestiere werden in der küstennahen Primorska serviert.

Karsts kennen. Eine besondere Delikatesse ist der **»pršut«**, der entfernt an italienischen »prosciutto« erinnert: Rohe Schweinshaxe vom Jungtier wird in einer Salzlake eingelegt und anschließend vom kalten Bora-Wind getrocknet. Nach einem Jahr ist sie reif für den Verzehr. Nun wird der Schinken in hauchdünne Scheiben geschnitten und mit frischem Brot und Oliven serviert. Aus Schweinefleisch werden freilich mit Hilfe der Bora noch andere Köstlichkeiten zubereitet. Salami und Speck (panceta) bilden einen wichtigen Bestandteil der **»jota«**, ein herzhafter Sauerkrauteintopf mit Bohnen und Kartoffeln. Was den **Wein dieser Region** angeht, so sollte man sich **»terano«** nicht entgehen lassen: Er hat nichts mit dem italienischen »terrano« gemein, gedeiht er doch einzig auf den roten, stark mineralhaltigen Terra-Rossa-Böden des slowenischen Karst. Er ist von samtener Farbe, schwer und etwas säuerlich und passt wunderbar zum Schinken »pršut«. Im Vipava-Tal und in Goriška Brda baut man autochthone Reben wie »rebula« und »zelen« an; selbst einheimischer Schaumwein wird hier kredenzt.

In den Bergen ist die Küche reich an Fleischgerichten: Aus den Wäldern kommt Wild, vor allem Hirsch und Reh, manchmal auch Wildschwein und Bär. Bekannt ist die Region für die deftig gewürzten **hausgemachten Würste**, deren es viele gibt: Brat- und Blut-, Weiß-

Gorenjska

Ein einfacher Brotzeitteller – für eine Wanderpause genau das Richtige

und Hauswürste, im Ofen gebraten und mit Sauerkraut, Röstkartoffeln oder Buchweizenpuffern verspeist. Am berühmtesten ist die fettreiche geräucherte **Krainer Wurst** (Kranjska klobasa).
Der langen **Tradition der Almwirtschaft** verdankt sich die Herstellung von Käse und Quark. Sie werden pur gegessen oder auch als Füllung verwendet. Immer wieder stößt man auf mit Topfen gefüllte **»Štruklji«** (eine Art gekochter Strudel), **»krapi«** (Teigtaschen) und **»potica«** (zopfartig verflochtener Hefekuchen). Hausgemachte, mit Honig abgeschmeckte Obstschnäpse runden die Mahlzeit ab.

Dolenjska   Etwas leichter ist die Küche von Unterkrain. Auch hier sorgen die Wälder für steten Nachschub an Wild. Außer »Štruklji«, die hier mit sage und schreibe 50 verschiedenen Füllungen zubereitet werden, gibt es **»mlinci«**, eine gekochte Teigbeilage aus Buchweizen und Mais. Zu den bekanntesten **Weinen von Dolenjska** (Gebiet Posavje) gehören der leichte Rosé »čivček« (Edelzwicker) und der schwere, dunkelrote »metliška črnina«, der – wie der Name verrät – aus Metlika stammt.

Štajersko   In der Steiermark schwelgt man in Deftigem. Spezialitäten sind so **ungewöhnliche Suppen** wie Sauersuppe, Kartoffelmilchsuppe und Steinpilzsuppe mit Buchweizen. **Fleisch** kommt **»aus dem Fass«** (klobasa iz tunke): erst gebraten oder geräuchert, dann in einem Kübel mit Schweineschmalz eingelegt. Wer Fisch bevorzugt, greift zur zarten Rauchforelle mit Kren, wie in der slowenischen Steiermark der Meerrettich heißt. Das Nonplusultra der Region ist **»gibanica«**: eine Germteigtorte aus Mohn-, Topfen-, Apfel- und Nussmasse.

Die in der »steirischen Toskana« angebauten **Weine** (Gebiet Podravje) gelten als **die besten des Landes**. Angebaut werden vor allem Grauer und Blauer Pinot, Chardonnay und Sauvignon, Riesling und Traminer. In Gornja Radgona wird seit fast 150 Jahren Sekt nach der Champagnermethode hergestellt, auch Ormož macht neuerdings mit einem Schaumwein von sich reden.

In den Gasthäusern Prekmurjes, die mit einem ungarischen Wort »čarda« heißen, dominiert **ungarischer Einfluss**. Alles ist kräftig gewürzt: **»bograč«**, ein Gulasch aus Rind-, Schwein- und Wildfleisch sowie das Hühnerklein **»paprikuš«** erhalten durch Beigabe von Paprika eine scharfe Note. Zur Schlachtzeit gibt es überall »bujta repa«, einen pikanten Eintopf aus Schweinefleisch und Sauerrüben.

Prekmurje

> ! **Baedeker TIPP**
>
> **Buschenschänken**
>
> Zur Zeit der Weinlese springen vor allem im Osten Sloweniens improvisierte Buschenschänken aus dem Boden – vergleichbar den »Straßenwirtschaften« in der österreichischen Steiermark. Zum jungen Wein werden Schinken, Ziegenkäse und geröstete Kastanien gereicht; da die kleinen Schlemmertempel von der Winzerfamilie geführt werden, herrscht eine persönliche, fast familiäre Atmosphäre.

An **Getränken** wird außer Wein, Sloweniens Nationalgetränk, auch fleißig **Bier (pivo)** konsumiert. 4 % der weltweiten Hopfenernte kommen aus der Gegend um Laško, das die Marken »Laško« und »Zlatorog« produziert. Beliebt sind auch »Union« (aus Ljubljana) und »Gambrinus« (aus Maribor). Meist wird Bier in einem 0,5-Liter-Krug (veliko pivo) serviert; ist man mit einem kleinen Bier zufrieden, bestellt man ein »malo pivo« (0,3 Liter). Einige Gäste greifen gleich zu schärferen Sachen, etwa zu Branntwein (žganje) oder hausgemachtem Zwetschgenschnaps (slivovka). Wer alkoholfreie Durstlöscher bevorzugt, trinkt einheimisches Mineralwasser. Erfrischend schmecken »Radenska Drei Herzen« aus Radenci und »Donat« aus Rogaška Slatina.

Restaurants, Bars und Cafés

In Slowenien gibt es keinen Mangel an guten Restaurants – die Palette reicht vom bodenständigen, ländlichen Lokal bis zum Gourmettempel. Hin und wieder findet man auch die Slow-Food-Plakette an einem Restaurant – hier wird mit Zeit gespeist. Der Service ist freundlich und effizient – nur an der touristisch voll erschlossenen Küste lässt er gelegentlich zu wünschen übrig. Dort empfiehlt es sich auch, die Rechnung genauer zu prüfen.

◄ beiligender Special Guide »Slow Food«

Wo speist man? **Bodenständige Küche** lernt man am besten im **Wirtshaus** oder in **Landgaststätten** (gostilna/gostišče) kennen – wobei eine **gostišče** außer Essen und Trinken auch ein Bett für die Nacht bietet, eine **gostilna** sich dagegen bescheidet, ihre Gäste zu verköstigen. Dort gibt es zwar keine große Auswahl an Gerichten, doch dafür ist die Atmosphäre meistens sehr herzlich und ungezwungen. Den kulinarischen Genuss zu günstigen Preisen begleiten nicht selten musikalische Darbietungen.

Preise im Restaurant

- Fein & teuer: über 18 Euro
- Erschwinglich: 10–18 Euro
- Preiswert: bis 10 Euro

Preise für ein Hauptgericht plus Getränk

Das Essen im **Restaurant** (restavracija) gehorcht anderen Spielregeln. Hier geht es förmlicher und gepflegter zu, die Auswahl der Gerichte ist umfassender: Außer einheimischer Kost enthält die Speisekarte mehrere internationale Gerichte.

Preiswert isst man in Selbstbedienungsrestaurants (samopostrežna restavracija) und in Fastfood-Grills (okrepčevalnica), die man in größeren Städten wie Ljubljana und Maribor findet. Wer nur eine kleine Zwischenmahlzeit einnehmen möchte, geht ins »**bife**« oder in die »**krčma**«, gemütliche Schankwirtschaften mit Verköstigung.

In einer »slaščičarna« gibt es **Eis und Süßigkeiten**, in einer »kavarna« **Kaffee und Kuchen**.

Wein und Bier trinkt man in der Kneipe (pivnica), wo man auch die einheimischen Obstschnäpse kosten kann.

In der »pivnica« – slowenisches »pivo« vom Fass oder mexikanisches Corona

Öffnungszeiten

Restaurants sind meist durchgehend von mittags bis spätabends geöffnet; beste Stimmung herrscht freilich, wenn sie gut gefüllt sind, d. h. von 12.30 bis 14.30 sowie von 18.30 bis 22.00 Uhr. Die meisten Lokale haben einen Ruhetag, oft Montag, nur an der Küste lässt man sich das Geschäft an keinem Wochentag entgehen.

Feiertage, Feste und Events

Karneval

Slowenischer Karneval hat mit den Feierlichkeiten an Rhein und Ruhr nur wenig gemein. Besondere Kraft entfaltet er in **Ptuj**, wo die Tradition der Kuranten wiederbelebt wird. Dämonen mit furchteinflößenden Masken tanzen durch die Straßen und vertreiben den Winter, mit ohrenbetäubendem Krach wird der Frühling eingeläutet.

Kulturfestivals

Nach **Piran** fährt man, wenn der Sommer erwacht. Dann hat man dort das Gefühl, in einer venezianischen Stadt zu sein. Vor der Kulisse des malerischen Tartini-Platzes treten Musiker und Schauspieler in historischen Kostümen auf, spielen klassische Musik und erproben sich in der Commedia dell'Arte. Aber auch in anderen slowenischen Städten bricht das Festivalfieber aus. In **Maribor** wird im früheren Hafenviertel Lent ein zweiwöchiges Ethno-Fest zelebriert, in **Ljubljana** beginnt im Anschluss an die traditionsreichen Jazztage ein Sommerfestival mit interessantem Programm: Auf den Straßen der Altstadt wird Theater gespielt, im Kulturzentrum Križanke treten international bekannte Orchester und Ensembles auf.

Im **Herbst** geht es insbesondere in den Alpen sehr volkstümlich zu. Nach dem **Almabtrieb** der Kühe und Schafe feiert man den **Kuhball**. Zu solchen Anlässen werden bunte Trachten getragen und man tanzt traditionelle Reigen, dazu ertönt nicht selten Oberkrainer Volksmusik. In den Karstdörfern und in den kleinen Orten im Osten des Landes feiert man dagegen ganz anders: In den Dorfschenken fließt der junge **Wein** in Strömen, beschwipste Besucher greifen gerne zur Gitarre und spielen, was ihnen gerade in den Sinn kommt.

Fest zur Weinlese in Jeruzalem

FEIERTAGE UND VERANSTALTUNGEN

GESETZLICHE FEIERTAGE

1./2. Januar: Neujahr
8. Februar: Prešeren-Tag (slowenischer Kulturfeiertag)
27. April: Tag des Widerstands gegen die Okkupation
1./2. Mai: Tag der Arbeit
25. Juni: Staatsfeiertag
15. August: Mariä Himmelfahrt
31. Oktober: Reformationstag
1. November: Allerheiligen
25. Dezember: Weihnachten
26. Dezember: Tag der Unabhängigkeit
Bewegliche Feiertage: Ostern (So./Mo.); Pfingsten (So.)

VERANSTALTUNGEN

▶ **Januar – März**
Weltcuprennen und Skisprungwettbewerbe in den Alpenregionen in Kranjska Gora, Planica und Mariborsko Pohorje

▶ **Februar**
Karneval in Ptuj (Kurentovanje) und Cerkno (Laufarija)

▶ **März**
Internationales Dokumentarfilmfestival in Ljubljana

▶ **Mai**
Weinfest in Metlika
Druga godba: World Music-Festival in Ljubljana
Exodus: Internationales Festival zeitgenössischer Bühnenkunst in Ljubljana

▶ **Juni**
Internationale Ruderregatta in Bled
Kresna no: Johannisnacht in Bohinj

▶ **Juni – Juli**
Lent: Sommerfestival in Maribor
Internationales Jazz-Festival in Ljubljana
Internationales Sommerfestival in Ljubljana (Juni – August)

▶ **Juli**
Lichterfest in Bled mit großem Feuerwerk (3. Sonntag)
Internationales Musikfestival in Bled
Sommerfesitval an der Küste in Piran, Koper, Izola, Portorož. Open-Air-Theater, Konzerte auf den schönsten Plätzen und Kunstausstellungen in historischen Palästen.

▶ **Juli – August**
Sommerfestspiele in Bled, Celje, Piran, Ptuj und Postojna
Festival der Barockmusik in Brežice
Internationale Grafik-Biennale in Ljubljana (in jedem ungeraden Jahr)

Kurentovanje – Karnevalsumzug in Ptuj

Schwungvoll getanzt: Folklorevorführung auf dem Land

▶ **August**
Erasmus-Ritterturnier in Predjamski Grad: Lebendiges Mittelalter vor der Höhlenburg – hoch zu Ross, in Rüstung und Kostüm wird gekämpft. Musik und Marktstände sorgen zusätzlich für historisches Ambiente.
Ethno Festival Bled: Auftritte bekannter in- und ausländischer Volksmusikgruppen
Tourismuswoche in Koroška mit Veranstaltungen zur Tradition der Region
»Trnfest«: Traditionelles internat. Sommerfestival in Ljubljana
Salinenfestival in den Salinen von Sečovlje

▶ **September**
Weinlese der 400-jährigen Weinrebe in Maribor
Musik- und Kostümfest in Kamnik
Kuhball in Bohinj mit traditionellem Almabtrieb
Literatenfestival in der Feenhöhle von Vilenica

▶ **Oktober – November**
City of Women in Ljubljana: Festival zeitgenössischer Kunst. Künstlerinnen aus verschiedenen Bereichen stellen ihre Werke aus.
Boršnik-Festival in Maribor mit interessanten neuen Theaterinszenierungen
Erntefest besonders schön in Jeruzalem und Ormož
Martinstag (11. November): Im ganzen Land wird zu Ehren des hl. Martin Wein ausgeschenkt.

▶ **Dezember**
Weihnachtsmarkt in Ljubljana
Silvesterfeiern im Freien in ganz Slowenien

Geld

Euro Nur 16 Jahre hatte Slowenien eine eigene Währung, den **Tolar** – doch schon kurze Zeit nach dem EU-Beitritt des Landes versank er in der historischen Mottenkiste. Seit 2007 ist der Euro Landeswährung. Auf der Rückseite der **slowenischen Euro-Münzen** sind der Dichter **France Prešeren** und der Verfasser des ersten slowenischen Buches **Primož Trubar** dargestellt, gleichfalls zu sehen ist der Triglav, Sloweniens höchster Berg. Für Besucher aus der Schweiz als Nichtmitglied der EU und damit der Währungsunion gilt ein variabler Wechselkurs von gegenwärtig 1 € = 1,50 sfr (s.a. www.oanda.com).

Geldwechsel Ausländische Währung wird in Banken (banka), Wechselstuben (menjalnica) und – zu einem meist schlechteren Kurs – in Hotels und Reisebüros umgetauscht. **Öffnungszeiten** von Banken sind in der Regel Mo.–Fr. 9.00–12.00 und 14.00–16.30, Sa. 8.30–11.00 Uhr.

Bankkarte, Kreditkarten Mit der Bankkarte und zugehöriger Geheimzahl kann man in fast allen Orten Bargeld aus Bankautomaten ziehen. Bei Verlust der Bankkarte sollte man sich so schnell wie möglich an die nebenstehende zentrale Notrufnummer wenden oder – wenn die Bank nicht an dem zentralen Sperrruf beteiligt ist – die Zentrale für Verlustmeldungen in Frankfurt/M. anrufen (Tel. 00 49/1 80 50/2 10 21, rund um die Uhr besetzt).

Karte verloren?

Tel. 00 49 – 116 116 Unter dieser Notrufnummer kann man aus dem Ausland im Fall des Verlustes fast alle Bank- und Kreditkarten sperren lassen. Zum Sperren muss man die Kontonummer und die Bankleitzahl mitteilen.

Kreditkarten werden als Zahlungsmittel in größeren Hotels, Restaurants, Geschäften und Autoverleihfirmen akzeptiert. In Gasthöfen und Restaurants auf dem Land müssen Beträge oft bar bezahlt werden. Mit der Kreditkarte und zugehöriger Geheimzahl kann man auch an zahlreichen Bankautomaten Bargeld erhalten, allerdings wird oft eine Gebühr verlangt.

Gesundheit

Ärztliche Hilfe Die ärztliche Versorgung in Slowenien entspricht europäischem Standard, in allen Städten gibt es gut ausgestattete Krankenhäuser und Gesundheitszentren. Wer gesetzlich krankenversichert ist, wird nach Vorlage der **europäischen Krankenversicherungskarte** in allen staatlichen Praxen und Krankenhäusern Sloweniens in der Regel kostenlos behandelt. Zudem sollte man sich den Abschluss einer privaten Zusatzversicherung überlegen, die im Fall der Fälle Kosten für einen Rücktransport übernimmt.

Karten

Außer der diesem Reiseführer beigelegten Reisekarte erweist sich die Karte »Slovenija« (Maßstab 1:540 000) als recht brauchbar. Man kann sie beim **Slowenischen Fremdenverkehrsamt** bestellen und erhält sie kostenlos. Die Karte informiert über Hauptverbindungsstrecken des Landes, aber auch über touristische Details wie den Verlauf der Europäischen Fernwanderwege und des Slowenischen Bergwanderwegs, zentrale Fahrradrouten und Wildwasserstrecken, Karsthöhlen und Naturdenkmäler.
Die besten **Detailkarten** erwirbt man erfahrungsgemäß in Slowenien selbst. Das Geografische Institut Ljubljana publiziert Regionalkarten im Maßstab 1:50 000 zu allen Teilen des Landes.
Für alle, die im **Triglav-Nationalpark** wandern wollen, gibt es die hervorragende Karte Triglav (Planinska zveza Slovenije) im Maßstab 1:25 000.

Mit Kindern unterwegs

Slowenien ist ein kinderfreundliches Land. Überall werden die Kleinen herzlich begrüßt und angesprochen, man erkundigt sich nach ihren Wünschen und Bedürfnissen. Auch der Reisealltag ist gut geregelt: Auf Wunsch – und oft gratis – werden Zustellbetten ins Hotelzimmer gestellt. In fast allen Restaurants gibt es Kinderhochsitze und auf der Karte ein günstiges Kindermenü. Die Supermärkte größerer Orte sind mit Babynahrung, Windeln und anderen Hygieneartikeln gut bestückt.

Zwar hat Slowenien keine lange Küste, doch gibt es ein paar akzeptable **Badeplätze**: einen Sandstrand in Portorož und eine Kiesküste in Ankaran; in Piran, Fiesa, Izola und Strunjan steigt man von Felsplateaus und über Treppen ins Wasser. Fast noch mehr Spaß macht das Baden in den kristallklaren Gebirgsseen Bled und Bohinj. Für Action & Fun sorgen Aquaparks in Čatež, Olimia und Moravske Toplice. **Badeferien**

Am Meer, auf Flüssen und Seen lassen sich **Bootstouren** unternehmen, wobei man die Wahl hat zwischen »selber fahren« und »gefahren werden«. Schiffsausflüge entlang der Küste starten in Portorož, Piran und Izola.
Ungewöhnlich und schön ist ein Ausflug mit der Pletna, einer Art Gondel, die auf dem Bleder See eine romantische Insel ansteuert. Hier wie auch in Bohinj können Kinder freilich auch selber zum Paddel bzw. Ruder greifen. **Ausflüge auf dem Wasser**

Lipica – beste Adresse für pferdeliebende Kinder

Sportlich Braucht man größeren Kitzel, vertraut man sich einer Aktivagentur an, z. B. in Bled, Bohinj, Kranjska Gora, Bovec und Tolmin. Angeboten werden geführte, familientaugliche **Kanutouren** durch Wildflüsse, **Canyoning** in abgelegenen Klammen und **Hydrospeed**-Ausflüge.

Höhlenbesuche Stets beliebt bei Kindern ist der **Abstieg in die Unterwelt**: Ob in Postojna oder Škocjanske Jame – die Höhlen mit bizarren Tropfsteinen und rauschenden Wasserfällen eröffnen ganz neue Einblicke in das »Reich der Erde«.

Pferde und Reiten Mögen sie **Pferde**, wird Kindern der Ort Lipica gefallen: Bei einer Gestütsbesichtigung lassen sich die weißen Edelrösser streicheln, bei einer Dressurschau zeigen sie ihre Künste. **»Ferien im Sattel«** sind gleichfalls möglich, wobei die Palette der Kurse von Anfängerunterricht bis zur schweren Dressurprüfung reicht.

Knigge für Slowenien

Selbstbewusst und freundlich Die Slowenen sind aufgeschlossen, polyglott und zuvorkommend. Sie leben in einem Musterländle, das in jeder Beziehung »auf der Höhe der Zeit« ist und auf nationale Sonderbräuche und Sonderwege keinen Wert legt. Selbst wenn man sie mit den **Slowaken** oder **Slawonen** verwechselt, zucken sie bestenfalls die Achseln und bemerken: »Kein Wunder – unser Land ist ja auch so klein!«

Politische Reizthemen Wenn man sie freilich mit den Völkern auf dem **Balkan** in einen Topf wirft, reagieren die Slowenen gereizt: Der »Balkan« ist Synonym für Chaos, Krieg und Korruption, und das findet man, so wird man belehrt, nur weiter südlich.

Ein politisches Reizthema ist auch das, was nach dem Zweiten Weltkrieg geschah: Die siegreichen Partisanen rechneten erbarmungslos mit all jenen ab, die zuvor mit den faschistischen Besatzern kollaboriert hatten. Oft wurden die so genannten **Domobranen** (slow. domobranci) ohne Anklage und Prozess hingerichtet; Tausende »verschwanden« in den Wäldern von Kočevje. Bis heute ist es nicht opportun, Verständnis für die Kollaborateure aufzubringen – so wenig wie es angebracht ist, Verständnis für die Forderungen der politischen Rechten **Italiens** zu zeigen: Diese pocht auf Rückgabe einstigen italienischen Eigentums bzw. fordert hohe Entschädigungssummen.

In Restaurants ist ein Trinkgeld in Höhe von 5–10 % des Rechnungsbetrags üblich, freilich nur, wenn die Bedienung wirklich zufriedenstellend war. Zimmermädchen und Hotelangestellte erhoffen sich gleichfalls ein Zubrot, ebenso Reiseleiter und Taxifahrer.

Trinkgeld

Literaturempfehlungen

Alida Bremer (Hg.): Literarisch reisen: Istrien. Drava: Klagenfurt 2008. Eine bunte Zusammenstellung von Fantasien und Erinnerungen.

Romane, Erzählungen

Ivan Cankar: Der Sünder Lenart. Drava, Klagenfurt 2002
In zwei autobiografischen Erzählungen hat Cankar, Sloweniens bedeutendster Prosaschriftsteller, seine Kindheitserinnerungen verarbeitet. Die Literaturkritik rühmte die ausdrucksstarke Bildkraft des Autors, die in der Beschreibung des Lebens auf dem Lande ebenso durchscheint wie in seinem sozialkritischen Porträt Wiens zur Zeit der Belle Epoque.

Paulo Coelho: Veronika beschließt zu sterben. Diogenes, Zürich 2002
Leichtfüßig erzählt der brasilianische Autor die Geschichte einer lebensmüden jungen Frau aus Ljubljana, die angesichts des Todes zu der Erkenntnis findet: Leben macht nur Sinn, wenn man sich nicht dem Realitätsprinzip unterwirft, sondern eigene Wünsche und Träume zu verwirklichen versucht.

Peter Handke: Die Wiederholung. Suhrkamp, Frankfurt 1999
Wie der Autor entstammt auch sein Romanheld Filip Kobal einer slowenischen Familie in Südkärnten. Er begreift sich als Nachkomme einer »Sippe von Knechten«; das Deutsche gilt ihm als Sprache »eines feindlichen Volkes«. Als Zwanzigjähriger begibt er sich auf die Suche nach dem älteren Bruder, der sich im Zweiten Weltkrieg den jugoslawischen Partisanen anschloss und seitdem verschollen ist. Kobal erfährt Slowenien als »fremdes und zugleich viel eigeneres Land«,

einen »Lebensraum der Befreiung«. Über die Alpen gelangt er ins Soča-Tal, den Karst erlebt er als »Savanne der Freiheit«. Letzte Station ist Maribor, wo er ein Lebenszeichen seines Bruders entdeckt: einen in die Wand der Schulkapelle eingeritzten Namenszug.

Veit Heinichen: Die Toten im Karst. Dtv, München 2003
Kommissar Proteo Laurenti hat wieder zu tun. In den Hügeln vor Triest, im slowenisch-italienischen Grenzgebiet, ist ein alter Mann harpuniert und an ein Kreuz gefesselt worden. Der Tod erinnert an die Art, wie im Frühjahr 1945, während der letzten Kriegstage, viele Menschen dieser Region umgebracht wurden. Über 50 Jahre sind seitdem vergangen. Sollte es sein, dass dieses Verbrechen immer noch etwas mit jenen Kämpfen zu tun hat, die damals zwischen italienischen Faschisten und Tito-Partisanen ausgefochten wurden? Für den Kommissar beginnen aufregende Ermittlungen ...

Ernest Hemingway: In einem andern Land. Rowohlt, Reinbek 1999
Der 1929 erschienene Roman des Nobelpreisträgers (Originaltitel: A Farewell to Arms) beruht auf seinen Erfahrungen während des Ersten Weltkriegs, als sich im Soča-Tal italienische und österreichische Truppen in einem fast zwei Jahre währenden Stellungskrieg gegenüberstanden. Der Schriftsteller lebte in Kobarid und Görz (Gorica) und war auf italienischer Seite als Sanitäter im Einsatz.

Drago Jančar: Luzifers Lächeln. Klagenfurt 1996
Der 35jährige Gregor Gradnik kommt als Schriftsteller nach New Orleans, um sich als Stipendiat in »creative writing« zu üben. Zwei Länder, zwei Lebensweisen – glücklich wird der junge und zur Melancholie neigende Slowene in den USA nicht. Vor allem leidet er daran, dass er nicht trauern darf. »Im Land war ein Geheimdekret erlassen worden: keine Trauer, das Leben ist fröhlich. Lachen brodelte aus den Kehlen, kreischte aus den Lautsprechern...«
Erleichtert kehrt er ins heimatliche Slowenien zurück, jenes Land der Kindheit, in dem – anders als in den USA – die Felder und Gewässer noch einen Namen haben. »Tolmun« heißt dort das stille Becken in der Biegung des Flusses, »obronek« der plötzliche Abbruch am Ackerrain. Der Roman »Luzifers Lächeln« war das letzte von der Kritik einhellig gelobte Werk des Autors – seine späteren Romane enttäuschten.

In Slowenien gedreht

■ **Marktplatz in Ljutomer** ist Schauplatz des 1905 gedrehten Streifens »Markttag in Ljutomer«, der zu den Pionierfilmen des europäischen Kinos gehört. Hergestellt wurde er vom Amateurfilmer Karol Grossmann, in dessen Haus während des Ersten Weltkriegs Fritz Lang lebte.

Johann Gottfried Seume: Spaziergang nach Syrakus. Insel, Frankfurt/Main 2010

Über 200 Jahre ist es her, dass Johann Gottfried Seume das Land bereist hat. Wer auf immerhin zehn Seiten nachlesen möchte, wie sich der Weg von Maribor über Celje nach Postojna dem Wanderer im Jahr 1802 darbot, greift zum Reiseklassiker »Spaziergang nach Syrakus«, geschrieben in Form eines Briefzyklus.
Seume war ein Mann aus dem Volk; sein Reisebericht ist durchdrungen von der Sympathie für die einfachen Leute, voller Kritik am katholischen Klerus und an feudaler Misswirtschaft.

Boris Pahor: Nekropolis. Berlin Verlag, Berlin 2005 — Sachbuch, Fotobildband
Schuldzuweisungen sucht man in diesem Buch vergeblich. Knapp 20 Jahre, nachdem er dem Schrecken entronnen war, hat der Autor jene fünf Konzentrationslager, in denen er im Zweiten Weltkrieg festgehalten wurde, noch einmal aufgesucht.
Boris Pahor ist ein Meister der kühlen Beschreibung, mit gestochen scharfen Bildern teilt er etwas mit, was in Fotos und Filmen nicht eingefangen werden kann. Schon im Jahr 1967 hat er seine Chronik veröffentlicht, ins Deutsche wurde sie erst sehr viel später übertragen.

Gerhard Pilgram, Wilhelm Berger, Gerhard Maurer: Slowenien entgegen. Drava, Klagenfurt 2004.
Die Autoren wanderten neun Tage von Klagenfurt nach Ljubljana – mitgebracht haben sie Beschreibungen von Landschaften und Städten, von Orten der Schönheit und der Tristesse. Fotos jenseits der touristischen Perspektive machen mit dem slowenischen Alltag bekannt.

Hanne Schneider, Stephan Hutt: Heimat der Lipizzaner. Hutt Verlag, Stuttgart 2004
Gut recherchiert und wunderbar fotografiert: alles rund um das Urgestüt der Lipizzaner. Man erfährt vieles über die Geschichte des Gestüts und der Zucht, außerdem Informationen zu Urlaubsmöglichkeiten vor Ort. Sehr interessant – nicht nur für Pferdefreunde.

Medien

Rundfunk und Fernsehen

Die besseren Hotels verfügen im ganzen Land über Satellitenfernsehen und geben damit die Möglichkeit, auch deutsche, englische und französische Programme zu sehen. Im Radio gibt es auf Slowenien 1 (allein auf UKW sechs Frequenzen) Kurznachrichten sowie Wetter- und Verkehrsmeldungen in deutscher Sprache, allerdings nur werktags und während der Sommerferien.

Zeitungen und Zeitschriften

Tageszeitungen Es erscheinen fünf Tageszeitungen mit einer Gesamtauflage von gut 300 000 Exemplaren. Die höchste Auflage haben »Delo« (Arbeit) und »Večer« (Abend). Sie enthalten aktuelle Hinweise auf Kulturveranstaltungen, allerdings nur in slowenischer Sprache.

Englischsprachig The Slovenia Times erscheint monatlich und ist die einzige englischsprachige Zeitschrift des Landes (Informationen auf der Webseite www.sloveniatimes.com).

Naturschutzgebiete

Geschützte Flächen Knapp 10 % der Landesfläche stehen unter Naturschutz, etwa die Hälfte davon nimmt der 84 805 ha große Triglav-Nationalpark ein. Er umfasst nahezu die gesamten Julischen Alpen mitsamt dem Triglav, dem höchsten Berg des Landes, der »Alpenoase« Bohinj und dem malerischen Soča-Tal. Geplant sind weitere Nationalparks zum Schutz der schönsten Landschaften Sloweniens: der Steiner Alpen und des Pohorje-Massivs im Norden sowie des Hornwalds (Kočevski Rog) im Südosten. Die wilde, unter- und oberirdische Landschaft des **Karsts** wurde zum **UNESCO-Biosphärenreservat** erklärt; ein **UNESCO-Weltnaturerbe** ist die Höhle **Škocjanske jame** mit einem unterirdischen, von einem Wildbach durchflossenen Canyon.

Naturreservate Strengster Naturschutz gilt in den zehn Reservaten, von denen das Logar-Tal (in den Savinjer Alpen) am berühmtesten ist. Am Eingang muss jeder motorisierte Besucher einen Obolus entrichten.

Landschaftsparks In den 30 slowenischen Landschaftsparks wird der Naturschutz weniger streng ausgelegt. In den Gebirgszügen des Nanos und des Trnovski gozd, der Region um den Alpengipfel Martuljek und an den Hängen westlich von Škofja Loka darf sogar in beschränktem Umfang geweidet bzw. Landwirtschaft betrieben werden.

▶ INFORMATIONEN TRIGLAV-NATIONALPARK

▶ **TNP-Büro Bled**
Kidričeva cesta 2
4260 Bled
Tel. 04/578 02 00
Fax 578 02 01
www.tnp.si

▶ **Soča**
Dom Trenta
5253 Soča
Tel./Fax 05/388 93 30
www.tnp.si
dom-tnp.trenta@tnp.gov.si

Notrufnummern

▶ DIE WICHTIGSTEN NUMMERN

- **Polizei**
  Tel. 112

- **Erste Hilfe**
  Tel. 112

- **Feuerwehr**
  Tel. 112

- **Pannendienst**
  Tel. 1987

Post · Telekommunikation

Telefonieren im Festnetz

Für die öffentlichen Telefonapparate benötigt man in der Regel Telefonkarten, die man auf dem Postamt erhält. Auf die internationalen Vorwahlnummern folgt die Ortsnetzkennzahl ohne die vorangestellte Null, dann die Rufnummer des Teilnehmers.

Mobiltelefone

In Städten und Ortschaften ist der Empfang gut, allenfalls in abgelegenen Regionen kann das Benutzen von Mobiltelefonen schwierig sein. Wer ein Mobiltelefon benutzt, das nicht in Slowenien registriert ist, muss vor der Rufnummer die Ländervorwahl +386 bzw. 00386 eingegeben werden, wenn er einen Teilnehmer in Slowenien anrufen möchte. Auskünfte über den günstigsten Anbieter erhält man beim eigenen Netzbetreiber.

Post

In Postämtern (erkennbar an den PTT-Schildern) erhält man Briefmarken, meist auch Telefonkarten, und man kann Faxe verschicken. Briefmarken gibt es aber auch in Souvenirshops, Zeitungs- und Tabakläden.

Öffnungszeiten

Die meisten Hauptpostämter sind von Montag bis Freitag von 8.00 bis 18.00, am Samstag von 8.00 bis 12.00 Uhr geöffnet.

▶ VORWAHLEN

- **Vorwahl von Slowenien**
  nach Deutschland: Tel. 00 49
  nach Österreich: Tel. 00 43
  in die Schweiz: Tel. 00 41

- **Vorwahl nach Slowenien**
  von Deutschland, Österreich
  und aus der Schweiz:
  Tel. 0 03 86

Preise · Vergünstigungen

Slowenien ist kein Billigreiseziel, allerdings ist es noch immer günstiger als seine Nachbarn Österreich und Italien. Prinzipiell gilt: In **Urlaubszentren** wie Bled, Bohinj und Piran sind die Preise höher, speziell in der Hochsaison (an der Küste im Sommer, in den Bergen im Winter) klettern sie empfindlich nach oben. Ein teures Pflaster ist auch die Hauptstadt Ljubljana. Das größte Loch in die Urlaubskasse reißt erfahrungsgemäß die **Unterkunft**. Am günstigsten schläft man in Privatzimmern und Pensionen bzw. auf dem Bauernhof. Beim **Essen** lässt sich Geld sparen, wenn man Sloweniens kulinarische Spezialitäten wie pršut-Schinken, Alpenkäse und Wein im Supermarkt kauft und sie sich bei einem Picknick in schöner Natur schmecken lässt. Relativ preiswert isst man auch in Gasthäusern (gostilna, gostišče). **Öffentliche Verkehrsmittel** sind nach wie vor preiswert, mit dem Zug fährt man billiger als mit dem Bus. **Benzin** ist so günstig wie kaum irgendwo sonst in Europa. **Rabatte** in Museen, Theatern und bei Aktivangeboten erhalten Studenten mit internationalem Ausweis und Senioren.

▶ WAS KOSTET WIE VIEL

Eine Tasse Kaffee
ca. 1,20 €

Bier vom Fass
ca. 2,20 €

Einfache Mahlzeit
ab 6,00 €

Einfaches Doppelzimmer
ab 30,00 €

1 l Benzin
ab 1,15 €

3-Gang-Menü
ab 15 €

Reisezeit

Wintersportler kommen vor allem im ersten Quartal des Jahres, wenn in den Alpenregionen im Norden des Landes Schnee liegt. Im Frühjahr treffen dann die ersten **Wassersportler** im Soča-Tal ein – zur Zeit der Schneeschmelze, die den Fluss in ein Wildwasser verwandelt. Im Mai ist erstmals schon mit sommerlichen Temperaturen zu rechnen. Die **Badesaison** an der Küste dauert lange: An den Stränden der slowenischen Riviera kann man sich von Mitte Mai bis etwa Anfang Oktober sonnen. Wer im Mittelmeer baden möchte, kann zwischen Anfang Juni und Ende September mit Wassertemperaturen über 20 °C rechnen. Auch für **Wanderer** und **Radfahrer** sind die Monate zwischen Mitte Mai und Anfang Oktober am besten. An den langen Sommertagen kann weit gewandert werden, doch ist es oft diesig und zuweilen gewittrig. Die besten Fotos macht man im Herbst, wenn die Sicht besser und das Wetter insgesamt beständiger ist.

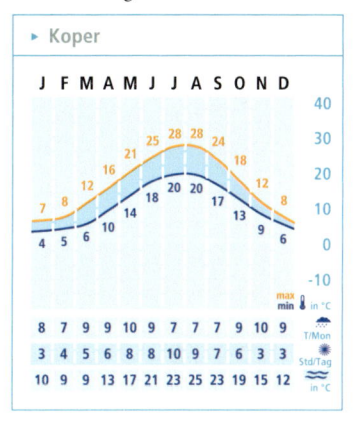

Shopping

Geschäftsöffnungszeiten sind normalerweise Mo. – Fr. 8.00 – 19.00, Sa. 8.00 – 13.00 Uhr.   **Geschäfte**

In jedem Supermarkt gibt es eine Delikatessenabteilung, in der man die kulinarischen Highlights Sloweniens erstehen kann. Dazu gehören der **luftgetrocknete Karstschinken** »pršut«, pikante Oliven, Schafskäse aus den Alpen und hausgemachte Wurst. Neben hochprozentigen **Obstschnäpsen** reihen sich in den Regalen Wein- und Sektflaschen aneinander. Das größte Angebot an slowenischen Weinen findet man in den Vinotheken von Maribor, Ormož und Vipava.   **Kulinarisches**

Viel Spaß macht das Einkaufen auf dem **Markt**. Der schönste befindet sich in **Ljubljana**, wo am Vodnikov trg, nahe der Dreibrückenanlage, jeden Vormittag (außer So.) Obst und Gemüse, Brot und Wurst feilgeboten werden. Käse gibt es noch aus Keramikschüsseln und Butter aus dem Fass, Nüsse und Hülsen-

Eine Delikatesse: »pršut«, luftgetrockneter Karstschinken

früchte werden in Glasvitrinen ausgestellt. Fast alle Hauptstadtbewohner decken sich hier mit frischen Lebensmitteln ein – nirgendwo in Ljubljana ist das Angebot größer.

Flohmarkt Wer dagegen am Sonntag nach Ljubljana kommt, erlebt am Ufer der Ljubljanica (Cankarjevo nabrežje) einen Flohmarkt, der noch hält, was der Name verspricht: kaum kommerzieller Plastikkitsch, dafür viele **preiswerte Antiquitäten**, Trödel und Tand.

Kunsthandwerk In den verschiedenen slowenischen Regionen hat sich im Lauf der Jahrhunderte jeweils ein spezifisches Kunsthandwerk herausgebildet. **Klöppelspitze** kommt aus Idrija, Schmiedeware aus Kropa. Keramik stammt überwiegend aus Prekmurje: Ton war dort immer reichlich vorhanden, Steuerfreiheit auf Töpferwaren garantierte der Landbevölkerung ein wichtiges Zubrot. Berühmt für seine **»Schwarze Keramik«** ist das Dorf Filovci. Die hohen, schlanken Gefäße haben große Ähnlichkeit mit Tonwaren aus illyrischer Zeit, die man vor kurzem in den Hügelgräbern der Umgebung fand.
Für **mundgeblasenes Glas** und edles Kristall ist Rogaška Slatina bekannt, dort gibt es Glaswerkstätten, die schon seit etwa 400 Jahren in Betrieb sind.
Aus der Bela Krajina stammen Körbe aus Weidenruten sowie mit Ornamenten geschmückte Ostereier.
Die »trockene Krain« ist auf »suha roba« (= trockene Dinge) spezialisiert, geschnitzte Holzgegenstände wie Teller, Tassen und Löffel.
Eine Kostprobe volkstümlicher Vorstellungskraft vermitteln **Bienenstockbrettchen**, die einst den Eingang zum Stock schmückten: In bunten Farben und mit kräftigem Strich werden menschliche Schwächen aufs Korn genommen und biblische Episoden illustriert (▶ Baedeker-Special, S. 280).

> **? WUSSTEN SIE SCHON …?**
>
> ■ … dass Carving-Skier nicht in den USA, sondern in den Julischen Alpen entwickelt wurden? Dies jedenfalls behaupten die Slowenen, die bekanntlich schon seit dem 17. Jh. auf den »Bretteln« stehen. Die besten Skier des Landes kommen von der Fabrik Elan, die vom kleinen Alpendorf Begunje die ganze Welt beliefert. Im angeschlossenen Firmenladen kann man vom Schneeschuh bis zum Snowboard alle von Elan produzierten Artikel kaufen (Elan Športna Trgovina, Begunje 1, Mo. – Fr. 9.00 – 18.00, Sa. 9.00 – 12.00 Uhr).

Sprache

Südslawische Sprache Das Slowenische gehört zur **südslawischen Sprachengruppe** und ist eng mit dem Kroatischen und Serbischen verwandt. Die Sprache begann sich im 6. Jh. zu entwickeln, als die Slawen die Ostalpen, die westliche Pannonische Tiefebene und die Karstregion oberhalb der Bucht von Triest besiedelten. Eine **eigene Schriftsprache** entstand in der zweiten Hälfte des 16. Jahrhunderts. Sie erlaubte es den Bewohnern, sich der Assimilierung an die deutsche Kultur zu widersetzen. Heute wird das Slowenische außer im eigenen Land nach wie vor auch von Minderheiten in Norditalien, Österreich und Ungarn gesprochen.

Da fast alle Slowenen mindestens eine Fremdsprache (in der Regel Englisch, oft auch Deutsch) sprechen, werden Besucher nur selten Verständigungsschwierigkeiten haben. Dennoch ist es natürlich sinnvoll, sich einige Begriffe und Redewendungen der südslawischen Sprache einzuprägen; denn auch nur der Versuch, »Guten Tag« oder »Dankeschön« auf Slowenisch zu sagen, wird normalerweise immer mit Freundlichkeit honoriert!

Aussprache

c wird wie z ausgesprochen
č wie tsch
h wie im Deutschen, nach Vokal wie ch
š wie sch
v wie w
z wie s
ž wie stimmhaft sch
e wie ä
i wie ie
aj wie ai
ej wie äj
eu wird getrennt als e-u gesprochen
oj wie eu in heuer
r wird mit der Zungenspitze gerollt

Notfalls eben ein »Fertichegericht«

SPRACHFÜHRER SLOWENISCH

Auf einen Blick

Guten Morgen	Dobre jutro
Guten Tag	Dober dan
Guten Abend	Dober večer
Gute Nacht	Lahko noč
Hallo!	Zdravo!
Auf Wiedersehen	Nasvidenje
Wie geht's?	Kako gre?

ja	da
nein	ne
bitte	prosim
danke	hvala
Keine Ursache!	Ni za kaj!
Was?	Kaj?
Wer?	Kdo?

Danke, gut.	Hvala, dobro.
Ich heiße…	Ime mi je…
Ich verstehe nicht!	Ne razumem!
Entschuldigen Sie!	Oprostite!
Wie heißt das?	Kako se to reče po slovensko?
Wie bitte?	Kako, prosim?
Wohin?	Kam?
Wie?	Kako?
Wo?	Kje?
Wieviel…	Koliko…
…kostet das?	…to stane?
Die Rechnung, bitte!	Račun, prosim!

Zeitangaben

Wann?	Kdaj?
Wie lange?	Kako dolgo?
Wie spät ist es?	Koliko je ura?
heute	danes
morgen	jutri
gestern	včeraj
Minute	minuta
Stunde	ura
Tag	dan
Woche	teden
Monat	mesec
Jahr	leto

Wochentage

Montag	ponedeljek
Dienstag	torek
Mittwoch	sreda
Donnerstag	četrtek
Freitag	petek
Samstag	sobota
Sonntag	nedelja

Monate

Januar	januar
Februar	februar
März	marec
April	april
Mai	maj
Juni	junij
Juli	julij
August	avgust
September	september
Oktober	oktober

November	november
Dezember	december

Zahlen

0	nič	20	dvajset
1	ena	30	trideset
2	dve	40	štirideset
3	tri	50	petdeset
4	štiri	60	šestdeset
5	pet	70	sedemdeset
6	šest	80	osemdeset
7	sedem	90	devetdeset
8	osem	100	sto
9	devet	110	sto deset
10	deset	200	dvesto
11	enajst	300	tristo
12	dvanajst	1000	isoč
13	trinajst	1 000 000	milijon

Übernachten

Hotel	hotel
Pension	penzion
Jugendherberge	mladinski dom
Zimmer	soba
Einzelzimmer	enoposteljna
Doppelzimmer	dvoposteljna
Ich habe ein Zimmer reserviert.	Imam rezervirano sobo.
Ich suche ein Zimmer	Iščem sobo
– mit Bad	– s kopalnico
– mit Balkon	– z balkonom
– mit Blick	– s pegledom
– mit Frühstück	– z zajtrkom
– mit Halbpension	– polpenzion
– mit Vollpension	– polni penzion
– für eine Nacht	– za eno noč
– für zwei Tage	– za dva dni
Kann ich das Zimmer sehen?	Ali sobo lahko pogledam?

Unterwegs

Wo…	Kje…
…kann ich telefonieren?	…lahko telefoniram?
…ist die Toilette?	…je stranišče?

Deutsch	Slowenisch
Ist das die Straße nach …?	Ali je to cesta za …?
Ist es noch weit bis …?	Ali je še daleč do …?
Wo muss ich aussteigen?	Kje moram izstopiti?
Ist der Pass geöffnet?	Ali je prelaz odprt?
geöffnet	odprto
geschlossen	zaprto
rechts	desno
links	levo
Abfahrt	odhodi
Ankunft	prihodi
Apotheke	lekarna
Arzt	zdravnik
Ausstellung	razstava
Bahnhof	železniška postaja
Bank	banka
Brücke	most
Bushaltestelle	avtobusna postaja
Fahrkarte	vozovnico karto
– einfach	– enosmerno vozovnico karto
– Rückfahrkarte	– povratno vozovnico karto
Flughafen	letališče
Fluss	reka
Friedhof	pokopališče
Galerie	galerija
Garten	vrt
Gebirge	gorovje
Gesundheitszentrum	zdravstveni dom
Hafen	pristanišče
Höhle	jama
Kino	kino
Kirche	cerkev
Kloster	samostan
Krankenhaus	bolnica
Krankenstation	zdravstveni dom
Kursbuch	vodni red
Liegewagenkarte	vozovnico za ležalnik
Markt	tržnica
Museum	muzej
Naturschutzgebiet	naravni park
Oper	opera
Pass	prelaz
Platz	trg
Platzkarte	vozovnico z rezervacijo
Post	pošta
Rathaus	mestna hiša/rotovž
Schloss	grad
Schlafwagenkarte	vozovnico za spalnik
Tankstelle	bencinska črpalka

Tal	dolina
Theater	gledališče
Touristeninformation	turistične informacije
Turm	stolp
Wasserfall	slap
Wechselstube	menjalnica
Weinbar/Weinverkauf	vinoteka
Weinkeller	vinska klet
Zahnarzt	zobozdravnika

Im Restaurant

Guten Appetit!	Dober tek!
Zum Wohl!	Na zdravje!
Die Speisekarte, bitte!	Jedilni list, prosim!
zajtrk	Frühstück
kosilo	Mittagessen
večerja	Abendessen

Speisekarte – Jedelni list

ajdovižganci	Buchweizengrütze
ajvar	pikantes Paprika-Tomaten-Mus
banana	Banane
beluši	Spargel
biftek s tartufi	Beefsteak mit Trüffeln
bučke	Zucchini
burek	mit Fleisch, Quark oder Obst gefüllte Blätterteigtaschen
čebula	Zwiebel
česen	Knoblauch
čšnja	Kirsche
čevapčiči	Hackfleischröllchen
čokolada	Schokolade
črna redkev	schwarzer Rettich
dagnje	Miesmuscheln
divji prašič	Wildschwein
divji zajec	Feldhase
dušen srnjak	Rehgulasch
– s polento	– mit Polenta
fazan	Fasan
fižol	Bohnen
fižolova juha	Bohnensuppe
gams	Gämse
gibanica	Blätterteigkuchen mit Quark-, Nuss-, Mohn- und Apfelfüllung

gobe s smetano	Pilze mit Rahm-(Sahne-)sauce
gobova kremna juha	Pilzcremesuppe
golaž	Gulasch
– segedin	Szegediner Gulasch
gos	Gans
goveja bržola	gedünstetes Roastbeef
goveja juha	Rindsuppe (Brühe)
– z jetrnimi	– mit Lebernockerln
– z vraničnimi	– mit Milznockerln
– žličniki	– mit Grießnockerln
– z mesnimi štruklji	– mit Fleischstrudel
– z žlikrofi	– mit gefüllten Nudelteigtaschen
grah	Erbsen
grahova juha	Erbsensuppe
hruška	Birne
jabolko	Apfel
jagnjetina v pečici	Lammbraten
jagoda	Erdbeere
jajce	Ei
– mehko kuhano	weiches Ei
– na oko	Spiegelei
– smežana	Rührei
jejčevci	Auberginen
jelenov stek	Hirschsteak
– po lovsko	– nach Jägerart
ješprenj	Gersteneintopf
jota	Sauerkrauteintopf
juhe	Suppen
kalamari	gebackene Tintenfische
kaša	Brei
– ajdova kaša	Buchweizenbrei
– z zeljem	Brei mit Sauerkraut
kisla repa	saure Rübe
kislo zelje	Sauerkraut
klobasa	Wurst
– divjačinska	– aus Wildfleisch
– domača	– hausgemacht
– v zaseki	– mit gehacktem Speck
kmečka pojedina	Bauernschmaus
komarček	Fenchel
kranjska klobasa	Krainerwurst
– z gorčico	– mit Senf
krap	Karpfen
krompir	Kartoffeln
– ocvrti/pomfrit	Pommes frites
– pečeni	Bratkartoffeln
– praženi	Röstkartoffeln
– s skuto	Kartoffeln mit Quark

Slowenisch	Deutsch
kruh	Brot
kruhovi cmoki	Semmelknödel
kumarična solata	Gurkensalat
lignji na žaru	gegrillte Tintenfische
limona	Zitrone
list	Seezunge
Ljubljanski zrezek	Cordon bleu (Schnitzel mit Schinken und Käse)
losos	Lachs
marmelada	Marmelade
maslo	Butter
medvedja pečenka	Bärenbraten
mešani sir	Käseteller
– z maslom	– mit Butter
meso	Fleisch
mineštra	Gemüsesuppe
morski list	Seezunge
obara	Eintopf
– z žganci	– mit Sterz
– kokošja	Hühnereintopf
– telečja	Kalbseintopf
odojek na ražnju	Spanferkel
orada	Goldbrasse

Eine Kunst, aus der Speisekarte das Richtige herauszufischen ...

ostrige	Austern
palačinke	Palatschinken
– s čokolado	– mit Schokolade
– z marmelado	– mit Marmelade
paradižnikova juha	Tomatensuppe
paradižnikova solata	Tomatensalat
pečenka	Braten
– mrežna	Netzbraten
– pljučna	Lungenbraten
– svinjska	Schweinebraten
– telečja	Kalbsbraten
piščanec	Huhn
– ocvrti	Backhuhn
– pečeni	Brathuhn
pleskavica	balkanischer Hamburger
polenovka	Kabeljau
polenta	Polenta
pomaranča	Orange
poper	Pfeffer
postrv	Forelle
– kuhana	– blau (gekocht)
– marinirana	– mariniert
– po tržaško	– nach Triester Art (mit Knoblauch und Kräutern)
– prekajena	– geräuchert
– s smetanovim hrenom	– mit Oberskren (mit Sahnemeerrettich)
– z mandlji	– mit Mandeln
potica	slowenischer Napfkuchen
predjedi	Vorspeisen
pršut	luftgetrockneter Karstschinken
– z olivami	– mit Oliven
puran	Truthahn
puranov zrezek	Truthahnsteak
– s šampinjoni	– mit Champignons
raca	Ente
– divja raca	Wildente
raki	Krebse
ramstek	Rumpsteak
– s sirom in orehi	– mit Käse und Walnüssen
ražnjiči	gemischte Fleischspieße
rezanci	Nudeln
– z gorgonzolo	– mit Gorgonzola
– in smetano	– und Sahne
– z maslom	– mit Butter
– z morskimi sadeži	– mit Meeresfrüchten
– z gobami	– mit Pilzen
rezina	Kuchenschnitte
– kremna rezina	Cremeschnitte

– orehova rezina	Nussschnitte
ribe	Fisch
riž	Reis
rižet z gnjatjo	Rollgerste mit Schinken
rižota	Risotto
– z gobami	– mit Pilzen
– morska	– mit Meeresfrüchten
sadna kupa	Früchtebecher
sadna salata	Obstsalat
salama	Salami, auch: Wurst
sendvič	Sandwich
– s salamo	– mit Wurst
– sirom	– mit Käse
– s šunko	– mit Schinken
sipa	Tintenfisch
sipa v solati	Tintenfischsalat
sir	Käse
sladkor	Zucker
sladica	Süßspeise
sladoled	Eis
sol	Salz
solata	Salat
– mešana	gemischter Salat
srnin medaljon	Rehmedaillon
– z brusnicami	– mit Preiselbeeren

Zum guten slowenischen Essen ein guter slowenischer Wein

svinjski file	Schweinsfilet
– z gobami	– mit Pilzsauce
svinjski želodec	gefüllter Schweinemagen
škampi	Scampi
špageti po milansko	Spaghetti alla milanese
špinača	Spinat
štajerska smetanova	steirische Rahmsuppe
štruklji	Strudel
– orehovi	– mit Nussfüllung
– sirovi	– mit Topfenfüllung
– jabolčni	Apfelstrudel
šunka	(gekochter) Schinken
telečji file	Kalbsfilet
torta	Torte
– čokoladna torta	Schokoladentorte
– orehova torta	Nusstorte
– sadna torta	Obsttorte
– skutna torta	Quarktorte
vampi	Kutteln
zavitek	Strudel
– jabolčni zavitek	Apfelstrudel
– sirov zavitek	Käsestrudel
zelenjavna juha	Gemüsesuppe
zobatec	Zahnbrasse
zrezek	Schnitzel
– dunajski	Wiener Schnitzel
– goveji	Rinderschnitzel
– svinjski	Schweineschnitzel
žganci	Sterz
– ajdovi	Buchweizensterz
– koruzni	Maissterz

Getränke

belo vino	Weißwein
brezalkoholne pijače	alkoholfreie Getränke
brinovec	Wacholderschnaps
čaj	Tee
– z limono	– mit Zitrone
– z mlekom	– mit Milch
češnjevec	Kirschschnaps
črno vino	Rotwein
jabolčnik	Apfelwein
jabolčni sok	Apfelsaft
kapucinarja	Cappuccino
kava	Kaffee
– črna	schwarzer Kaffee

– z mlekom	– mit Milch
– s smetano	– mit Sahne
konjak	Kognac
ledena kava	Eiskaffee
limonada	Limonade
mineralna voda	Mineralwasser
– brez ogljikove kisline	– ohne Kohlensäure
– z ogljikovo kislino	– mit Kohlensäure
mleko	Milch
mošt	Obstwein (Most)
paradižnikov sok	Tomatensaft
pivo	Bier
– domače	– einheimisches
– temno	– dunkles
– svetlo	– helles
– točeno	– vom Fass
– uvoženo	– importiertes
planinski čaj	Bergtee
pomarančni sok	Orangensaft
ribezov sok	Johannisbeersaft
sadjevec	Obstschnaps
sadni sok	Fruchtsaft
slivovka	Pflaumenschnaps
sok	Saft
viljemovka	Birnenschnaps
vino	Wein
– sladko	süßer Wein
– suho	trockener Wein
vinjak	Weinbrand
viski	Whisky
voda	Wasser
vodka	Wodka
žganje	Schnaps, Branntwein

Übernachten

Hotels gibt es in verschiedenen Preiskategorien, sie sind mittlerweile aber relativ teure Unterkünfte, wobei in der Vor- und Nachsaison oft erhebliche **Preisnachlässe** gewährt werden. Günstige Übernachtungsmöglichkeiten bieten Bauernhöfe, Campingplätze und Jugendherbergen. Auch in Privatzimmern kann man preiswert nächtigen, sie werden von den Touristeninformationen vor Ort vermittelt.

Teuer oder preiswert übernachten

Agrotourismus Es gibt eine Alternative zum Urlaub im Hotel. **»Ferien auf dem Bauernhof«** heißen die Zauberworte: Man wohnt abseits der Touristenzentren, wacht auf bei Vogelgezwitscher, hört muhende Kühe im Stall und auf der Koppel Pferdegewieher. Über 230 slowenische Bauernhöfe bieten naturnahen Urlaub an, viele sind auf die Bedürfnisse von Kindern eingestellt. Diese dürfen sich auf Wiesen und Weiden austoben, das Leben der Tiere kennenlernen und im Heuschober schlafen. Der ZTKS (Verband der touristischen Bauernhöfe in Slowenien) und der Veranstalter ABC haben sich auf Landurlaub spezialisiert. Bei ABC bekommt man alle Angebote des Trägervereins ZTKS ohne Aufpreis und kann sich gut auf Englisch verständigen. Alle auf S. 113 aufgeführten Bauernhöfe liegen in der mittleren Preiskategorie.

> **Preiskategorien**
>
> - Luxus: ab 130 Euro
> - Komfortabel: 70–130 Euro
> - Günstig: bis 70 Euro
> Durchschnittliche Preise für ein Doppelzimmer mit Frühstück; Unterkünfte ▶ Reiseziele von A bis Z

Campingplätze Es gibt in allen Teilen des Landes gut ausgestattete Campingplätze. Sie sind in der Regel vom 1. Mai bis 30. September geöffnet und verfügen häufig über Sporteinrichtungen und Spielplätze für Kinder. **Reservierung** ist in der Zeit der Schulferien zu empfehlen.
Die Anlagen sind in drei Kategorien aufgeteilt; in der besten Kategorie A sind Service und Komfort besonders umfangreich. Ergänzende Details findet man unter den allgemeinen Internetadressen.

Übernachten in Hotels und Schlössern In Slowenien stehen knapp 80 000 Hotelbetten zur Verfügung. Beim Fremdenverkehrsamt (▶ Auskunft) erhält man auf Wunsch das aktuelle Unterkunftsverzeichnis. Darin enthalten sind auch die über das ganze Land verteilten, herrlich gelegenen Schlossanlagen. Viele von ihnen wurden renoviert und dienen als Komforthotels (z. B. Otočec und Mokrice).

Privatzimmer Über Internet, die örtlichen Fremdenverkehrsämter (Adressen ▶ Reiseziele von A bis Z) oder Reisebüros und direkt beim Anbieter können auch preiswerte Privatzimmer und Apartments (sobe/apartma) gebucht werden.

Jugendherbergen **Dijaški dom**: So lautet die slowenische Bezeichnung für Jugendherberge. Leider gibt es davon nicht allzu viele. Empfehlen kann man die Jugendherbergen in Piran, Bled und Ljubljana die das ganze Jahr über geöffnet sind. Im Juli und August verwandeln sich einige Studentenwohnheime in Herbergen – hierüber freut man sich vor allem im teuren Ljubljana. Bevorzugt aufgenommen werden Mitglieder einer nationalen Jugendherbergsorganisation; wer keinen Ausweis besitzt, zahlt einen Aufpreis. Aktuelle Infos erhält man beim slowenischen Jugendherbergsverband.

ÜBERNACHTUNGSADRESSEN

ALLGEMEINE INFORMATIONEN

▶ **www.slovenia.info**
Auf der Homepage der Slowenischen Fremdenverkehrszentrale gibt es ausführliche Informationen zu Unterkünften (online buchbar).

VERANSTALTER AGROTOURISMUS

▶ **ZTKS**
Trnoveljska 1, 3000 Celje
Tel. 0 3 /491 64 81
Fax 03 / 491 64 80, ztks@siol.net
www.slovenia.info/touristfarms

▶ **ABC Farm and Countryside Holidays**
Celovška cesta 268
1000 Ljubljana
Tel. 0 5/907 05 00
Fax 01 / 519 98 76
www.abc-tourism.si

AUSWAHL GUTER BAUERNHÖFE

▶ **Nahe Bled: Povšin**
Selo 22, Tel. 04/576 76 30
Im Weiler Selo, 1 km von Bled entfernt, sorgt Familie Soklič liebevoll für die Gäste, alle Lebensmittel stammen direkt vom Hof. Mit Bauernofen und altertümlicher Rauchküche. 5 Zimmer

▶ **Nahe Bohinj: Pri Andreju**
4267 Studor 31, Tel. 04/572 35 09
In einem alten Hof am Hang mit schöner Aussicht wird ein Apartment für max. 4 Personen vermietet. Zum Essen gibt es u. a. hauseigene Milch, frische Eier, Obst und Gemüse.

▶ **Westlich von Postojna: Hudičevec**
Razdrto 1, 6225 Hruševje
Tel. 05/703 03 00, Fax 703 03 20
www.hudicevec.com
Haus mit 10 Zimmern 10 km westlich von Postojna am Fuße des 1300 m aufragenden Nanos.

▶ **Nahe Otočec ob Krki: Šeruga**
8222 Sela pri Ratežu 15
Tel. 07/334 69 00, Fax 334 69 01
Der abgeschiedene Bauernhof im Alpinstil 2 km südl. von Otočec liegt 400 m von der Straße Novo Mesto – Šentjernej entfernt. Die sechs Zimmer sind gemütlich, das Essen ist deftig – Weißwein und der säuerliche Edelzwicker stammen vom eigenen Weinberg.

▶ **Im Savinja-Tal: Zavratnik**
Raduha 49-A, 3334 Luče
Tel. 03/838 41 60
Der mehrere hundert Jahre alte Bauernhof liegt nördlich von Luče. Hier kommt Ausgefallenes auf den Tisch, z. B. Käse- und Buchweizenrolle, Hirschschnitzel oder Gamsgulasch. Kinder haben einen Spielplatz, im Stall können sie Kühe, Kälber und Schweine füttern. 13 Zimmer

▶ **Nahe Škofja Loka: Podmlačan**
Jarčje brdo 2, 4227 Selca
Tel. 04/518 80 01
Der Hof liegt 10 km nordwestlich von Škofja Loka und ist ein guter Ausgangspunkt für Wanderungen in der Region. Aufgrund seiner Abgeschiedenheit ist er eine beliebte Adresse für Ferien mit Kindern. Alles, was auf den Tisch kommt, ist hausgemacht! 8 Zi.

PRIVATUNTERKÜNFTE

▶ **Tour As**
Privatunterkünfte in und um Ljubljana
Mala ulica 8, 1000 Ljubljana
Tel. 01/434 26 60, Fax 434 26 64
www.apartmaji.si

CAMPINGPLÄTZE

▶ **Auskunft**
www.slovenia.info/campings
www.eurocampings.net

WEIERE UNTERKÜNFTE

▶ **Slow. Jugendherbergsverband Pocitniska Zveza Slovenije**
Gosposvetska 84, 2000 Maribor
Tel. 02/234 21 37, Fax 234 21 36
www.youth-hostel.si

▶ **Slow. Berghüttenverband Planinska zveva Slovenije**
Dvorzakova 9
1000 Ljubljana
Tel. 01/4345680, www.pzs.si

Urlaub aktiv

Ideal für Aktivurlauber
Slowenien ist ein **ideales Ziel für Aktivurlauber**. In den Bergen und an der Küste gibt es vielfältige Angebote und Möglichkeiten für Wassersport, Wintersport, Wandern, Reiten. Detaillierte Informationen erhält man in den Touristeninformationen jeweils vor Ort.

Angeln
Mehrere saubere Flüsse laden zum Angeln ein. Am beliebtesten sind die Soča, in der die Marmorata-Forelle lebt, die Sava Bohinjka, Krka und Kolpa. Lizenzen erhält man in Hotels und Touristenbüros.

Baden
An der 47 km langen Küste wurden **vier Strände** zum Baden hergerichtet, der längste und beliebteste ist der künstlich aufgeschüttete von Portorož. Aufgrund seiner Sauberkeit wurde er mit der begehrten »Blauen EU-Flagge« ausgezeichnet. Andernorts, z. B. in Piran, steigt man von Betonflächen über Eisenleitern ins Meer.
Eine Alternative zu der im Sommer überlaufenen Küste sind die **Bergseen** und die Pool-Landschaften der Kurorte. Im Bleder und Bohinjer See kann man inmitten einer dramatischen Gebirgslandschaft ins kühle Nass steigen, die größte »Thermal-Riviera« bietet Čatež bei Brežice.

Klettern
Geeignetes Terrain für geübte Kletterer sind die Nordwand des Triglav, Erfahrung braucht man auch an den Osthängen der Julischen Alpen. Eines der beliebtesten Zentren für Freeclimber ist Bohinj, wo es diverse Klettermöglichkeiten unterschiedlicher Schwierigkeitsgrade gibt.

Golf
Sloweniens ältester und schönster Golfplatz (1937), eine 18-Loch-Anlage vor der Kulisse der Karawanken, befindet sich bei Bled. Weitere Informationen bietet die Webseite www.slowenien-touristik.de/html/slowenien-golf.html.

Radfahren

Aufgrund der zu bewältigenden Höhenunterschiede im vorwiegend gebirgigen Land ist Slowenien v. a. **Mountainbikern** zu empfehlen. Wer sein Rad zu Hause lassen will, kann in Sportagenturen in der Regel gut gewartete Fahrräder ausleihen; auch manch ein Hotel und Campingplatz stellt Räder zur Verfügung.

Wer mit seinem **eigenen Fahrrad** durch Slowenien radeln und **mit dem Zug anreisen** will, sollte sich vorher informieren, welche Züge er mit einer internationalen Fahrradkarte benutzen kann. Auskünfte erteilt die Radfahrer-Hotline der Deutschen Bahn. Informationsbüros halten oft **Karten mit ausgearbeiteter Radtour** und **Höhendiagramm** bereit – es lohnt sich nachzufragen!

> ### *i* Die schönsten Radtouren
>
> ■ führen durchs Soča-Tal hinab zur Küste, durch den Karst, die Kolpa und Krka entlang und über die sanften Weinhügel zwischen Drava und Mura. Internet-Informationen zu einigen Touren: www.slovenia.info/bicycling.

Reiten

Beste Adresse für Pferdefreunde ist das renommierte **Gestüt Lipica**. Es widmet sich nicht nur der Aufzucht der edlen Lipizzaner, sondern bietet auch **»Ferien im Sattel«** für Anfänger und Fortgeschrittene, individuell oder in der Gruppe. Außerdem gibt es maßgeschneiderte

In Aktion: Kletterer bei Bohinj, einem der populärsten Kletterareale in Slowenien

> **Baedeker TIPP**
>
> **Reiten auf Lipizzanern**
>
> Im Gestüt Lipica werden Reitstunden in Gruppen angeboten, Karten dafür bekommt man direkt am Eingang – man kann sich also recht spontan zu diesem Vergnügen entschließen. Helm, Hose und Stiefel müssen allerdings mitgebracht werden und Einzelstunden sollte man vorab buchen. Infos unter www.lipica.org

Dressur- und Springkurse; bei Ausritten oder bei Kutschfahrten lernt man die reizvolle Karstlandschaft kennen. Angeschlossen sind Hotels, Restaurants und ein Golfplatz. Außer in Lipica gibt es Reitclubs in Bled, Otočec und Mokrice, auch zahlreiche touristische **Bauernhöfe** bieten »Ferien im Sattel« an. Detaillierte Informationen erhält man bei den slowenischen Fremdenverkehrsämtern.

Wandern In Slowenien gibt es über 7000 km markierter Wanderwege. Die meisten verlaufen durch die als Nationalpark geschützten **Julischen Alpen** mit dem höchsten Gipfel Sloweniens, dem 2864 m hohen Triglav. Weitere interessante Wandergebiete sind die **Steiner und Savinjer Alpen**, das **Pohorje-Gebirge** und der weniger anspruchsvolle **Karst**. Die Hauptwege sind mit einem weißen, rot umrandeten Kreis markiert, zusätzlich gibt es Richtungspfeile. Verbindungswege sind mit Buchstaben bzw. Zahlen gekennzeichnet. An wichtigen Kreuzungen finden sich Hinweisschilder mit der Angabe des Wanderziels und der benötigten Zeit. Kost und Logis bieten 160 **Alpenvereinshütten**, die höher gelegenen werden nur im Sommer bewirtschaftet. Die Wege werden gepflegt, ein Bergrettungsdienst ist in den wichtigsten Talorten bzw. an Ausgangspunkten der Wanderwege präsent.

Wintersport Bei **Kranjska Gora** im Nordwestzipfel des Landes befindet sich das **größte Wintersportgebiet**: Auf einer Höhe von 800 bis 1215 m reihen sich 5 Sessel- und 15 Schlepplifte aneinander; eine 70 ha große Fläche wird künstlich beschneit. Die meisten Pisten sind leicht bis mittelschwer, wettkampferprobtes Gelände bietet das benachbarte Podkoren. Weitere attraktive Skigebiete findet man am Kobla südöstlich von Bohinjska Bistrica, am Kanin westlich von Bovec und im Pohorje-Gebirge westlich von Maribor. Die schönsten gespurten Loipen führen durch den Triglav-Nationalpark bei Bohinj.

Wassersport Berühmt ist der **Wildwasserfluss Soča**, auf dem man vom Spätfrühjahr bis Herbst **Kajak fahren** und **raften** kann. Wassersportler quartieren sich auf Campingplätzen ein, entrichten in der Touristeninformation von Bovec die fällige Gebühr und steigen an den eigens dafür vorgesehenen Stellen ins Wasser. Wer wenig Erfahrung hat bzw. lieber in einer Gruppe unterwegs ist, kann sich einer der vielen Sportagenturen vor Ort anschließen. Weitere fürs Kajakfahren gut geeignete Flüsse sind in den Alpen die Sava Bohinjka, Dolinka und Savinja, in der Inner- und Unterkrain die Kolpa und die Krka.

Ideal zum Wildwasserfahren: der Oberlauf der Soča →

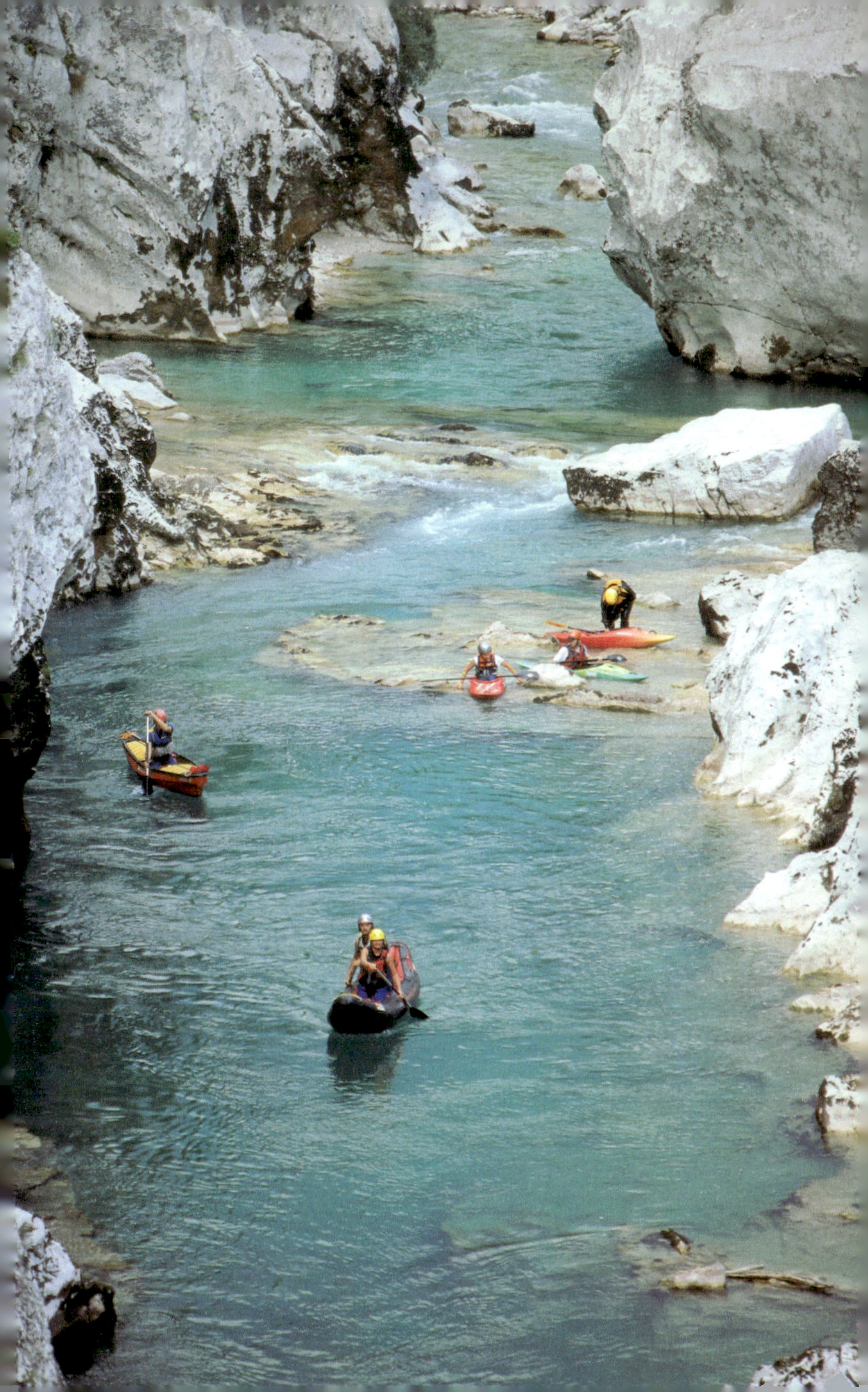

Auf den **Seen von Bled und Bohinj** kann man Ruderboote mieten. An der **Küste** kann man Tretboot fahren, Wasserski laufen und natürlich tauchen und segeln.

ADRESSEN FÜR SPORTURLAUBER

ALPINSPORT

▶ **Alpinsport, agencija in trgovina Bohinjsko jezero, d.o.o.**
Ribcev Laz 53
4265 Bohinjsko Jezero
Tel./Fax: 04/572 34 86
www.alpinsport.si

ANGELN

▶ **Ribiška družina Tolmin**
Trg 1. maja 7
5220 Tolmin
Tel. 05/381 17 10
www.ribiska-druzina-tolmin.si

GOLF

▶ **Golf & Country Club Bled**
Kidričeva 10-C
Tel. 04/537 77 11
www.golf.bled.si

▶ **Golfverband Slowenien**
Dunajska 22
1000 Ljubljana
Tel. 01/430 32 00
www.golfportal.info

KAJAK, CANYONING, RAFTING

▶ **Informationen im Internet**
www.bled-rafting.si
www.socarafting.si
www.alpinum.net
www.kovac-kolpa.com

RADFAHREN

▶ **Radfahrer-Hotline der Deutschen Bahn**
Tel. 0 18 05/15 14 15

REITEN

▶ **Kobilarna Lipica**
Lipica 5
6210 Sežana
Tel. 05/739 15 80
www.lipica.org

GEFÜHRTE WANDERUNGEN, BERGFÜHRER

▶ **Lifetrek Bled Agency**
Partizanska cesta 18
4000 Kranj
Tel. 04/201 48 75
www.lifetrek.si

▶ **Julijana Turizem Sednjek**
Podkoren 5
4280 Kranjska Gora
Tel. 04/588 13 25
www.sednjek.si

JACHTHÄFEN

▶ **Marina Portorož**
Cesta solinarjev 8
Tel. 05/676 11 00
www.marinap.si
1050 Liegeplätze

▶ **Marina Izola**
Tomažičeva 4a
Tel. 05/662 54 00
www.marinaizola.com
700 Liegeplätze

▶ **Marina Koper**
Kopališko nabrežje 5
Tel. 05/662 61 00
www.marina-koper.si
105 Liegeplätze

Verkehr

Der Bus ist das wichtigste öffentliche Verkehrsmittel. Das **Busnetz** ist **hervorragend ausgebaut**, auch abgelegene Dörfer sind leicht und schnell erreichbar. Zentraler Knotenpunkt ist Ljubljana, das mehrmals täglich mit allen wichtigen Orten des Landes verbunden ist. Busfahren ist relativ preiswert, doch deutlich teurer als Zugfahren; am Wochenende empfiehlt sich eine Sitzplatzreservierung (Info: www.ap-ljubljana.si).

Busverkehr

Das Fahren mit der Bahn ist innerhalb Sloweniens **preisgünstig**. Vom **Knotenpunkt Ljubljana** führen viele Verbindungen nach Villach, Maribor, Zagreb, Rijeka, Koper und Triest. Wer zur Adria will, muss in Koper aussteigen und mit Bussen weiterfahren. Das Bahnnetz fern der Hauptstadt ist leider nur schwach ausgebaut, Züge verkehren, insbesondere im Alpenbereich, selten (Info: www.slo-zeleznice.si). In den Sommermonaten fährt ein sehr beliebter **dampflokbetriebener Museumszug** von Jesenice via Bled und Bohinj Bistrica ins Soča-Tal (▶Baedeker-Tipp, S. 127). Die Tagesausflüge können über die Reisebüros vor Ort gebucht werden.

Bahn

Taxis findet man in allen größeren Orten jeweils am Hauptplatz und am Bahnhof, in Küstenorten meistens am Hafen. Sie sind mit einer Aufschrift auf dem Dach gekennzeichnet und mit einem Taxameter ausgestattet.

Taxis

Straßenverkehr

Das slowenische Straßennetz ist gut ausgebaut; Autobahnstrecken sind gebührenpflichtig – die Vignette erhält man an der Tankstelle und am Zeitungskiosk. Die Tankstellen an Hauptstraßen sind meist rund um die Uhr geöffnet. Infos im Internet: www.petrol.si.

Straßennetz

Die **Höchstgeschwindigkeit** für Pkw beträgt auf der Autobahn 130 km/h, auf Landstraßen 90 km/h; innerorts darf nicht schneller als 50 km/h gefahren werden. Es besteht Anschnallpflicht für Vorder- und Rücksitz, für Babys und Kleinkinder sind Kindersitze vorgeschrieben. Motorradfahrer und ihre Beifahrer müssen einen Sturzhelm tragen. Der **Blutalkoholgehalt** darf 0,5 Promille nicht übersteigen. Halten Schul- oder Kinderbusse zum Ein- und Aussteigen an, dürfen sie nicht passiert werden. Während des gesamten **Überholvorgangs** muss geblinkt werden. Beim Abschleppen ist je ein Warndreieck an der Frontseite des Schleppfahrzeugs und am Heck des geschleppten Wagens anzubringen. Das **Abblendlicht** muss auch tagsüber eingeschaltet werden. Ein Satz Glühlampen muss als Reserve mitgeführt werden. Zwischen 15. November und 15. März sind **Winterreifen** oder Radialreifen vorgeschrieben. Telefonieren im Auto ist nur mit

Regeln im Straßenverkehr

MIETWAGENFIRMEN

NATIONALE ANBIETER

▶ **ABC & Europcar**
Celovška cesta 268
1200 Ljubljana
Tel. 05/907 05 00
Fax 01/519 98 76
www.europcar.si

INTERNATIONALE ANBIETER

▶ **Avis**
Tel. 0 18 05/55 77 55
www.avis.de

▶ **Europcar (InterRent)**
Tel. 0 18 05/80 00
www.europcar.si

▶ **Hertz**
Tel. 0 18 05/33 35 35
www.hertz.de

▶ **Sixt**
Tel. 0 18 05/5 25 25 25
www.e-sixt.de

▶ **Holiday Autos**
Tel. 0 18 05/17 91 91
www.holidayautos.com

Freisprechanlage erlaubt. Jeder **Unfall** muss der Polizei gemeldet werden (Tel. 113) – die polizeiliche Schadenbestätigung ist Voraussetzung dafür, dass man das Land wieder verlassen darf.

Pannendienst Der Pannendienst des slowenischen Automobilverbands AMZS (www.azms.si) ist unter Tel. 1987 rund um die Uhr zu erreichen; der Euro-Schutzbrief des ADAC wird anerkannt.

Mietwagen

Wer in Slowenien einen Wagen mieten möchte, muss mindestens 21 Jahre alt sein und seinen Führerschein seit wenigstens zwei Jahren besitzen. Mietwagen sind am Flughafen sowie in größeren Städten und Touristikzentren erhältlich. Die Mietpreise sind relativ hoch, ein Preisvergleich vor Ort (unbegrenzte Kilometerzahl, Versicherung und Steuern sollten stets inbegriffen sein) ist dringend zu empfehlen. Neben den international bekannten Autoverleihern gibt es slowenische Anbieter, die oft günstiger sind.

Wellness

Im kleinen Slowenien gibt es 16 Kurorte – fast alle liegen im Osten des Landes. Schon die Römer haben die hiesigen Thermal- und Mineralwässer geschätzt und ließen sich Bäder erbauen. Heute werden neben klassischen Heilmethoden mit Salzsole, Heilschlamm, Fango und Torf auch Therapien mit modernster Medizintechnik angeboten.

Kuren bis man wieder jung und lustig ist

Für alle, die nur Entspannung suchen, gibt es große Thermalbäder, Wellness- und Thalasso-Einrichtungen. Die größte Pool-Landschaft bietet Čatež, Liebhaber traditionsreicher Kurorte wählen Radenci und Rogaška Slatina. Erholsame Ferien versprechen auch die Bäder von Olimia, Portorož, Ptuj und Strunjan – die meisten von ihnen sind über Reiseveranstalter buchbar. Das slowenische Fremdenverkehrsamt (▶ Auskunft) verschickt eine Broschüre zu den slowenischen Kurorten.

▶ WELLNESSADRESSEN

▶ **Gemeinschaft slowenischer Naturkurbäder**
Teharska 40, 3000 Celje
Tel. 03/544 21 11

www.terme-giz.si
Auf dieser Seite sind sämtliche Bäder in Slowenien mit weiterführenden Links aufgelistet.

Zeit

In Slowenien gilt die mitteleuropäische Zeit (MEZ) mit europäischer Sommerzeit, es gibt also keinen Zeitunterschied.

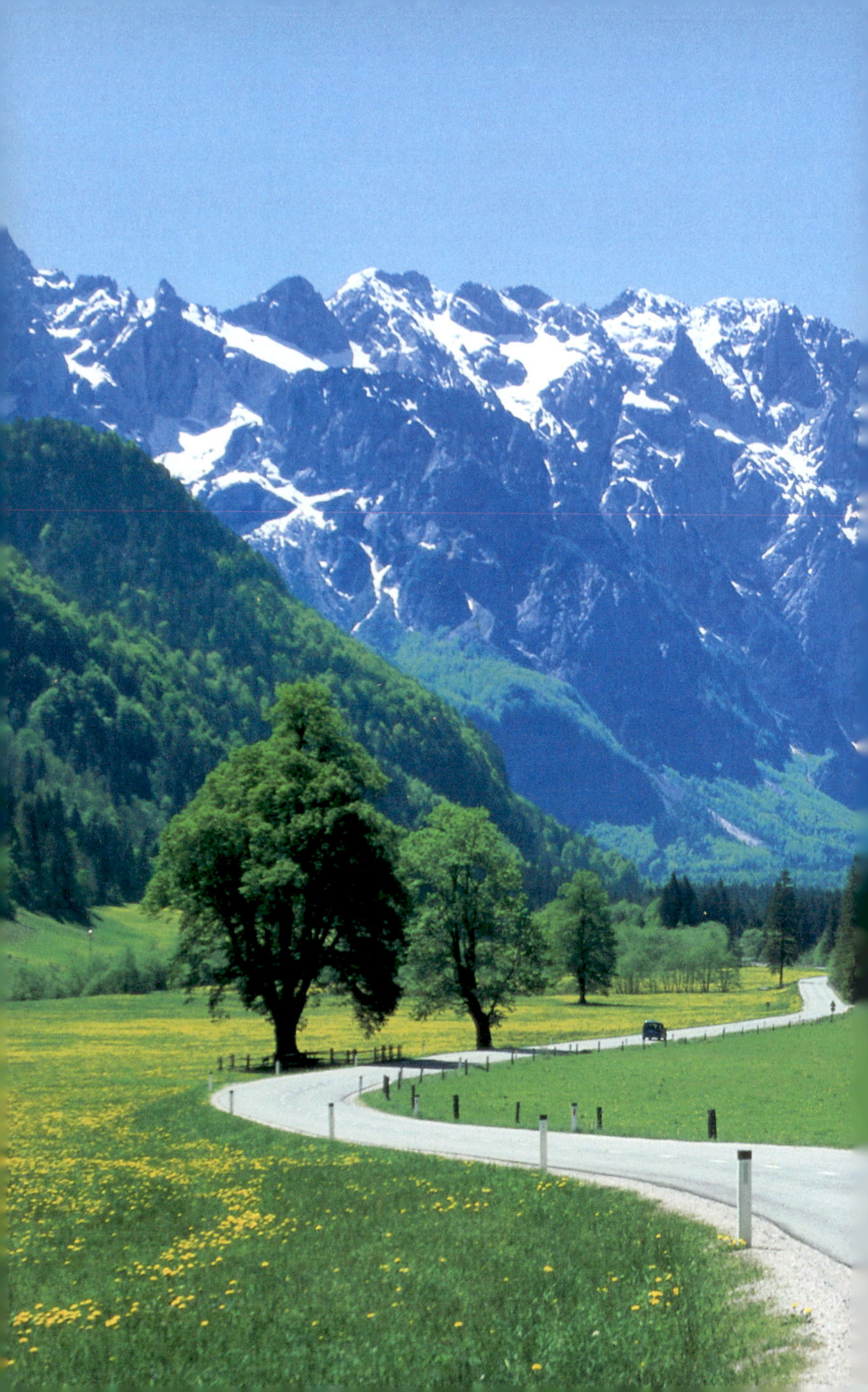

Touren

SLOWENIEN IST EIN REISELAND FÜR INDIVIDUALISTEN. STÄDTE UND LANDSCHAFTEN SIND VIELFÄLTIG: VON DER BERGWELT IM NORDEN BIS ZU DEM AN KROATIEN GRENZENDEN KARST, VON DER KÜSTE IM WESTEN BIS ZUR TIEFEBENE IM OSTEN GIBT ES VIEL ZU ENTDECKEN.

TOUREN DURCH SLOWENIEN

Die folgenden drei Routen erschließen Sloweniens schönste Landschaften. Sie führen von den Alpen zur Adria, durch das Küstenhinterland in die Hauptstadt und von Maribor zu den Weinhügeln der slowenischen Steiermark. Die Touren lassen sich bestens kombinieren. Da die Entfernungen im kleinen Slowenien überschaubar sind, bleibt unterwegs viel Zeit für Zwischenstopps.

TOUR 1 Alpen-Adria-Route

Man kann sie spielend an einem Tag bewältigen, doch gibt es so viel zu sehen und zu erleben, dass man sich besser ein paar Tage Zeit nehmen sollte – manche Urlauber bleiben hier gar den ganzen Urlaub »hängen«. Von Kranjska Gora an der österreichisch-italienischen Grenze geht es zunächst ins Soča-Tal, ins »Herz« der Julischen Alpen. Über 120 km schlängelt es sich Richtung Küste und ist von Bergriesen gesäumt; auf seinem Grund rauscht ein smaragdfarbener Wildwasserfluss. Am Ende des Soča-Tals ist man der Küste nah – über ein Stück Karst stößt man zum Meer vor.

▸ **Seite 128**

TOUR 2 Durch den Karst nach Ljubljana

Eine Landschaft, durchlöchert wie ein Schweizer Käse: Die Grotten von Postojna und Škocjanske jame sind nur die bekanntesten Höhlensysteme des Karsts. Doch auch »über Tage« lockt eine außergewöhnliche Natur, die von der UNESCO zum Biosphärenreservat erklärt wurde: dichte Wälder, verwitterter Fels und windgepeitschte Bergkämme. Ziel der Fahrt ist die Hauptstadt Ljubljana mit einer stimmungsvollen und belebten Altstadt am Fuß des Burghügels.

▸ **Seite 131**

TOUR 3 Weinstraße und Krka-Tal

Von Maribor an der Drau ist es nicht weit zu den Slovenske Gorice, den »slowenischen Bergen«. Mit ihren in Reih und Glied aufgepflanzten Rebstöcken erscheinen sie als symmetrisches Landschaftskunstwerk. Auf den Kuppen thronen kleine, kompakte Dörfer, in denen man die hervorragenden Weißweine der Region kosten kann. Über Ptuj, Sloweniens älteste Stadt, erreicht man das Tal der Krka, die Heimat des tiefroten »Metliška černina« und des rosigen »Čvičeks«.

▸ **Seite 133**

← *Das Logar-Tal im Norden Sloweniens gilt als eines der schönsten Alpentäler.*

▶ Touren im Überblick   **TOUREN** 125

Dolina Soče
*Tief in die Felsen gegraben:
der smaragdfarbene Wildwasserfluss*

Maribor
Malerische Altstadt am Fluss

Novo Mesto
*Hübsches Städtchen
an der Krka*

Koper
*Venezianische Impressionen
an der Adria-Küste*

Ljubljana
*Der Drache ist das
Wappentier der Hauptstadt.*

Unterwegs in Slowenien

Für Aktivurlauber und Kulturfans

Die slowenische Mittelmeerküste ist für **Badefans** nur bedingt zu empfehlen: Strände sind rar und im Sommer oft überfüllt. Den besten Badestrand gibt es in Portorož, nicht schlecht ist auch der in Izola. An allen anderen Küstenorten steigt man von steinigen bzw. betonierten Plattformen ins Meer. Eine Alternative sind die Spaß- und Erlebnisbäder der Kurorte und die Bergseen von Bled und Bohinj.

Die dramatische Gebirgslandschaft hat **Aktivurlaubern** freilich mehr als nur ein paar Badeseen zu bieten. Ob wandern oder Rad fahren, Wasser- oder Wintersport, klettern oder paragliden: In den Julischen und den Savinjer Alpen fühlen sich Aktivurlauber wohl.

Kulturelle Angebote konzentrieren sich auf Ljubljana. Mit ihren Sehenswürdigkeiten und Museen lohnt die Hauptstadt einen längeren Stopp, gefolgt von Maribor. Aber auch viele kleinere Städte, tausendjährig und tipptopp gepflegt, warten mit Überraschungen auf: So gibt es in Radovljica ein Bienen- und in Idrija ein Spitzenmuseum, Klöster und Burgen in Škofja Loka, Kostanjevica na Krki, Pleterje und Ptuj. Venezianisches Erbe erhielt sich in den Küstenorten. Und nicht zu vergessen: die in die herbe Karstlandschaft eingebetteten Höhlenlabyrinthe von Škocjan und Postojna. Manch ein Kleinod gibt es dort zu entdecken, allen voran das Gestüt von Lipica und die Kirche von Hrastovlje, ein UNESCO-Weltkulturerbe.

i Die interessantesten Museen

- Nationalmuseum in ▶ Ljubljana
- Imkereimuseum in ▶ Radovljica
- Museum in der Burg in ▶ Kostanjevica na Krki
- Regionalmuseum von ▶ Brežice
- Kobarid-Museum in ▶ Kobarid
- Dom Trenta im Soča-Tal (▶ Dolina Soče)
- Technikmuseum im Kartäuserkloster von Bistra (Umgebung von ▶ Ljubljana)
- Schmiedemuseum in Kropa (Umgebung von ▶ Radovljica)
- Regionalmuseum von ▶ Celje
- Salinenmuseum in Sečovlje (Umgebung von ▶ Portorož)

Schlemmen

Und da man in Slowenien gern schlemmt, ist eine Reise durch das Land zugleich eine **kulinarische Entdeckungstour**. Die besten Weine gibt es in der »steirischen Toskana« östlich Maribor sowie im Hügelland Goriška Brda nordwestlich von Nova Gorica.

Wann ist es wo am schönsten?

Wer **Wintersport** treiben will, besucht Slowenien zwischen Dezember und März; alle anderen **Aktivurlauber** kommen zwischen Mai und Oktober. **Kulturtrips** machen in der wärmeren Jahreszeit am meisten Spaß. **Weintrinker** kommen am liebsten Ende September, wenn in improvisierten Schenken der junge Tropfen ausgeschenkt wird.

Familienferien

Vor allem im Westen des Landes gibt es Möglichkeiten ohne Ende, da ist der Urlaub mit Kindern ein Vergnügen! Sie können hier rudern, Kanu fahren und klettern, durch tiefe Schluchten wandern, auf

Ponys und Lipizzanern reiten. Die Tropfsteingrotten von Postojna und Škocjan sind nur einige der Sehenswürdigkeiten, an denen sich Kinder gleichermaßen wie Erwachsene begeistern.

Wer in kurzer Zeit die unterschiedlichsten Regionen erkunden will, ist mit dem eigenen **Auto** am besten bedient. Mühsamer ist die Fahrt mit öffentlichen Verkehrsmitteln, freilich kommt man auch mit ihnen, vor allem werktags, in (fast) jede Ecke des Landes: Das **Busnetz** ist hervorragend organisiert, die **Zuglinien** allerdings decken nur die wichtigsten Achsen ab. Eine der attraktivsten Alpengebirgsstrecken ist die Linie Bohinjska Bistrica – Nova Gorica (▶Baedeker-Tipp).

Auto, Bus oder Zug?

> ! *Baedeker* TIPP
>
> **Mit dem Museumszug durch die Alpen**
> Der von einer Dampflok angetriebene Zug startet vormittags in Jesenice, macht Halt in Bled und Bohinjska Bistrica und fährt bis Most na Soči 20 km südlich von Kobarid. Nachmittags fährt der Museumszug wieder zurück. Buchung über Reisebüros in Bled und Bohinjska Bistrica.

Wer mit dem eigenen Auto und Zelt unterwegs ist, wird gern auf einem der vielen **Campingplätze** Station machen wollen. Gerade die schönsten Regionen wie das Soča-Tal in den Julischen Alpen sind reichlich mit Plätzen ausgestattet. Preisgünstig und gemütlich übernachtet man auf dem **Bauernhof** – und Stadtkinder freuen sich dort auch noch über die Tiere. Sowohl auf dem Land als auch in den Städten findet man **Pensionen** und kleinere **Hotels**. Wenn man nicht gerade in den Sommer- oder Winterferien, d. h. im Juli und August oder über Weihnachten unterwegs ist, braucht man eine Unterkunft nicht lange im Voraus zu buchen.

Slowenien spart nicht an Naturschauspielen: Morgennebel über der Sava Bohinjka

Tour 1 Alpen-Adria-Route

Start: G 4

Start und Ziel: von Kranjska Gora nach Piran
Länge: ca. 250 km
Dauer: 1 – 2 Tage (reine Fahrzeit 4 Std.)

Die schönste Autoroute Sloweniens führt von Kranjska Gora in der Nähe der Nordwestgrenze des Landes über 240 km durch die Julischen Alpen und den Karst zur Adria-Küste. Ohne größere Besichtigungen braucht man nur etwa vier Stunden, die Tour lässt sich aber um ein Vielfaches ausweiten. Die Route bietet alles in einem: die eindrucksvolle Bergwelt mit schneebedeckten Gipfeln, reißenden Wildbächen und tief in die Felsen geschnittenen Flüssen mit klarem, türkisfarbenem Wasser, die mittelgebirgige Karstregion mit flacheren Gebirgen und schließlich die Adria-Küste, die slowenische Riviera mit ihren hübschen Küstenorten.

Schon der Auftakt ist grandios: Von ❶ ⁕ **Kranjska Gora** in unmittelbarer Nähe zur slowenisch-italienischen und zur slowenisch-österreichischen Grenze erklimmt man auf aussichtsreicher Hochalpenstraße den ⁕ **Vršič-Pass** (1611 m). Anschließend geht es über viele Kurven hinab in die wilde ⁕⁕ **Dolina Soče**, das landschaftlich wunderschöne Soča-Tal. Einen reizvollen Kontrast zu dem türkisfarbenen Fluss bilden die sattgrünen Wiesen, die von 2000 m hohen Bergriesen flankiert werden. Die gesamte Region gehört zum ⁕⁕ **Triglav-Nationalpark** (Triglavski narodni park), einer weitgehend unberührten Alpenwelt mit seltenen Tier- und Pflanzenarten. Bei ❷ **Trenta** weitet sich das Soča-Tal, und kurz vor Trenta lohnt das Besucherzentrum des Triglav-Nationalparks in dem kleinen Dorf Na Logu einen Besuch. Südwestlich von ❸ **Bovec**, wo sich Kanuten aus aller Welt ein Stelldichein geben, gibt es eine Brücke, von der sich ein Blick auf den Slap Boka,

✓ NICHT VERSÄUMEN

- Quelle der Sava Dolinka in Zelenci westlich von Kranjska Gora
- Vršič-Pass: Panoramablick ins Soča-Tal
- 49. Kurve der Soča-Straße: Abstecher zur Soča-Quelle
- Pri Cerkvi: Alpinum Juliana (Botanischer Garten vor Trenta)
- Kobarid: Essen in einem der »Schlemmerstübchen«, anschließend ein Museumsbesuch
- Štanjel: Bilderbuchdorf aus Naturstein
- Koper: maritim geprägte Altstadt
- Hrastovlje: mittelalterliche Kirchenfresken
- Piran: Sloweniens schönste Küstenstadt

den Boka Wasserfall, bietet – besonders eindrucksvoll im Frühjahr, wenn die Wassermassen der Schneeschmelze herunterstürzen.
In ❹ ⁕ **Kobarid** mit seinen oleandergeschmückten Häusern verspürt man erstmals schon ein wenig mediterranes Ambiente, weitere Zwischenstopps lohnen in ❺ **Tolmin** und Most na Soči. Wer sich ein wenig die Beine vertreten möchte, kann die nach Dante Alighieri be-

► Tour 1 **TOUREN** 129

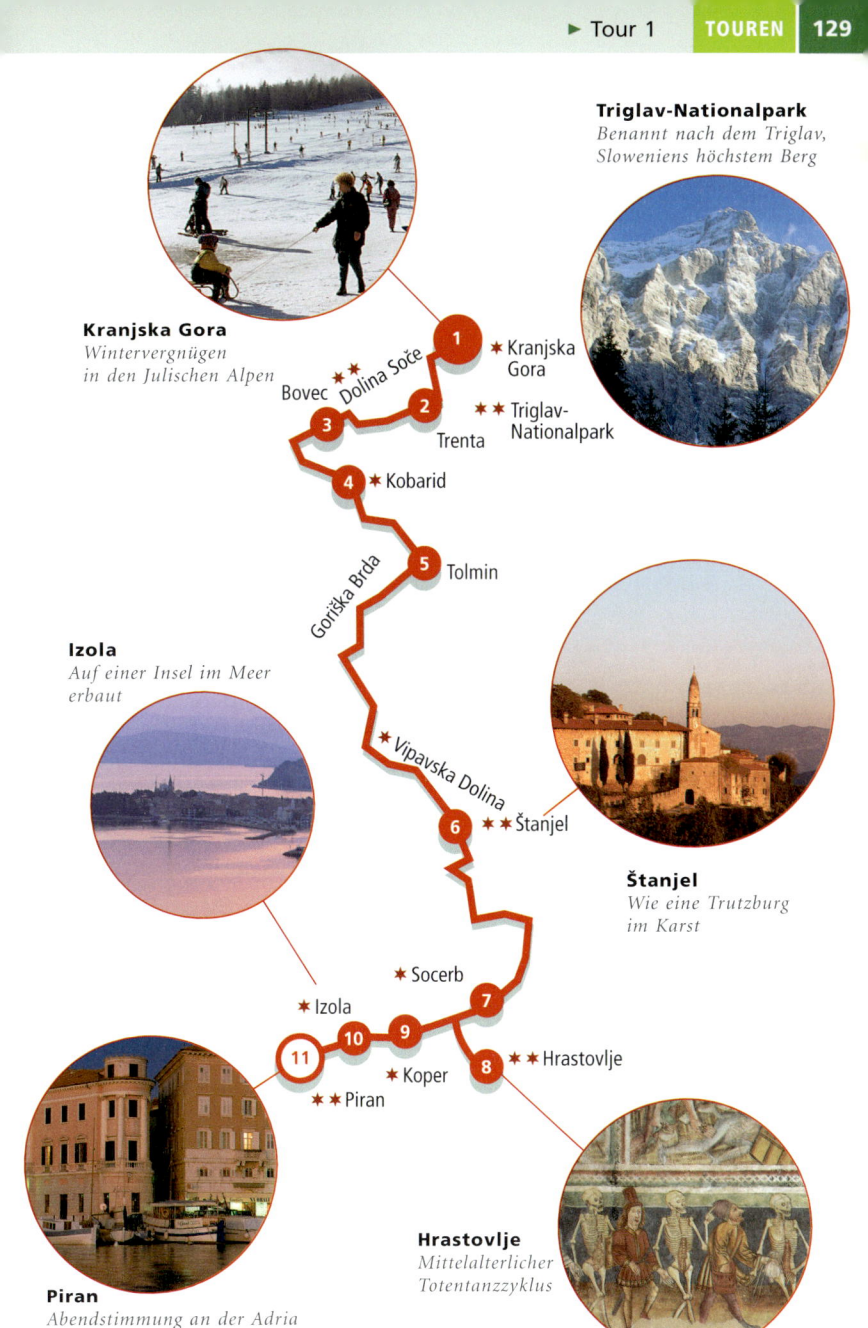

Triglav-Nationalpark
Benannt nach dem Triglav, Sloweniens höchstem Berg

Kranjska Gora
Wintervergnügen in den Julischen Alpen

1 ★ Kranjska Gora
★★ Dolina Soče
Bovec
2 ★★ Triglav-Nationalpark
3 Trenta
4 ★ Kobarid
5 Tolmin
Goriška Brda
★ Vipavska Dolina
6 ★★ Štanjel

Štanjel
Wie eine Trutzburg im Karst

Izola
Auf einer Insel im Meer erbaut

★ Socerb
7
★ Izola
10 9
11
8 ★★ Hrastovlje
★ Koper
★★ Piran

Hrastovlje
Mittelalterlicher Totentanzzyklus

Piran
Abendstimmung an der Adria

Ziel der ersten Tour ist Piran mit seiner malerischen Altstadt, die auf einer Landzunge im Meer liegt.

nannte Höhle 2 km nördlich von Tolmin besuchen, zu der ein Wanderweg führt.
Noch vor Nova Gorica lohnt sich ein Abstecher in das Hügelland **Goriška Brda**, eine anmutige Weinlandschaft westlich der Straße 103 (jenseits des kleinen Ortes Plave). Hinter Nova Gorica liegt in der ✱ **Vipavska Dolina** in einer Flussschleife der Vipava das Dorf Dornberk: Dort beginnt die Landschaft des klassischen Karsts mit Gebirgszügen aus verwittertem Kalk und fruchtbaren Dolinen.
Über Branik führt der Weg nach ❻ ✱ ✱ **Štanjel**, das einer Trutzburg gleich auf einem Hügel thront. Die Slowenische Riviera ist hier noch etwa 45 km entfernt. Auf der Strecke Richtung Meer bietet sich ein Zwischenstopp an, um die Burg ❼ ✱ **Socerb**, ein beliebtes Ausflugsziel mit einem guten Lokal, anzusehen. Vor allem aber ist ein Abstecher nach ❽ ✱ ✱ **Hrastovlje** ausgesprochen lohnend: Die Dreifaltigkeitskirche in dem kleinen Dorf ist wegen ihrer berühmten Wandmalereien von der UNESCO unter Denkmalschutz gestellt worden.
Schließlich kommt man in die Hafenstadt ❾ ✱ **Koper**, Start- und Zielpunkt unzähliger Handelsschiffe aus aller Welt. Noch heute ist die venezianische Vergangenheit der Stadt sichtbar – besonders deutlich am schönen Titov trg.
Folgt man von Koper aus der Küstenstraße, dann kommt man nach wenigen Kilometern in das kleinere ❿ ✱ **Izola**, das – wie der Name verrät – einst auf einer Insel (izola) entstanden ist und das über einen neuen Jachthafen verfügt. Schließlich erreicht man das malerische ⓫ ✱ ✱ **Piran**, Sloweniens schönsten Küstenort, dessen Altstadt auf einer weit ins Meer reichenden Landzunge liegt.

Tour 2 Durch den Karst nach Ljubljana

Start: G 4

Start und Ziel: Kranjska Gora nach Ljubljana
Länge: ca. 330 km
Dauer: 1–2 Tage (reine Fahrzeit 6 Std.)

Der erste Teil dieser Tour entspricht der ersten Tour – er führt von den Julischen Alpen durch das Soča-Tal hinunter bis Sežana. Im weiteren Verlauf ist dann das Lipizzanergestüt, das nicht nur Pferdefreunde in seinen Bann zieht, ein erster Höhepunkt. Und dann warten die eindrucksvollsten Naturwunder und -schauspiele: atemberaubende Höhlenlandschaften im Karst oder ein See, der je nach Jahreszeit zu sehen oder verschwunden ist. Bevor man in die slowenische Hauptstadt einrollt, kann man – als Kontrastprogramm zu so viel überwältigender Natur – noch ein Technikmuseum in einem alten Kloster besichtigen.

Von ❶ * **Kranjska Gora** fährt man über den * **Vršič-Pass** ins Soča-Tal, die faszinierende * * **Dolina Soče**, und kann einen ersten Zwischenstopp in ❷ * **Kobarid** machen. Dann geht es vorbei an Nova Gorica und durch die überaus liebliche Landschaft der * **Vipavska Dolina** (Wippacher Tal) nach ❸ * **Štanjel**, einem der schönsten Orte in der Karstregion – anmutig auf einer Anhöhe gelegen.

Bei Sežana verlässt man die Alpen-Adria-Route und folgt der südwärts führenden Nebenstraße nach ❹ * * **Lipica**. In dem romantisch gelegenen Ort dicht an der italienischen Grenze befindet sich eines der ältesten Gestüte der Welt, wo seit 400 Jahren schneeweiße Rassepferde gezüchtet werden. Für eine Besichtigung des Gestüts sollte man Zeit mitbringen: Kutschfahrten über das Gestütsgelände werden angeboten sowie phänomenale Dressurvorführungen.

Weiter geht es dann in Richtung Postojna mit den spektakulären Höhlen in der Umgebung. Über Divača erreicht man zunächst die ❺ * * **Škocjanske jame**, die faszinierenden Höhlen von Škocjan, die von der UNESCO wegen ihrer bizarren unterirdischen Canyons zum Weltnaturerbe erklärt wurden. Fast 100 m tiefe Höhlencanyons hat die Reka, die hier unterirdisch fließt, in den Karst gegraben.

✓ NICHT VERSÄUMEN

- Lipica: Gestütsbesichtigung und Dressurvorführung
- Škocjanske jame: unterirdischer Canyon
- Predjamski Grad: in den Fels geschlagene Ritterburg
- Postojna: eine der weltweit schönsten Tropfsteinhöhlen
- Cerknica: großer See, der zuweilen »untertaucht«
- Štanjel: Bilderbuchdorf aus Naturstein
- Križna Jama: unterirdische Bootsfahrt
- Bistra: Titos Edelkarossen im ehemaligen Kartäuserkloster
- Ljubljana: stimmungsvolle Altstadt am Fuß des Burghügels

132 TOUREN ► Tour 2

Dolina Soče
Paradies für Kajakfahrer

Triglav-Nationalpark
Wirkungsstätte des legendären Zlatorog

Ljubljana
Hauptstadt und »Geliebte« der Slowenen

Predjamski Grad
Geheime Burgstollen führen weit ins Karstgestein.

Lipica
Das berühmte Gestüt mit den schneeweißen Rassepferden

- ★★ Dolina Soče (1)
- ★ Kranjska Gora
- ★★ Triglav-Nationalpark
- ★ Kobarid (2)
- ★★ Vipavska Dolina
- ★★ Predjamski Grad (6)
- ★★ Ljubljana (10)
- ★★ Štanjel (3)
- ★★ Lipica (4)
- (5)
- (7)
- ★★ Postojnska jama
- ★★ Škocjanske jame
- (8)
- (9) Bistra
- ★ Križna jama

Anschließend folgt man der Regionalstraße Koper – Ljubljana und biegt bei Razdrto links ab zu der mächtigen, in einen gigantischen Höhleneingang gebauten Burg von Predjama, ❻✶✶ **Predjamski Grad**. Jenseits der Burg reicht ein verzweigtes System aus Höhlengängen 1,7 km tief in das Karstgestein – kein Wunder, dass die Gänge einst als geheime Burgstollen dienten. Über die Pivka-Grotte kommt man dann zur ❼✶✶ **Postojnska jama**, die Höhle von Postojna, die »wunderbarste Galerie der Natur« (Henry Moore) und eine wahre Märchenwelt bestehend aus bizarren, teilweise äußerst feingliedrigen Stalagmiten und Stalaktiten. In Richtung Osten führt die Straße dann nach Cerknica, wo im Sommer – alle Jahre wieder – ein See von der Erdoberfläche verschwindet. Kurz vor Bloška Polica biegt man rechts in eine Nebenstraße und kommt zu einer letzten sehenswerten Höhle, zur ❽✶ **Križna jama**, der »Kreuzberghöhle«. Dort erwartet Besucher – nach vorheriger Anmeldung – ein Abenteuer besonderer Art: Mit kleinen Booten kann man sich über mehrere Kilometer durch die Flüsse der Unterwelt treiben lassen.

Wer aus den Höhlenlandschaften aufgetaucht noch ein Vergnügen anderer Art erleben möchte, dem sei ein Abstecher von der Regionalstraße Koper – Ljubljana nach ❾ **Bistra** empfohlen, wo das Kartäuserkloster aus dem 13. Jh. ein großes Technikmuseum birgt. Seine besondere Attraktion: die Nobelkarossen Titos! Von hier aus geht es anschließend weiter nach ❿✶✶ **Ljubljana**.

Tour 3 Weinstraße und Krka-Tal

Start: S/T 3

Start und Ziel: Maribor nach Ljubljana

Länge: ca. 360 km
Dauer: 1 – 2 Tage

Das größte und wichtigste Weinanbaugebiet Sloweniens liegt im Osten, es reicht von Maribor und Murska Sobota bis hinab nach Novo Mesto: eine liebliche Landschaft üppig grüner Weinhügel und verträumter Dörfer. Pappelgesäumte Straßen führen an Gehöften vorbei, auf deren Dächern Störche nisten. Zwischen säuberlich gepflanzten Rebstöcken klappern die »klopotec«, hölzerne Windräder zur Abschreckung pickfreudiger Vögel. Schließlich kommt man an die Ufer der Krka und folgt dem Fluss über viele Kilometer in Richtung Westen. Hier und da lässt sich ein Zwischenstopp einlegen und eine alte Burg oder ein altehrwürdiges Kurbad besichtigen.

Die »klassische« Weinstraße startet in ❶✶ **Maribor**, wo Sloweniens größter Weinkeller beheimatet ist, dessen edle Tropfen man in einem alten Wasserturm probieren kann. Maribor wartet in Sachen Wein noch mit einem weiteren Superlativ auf: Der mit 400 Jahren wahrscheinlich älteste Weinstock der Welt ist hier zu sehen. Er wächst über mehrere Meter an einer Hauswand entlang, trägt nach wie vor Trauben und wird geerntet.

Von Maribor aus nimmt man zunächst die Straße in nördlicher Richtung, die nach Graz führt, biegt von dieser aber auf die Straße nach Murska Sobota nach Osten ab. Die Straße führt dann in Richtung Nordosten über den Höhenzug Slovenske Gorice, die bis zu 300 m hohen »slowenischen Hügel« mit Laubwäldern an den Nordseiten und Weinanpflanzungen an den sonnenbeschienenen Südhängen. Allmählich fährt man auf die österreichische Grenze zu – Gornja Radgona an der Mura ist der Grenzort auf slowenischer Seite, nördlich der Mura liegt das österreichische Bad Radkersburg. Gornja Radgona erstreckt sich unterhalb einer mittelalterlichen Burg und ist bekannt für den hier hergestellten **Sekt »Zlata radgonska penina«**. Hinter Gornja Radgona schwenkt die Straße in Richtung Südosten und führt ein kurzes Stück parallel zur Grenze. Nach wenigen Kilometern ist dann ❷ **Radenci** erreicht, ein Kurort mit klassizistischen Bauten und nostalgischem Charme. In dieser Gegend findet man Gasthöfe, in denen deftige steirische Gerichte auf den Tisch kommen und zu denen gern der regionale Wein der Marke Radgona-Kapela empfohlen wird.

Nun kommt man in die Umgebung von **Murska Sobota**, in der mehrere kleine **Thermalbäder und Kurorte** – Banovci-Veržej, Moravske Toplice oder Lendava – einen Besuch lohnen. Ljutomer ist das nächste Ziel: ein Städtchen mit einem mittelalterlichen Kern, das für seine Traberzucht bekannt ist. ❸ ★ **Jeruzalem** gilt als eines der schönsten Weindörfer der Region. Die Spitzenweine aus dieser Gegend können hier in einem Gasthaus mit 300 Jahre altem Weinkeller probiert werden.

Das alte Zentrum dieser Weingegend ist ❹ **Ormož** an der Drava, die hier die Grenze zu Kroatien bildet. Besuchenswert ist das Schloss auf einem Hügel oberhalb der Stadt. Hinter Ormož geht es weiter in Richtung Westen durch eine sanft gewellte Hügellandschaft nach ❺ ★ **Ptuj**, ebenfalls an der Drava gelegen und Sloweniens älteste Stadt, für deren Besichtigung man etwas Zeit einplanen sollte: Der gesamte Altstadtkern ist denkmalgeschützt und wunderschön. Weinliebhaber finden hier den **ältesten Weinkeller Sloweniens**, 750 Jahre alt und unter kundiger Führung zu besichtigen. Weiter führt der Weg nach ❻ **Rogaška Slatina** in der Nähe der kroatischen Grenze,

✓ NICHT VERSÄUMEN

- Maribor: hübsche Altstadt am Flussufer
- Radenci: »Drei-Herzen-Mineralwasser« in der klassizistischen Kuranlage
- Jeruzalem – empfehlenswert: eine Weinprobe in der steirischen Toskana
- Ptuj: denkmalgeschützte Altstadt und ein historischer Weinkeller
- Rogaška Slatina – nostalgischer Kurort mit einer alten Glashütte
- Brežice mit ehrwürdiger Renaissance-Burg
- Kostanjevica na Krki: moderne Kunst in mittelalterlichem Kloster
- Otočec ob Krki: romantisches Wasserschloss
- Novo Mesto: Altstadt am Fluss

► Tour 3 **TOUREN** 135

Ptuj
Spiegelt sich in der Drava: Sloweniens älteste Stadt

Jeruzalem
inmitten von Weinbergen gelegen

Radenci ②

① ★ Maribor

★ Jeruzalem ③
★ Ptuj ⑤ ④
Ormož

Rogaška Slatina ⑥

★★ Ljubljana
⑯
★ Stična
⑮
★★ Otočec ob Krki
★ Žužemberk ⑪
⑭ ⑫ ⑨ ⑦ Brežice
⑬ ⑩
Dolenjske Toplice ★ Novo Mesto ⑧ ★ Grad Mokrice
★★ Pleterje ★★ Kostanjevica na Krki

Kostanjevica na Krki
Eindrucksvolles Zisterzienserkloster

Žužemberk
Burgruine oberhalb der Krka

Pleterje
Zwischen Weinbergen und Wäldern leben Mönche in schweigsamer Gemeinschaft.

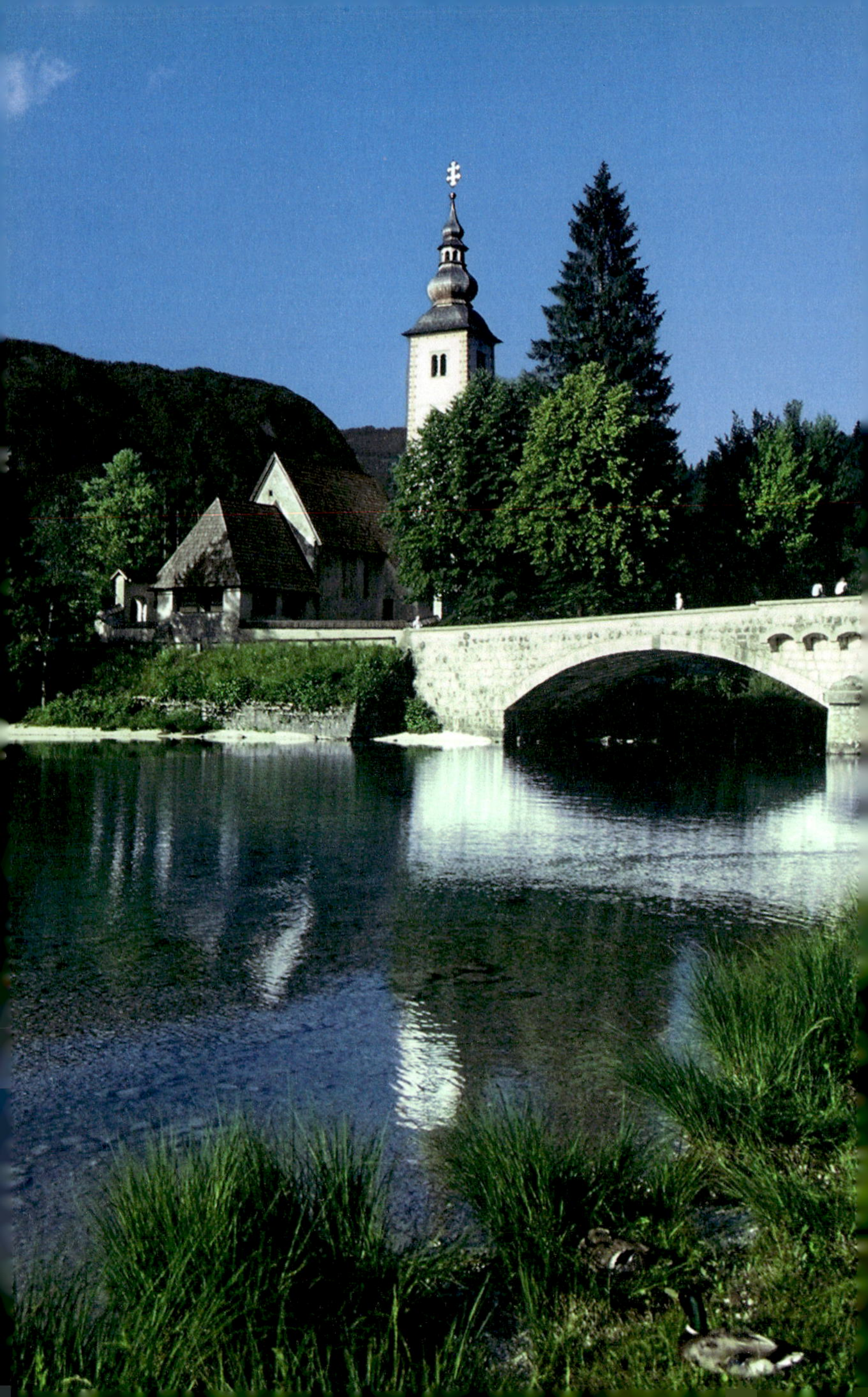

ein stimmungsvolles Heilbad, das im Lauf der Zeiten schon etliche illustre Kurgäste gesehen hat. **Podčetrtek** wenige Kilometer südlich wartet mit einer schönen sanft hügeligen Umgebung mit Weingärten und Wäldern auf. In dem etwa 3 km entfernten Schloss Olimje ist die älteste Apotheke Sloweniens noch erhalten.

❼ **Brežice** liegt an der Einmündung der Krka in die Sava. Wichtigste Sehenswürdigkeit ist die Burg, in der in den Sommermonaten Musikfestspiele veranstaltet werden. In der Umgebung lohnt ❽ ✶ **Grad Mokrice** einen Blick oder – bei gut gefüllter Reisekasse – eine Übernachtung oder ein Abendessen in ungewöhnlichem Ambiente.

Ab Brežice begleitet die **malerische Krka** den Weg, führt vorbei an vielen Bädern, Burgen und Kirchen. Zu den schönsten Klöstern der Region zählen die Zisterzienserabtei in ❾ ✶✶ **Kostanjevica na Krki**, einem ausgesprochen hübschen alten Ort auf einer Flussinsel, und die wesentlich größere Kartause von ❿ ✶ **Pleterje**, die in einem abgeschiedenen Tal umgeben von Weingärten und Wäldern liegt. Nächster Ort an der Krka ist ⓫ ✶✶ **Otočec ob Krki** mit einem herrlichen Wasserschloss. Die hübsche Altstadt von ⓬ ✶ **Novo Mesto** zieht sich über eine Landzunge in der Krka – als etwas störend empfindet man allerdings die auf dem gegenüberliegenden Flussufer angesiedelten Industriebetriebe.

Sehr lohnend ist auf der weiteren Fahrt flussaufwärts dann ein Stopp in ⓭ **Dolenjske Toplice**, dem **ältesten Kurbad Sloweniens**, das seit 300 Jahre existiert, dessen Thermalquellen aber schon im 14. Jh. für Heilzwecke benutzt wurden. Zwei weitere Orte an der Krka sollte man sich ansehen: das gepflegte ⓮ ✶ **Žužemberk** mit einer ansehnlichen Burgruine, in der im Sommer hin und wieder Konzerte zu hören sind, und ⓯ ✶ **Stična** mit **dem ältesten Kloster Sloweniens**, das seit dem 12. Jh. von Zisterziensern bewohnt wird. Von Stična aus geht es anschließend weiter in das nur noch wenige Kilometer entfernte ⓰ ✶✶ **Ljubljana**.

Und außerdem ...

Abseits der angegebenen Routen liegt der Urlaubsort ✶✶ **Bled** im Nordwesten Sloweniens, den man nicht im Vorbeifahren »mitnehmen« sollte, der vielmehr einen längeren Aufenthalt lohnt. Gleiches gilt für das Alpenbecken von ✶✶ **Bohinj** mit dem Bohinjer See und vielen hübschen Gebirgsdörfern. Weiter östlich – ebenfalls in den Bergen – ist das Tal der Savinja, die ✶✶ **Savinjska Dolina**, zu empfehlen, von dem das Nachbartal ✶✶ **Logarska Dolina** in südwestlicher Richtung abzweigt. Das Logar-Tal ist naturgeschützt und für motorisierte Besucher gebührenpflichtig.

← *Urlaubsort Bled – hier kann man gut ein paar Tage verweilen.*

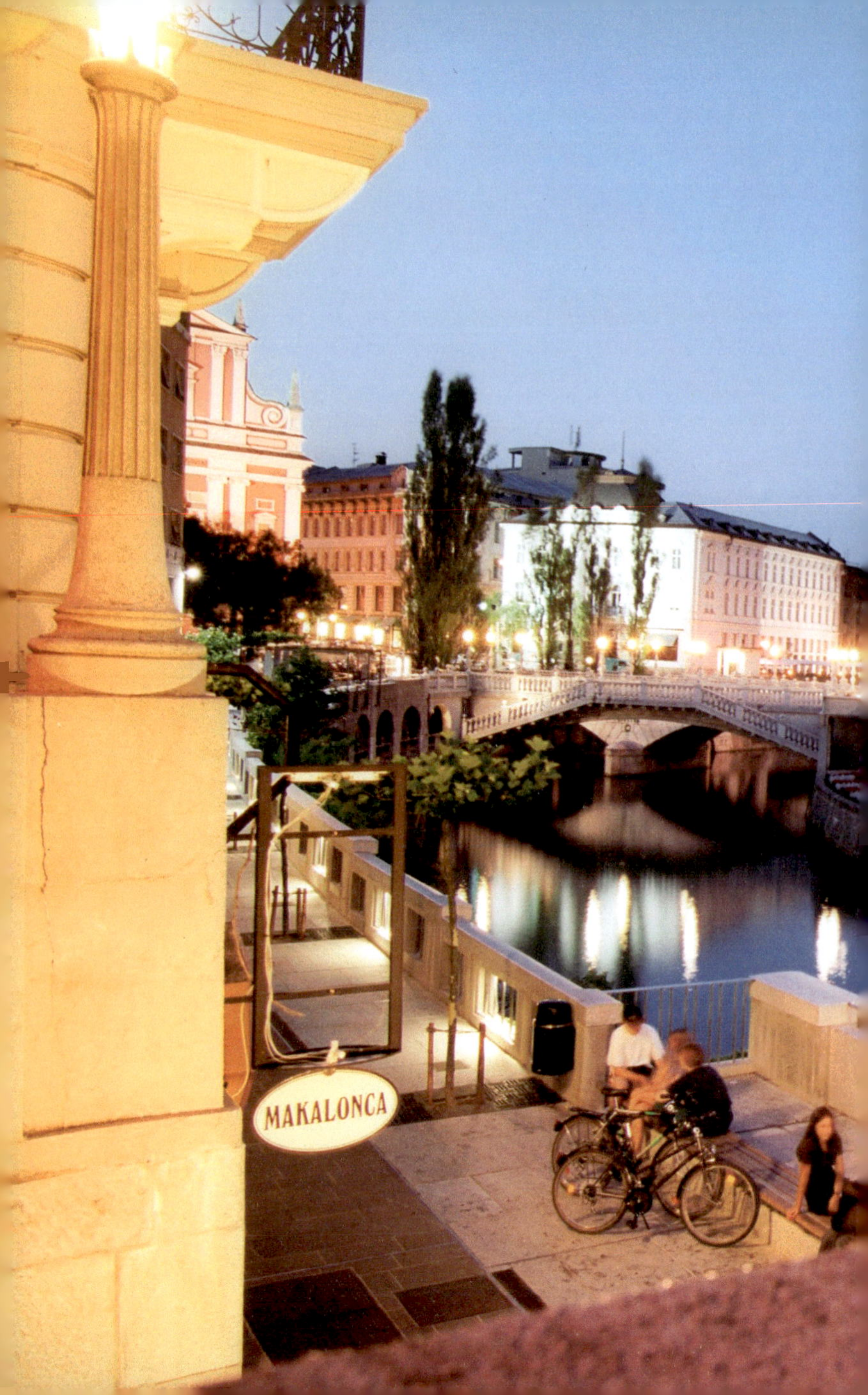
MAKALONCA

Reiseziele von A bis Z

VON DER KÜSTE BIS ZUM KARST, VON DEN JULISCHEN ALPEN BIS ZUR PANNONISCHEN TIEFEBENE: SLOWENIEN BIETET – NEBEN SEINER VOM DRACHEN BESCHÜTZTEN HAUPTSTADT – JEDE MENGE SEHENSWERTES.

★★ Bled · Veldes

Provinz: Gorenjska
Einwohner: 6000
Höhe: 501 m

Bled zählt zu den romantischsten Ferienorten im Alpenraum. Es liegt am Ufer des Bleder Sees, dessen Nordseite von einem mächtigen Burgfelsen überragt wird. In seiner Mitte befindet sich eine Insel mit einer kleinen Barockkirche, zu der man sich mit einer »pletna«, einem überdachten kleinen Boot, übersetzen lassen kann.

Bleder See Der ca. 2 km lange und 1 km breite See entstand beim Abschmelzen von Gletschern nach der letzten Eiszeit. Im Norden wird er vom Burgfelsen, im Süden vom Berg Straža begrenzt. Bled hat ein gesundes und mildes Klima, die Karawanken schützen den Ort vor kaltem Wind aus nördlicher Richtung. Von Mai bis Oktober kann im See gebadet werden, die Wassertemperatur steigt bis auf 24 °C an.

Thermalquellen Unter den Urlaubern sind viele Kurgäste; warme Thermalquellen speisen die Bäder mehrerer Hotels. Johann Weichard Valvasor (►Berühmte Persönlichkeiten) hatte schon 1689 in seinem Buch »Die Ehre des Herzogtums Krain« von der Heilkraft der Quellen berichtet. Aber erst 1855 initiierte der Schweizer Arzt Arnold Rikli, einer der bedeutendsten Naturheilpraktiker seiner Zeit, den Kurtourismus. Bled wurde zu einem mondänen Treffpunkt des kaiserlichen Österreich, es kamen Adlige, Bohemiens, Offiziere und Industriebarone.

! *Baedeker* TIPP

Okarina Ethno Festival

Musikalisch vielseitig, exotisch und bunt: Am ersten Augustwochenende kommen Ensembles aus aller Welt, um in Bled Kostproben ihres Könnens zu geben.

Sehenswertes in Bled

★ **Otok Sv. Marija** Mit der **»pletna«** setzt man über zur Marieninsel (Otok Sv. Marija) und steigt über 99 Stufen vom Anlegeplatz zur frühbarocken Marienkirche hinauf. Viele junge slowenische Paare lassen sich hier trauen, denn das eigenhändige Läuten der »Wunschglocke« verheißt die Erfüllung eines lang gehegten Traums.

Wo heute die **Marienkirche** steht, befand sich im frühen Mittelalter eine altslawische Kultstätte. Wallfahrer kamen von weit her und erbaten von einer heidnischen Göttin Glück im Kampf und in der Liebe. Im Umkreis der Kirche entdeckte man 125 Gräber mit Skeletten aus dem 9. – 11. Jahrhundert. Etwa aus der gleichen Zeit stammen die Fundamente einer vorromanischen Kapelle. Die erste gemauerte Kirche war eine dreischiffige romanische Basilika. 1465 wurde sie im gotischen Stil mit frei stehendem Glockenturm umgebaut. Die frü-

← *Ljubljana – Blick über den Fluss zur Dreibrückenanlage*

Der See von Bled mit der Marieninsel und der Bischofsburg

barocke Marienkirche entstand um 1650. Nach einem schweren Erdstoß 1689 erhielt sie das heutige Aussehen. Aus dem 15. Jh. stammen noch eine anmutige **Holzskulptur** der verehrten »Lieben Frau auf dem See« sowie realistisch gestaltete **Fresken**, in denen das Leben Jesu geschildert wird. Darunter befindet sich auch eine ungewöhnliche Darstellung seiner Beschneidung: Ein Mann zückt das Messer, während zwei weitere Personen den schreienden Säugling festhalten.

Die 1004 erstmals erwähnte Bischofsburg thront auf einem steilen, 139 m hohen Felsplateau und ist zu Fuß, per Pferdekutsche und mit dem Auto erreichbar. Damals gab der deutsche Kaiser Heinrich II. die Burg den **Bischöfen von Brixen**, die die Missionierung slawischer Heiden leiteten. Über 800 Jahre blieb die Burg, von kurzen Unterbrechungen abgesehen, in bischöflichem Besitz. Der um einen unteren und einen oberen Hof gruppierte Komplex wurde schon früh mit Wehrgängen, Rundtürmen und Gräben umgeben. Als 1849 die Leibeigenschaft aufgehoben wurde und die Einnahmen der Brixener Bischöfe zurückgingen, erschien diesen die Bewirtschaftung der Güter nicht mehr profitabel, weshalb sie den Besitz an den Inhaber der Eisenwerke von Jesenice verkauften. In der Folge wechselte die Burg noch mehrfach ihren Besitzer, heute gehört sie dem slowenischen Staat (geöffnet: tgl. 8.00 – 20.00 Uhr).

★
Blejski grad

Muzej Blejski Grad

Im Burgmuseum werden Funde aus altslawischen Grabstätten ausgestellt, außerdem Waffen und Werkzeuge. Besonders schön ist die **Kapelle** im oberen Hof, die um 1700 mit illusionistischen Fresken ausgemalt wurde. Am Altar erkennt man den deutschen Kaiser Heinrich II. und seine Frau Kunigunde, die beiden Stifter des Bleder Besitztums. Von der Terrasse aus sieht man bei klarem Wetter und guter Sicht über dem Pokljuka-Gebirge die schneebedeckten Gipfel der Julischen Alpen (geöffnet: tgl. 9.00 – 19.00 Uhr).

Cerkev Sv. Martin

Die Martinskirche am Fuß des Burghügels wurde 1904 erbaut und überrascht mit Marmorskulpturen und schönen Fresken (Messe tgl. 19.00, So. auch 8.00 u. 10.00 Uhr). Im Park unterhalb der Kirche wurde ein **Denkmal** für den Dichter **France Prešeren** aufgestellt.

★ Vila Bled

Die geschichtsträchtige Vila Bled liegt an der Südseite des Sees. Anfang des 20. Jh.s hatte sich die Fürstenfamilie Windischgrätz hier ein prunkvolles Schloss bauen lassen, das in der Zwischenkriegszeit an die serbische Königsfamilie überging. 1938 wurde es zerstört und man begann mit dem Bau der heutigen Villa. Staatspräsident **Tito** gestaltete sie 1947 zur **Staatsresidenz** um, seit 1984 dient sie als Hotel. Sie ist im Stil der Neuen Sachlichkeit erbaut und zeichnet sich durch kühle Noblesse aus. Kunsthistorisch interessant ist der »Kinosaal« – Herr Janez Fajfar, der das Hotel leitet, zeigt ihn gern: Hinter dicken Vorhängen verbirgt sich ein im Stil des sozialistischen Realismus gemaltes Revolutionsepos: Fresken vom brennenden Belgrad, dem Partisanenkrieg und der Befreiung.

Wie aus einer anderen Zeit: Fahrt mit der »pletna« zur Marieninsel

► Bled · Veldes   **ZIELE** 143

Bled Orientierung

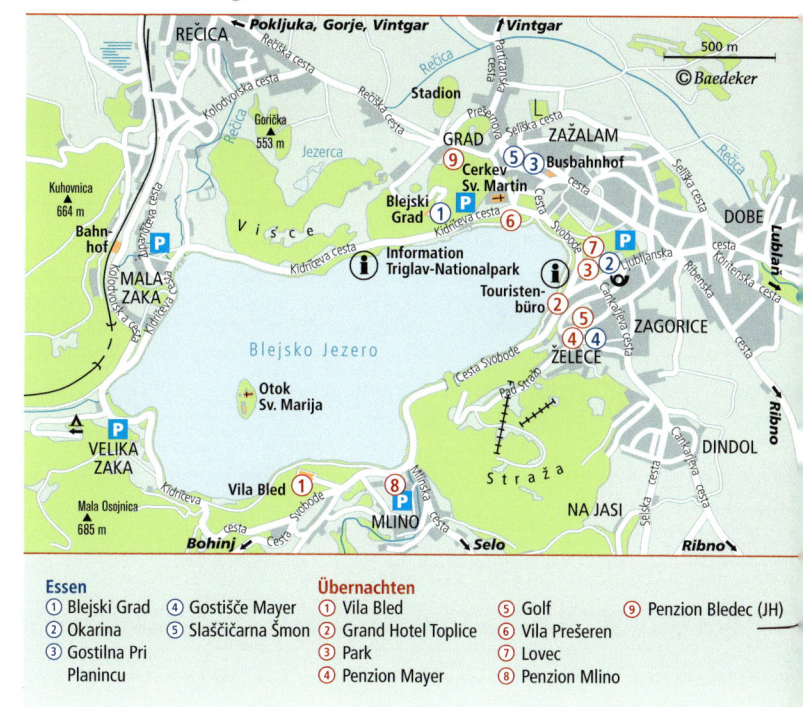

Essen
① Blejski Grad
② Okarina
③ Gostilna Pri Planincu
④ Gostišče Mayer
⑤ Slaščičarna Šmon

Übernachten
① Vila Bled
② Grand Hotel Toplice
③ Park
④ Penzion Mayer
⑤ Golf
⑥ Vila Prešeren
⑦ Lovec
⑧ Penzion Mlino
⑨ Penzion Bledec (JH)

Umgebung von Bled

Schön sind Spaziergänge rund um den See und auf die nahen Anhöhen. Mit dem **Fiaker** kann man vom Festivalsaal an der Cesta Svobode einmal rund um den See oder zur Burg hinauffahren. Vom Promenadenweg nahe dem Grand Hotel Toplice steigt man in 30 Minuten zum **Berg Straža** hinauf oder benutzt den Sessellift.

Rund um den See

Die Vintgar-Klamm ist eine 1,6 km lange Felsschlucht, durch die sich die Radovna mit Wasserfällen und Stromschnellen wirft. Holzstege führen unterhalb einer senkrecht aufragenden Steilwand am forellenreichen Fluss entlang. Von Bled aus fährt man 4 km in Richtung Nordwesten über Spodnje Gorje und Podhom bis zum Eingang der Schlucht (im Sommer auch per Touristenbus). Von dort geht man etwa 30 Minuten zu Fuß.

★
Vintgar-Klamm

Weniger spektakulär und daher auch weniger besucht ist die Pokljuka-Klamm: eine 2 km lange trogförmige Schlucht mit senkrechten Wänden, im schönsten Abschnitt etwa 40 m tief. Entlang des Weges

Pokljuka-Klamm

BLED ERLEBEN

AUSKUNFT
Cesta svobode 10, 4260 Bled
Tel. 04 / 574 11 22, Fax 574 15 55
www.bled.si, info@dzt.bled.si

ESSEN
▶ Fein & teuer
① *Blejski Grad*
Grajska 25, Tel. 04/574 16 07
Im Burgrestaurant wird nicht nur für das Essen, sondern auch für das Ambiente bezahlt. Viele Besucher nehmen nur ein Getränk auf der Terrasse und genießen den herrlichen Ausblick.

② *Okarina*
Ljubljanska 8
Tel. 04/574 14 58
Schönes Ambiente, dazu internationale Küche mit Schwerpunkt Indien: Ob Pakoras, Samosas oder Tandoori-Gerichte – alles schmeckt!

③ *Gostilna Pri Planincu*
Grajska 8
Tel. 04/574 16 13
Gemütliches Lokal an der »Burgstraße« mit typisch slowenischer Kost und Balkanspezialitäten vom Grill.

▶ Erschwinglich
④ *Gostišče Mayer*
Želeška 7
Tel. 04/576 57 40
Edel eingerichtetes Slow-Food-Gasthaus mit slowenischer Spitzenküche und reich bestücktem Weinkeller. Die beste Adresse vor Ort! Mo. geschl.

▶ Preiswert
⑤ *Slaščičarna Šmon*
Grajska 3
Ein Muss für Süßschnäbel: In der Konditorei gibt es »kremna rezina«, die »Bleder Cremeschnitte« mit der beliebten Vanille-Sahne-Füllung.

Baedeker-Empfehlung

Gostilna Avsenik
Begunje 21,
Tel. 04/533 34 02
Mo. geschl.
In Begunje, 8 km nordöstlich von Bled, verbirgt sich die legendäre Gaststätte der Avsenik-Brüder, Heimstätte der »Oberkrainer Musikanten«. Mit 34 Schallplatten, von denen 30 Millionen (!) Stück verkauft wurden, fanden sie Eingang ins Guinness-Buch der Rekorde. Ihre Nachfolger, die »Jungen Original Oberkrainer«, tun es ihnen mit großem Erfolg nach. Zweimal wöchentlich wird unter einer großen Laube das Tanzbein geschwungen, zur Stärkung gibt es Braten und Bier.

ÜBERNACHTEN
▶ Luxus
① *Vila Bled*
Cesta svobode 26
Tel. 04/575 37 10
Fax 574 13 20
www.vila-bled.si
Jüngst renoviertes Prunkstück der slowenischen Hotelszene in einem 5 ha großen Park am Südwestufer des Sees. Vom japanischen Kaiser über König Hussein und Fidel Castro haben hier schon viele berühmte Persönlichkeiten genächtigt. Mit ausgezeichnetem Restaurant, Wellness-Abteilung, eigem Strandabschnitt und Bootsverleih.

② *Grand Hotel Toplice*
Cesta svobode 12
Tel. 04/579 10 00
Fax 574 18 41
www.hotel-toplice.com
Luxushotel am See mit Thermalbad, Sauna, Massage und Kosmetiksalon. 121 Zi.

▶ Komfortabel

③ *Park*
Cesta svobode 15
Tel. 04/579 18 00, Fax 574 18 01
www.hotel-park-bled.com
Viersternehotel in Ufernähe, fast alle der 215 Zimmer haben Seeblick.

④ *Penzion Mayer*
Želeška 7
Tel. 04/576 57 40, Fax 576 57 41
www.mayer-sp.si
13 behagliche Zimmer und ein Apartment oberhalb des gleichnamigen Spitzenrestaurants, besonders schön sind die zum See ausgerichteten Räume mit Nachmittagssonne.

⑤ *Golf*
Cankarjeva 4
Tel. 04/579 17 00
Fax 04/579 17 01
www.hotel-golf-bled.com
Kastenförmig erbautes Hotel mit tollem Hallenbad und Wellness-Angeboten, von einigen der insgesamt 150 Zimmer bietet sich ein prächtiger Blick auf den See und die Berge.

⑥ *Vila Prešeren*
Veslaška promenada 14
Tel. 04/575 25 10, Fax 578 08 10
www.vilapreseren.si
Am See unterhalb der Burg gelegene Villa mit sechs gemütlichen Zimmern, zwei Apartments und angeschlossenem guten Restaurant.

▶ Günstig

⑦ *Lovec*
Ljubljanska 6
Tel. 04/576 86 15
www.lovechotel.com
Das Hotel der Kette Best Western liegt fünf Minuten vom See entfernt. Alle 60 Zimmer haben Holzfußboden, einige sogar Balkon mit Jacuzzi.

⑧ *Penzion Mlino*
Cesta svobode 45
Tel. 04/574 14 04, Fax 574 15 06
www.mlino.si
Die am Südufer gelegene Pension ist über einen 1 km langen Spazierweg mit dem Stadtzentrum verbunden. Alle 14 Zimmer sind freundlich eingerichtet, familiäres Ambiente.

⑨ *Penzion Bledec (Jugendherberge)*
Grajska cesta 17
Tel. 04/574 52 50,
Fax 04/574 52 51
www.mlino.si
Empfehlenswerte Unterkunft 5 Min. zu Fuß vom See entfernt. 13 Zi.

---

sieht man Karsthöhlen und Naturbrücken, herrliche Moospolster, Wald- und Bergblumen. Anfahrt: ab Bled 6 km westwärts via Gorje nach Krnica, dann ab Abzweig 1,5 km nach Hotunje. Mit dem Bus kommt man nur bis Krnica, dann weiter zu Fuß: am Ortsschild scharf rechts nach Hotunje (15 Min.) und auf markiertem Fahrweg zum Flussbett des ehemaligen Baches Ribščica (weitere 15 Min.).

Über der Klamm breitet sich das gleichnamige, bis zu 1400 m aufragende Hochplateau aus mit dichtem Fichtenwald und weiten Hochmooren, wo seltene Pflanzen wie der Teichmummel und der Fleisch fressende Sonnentau wachsen. Markierte Wanderwege erschließen das Plateau, im Winter werden kilometerlange Loipen gespurt.

Pokljuka-Hochebene

★★ Bohinj · Wochein

Provinz: Gorenjska
Einwohner: 3000
Höhe: 525 m

Das Alpenbecken von Bohinj ist von einer ausgesprochen herben Schönheit: Wolkenfetzen schieben sich durch zerklüftete Grate und Felswände spiegeln sich im Wasser des Bohinjer Sees, der mitten im Triglav-Nationalpark liegt.

Zur Orientierung Der Name Bohinj verwirrt viele Besucher, denn er bezeichnet nicht allein das **Gebiet um den Bohinjer See**, sondern einen fast 20 km langen Gebirgskessel mit einer Vielzahl kleiner Dörfer und zwei parallel verlaufenden Tälern: Zgornja und Spodnja Dolina, dem »oberen« und »unteren« Tal. Größter Ort der Region ist Bohinjska Bistrica – bekannt für seinen Aquapark und Startpunkt für Ausflüge, ansonsten aber uninteressant. Sehenswert sind die nördlich gelegenen Weiler Studor und Srednja vas sowie das Dorf Stara Fužina mit einem kleinen Sennereimuseum. Touristischer Mittelpunkt ist das Dorf **Ribčev laz** am Ostufer des Sees, für dessen Umrundung man zu Fuß etwa drei Stunden benötigt. Am gegenüberliegenden Ufer liegt die einstige Hirtensiedlung Ukanc.

Herbststimmung am Bohinjer See

Sehenswertes am und um den Bohinjer See

Der Bohinjer oder Wocheiner See (Bohinjsko jezero) liegt mitten im Triglav-Nationalpark (▶ Triglavski narodni park). Mit über 4 km Länge und 1 km Breite ist er der **größte See Sloweniens**. Er wird von der Savica gespeist, die in West-Ost-Richtung den See durchfließt und im Südosten als Sava Bohinjka austritt. Zum Baden lädt er nur an extrem heißen Tagen ein: Zwar ist das Wasser glasklar, doch die Temperatur erreicht nur selten die 20 °C-Grenze. Im Sommer kommen Wanderer und Kanuten, im Winter Ski- und Langläufer.

★★
Bohinjer See

Ribčev laz ist von viel Grün umgeben, hier gibt es mehrere Hotels und Restaurants. Ein Denkmal zeigt die **»vier beherzten Männer«**, denen es 1778 als ersten gelang, den Triglav, Sloweniens höchsten Berg, zu besteigen und so den Bergtourismus einzuläuten.
Einziges sichtbares Bauwerk am Seeufer ist die gotische **Johanniskirche** (Cerkev Sv. Janez), ein gelungenes Beispiel rustikaler Sakralarchitektur: Mit ihrem schlanken Turm und ihren hellen Gemäuern fügt sie sich harmonisch in die Berglandschaft ein. Das Innere ist mit schönen Fresken ausgemalt, die ältesten Schichten datieren aus der Zeit um 1400. Ein großes Wandbild an der Südfassade zeigt den hünenhaften **Christophorus** mit dem Christuskind. Jenseits der Brücke entspringt dem See die **Sava Bohinjka**, ein sprudelnder Wildbach, der rasch an Geschwindigkeit gewinnt und sich einige Kilometer weiter mit der Sava Dolinka zur Sava vereint. Quer durch Slowenien fließt dieser Strom, bevor er bei Belgrad in die Donau mündet.

★
Ribčev laz

> **! *Baedeker* TIPP**
>
> **Savica-Wasserfall**
>
> Von Ukanc erreicht man in weniger als einer Stunde – via Berghütte Koča pri Savici (dort gebührenpflichtiger Parkplatz) – den Savica-Wasserfall, eines der schönsten Naturschauspiele der Region: Aus einer Felsspalte tritt die aus den Triglav-Seen gespeiste Savica hervor und ergießt sich in zwei Strängen 78 m in die Tiefe, bevor sie durchs Tal fließt und in den Bohinjer See einmündet. Der Dichter France Prešeren ließ sich von ihr zu seinem Epos »Die Taufe an der Savica« inspirieren.

Am Südwestufer des Sees befindet sich mit **Ukanc** der zweite Ferienort von Bohinj. Auch hier blieb das Ufer weitgehend unbebaut. Es gibt einen Campingplatz, mehrere Ferienhäuser und das Hotel Zlatorog; eine Seilbahn bringt Gäste auf den 1540 m hohen Berg Vogel.

Bohinjska Bistrica, der **Hauptort der Gemeinde**, liegt außerhalb des Nationalparks: rund 5 km östlich des Sees, direkt an der Zugstrecke Bled – Nova Gorica an der slowenisch-italienischen Grenze. Die etwa 2000 Bewohner sind großenteils in der Holz verarbeitenden Industrie beschäftigt, einige leben auch vom Tourismus. Im Winter werden im Tal die Langlaufloipen gespurt; ein beliebtes **Skigelände** befindet sich an der knapp 1500 m aufragenden Kobla.

Bohinjska Bistrica

BOHINJ ERLEBEN

AUSKUNFT

Ribčev laz
Ribčev laz 48
4265 Bohinjsko jezero
Tel. 04/574 60 10, Fax 572 33 30
www.bohinj-info.com

Bohinjska Bistrica
Triglavska cesta 30
4264 Bohinjska Bistrica
Tel. 04/574 75 90
Fax 574 75 91
www.bohinj.si
lto@bohinj.si

ESSEN

▶ Erschwinglich

Pri Hrvatu
Srednja vas 76
Tel. 04/572 36 70
Im 80-jährigen Gasthaus unterhalb der Kirche von Srednja vas serviert Branko Steinpilzsuppe und Forelle – auch wer nur auf einen Kaffee vorbeikommt, ist willkommen. Im Sommer sitzt man auf der kleinen Terrasse über dem Fluss. Tgl. außer Di.

Rožič
Ribžev laz 42
Tel. 04/572 33 93
Restaurant an der Zufahrtsstraße zum See mit guter Bohinj-Küche. Beliebt ist das mit Selchschinken gefüllte Kalbsschnitzel und der Saibling in Weinsoße (zlatovščica v vinski amaki). Eine Pension ist angeschlossen.

Gostilna Zoisov grad
Bohinjska Bistrica, Grajska 14
Tel. 04/572 16 86
www.zoisov-grad.com
3 km östlich des Sees: Pizza und gutbürgerliche slowenische Küche im Schloss des »Eisenbarons« von Bohinjska Bistrica.

▶ Preiswert

Pod Skalco
Ribčev Laz 58
Vor dem Festgelände, direkt neben der großen Kletterwand, betreiben Monika und Janez ein kleines Waldlokal. Die meisten Besucher kommen nur auf ein Getränk vorbei, doch gibt es hier auch gute und preiswerte Grillgerichte.
Sept. – Nov. geschl.

Gostilna Mihovc
Stara Fužina 118
Tel. 04/572 33 90
In dem stimmungsvollen Lokal ertönt zuweilen ein alter Leierkasten. Nicht nur Einheimische freuen sich über die günstigen Preise.

Gostilna Rupa
Srednja vas 89, Tel. 04/572 34 01
Bei Rupa gibt es schmackhafte, frische Forellen aus Bohinj.

ÜBERNACHTEN

▶ Komfortabel

Bohinj Park Hotel
Triglavska 17, Bohinjska Bistrica
Tel. 04/577 02 10, Fax 577 02 20
www.bohinj-park-hotel.si
Neues Hotel am AquaPark mit 102 Zimmern, großer Wellness-Abteilung und Kegelbahn.

Jezero
Ribčev laz 51
Tel. / Fax 04/572 91 00, Fax 572 90 39
www.bohinj.si/alpinum/jezero
Freundlich geführtes Komforthotel mit 53 Zimmern am Ostufer des Sees mit Hallenbad und Sauna.

Zlatorog
Ukanc 65
Tel. 04/572 33 81, Fax 572 33 84
www.hoteli-bohinj.si

Mittelklassehotel am westlichen Seeufer mit Hallenbad, Tennisplätzen und Mountainbikeverleih. 74 Zi.

Ski
Vogel/Ukanc 180
Tel. 04/572 16 91, Fax 572 11 05
www.hoteli-bohinj.si
Ein gutes Hotel für den Skiurlaub, es liegt hoch über dem See an der oberen Gondelbahnstation. Daneben befinden sich einfachere Blockhütten für Sport- und Schülergruppen. Im Mai ist das Hotel normalerweise geschlossen. 29 Zi.

▶ **Günstig**
Hostel pod Voglom
Ribčev Laz 60
Tel. 04/572 34 61, Fax 572 30 73
www.hoteli-bohinj.si
Sauberes Hostel mit 15 Zimmern und Etagenbädern am Südufer des Sees, besonders geeignet für Gruppen. Ein Sportzentrum ist angeschlossen.

Vila Park
Ukanc 129, Tel. 04/572 33 00
www.vila-park.com

Eine großartige Lage: Der romantische Garten des Hauses grenzt an die kristallklare Savica, die kurz zuvor aus einer Felsspalte gesprudelt ist und wenige Meter weiter in den See mündet – dort befindet sich ein wunderbarer Badestrand! Die sieben Zimmer sind einfach, haben aber alle Balkon, wahlweise zur West- oder Ostseite. Gutes Frühstück, Halbpension auf Wunsch.

Im Garten der Vila Park

Am Eingang zur Mostnica-Schlucht, 1 km östlich des Sees, liegt der Weiler Stara Fužina an den sonnigen Hängen des Triglav-Massivs. Sein Name geht auf die Eisenverhüttung (fužina = Erzschmelze) zurück, die bis ins 19. Jh. betrieben wurde und an die das Gutshaus des »Eisenbarons« Sigmund Zois erinnert. Im **Sennerei-Museum** wird man in die Geschichte der Almwirtschaft eingeführt. Nirgendwo im Land war die Käsereiwirtschaft so gut entwickelt wie hier – **Bohinjer Käse** genoss im Habsburger Reich den besten Ruf. Dokumente und Fotos machen mit der Arbeit der Hirten vertraut (Planšarski muzej, Stara Fužina 181, Mo. geschl.) **Stara Fužina**

Im Obertal von Bohinj liegen die Dörfer Srednja vas und Studor: Holzhäuser kauern am Hang, von einer schmucken Kirche aus dem 18. Jh. überragt. In Studor ist ein Ensemble großer, durch ein Dach verbundener Heuharfen zu sehen, »toplar« (Doppelte) genannt. **Srednja vas/ Studor**

Bovec · Flitsch · Plezzo

F 4

Provinz: Gorenjska
Einwohner: 1700
Höhe: 460 m

Bovec liegt in einem weiten, von der Soča durchflossenen Talkessel und ist in eine imposante Bergkulisse eingebunden. Der Ort ist Trendziel für Aktivtouristen. Angesagte Sportarten sind Raften und Kajak fahren auf der Soča, Canyoning in Nebenschluchten, Drachenfliegen und Wandern und im Winter Skifahren.

Im Nordwesten von Bovec erhebt sich der 2587 m hohe Kanin, im Südwesten der 1471 m hohe Polovnik. Tausende von Touristen lassen sich alljährlich von der Umgebung begeistern: von der ▶ Dolina Soča mit dem wilden Soča-Fluss und den urwüchsigen Nebentälern, der Fahrt mit der Gondelbahn auf den Kanin und Wandertouren in den ▶ Triglavski narodni park. Zum Skilaufen lässt man sich auf die Hänge des Kanin hinauffahren, wo mehrere Lifte eingerichtet wurden. Von der Bergstation erreicht man zu Fuß in etwa 45 Minuten die Berghütte Planinski dom Petra Skalarja (2260 m).

Geschichte Seit die Römer eine Straße über den nahen Predel-Pass bauten, gab es hier eine Siedlung. Besitzer wurden später der Patriarch von Aquilea, dann italienische Adelsherren aus Görz, Cividale und Friaul und 1503 schließlich das Habsburger Reich. Als sich im Ersten Weltkrieg italienische und österreichisch-deutsche Truppen im Tal einen zweijährigen Stellungskrieg lieferten, wurden alle Bewohner ausgesiedelt und das Dorf beim Durchzug der Front fast völlig zerstört. Unter italienischer Herrschaft (1918 – 1947) entwarf Stararchitekt Max Fabiani ein paar schöne Bauten im nostalgischen Stil.

Sehenswertes in Bovec und Umgebung

Ortszentrum von Bovec Der alte Marktplatz liegt unterhalb der ursprünglich gotischen Pfarrkirche (Cerkev Sv. Urh), alle wichtigen Straßen treffen an ihm zusammen. Das Rathaus wurde in klassizistischem Stil schmuck restauriert. Ringsherum befinden sich Cafés, Kneipen und Lokale.

Slap Boka In Richtung Kobarid passiert man die Talstation der Gondelbahn und 5 km weiter südwestlich eine Brücke, von der sich ein erster Blick auf den **Boka-Wasserfall** bietet. Er stürzt über 100 m hinab, ein teilweise schmaler Weg führt in gut einer halben Stunde zu einem Aussichtspunkt, nach weiteren 45 Min. ist die Karstquelle erreicht.

Durch die Koritnica-Schlucht Am nördlichen Ortsausgang von Bovec biegt links eine Straße in die Koritnica-Schlucht ab, die schon in der Antike Kärnten mit der Adria verband. Oberhalb einer mächtigen Brücke thront die **Burg Kluže**.

BOVEC ERLEBEN

AUSKUNFT
Trg golobarskih žrtev 8, 5230 Bovec
Tel. 05/389 64 44, Fax 389 64 45
www.bovec.si, info@bovec.si

ESSEN

▶ Preiswert
Gostišče Stari Kovač
Rupa 3, Tel./ Fax 05/388 66 99
Alte Schmiede mit Pizza aus dem Steinofen und einer Sommerterrasse

Letni vrt
Trg golobarskih žrtev 1
Tel. 05/389 63 83
Im rustikalen »Sommergarten« isst man Regionalspezialitäten, wie Pellkartoffeln mit Schafsquark, Wildschweinfilet, zur Jagdsaison auch Bärentatzen. Hinterher gibt es einen hauseigenen Verdauungstrunk wie z. B. Tannenzapfen- und Enzianlikör.

ÜBERNACHTEN

▶ Komfortabel
Alp
Trg golobarskih žrtev 48
Tel. 05/388 40 00, Fax 388 40 02
www.alp-chandler.si
Modernes, komfortables Mittelklassehotel im Zentrum. Gut 100 Zimmer mit hellen Holzmöbeln, einige mit schönem Blick auf den Zusammenfluss von Soča- und Koritnica-Tal am Fuß des pyramidenförmigen Savinjak. Frühstücks- und Abendbüfett, Sonderangebote für Motorradtouristen.

Kanin
Ledina 6
Tel. 05/388 60 21, Fax 388 60 81
www.hotel-kanin.com
Hotel (125 Z.) am Ortsrand; Hallenbad, Sauna und Mountainbikeverleih.

Dobra Vila Bocec
Mala vas 112, Tel. 05/389 64 00
www.dobra-vila-bovcc.com
Gepflegtes kleines Hotel (12 Z.) nordöstlich der Stadt mit hervorragender regionaler Küche, Bibliothek, Weinkeller und Garten.

▶ Günstig
Ap. Kaninska vas
Kaninska vas 7
Tel. 05/388 68 11, Fax 389 55 88
www.tusi.si
Das Feriendorf Kaninska vas mit 395 Apartments liegt oberhalb der Stadt.

Die Venezianer errichteten hier eine Holzfestung gegen die Türken, im 17. Jh. wurde sie ausgebaut. Zur Ruine im oberen Teil des Bollwerks gelangt man auf einem Weg, der vor der Brücke abzweigt und durch einen Felstunnel leitet. Im weiteren Verlauf ist er gelb markiert und führt an den Ruinen vorbei auf den Rombon.

Von Bovec 10 km talauswärts liegt in 651 m Höhe das Dorf **Log pod Mangartom** (»Hain unter dem Mangart«), das mit seinen im Alpinstil erbauten Häusern zu den schönsten der Julier zählt. Es gibt eine Gaststätte und ein Motel.

Strmec 3 km weiter nördlich trägt den Beinamen »Dorf der schwarzen Tücher«: Alle 18 männlichen Bewohner wurden im Oktober 1943 von Deutschen erschossen, die Häuser anschließend zerstört.

Unglaubliche Naturschönheiten gibt es in den Wäldern bei Bovec: Hier entspringt die Glijuna und sprudelt direkt hinter der Quelle talwärts.

In der Folge steigt die Straße steil zum 1156 m hohen **Predil-Pass** an, wo sich der Grenzübergang nach Italien befindet. Kurz davor biegt eine aufregende, 12 km lange Kurvenstraße zum 2072 m hohen **Mangart-Pass** ab. Der eigentliche Gipfel liegt noch 606 m höher, er will zu Fuß erklommen sein! Der rechte »slowenische« Pfad ist nur für schwindelfreie, der linke »italienische« Weg auch für unerfahrene Bergwanderer geeignet. Etwa zwei Stunden benötigt man für den anstrengenden Aufstieg – doch der Blick entschädigt für alle Mühen!

Brežice · Rann

S 7

Provinz: Dolenjska **Höhe:** 162 m
Einwohner: 7000

Die attraktive Kleinstadt entwickelte sich um eine mittelalterliche Burg oberhalb des Zusammenflusses von Sava und Krka. Brežice ist in rebenreiche Hügelketten eingebettet, und vor den Toren der Stadt liegt das Kur- und Erholungszentrum Terme Čatež, das mit seinen Spaß- und Erlebnisbädern viele Besucher anlockt.

Grad Brežice Wichtigste Sehenswürdigkeit ist die 1249 erstmals erwähnte Burg. Beim Bauernaufstand 1515 wurde sie niedergebrannt, im Stil der Renaissance wieder aufgebaut und unter den Grafen Attems Ende des

17. Jh.s barockisiert. Prunkstück ist der vom Boden bis zur Decke bemalte **Rittersaal**. Da erscheinen griechische Götter und römische Helden in idyllischer Landschaft, Musen inspirieren berühmte Dichter und Denker: ein schwelgerisches Panoptikum höfischer Lebensart, das in eine Welt unbeschwerter Bukolik entführt. Im Sommer gibt es ein Musikfestival mit Barockmusik. Die mit Fresken und Stuckwerk üppig ausgestatteten Räume der Burg bilden einen stilvollen Rahmen für das Regionalmuseum **Posavski muzej**. Die historische Abteilung erinnert vor allem an die Kämpfe »von unten«: Hellebarden und Beihandschwerter, Säbel und Gewehre waren das Rüstzeug, mit dem die Bauern vergeblich um ihr Recht stritten. Detailliert – mit Dokumentarfotos und verschiedenen privaten Erinnerungsstücken – wird der Partisanenkampf gegen die deutsche Besatzung 1941 – 1945 dargestellt. Man erfährt etwas über die Arbeit und den Alltag von Bauern, Winzern und Handwerkern. Außerdem gibt es eine große Kunstabteilung mit Werken wichtiger Maler des Barocks sowie einer Galerie für Franjo Stiplovšek (1898 – 1963), der zu den herausragenden Künstlern der Neuen Sachlichkeit gehört (geöffnet: Mo. – Fr. 8.00 bis 14.30, Sa., So. 10.00 – 14.00 Uhr).

BREŽICE ERLEBEN

AUSKUNFT

TIC Brežice
Cesta prvih borcev 18, 8250 Brežice
Tel./Fax 07/499 06 80
www.visitbrezice.com

TIC Čatež ob Savi
Topliška 35, 8251 Čatež ob Savi
Tel. 07/493 67 57, Fax 493 67 58
www.visitbrezice.com

ESSEN

▶ **Preiswert**
Rafter's Pub
Borcev 40-A, Tel. 07/499 06 30
Restaurant im Zentrum der Stadt. Es gibt slowenische und internationale Gerichte sowie viele gute Desserts.

ÜBERNACHTEN

▶ **Luxus**
Golfhotel Grad Mokrice
Rajec 4, Mokrice, Tel. 07/493 50 00
www.mokrice.si

In der Burg Mokrice 10 km südöstlich von Brežice wurde ein exklusives Burghotel eingerichtet. Zu dem Hotel gehören ein großer englischer Garten und eine 18-Loch-Golfanlage. 29 Zi.

▶ **Komfortabel**
Kurkomplex Terme Čatež
Topliška cesta 35
Čatež ob Savi
Tel. 07/493 50 00
Fax 493 50 05
www.terme-catez.si
Terme Čatež mit insgesamt 331 Zimmern ist die Nummer eins unter den Kuranlagen Sloweniens. Zum Kurkomplex gehören die beiden Viersternehotels Terme und Toplice, das preiswertere Dreisternehaus Zdravilišče sowie die größte Campinganlage des Landes. Besonders erwähnenswert ist die riesige Badelandschaft mit Erlebnisbad und »Thermalriviera«, Sauna und Fitness.

Umgebung von Brežice

Čatež Der Kurort Čatež liegt 4 km südöstlich der Stadt am rechten Sava-Ufer, das von den waldreichen Gorjanci-Bergen gesäumt wird. Zur Kuranlage gehören das Kurhaus, ein Hotel, eine Apartmentanlage und ein sehr gut ausgestatteter Campingplatz. Es gibt zwei Hallenbäder und Sauna- und Fitnesseinrichtungen; dazu kommt die sehr beliebte **Thermalriviera** mit mehr als 5500 m² Wasserfläche: es gibt Freibäder mit Rutschen, eine Fontäne, einen Wasserfall sowie einen künstlichen See.

> ### Baedeker TIPP
>
> **Weinprobe im Gutshof**
>
> Besonders leckere Weißweine kommen aus dem Nordosten von Brežice. Berühmt ist der Schaumwein, den man im Gut Istenič kosten kann. Wer nach der Probe müde ist, kann hier gleich übernachten. Isteni (Kat. Günstig), Stara vas 7, Bizeljsko, Tel. 07/495 15 59, www.istenic.si, 15 Zi.

Grad Mokrice Die Burg Mokrice (Mokritz) ist von einem romantischen Park umschlossen, ein weitläufiges Golfgelände schirmt sie nach außen ab. Mittlerweile ist sie in ein **Luxushotel** umgewandelt worden; das **Restaurant** ist für seine **Spitzengastronomie** weithin bekannt. Dem Hotel angeschlossen sind ein schöner Golfplatz und ein Reitklub.
Hören die Slowenen den Namen Mokrice, denken sie an den **Bauernaufstand** 1573. Damals wurde im Schlossverlies der legendäre, in Brežice gefangen genommene Bauernführer Matija Gubec eingekerkert und getötet. Knapp 300 Jahre später erblickte hier **Friedrich von Gagern** das Licht der Welt, der in dem Roman »Das Volk« seinem Geburtsort ein literarisches Denkmal gesetzt hat.

Celje · Cilli

Q 5

Provinz: Štajerska
Einwohner: 48 000
Höhe: 241 m

Celje ist die drittgrößte Stadt Sloweniens: eine nur in ihrem Kern noch mittelalterliche Stadt, die von einer auf Fels thronenden Burgruine überragt wird. In den Außenbezirken dehnen sich Industrie- und Gewerbeviertel aus, die sich im Norden verdichten.

Stadtgeschichte Claudia Celeia, die bedeutendste Stadt der römischen Provinz Noricum, wurde wegen ihrer **Bäder und Tempel** als **Troia secunda** (zweites Troja) gepriesen. 451 n.Chr. wurde sie von Truppen des Hunnenkönigs Attila in Schutt und Asche gelegt. Erst im 12. Jh. entstand auf antikem Fundament eine größere neue Siedlung. Sie entwickelte sich unter der Regentschaft der **Grafenfamilie Cilli** zu einem bedeu-

Grad Brežice: Im Sommer wird hier ein Musikfestival veranstaltet → – Konzertgenuss in ehrwürdiger Umgebung.

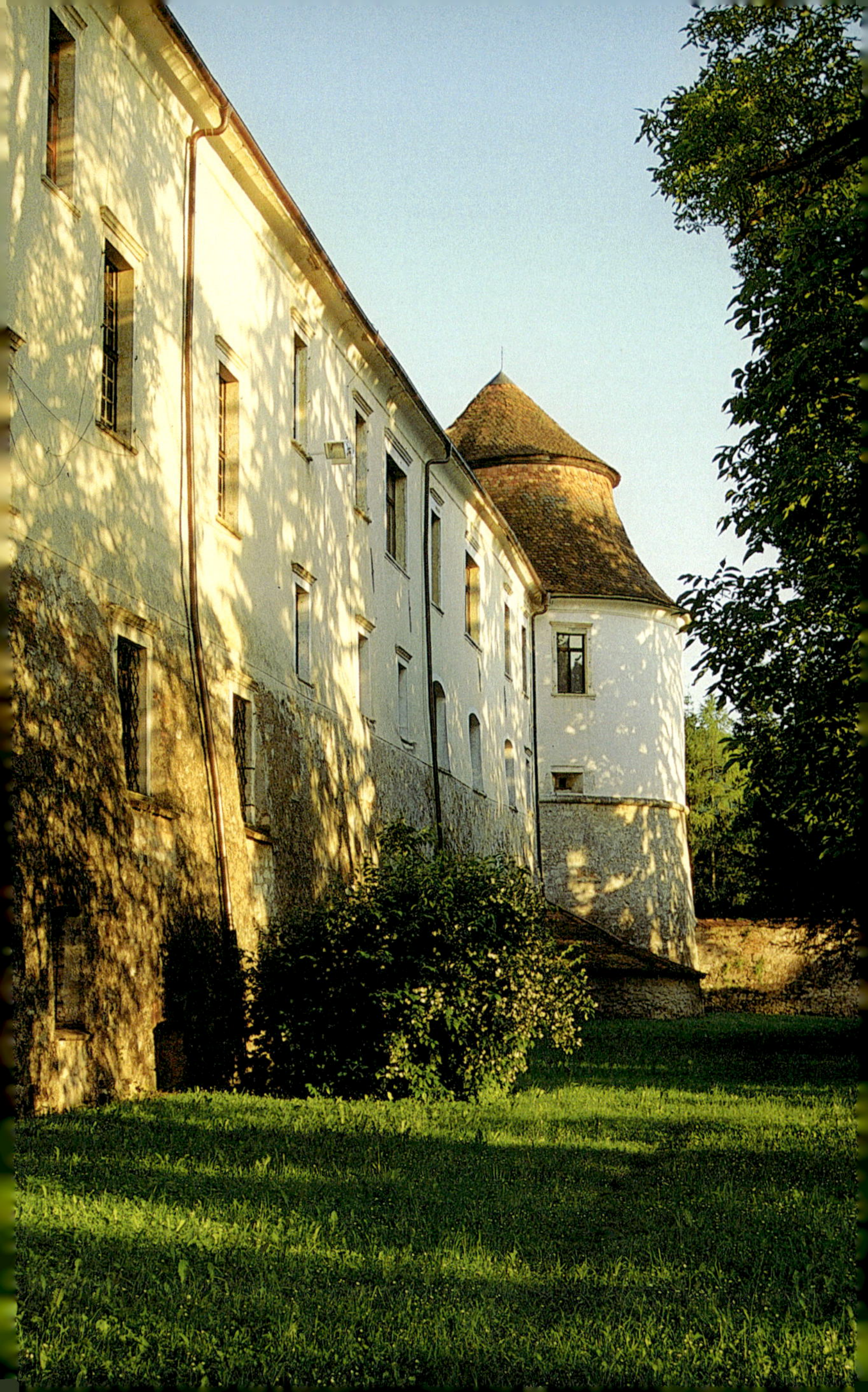

tenden Handelszentrum. Als der letzte Graf von Cilli, Ulrich II., ermordet wurde, übernahm das Haus Habsburg die Herrschaft – und Celje wurde zur provinziellen Handelsstadt. Mitte des 19. Jh.s erkoren Wiener Aristokraten die Stadt zu einem **beliebten Ferienort**; an der Savinja wurden moderne Badeanstalten eingerichtet, es entstanden Kaffeehäuser und Parks. Unter Tito genoss Celje Ansehen als aufstrebende **Industriestadt**, zwischen 1945 und 1990 verdoppelte sich die Einwohnerzahl. Mit der Aufnahme in die EU brachen freilich die traditionellen Absatzmärkte auf dem Balkan weg. Verärgert war man in Celje auch über den Bau der Autobahn Ljubljana – Maribor: Sie wurde weiträumig an der Stadt vorbeigeleitet.

Sehenswertes in Celje

Stari grad — Die »alte Burg«, **einst mächtigste Festung der Region**, erhebt sich auf einem 408 m hohen Berg über dem Zusammenfluss der Savinja und Voglajna. In dem alten Bergfried, dem vierstöckigen Friedrichsturm, gibt es eine **Terrasse**, die bei gutem Wetter Ausblick bis zu den Alpen eröffnet. Im 12. und 13. Jh. residierten die **Grafen von Cilli** in der Burg, danach zogen sie ins Untere Schloss im Stadtzentrum. Mit dem Tod des letzten Cilli-Abkömmlings (1456) begann die Burg zu verfallen – heute ist sie eine malerische Ruine, die schrittweise restauriert wird. Am letzten Samstag im August, wird bei Ritterspielen das Mittelalter zum Leben erweckt. Tipp zur Anfahrt: Auf der Cankarjeva ulica unter der Bahnunterführung hindurch und den Voglajna-Fluss queren, dann rechts in den Cesta na grad und in breitem Bogen aufwärts zur Burg (insg. 2,5 km ab Zentrum).

Glavni trg und Slomškov trg — Celjes Hauptplatz (Glavni trg) ist von Bürgerhäusern aus der Zeit des Barocks und der Renaissance gesäumt, in seiner Mitte prangt eine Mariensäule von 1776. Ringsum gibt es Terrassencafés, im Sommer findet samstags ein **Kunsthandwerksmarkt** statt. Südwärts verlängert er sich in den Slomšek-Platz (Slomškov trg), der von der 1306 erbauten **Danielskirche** (Sv. Danijel) beherrscht wird. Besonders schön ist die Marienkapelle mit bemalten Gewölben, auf dem Altar prunkt eine Pietà im Stil der Rittergotik.

Muzejski trg — Der Museumsplatz (Muzejski trg) am linken Ufer der Savinja wird von der **Alten Grafei** (Stara Grofija) beherrscht. Der zweigeschossige Renaissancepalast von 1580 bildet einen eleganten Rahmen für die vielfältigen **Sammlungen des Regionalmuseums**. Ausgestellt werden Funde aus dem römischen Celeia und aus der slawischen Besiedlungszeit. In einem stilvoll möblierten Saal sind gotische Schnitzarbeiten des Meisters Ferdinand Gallo und Stücke der Grafen von Cilli zu sehen. Eine eigene Ausstellung ist **Alma Karlin** gewidmet (▶ Berühmte Persönlichkeiten). Glanzstück des Museums ist ein **Deckenfresko im Rittersaal** mit illusionistischer Malerei des polnischen Künstlers Theofilowicz (geöffnet: Di. – So. 10.00 – 18.00 Uhr).

Nördlich schließt sich der Platz der Fürsten von Cilli (Trg Celiskih knezov) an. Hier steht das **mittelalterliche Schloss der Familie Cilli** (Knežji dvorec), das seit der Zeit Maria Theresias bis zur Gründung des Staats Slowenien als Kaserne diente – eine wenig repräsentative Funktion für einen Bau, der nationalstolzen Bürgern als ein Symbol staatlicher Souveränität gilt. Heute ist ein Teil des Schlosses Galerie, in der moderne slowenische Künstler ausgestellt werden (geöffnet: Di. – Fr. 10.00 – 13.00 und 16.00 – 19.00, Sa. 10.00 – 12.00 Uhr).
An der Westseite des Platzes steht das ehemalige **Volkshaus** (Narodni dom) im Neorenaissancestil, ihm gegenüber das spätbarocke **Prothasi-Palais** (Prothasijev dvorec).

Trg Celiskih knezov

Die verkehrsberuhigte Flaniermeile ist von gründerzeitlichen Bürgerhäusern flankiert. In ihrem Mittelabschnitt befindet sich das **ehemalige Minoritenkloster**, in dem von ca. 1250 bis 1808 Mönche des Kleinen Bettelordens wohnten. Später war es Gefängnis (Stari pisker), in dem während der deutschen Besatzung viele Slowenen gefoltert und ermordet wurden. Eine Ausstellung erinnert an diese Zeit.
Die **Marienkirche** (Marijna cerkev) neben dem Kloster diente den Grafen von Cilli als Gruft. Auf dem Tympanonrelief des Sakristeiportals sind die beiden herausragenden Sprösslinge der Dynastie Hermann I. und Ulrich I. in betender Pose dargestellt. Der ehemalige Magistrat gegenüber der Kirche beherbergt ein **Museum für neuere Geschichte**, man sieht originale Interieurs von anno dazumal, u. a. eine Zahnarztpraxis, ein Fotostudio, eine Folterkammer und »Hermanns Höhle«, eine altertümliche Kinderwelt (geöffnet: Di. – Fr. 10.00 – 18.00, Sa. 9.00 – 12.00, So. 14.00 – 18.00 Uhr).

Prešernova ulica

Kein Blick in den Himmel, keine Beobachter von oben – ein illusionistisches Deckengemälde des polnischen Malers Theofilowicz im Rittersaal des Museums.

Celje Orientierung

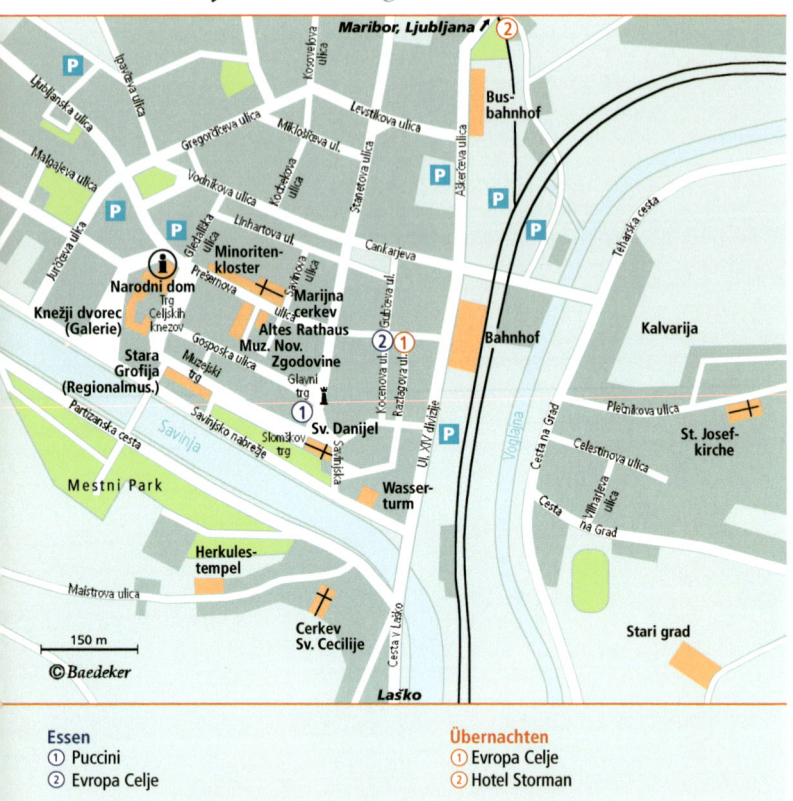

Essen
① Puccini
② Evropa Celje

Übernachten
① Evropa Celje
② Hotel Storman

Umgebung von Celje

Südlich und westlich von Celje ist es flach, im Osten hügelig. Typisch für die Region ist der Anbau von Hopfen.

Šempeter Im Industrieort Šempeter, 9 km westlich von Celje, wurden 1952 bei Straßenarbeiten Marmorreliefs und die Skulptur einer sitzenden Frau entdeckt. In der Folge nahm man in der Umgebung intensive Ausgrabungen vor und legte eine **römische Nekropole** aus dem 1. – 3. Jh. frei. An einer 9 m breiten und 315 m langen Trasse reihen sich über 100 tempelartige Gräber und Grüfte. Skulpturen zeigen verstorbene Würdenträger und reiche Bürger aus dem nahen Celeia; besonders eindrucksvoll ist das über 8 m hohe Grabmal der Prisciani-Familie mit eingravierten Szenen der antiken Mythologie. Die Nekropole wurde in einen archäologischen Park umgewandelt und kann besichtigt werden (geöffnet: 15. April – 15. Oktober tgl. 9.00 – 18.00 Uhr).

CELJE ERLEBEN

AUSKUNFT
Krekov trg 3 , 3000 Celje
Tel. 03/428 79 36 , Fax 428 79 31
www.celje.si, tic@celje.si

AUSGEHEN
Celjes Szene-Eck ist die Kreuzung Ljubljanska/Gregorčičeva: Im Sommer stellen die Bars Tische nach draußen, Rhythmen von Jazz und Salsa durchdringen die Straßen.

ESSEN

▶ Fein & teuer
Grad Tabor
Laško, Cesta na Svetino 1
Tel. 03/573 16 00
Burgrestaurant mit Gourmetküche und gut bestückter Vinothek in Laško

▶ Erschwinglich
① *Puccini*
Glavni trg 12, Tel. 03/492 64 96
Feine italienische Küche unter Barockgewölben oder auf der Terrasse

▶ Preiswert
② *Evropa Celje*
Krekov trg 4
Traditionsreiches, gemütliches Café

ÜBERNACHTEN

▶ Luxus
Terme Laško
Laško, Zdraviliška ulica 4
Tel. 03/734 51 11, Fax 734 52 98
www.zdravilisce-lasko.si
Kurhotel in Laško an der Savinja, 10 km südlich von Celje. Thermalschwimmbad im Freien, Hallenbad, Sauna und Fitness, ca. 100 Zi.

▶ Komfortabel
① *Evropa Celje*
Krekov trg 4
Tel. 03/426 90 00, Fax 426 96 20
www.hotel-evropa.si
Sehr schönes, zentral gelegenes Mittelklassehotel mit 60 Zimmern und beliebtem Café.

▶ Günstig
② *Storman*
Mariborska cesta 3
Tel. 03/426 04 26, Fax 03/426 03 95
www.storman.si
Mittelklassehotel im Zentrum der Stadt mit 50 modern eingerichteten Zimmern, drei Restaurants und dem auch bei der Stadtbevölkerung beliebten »Country Pub«.

Trojane
Auf halber Strecke nach Ljubljana, kurz hinter Trojane, erreicht man eine 609 m hohe Passhöhe, die einen imposanten Ausblick auf die Steiner Alpen eröffnet. Entlang der Straße verlief vor 2000 Jahren die römische Route Emona – Celeia (Ljubljana – Celje), die mit Stützpunkten befestigt war. Trojane war einer von ihnen; die archäologischen Ausgrabungsstätten können besichtigt werden.

Laško
10 km südlich von Celje, am unteren Lauf der Savinja, liegt Laško, ein freundlicher **Kurort mit nostalgischem Flair**. Der Kurbetrieb begann zu boomen, als Kaiser Franz Joseph I. im 19. Jh. das damalige Bad Tüffer zu seiner Sommerfrische erkor. Heute ist Laško auch für seine Brauerei bekannt, in der seit 1825 die wohlschmeckenden Biere **»Laško Pivo«** und **»Zlatorog«** hergestellt werden.

Cerknica · Zirknitz

L 8

Provinz: Notranjska
Einwohner: 3500
Höhe: 575 m

In Cerknica südwestlich von Ljubljana, einer Kleinstadt mit mittelalterlicher Kirche und Wehrtürmen, bleiben die Besucher nicht lange. Es zieht sie rasch weiter zum südlich gelegenen Zirknitzer Feld, das mit einem außergewöhnlichen Naturphänomen aufwartet ...

Naturphänomen: See von Cerknica
Von Spätherbst bis Frühjahr erstreckt sich auf dem Zirknitzer Feld (Cerkniško polje) ein riesiger See, im Sommer aber ist er verschwunden, und es grasen auf dem fruchtbaren Grund Hunderte von Kühen. Der Gelehrte **Johann Weichard Valvasor** (▶Berühmte Persönlichkeiten) war der Erste, der das Phänomen des **auf- und abtauchenden Sees** beschrieb – aufgrund seiner Untersuchung von 1689 wurde er in die renommierte Londoner Royal Society aufgenommen. Valvasors Erklärung ist bis heute gültig: Setzt der Herbstregen ein, so findet der Fluss Cerkniščica in dem Tal keinen oberirdischen Abfluss und staut sich zu einem etwa 10 km langen und bis zu 6 km breiten See, der nur millimeterweise im porösen Karstgestein versickert. Bei trockenem Wetter im Frühsommer verflüchtigt sich der See – das Wasser taucht durch sog. Schwinden in die Unterwelt. Und wieder dauert es mehrere Monate, bis sich der See erneut aufbaut.

Sehenswertes in der Umgebung von Cerknica

Snežnik/ Schneeberg
An der Straße von Cerknica zur kroatischen Grenze erblickt man nach 21 km das bestens erhaltene **Renaissanceschloss** Snežnik inmitten eines weitläufigen englischen Parks. Es ist nach dem 1796 m ho-

CERKNICA ERLEBEN

AUSKUNFT
Cesta 4. maja 51
1380 Cerknica
Tel. 01/709 36 36

ESSEN
▶ **Preiswert**
Valvasor hram
Partizanska 1, Tel. 01/709 37 88
Gemütliches Lokal im Zentrum mit kleiner Terrasse. Deftige slowenische Spezialitäten, dazu ausgezeichneten Wein aus eigenem Anbau.

ÜBERNACHTEN
▶ **Günstig**
Prenočišča Telico
Brestova 9
Tel. 01/709 70 90, Fax 709 70 92
www.telico.info
Familie Telič vermietet zwei Doppelzimmer mit Gemeinschaftsbad; einige neue Häuser verstellen inzwischen leider die einstmals schöne Sicht auf den See. Vom Restaurant Valvasor hram 300 m Richtung Osten, dann links die steile Straße hinauf.

Schloss Snežnik: früher Sommerresidenz und Jagdpalais

hen »Schneeberg« benannt, dessen Gipfel noch im April weiß aufleuchtet. Als »Sneperch« wurde es schon 1268 erwähnt, in der heutigen Form entstand es aber erst 300 Jahre später. Bis heute erhielt sich die Originaleinrichtung der Familie Schöneburg-Waldenburg, die das Schloss als Sommerfrische und herbstliches Jagdpalais nutzte. Dank der abgeschiedenen Lage wurde das Schloss nie Opfer militärischer Angriffe. In der einstigen Schlossmeierei befindet sich ein Museum für den Siebenschläfer sowie eine **Kunstgalerie** für Wechselausstellungen. Im Sommer werden Konzerte veranstaltet (**z.Z. wegen Renovierung geschlossen**).

Rundtour durchs Zirknitzer Feld

Von Cerknica fährt man ins Nachbardorf Grahovo und weiter nach Žerovnica. Dort folgt man dem Wegweiser zur Križna jama und kommt nach 2 km zu drei Gehöften, hinter denen abseits der Straße die **Karstquelle Štebrški obrh** aus der Kreuzberghöhle (Križna jama) an die Erdoberfläche tritt. Wieder in Žerovnica folgt man nun der Straße über Gorenje Jezero zur Westseite des Sees, wo die **Quelle des Stržen** sprudelt. Man durchfährt ein Waldstück und kommt ins Dorf Dolenje Jezero, an dessen Südrand man Sickerlöcher und sogenannte **Flussschwinden** entdeckt. Über die Nordstraße geht es zurück nach Cerknica. **Hinweis**: Bei hohem Wasserstand kann es geschehen, dass die Straßen gesperrt werden und die Tour nicht durchführbar ist.

Zelše

In Zelše 3 km westlich erhebt sich die Wolfgangskirche (Sv. Volbenk) malerisch auf einem Wiesenhügel. Sie wurde 1680 auf kleeblattförmigem Grundriss erbaut und hat eine sehr gute Akustik, sodass hier hin und wieder klassische Konzerte aufgeführt werden.

Hält man sich an der Kreuzung 1 km weiter westlich links und biegt nach weiteren 300 m rechts ein, dann gelangt man ins Herz des **waldreichen Naturschutzgebiets Rakov Škocjan** mit bizarr wirkenden Karsttrichtern und über den Fluss Rak gespannten tunnelartigen Felsbrücken. An der Naturbrücke Mali naravni most beginnt eine **einstündige Wanderung am Fluss entlang**. Über einen schmalen Pfad steigt man zur 42 m tiefen Doline hinab – der ideale Ort, um zu beobachten, wie der Fluss der Höhle entspringt. Auf einem Naturlehrpfad begleitet man den Fluss, der ca. 2 km durch ein grünes Tal strömt. An einer zweiten Naturbrücke, der 37 m hohen Veliki naravni most, verabschiedet er sich von der Oberwelt. Er verschwindet in der dunklen Tkalca-Höhle, um erst lange Zeit später in der Grotte Planinska jama wieder sichtbar zu werden (www.notranjski-park.si).

Der Rak entspringt und verschwindet ▶

★★ Dolina Soče · Soča-Tal

F/G 4–7

Provinz: Gorenjska

Einer der landschaftlichen Höhepunkte Sloweniens ist das wildromantische Tal der Soča, die südlich des Vršič-Passes (1611 m) in den Julischen Alpen entspringt und sich dann 127 km durchs Gebirge schlängelt, um nördlich von Triest in die Adria zu münden.

Der grandiose **Oberlauf der Soča** liegt im ▶Triglavski narodni park. In seinem oberen Abschnitt ist der Fluss ein **Eldorado für Aktivsportler**. Sie raften, fahren Kanu, radeln und wandern. Viele passionierte Angler hoffen darauf, eine **Marmorata** zu fangen: jene seltene Forellenart, die nur in der Soča und ihren Nebenflüssen lebt.

Während man im Obertal nur vereinzelt Bauernhöfe mit herabgezogenem Schindeldach sieht, entstanden weiter unten, wo sich das Tal verbreitert, größere Ortschaften wie ▶Bovec, ▶Kobarid und ▶Tolmin. Bei ▶Nova Gorica schließlich verabschiedet sich der Fluss von Slowenien; er ändert seinen Namen in Isonzo und fließt noch 35 km durch Italienisch-Friaul, bevor er ins Meer mündet.

Geschichte   Eine intensivere Erschließung des Soča-Tals setzte im 16. Jh. ein, als **Eisenerz** gefunden und gefördert wurde. Doch bereits 200 Jahre später waren die Vorräte erschöpft, sodass sich die Bewohner ausschließlich von Viehzucht, Jagd und Holzfällerei ernährten. Der **Tourismus** fasste Ende des 19. Jh.s Fuß, als der passionierte Bergsteiger **Julius Kugy** in mehreren Büchern von der Schönheit des Soča-Tals erzählte. 1881 richtete die Triester Filiale des deutsch-österreichischen Alpenvereins bei Trenta eine Hütte ein, von der Bergsteiger zur Erkundung der umliegenden Gipfel starteten. Im **Ersten**

Tief ins Kalkgestein gegraben: die Soča mit türkisfarbenem Wasser →

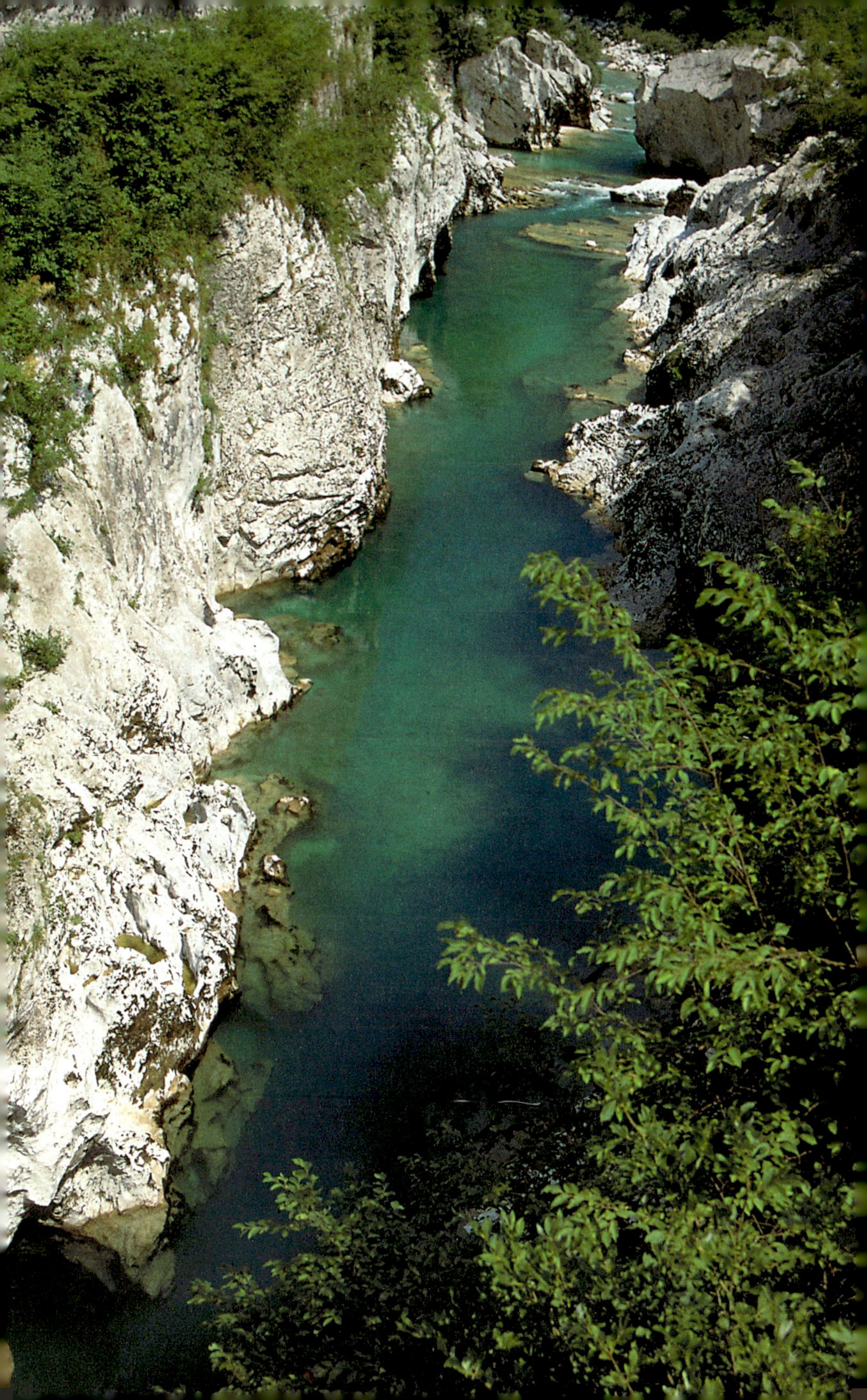

DOLINA SOČE ERLEBEN

AUSKUNFT
Trg golobarskih žrtev 8
5230 Bovec
Tel. 05 / 389 64 44, 384 19 19
Fax 389 64 45
www.bovec.si
info@bovec.si

ESSEN
▶ **Erschwinglich**
Metoja
Trenta 20
(Straße 206, km 5.2)
Tel. 04/388 93 61
Frau Ivanka bereitet leckere Spezialitäten aus dem Soča-Tal zu: Karpfen frisch aus dem hauseigenen Teich, Teigtaschen mit Birnen, Kartoffeln mit Topfen und Sauerkrautsuppe. Wer nach dem Essen müde ist, kann sich in eins der Apartments einmieten, die zum Haus gehören.
(Weitere Adressen ▶ auch Triglav-Nationalpark, S. 306)

ÜBERNACHTEN
▶ **Günstig**
Andrejc
Soča 31
(C-206, Km. 12,6)
Tel. 05//388 95 30
Fax 388 95 31
Hübsche Pension (früher »Julius«) mit sechs neu ausgestatteten Zimmern.

Lovec
Soča s/n
(C-206, Km. 13.3)
Tel. 04/388 93 05
Über dem für seine Wildspezialitäten bekannten Gasthaus gibt es acht Zimmer, schön sind die von der Straße abgewandten mit Holzbalkon und Talblick.
Die übrigen 10 Zimmer befinden sich in einer Dependance. Verkauf von Angellizenzen (Weitere Adressen ▶ S. 306).

Weltkrieg war das Tal zwei Jahre lang militärisch **umkämpft**: Italienische und deutsch-österreichische Truppen lieferten sich einen Stellungskrieg, der eine Million Menschen das Leben kostete (▶ Kobarid). Den damaligen Frontverlauf kann man anhand von Bunkern, Schützengräben und Stellungen nachvollziehen; zahlreiche Friedhöfe, säuberlich nach Nationalitäten getrennt, erinnern an die Gefallenen.

Sehenswertes im Soča-Tal

Die winzigen Weiler am Flussufer werden hier in Nord-Süd-Richtung vorgestellt. Die größeren Orte im Unterlauf der Soča – Bovec, Kobardi, Tolmin, Nova Gorica – sind mit eigenem Eintrag erfasst.

Izvir Soče
(Soča-Quelle)
Von der 49. Kurve der Passstraße (ausgeschildert) zweigt eine schmale Straße ab, die nach 1,2 km an der bewirtschafteten Hütte Koča pri Izviru Soče endet. Rechts geht es auf einem 15-minütigen Fußweg zur Quelle der Soča: Lärmend zwängt sie sich aus einer engen Felsspalte und stürzt imposant als Wasserfall in die Tiefe.

Kurz vor Erreichen des Weilers Pri Cerkvi (Bei der Kirche) mit einem barocken Bergmannskirchlein lohnt der Besuch des Alpinum Juliana. Der **botanische Garten** vereint auf einer überschaubaren Fläche über 1000 Blumen und Pflanzen, allesamt Endemiten der Julischen und Kamniker Alpen, der Karawanken und des Karsts. Darunter befinden sich die **Triglav-Rose**, die Schopfteufelskralle und das Rote Seifenkraut (geöffnet: Di. – So. 10.00 – 18.00 Uhr).

Alpinum Juliana

Bevor sich das Tal bei Trenta weitet, befindet sich im Weiler Na Logu linker Hand das **Besucherzentrum des Triglav-Nationalparks** (Dom Trenta), in dem ein Einblick in Geologie, Flora und Fauna der Julischen Alpen vermittelt wird. (geöffnet: Mai – Oktober tgl. 10.00 bis 18.00 Uhr).

Dom Trenta

Den Namen des Flusses trägt eine Streusiedlung an der Durchgangsstraße, die aus mehreren Einödhöfen und einem geschlossenen Kern besteht. Hauptattraktion ist die Josefskirche (Sv. Jožef), wo **auf einem Gemälde der Teufel als Mussolini** erscheint. In den Gasthäusern Julius und Lovec kann man einheimische Küche probieren, auch Angellizenzen werden hier verkauft. Unterhalb von Soča fließt der Fluss in eine 750 m lange, 15 m tiefe Schlucht.

Soča

Mit dem Kajak auf der Soča. Der Oberlauf eignet sich bestens zum Wildwasserfahren.

Denkmal für Julius Kugy in der Nähe der Soča-Quelle

JULIUS KUGY: UNGEKRÖNTER KÖNIG DER JULISCHEN ALPEN

Eigentlich war er nur in diese Region gekommen, um eine Blume zu finden: Julius Kugy (1858–1944), passionierter Wanderer und Bergsteiger aus Triest. Der Naturforscher Balthasar Hacquet hatte die »Scabiosa trenta« beschrieben, und Kugy suchte sie entlang der Soča und auf den angrenzenden Hängen.

Gefunden hat er sie nie. Stattdessen entdeckte er andere ungewöhnliche Pflanzen. Und verfiel dem Zauber der Julischen Alpen. Um seltene Pflanzen im Soča-Tal vor dem Aussterben zu bewahren, überredete er seinen Freund Albert Bois de Chesne, **in Trenta einen Alpengarten** anzulegen.

Bergsteiger aus Passion

Julius Kugy war in der Zeit um 1900 einer der aktivsten Bergsteiger und hat in etwa 50 nie zuvor gemachten Touren **weite Gebiete der Julischen Alpen erschlossen**. Er galt als »ungekrönter König« der Julischen Alpen. Er selber verfasste zahlreiche Bücher, mit denen er das Interesse von Wanderern an dieser Region weckte. Daneben sammelte er **alte Legenden** und illustrierte den Alltag der hiesigen Bewohner. Seine Geschichte vom Bärenjäger Anton Požbar, dem ein Bär den Unterkiefer abschlug, ist als Bildfolge im Trenta-Museum zu sehen. Ein Steinmonument in der Nähe der Soča-Quelle zeigt Julius Kugy in nachdenklicher, verträumter Pose, den Blick auf seinen Lieblingsberg, den Jalovec, gerichtet.

Wissenschaftler und Humanist

Zur Bergsteigerei und seiner Liebe zu den Alpen kam ein **wissenschaftliches und humanistisches Denken**, das er in vielen Veröffentlichungen darlegte. Kugy lebte, dachte und kommunizierte in drei Sprachen: Slowenisch, Deutsch, Italienisch, in den **Sprachen des Alpenraums** also. Er machte sich damit einen Namen als Vermittler zwischen den Völkern dieser Region. Mehrsprachige Ausbildung in slowenischen Schulen in Kärnten findet denn auch in »Kugy-Klassen« statt.

Loblied auf die Soča

Die Wasser der Soča hat er mit folgenden Worten beschrieben: »Sie sind wie ein flüssiger Strom von Smaragd und Aquamarin und wandeln jeden Stein, den sie benetzen oder überfluten, zu goldglänzendem Beryll und zu schillerndem Opal.«

Idrija · Ydria

Provinz: Primorska
Einwohner: 7000
Höhe: 325 m

Idrija ist die einzige größere Stadt inmitten einer dünn besiedelten, von Wiesen und Weiden bestimmten Karstlandschaft – sie ist umgeben von 600–850 m hohen Bergen. Schon früh machte Idrija sich einen Namen als Zentrum der Spitzenklöppelei und als Bergwerksstadt – ihren Wohlstand verdankte sie dem Quecksilber.

Bereits 1770 leistete sich Idrija ein Theater und hatte das bestorganisierte Gesundheitswesen von Krain. Herrschaftliche Bürgerhäuser sind bis heute im Stadtkern erhalten. Schon Ende des 15. Jh.s wurde Quecksilber gefördert. Dabei waren die Arbeitsbedingungen der Bergleute denkbar schlecht, denn Quecksilber ist eine gesundheitsschädliche, das Nervensystem zerstörende Substanz. Schon früh wurde bei Idrija eine **Nervenheilanstalt** eröffnet – die größte südlich der Alpen. Dies hielt junge Männer aus dem gesamten Habsburger Reich freilich nicht davon ab, sich für die Arbeit unter Tage zu bewerben: Hohe Löhne waren in Aussicht gestellt. Jährlich wurden ca. 1000 Tonnen Quecksilber gewonnen – bis weit ins 20. Jh. blieb Idrija der drittgrößte Produzent der Welt. Quecksilber wurde Bestandteil von Thermometern, man verarbeitete es zu Batterien oder verkaufte es an die Rüstungsindustrie. Während des Vietnamkrieges waren die USA wichtigster Importeur von Quecksilber aus Idrija. Als der Weltmarktpreis dann rapide fiel, wurde das Bergwerk geschlossen.

Wohlstand durch Quecksilber

Während die Männer in Metallurgie eingeweiht wurden, entstand für Frauen 1876 eine Spitzenklöpplerschule – der Export des feinen Gewebes sollte die Kasse der Arbeiterfamilien aufbessern. Noch heute bietet die Klöppelkunst vielen Familien eine Existenzgrundlage. Das **Klöppelspitzenfestival** im August (Čipkarski Festival) zählt zu den größten touristischen Attraktionen der Stadt. Die über 400 noch aktiven Kunsthandwerkerinnen präsentieren ihr Können, Höhepunkt ist das sonntägliche Wettklöppeln auf dem Marktplatz.

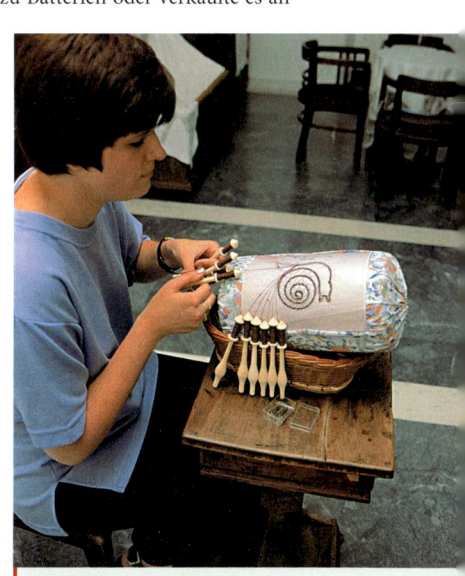

Eine Schnecke wird geklöppelt.

IDRIJA ERLEBEN

AUSKUNFT
Vodnikova 3
5280 Idrija
Tel. 05/374 39 16
www.idrija-turizem.si

ESSEN

▶ Fein & teuer
Kendov Dvorec
Spodnja Idrija, Na griču 2
Tel. 05/372 51 00
Das Slow-Food-Burgrestaurant bietet frische Bauernküche, serviert auf Geschirr des Stardesigners Oskar Kogoj. Zu empfehlen: Lamm in Majoransoße oder »žklikrofi«, Teigtaschen mit Kartoffel-Schnittlauchfüllung. Angeschlossen ist ein Hotel.

▶ Preiswert
Pri Škafarju
Sv. Barbare 9, Tel. 05/377 32 40
Hier gibt es nicht nur die regionale Spezialität »žlikrofi« (kleine gefüllte Teigtaschen), sondern auch Pizza aus einem holzbefeuerten Kachelofen. Es werden auch Zimmer vermietet.

ÜBERNACHTEN

▶ Luxus
Kendov Dvorec
Spodnja Idrija, Na griču 2
Tel. 05/372 51 00, Fax 375 64 75
www.kendov-dvorec.com
4 km nördlich von Idrija wurde eine Burg von 1377 in eine Nobelunterkunft verwandelt. Jedes der 11 Zimmer ist mit Antiquitäten unterschiedlich gestaltet, Vorhänge und Decken sind mit Klöppelspitzen verziert.

▶ Komfortabel
Cerkno
Cerkno, Sedejev trg 8
Tel. 05/374 34 00, Fax 374 34 33
www.hotel-cerkno.si
Hotel im Stadtzentrum mit Hallenbad, Sauna, drei Tennisplätzen. 75 Zi.

Sehenswertes in Idrija

Grad Gewerkenegg Die 1533 erbaute Burg Gewerkenegg mit ihren runden Ecktürmen steht auf einem Hügel westlich vom Stadtkern (Prelovčeva 9). Da der Bau auf einen Beschluss der Bergwerksleitung zurückging und diese auch bis ins 19. Jh. dort wohnte, sprechen Stadtbewohner bis heute von der »Bergwerksburg« (Rudniški grad). Im **Stadtmuseum** in der Burg werden die Geschichte der Quecksilberförderung und des Klöppelns dokumentiert. Außerdem erfährt man etwas über das Partisanenkrankenhaus Pavla (geöffnet: tgl. 9.00 – 18.00 Uhr).

Antonijev rov Im alten Stadtteil von Idrija befindet sich der Eingang zum **Antonius-Schacht**, dem ältesten, um 1500 in den Fels getriebenen Stollen. In einer Multimediashow wird die Geschichte des Bergbaus veranschaulicht, dann folgt der **Abstieg in die Unterwelt** mit Schutzmantel und Helm. Die Besichtigung führt an der **unterirdischen Kapelle** der hl. Dreifaltigkeit vorbei, der einzigen dieser Art in Slowenien (Kosovelova 3, 90-minütige Führungen: tgl. 10.00 und 16.00 Uhr, am Wochenende zusätzliche Touren).

Umgebung von Idrija

Divje jezero

Der landschaftlich reizvolle Wanderweg Pot ob Rakah führt längs des Idrijca-Kanals zum »Wilden See« (Divje jezero). Dieser kleine, 83 m tiefe, von einer Karstquelle gespeiste See hat eine ungewöhnlich **grüne Farbe**; wegen seiner Schönheit wurde er zum **Naturdenkmal** erklärt. Einige hundert Meter südlich stößt man auf eine Staumauer: Hier wurde jahrhundertelang der Fluss gestaut, damit die in den Wäldern gefällten Bäume nach Idrija treiben konnten. Sie wurden als Stützbalken im Bergwerk sowie als Brennmaterial zur Extraktion des Quecksilbers aus dem abgebauten Zinnober verwendet.

Vojsko

14 km nordwestlich von Idrija liegt die Karsthochfläche Vojsko. Auf der etwa 1000 m hohen, anmutig gewellten Ebene wechseln Waldstücke mit Almen, auf denen vereinzelt Bauernhöfe stehen. Von Juni 1944 bis zum Kriegsende war in diesem Gebiet die von Partisanen betriebene **»Druckerei Slowenien«** versteckt, die erhalten ist und besichtigt werden kann (geöffnet: 15.4. – 15.10. 9.00 – 16.00 Uhr). Beim letzten Angriff von deutschen Truppen kamen 305 Partisanen ums Leben; auf dem Friedhof des Weilers Vojščica sind sie begraben.

Cerkno

20 km nördlich von Idrija und 35 km westlich von Škofja Loka liegt der Wintersportort Cerkno. An den Hängen des **Črni vrh** wurde auf einer Höhe von knapp 1300 m ein Skizentrum errichtet. Während der Hauptsaison (Dezember – März) sind vier Schlepp- und zwei Sessellifte in Betrieb. Für Langläufer wurde eine 1,5 km lange Loipe angelegt. Im Zweiten Weltkrieg war der Ort wichtiger **Partisanenstützpunkt**. Einen Besuch lohnt Cerkno vor allem zur **Faschingszeit**, wenn es darum geht, den Winter zu vertreiben. Im **Stadtmuseum** werden Festmasken ausgestellt, ein Film zeigt das Geschehen während des Karnevals. Eine zweite Abteilung des Museums ist dem Partisanenkampf im Zweiten Weltkrieg gewidmet (Bevkova ulica 12; geöffnet: Di. – So. 9.00 – 14.00 Uhr).

> ! **Baedeker TIPP**
>
> **Laufarija-Fest**
>
> 24 Perchtengestalten (laufarij) mit Masken aus Lindenholz machen am Faschingsdienstag Jagd auf den Pust, ein gehörntes Wesen mit schwerem Moosmantel. Er trägt die Schuld an allem Übel und steht stellvertretend für den bösen Winter, der gefälligst dem Frühling weichen soll. Das Schicksal des Pust ist mit seiner Gefangennahme besiegelt: Er wird feierlich hingerichtet.

Das **Partisanenlazarett** Partizanska Bolnišnica Franja liegt versteckt in der Pasica-Schlucht 8 km nordöstlich von Cerkno. 1943 wurde es eröffnet. Das gut funktionierende Krankenhaus verfügte über einen Operationsraum, Röntgengerät und Intensivstation. Über 500 verwundete Widerstandskämpfer aus mehreren europäischen Ländern konnten hier versorgt werden. Heute ist es als Museum zugänglich: 13 gut getarnte und geschützte Holzhäuser (geöffnet: April bis Oktober tgl. 9.00 – 18.00, sonst 9.00 – 16.00 Uhr).

★ Izola · Isola

F 9

Provinz: Primorska
Einwohner: 10 500
Höhe: 10 m

Izola ist bedeutend kleiner als Koper, wird aber gern mit der Nachbarstadt in einem Atemzug genannt. Denn wie dort ist auch hier der ältere Teil der Stadt auf einer Insel – »izola« – erbaut und durch eine Landzunge mit dem Festland verbunden.

Auf einer Insel erbaut
Längs der schmucken Uferpromenade gibt es eine Vielzahl von Cafés und Lokalen, der neue Jachthafen erfreut sich wachsender Beliebtheit. Allerdings stoßen in Izola Tradition und Moderne immer noch schmerzhaft aufeinander: An die malerische Altstadt grenzen Häuser der wenig attraktiven, von Industrie geprägten Vorstadt.

Stadtgeschichte
Bereits in römischer Zeit befand sich in der südlich angrenzenden Bucht ein Hafen, dessen Mauern bei starker Ebbe sichtbar werden – wer will, kann auf ihnen herumschnorcheln! Wirtschaftlicher Aufschwung stellte sich ab 1280 ein, als Izola in den **Einflussbereich der Stadtrepublik Venedig** geriet. Die Kaufleute exportierten Wein, Olivenöl, Fisch und Salz, den Wohlstand jener Zeit spiegelt sich bis heute in der Stadtanlage. 1554 wurden 90 % der Bevölkerung von der Pest weggerafft, und in der Folge konnte Izola nicht mehr an frühere Glanzzeiten anknüpfen. Während der kurzen Herrschaft der Franzosen zu Beginn des 19. Jh.s wurde die Insel mit dem Festland verbunden, zahlreiche mittelalterliche Bauwerke, darunter auch die Stadtmauer, wurden eingerissen. Bis heute leben viele Bewohner von der **Fischerei**: Die Männer fahren auf Fang, die Frauen verarbeiten die Ausbeute in der Delamaris-Fabrik zu Konserven und Tiefkühlkost.

Sehenswertes in Izola

Sv. Maver
Mitten in der Altstadt erhebt sich die 1547 errichtete Pfarrkirche St. Maurus, die von einem schlanken Campanile überragt wird. Im Innern sind Gemälde italienischer Meister aus dem 16. und 17. Jh. erhalten; als wertvollster Kirchenschatz gilt eine in der Sakristei aufbewahrte Monstranz aus dem Jahr 1444.

Besenghi degli Ughi
Prächtiger als die Kirche ist das benachbarte **Rokoko-Palais** von 1781. Freitreppe, Portal und Fenster sind von verschlungenen Blumenornamenten eingefasst. Selbst die schmiedeeisernen Gitter, die Häusern sonst eine eher distanzierende Note verleihen, sind hier so kunstvoll gestaltet, dass sie wie Zierrat erscheinen. Da das Haus die Musikschule beherbergt, darf man eintreten. Die zweistöckige Halle ist von einer umlaufenden Holzgalerie gesäumt, Wandgemälde zeigen idyllische Stadt- und Landschaftsansichten.

Izola: auf einer Insel erbaut und später durch eine Landzunge mit dem Festland verbunden

Das **Lovisato-Haus** neben dem Palais wurde im 16. Jh. im Stil der lombardischen Renaissance gebaut. Sehenswert ist außerdem das spätgotische **Manzioli-Haus** aus dem Jahr 1470.

Bei Herrn Mihelič, einem passionierten Sammler, kann man ein **Museum der Modelleisenbahn**, eine der größten Spielzeugeisenbahnlandschaften Europas, bestaunen mit Miniaturloks und -waggons, putzigen Bahnhöfen und Haltestellen (Razstava Parenzana, ulica Alme Vivode 3, geöffnet: Mo. – Fr. 9.00 – 15.00 Uhr).

Razstava Parenzana

Umgebung von Izola

An der anfangs steil ansteigenden Straße nach Portorož passiert man die Anhöhe Belvedere, von der man einen großartigen Blick auf Izola, die Bucht von Triest und die Halbinsel Strunjan genießt. Das 80 m hohe Kliff zählt zu den wenigen naturbelassenen Küstenabschnitten Sloweniens.

Belvedere

IZOLA ERLEBEN

AUSKUNFT
Sončno nabrežje 4
6310 Izola
Tel. 05/640 10 50, Fax 640 10 52
www.izola.eu

ESSEN
▶ Erschwinglich
① *Ribič*
Veliki trg, Tel. 05/641 83 13
Restaurant oberhalb des Ufers, es gibt frischen Fisch und Meeresfrüchte, dazu »refošk«, hiesigen Rotwein, oder goldgelben »malvazija«.

② *Sidro*
Sončno nabrežje 24, Tel. 05/641 47 11
Promenadenlokal mit leckeren Meeresfrüchten und lockerem Ambiente.

③ *Parangal*
Sončno nabrežje 20, Tel. 05/641 74 40
Restaurant mit schönen Sitzmöglichkeiten an der Promenade, im Garten oder im maritimen Innenraum. Achtung: Der Fisch wird nach Gewicht berechnet, die Preise sind gesalzen!

ÜBERNACHTEN
▶ Komfortabel
① *San Simon*
Morova 6-A
Tel. 05/660 31 00, Fax 641 84 02
www.sansimon.si
Ferienanlage mit 200 Zimmern am Hang westlich der Stadt. Gut ausgestattete Zimmer bietet das Komforthotel Heliaetum, alle mit Sat-TV, einige auch mit Balkon und Seeblick.

Kurkomplex Strunjan
Strunjan, Strunjan 148
Tel. 05/676 41 00, Fax 678 20 36
www.terme-krka.si
Mehrere Hotels verschiedener Kategorie in Strunjan südwestlich von Izola. Tennisplätze mit Flutlicht, Radverleih und Meerwasserhallenbad. Zum Kieselstrand sind es ca. 400 m. Das medizinische Angebot umfasst Fangopackungen, Massagen, Elektro- und Wärmetherapie. Im Kurzentrum werden vor allem Erkrankungen der Atemwege und des Bewegungsapparats behandelt.

▶ Günstig
② *Marina*
Veliki trg 11
Tel. 05/660 41 00, Fax 660 44 10
www.hotelmarina.si
Modernes Hotel am Hafen, nur wenige Schritte von den Sehenswürdigkeiten der Stadt entfernt. 45 Zi.

③ *Delfin*
Tomažičeva 10
Tel. 05/660 70 00, Fax 660 74 20
www.hotel-delfin.si
Hotel mit 120 Zimmern an der Uferstraße nahe dem Jachthafen, 1 km westlich der Stadt.

④ *Belvedere*
Dobrava 1-A
Tel. 05/660 51 00, Fax 660 51 71
www.belvedere.si
Komfortable Ferienanlage mit ca. 130 Zimmern – hoch über Izola gelegen. Mit Schwimmbad, Tennisplatz und Sommerdisko, Gratistransport für Gäste zum Strand. An das Hotel ist ein Campingplatz angeschlossen.

Salinera
Strunjan, Strunjan 14
Tel. 05/676 25 02, Fax 676 25 20
www.salinera.si
Zweisternehotel mit 48 Zimmern südwestlich der Lagune mit angeschlossener, etwas oberhalb gelegener Bungalow-Anlage.

Strunjan/Strugnano

Auf halber Strecke zwischen Izola und Portorož liegt die von hellen Klippen gesäumte **Halbinsel** Strunjan. An ihrer Südseite, wo sich an der Mündung des Strunjan-Bachs eine Lagune herausgebildet hat, liegt der gleichnamige Ort. Das mild-mediterrane Klima, die salzhaltige Luft und die Existenz von Meerschlamm begünstigten im 20. Jh. seinen Aufstieg zu einem **beliebten Kurbad**, das vor allem bei Erkrankungen der Atemwege und des Bewegungsapparats empfohlen wird.

Für Naturkundler interessant sind die aufgelassenen, moorähnlich verwilderten **Salinen**, die im Frühherbst von Tausenden von Wandervögeln angeflogen werden. Das Wasser in der Lagune ist eine spezifische Mischung aus Süß- und Salzwasser, sie ist Lebensraum für seltene Pflanzen wie Meeresfenchel, Queller und die Schmalblättrige Sandnelke.

Doch auch der Nordteil der Halbinsel ist attraktiv: Ein romantischer Weg führt zu den steil ins Meer fallenden Klippen am **Kap Ronek**. Vom höchsten Felsufer der gesamten Küste hat man einen wunderbar weiten Blick bis nach Triest, bei klarer Witterung reicht er bis zu den schneebedeckten Alpen. Auf dem Rückweg empfiehlt sich noch ein Abstecher zur **Marienkirche**, in der sich jedes Jahr am 15. August zahlreiche Pilger einfinden. Die Kirche wurde im 16. Jh. von aus Seenot erretteten Schiffbrüchigen errichtet.

Izola Orientierung

Essen
① Ribič
② Sidro
③ Parangal

Übernachten
① San Simon
② Marina
③ Delfin
④ Belvedere

Kamnik · Stein

M 5

Provinz: Gorenjska
Einwohner: 10 000
Höhe: 379 m

Die hübsche Kleinstadt am Fuße der Kamniker und Savinjer Alpen war einst wichtiger Ort an der Handelsstraße, die die Adria mit dem Donauraum verband. Heute ist der Stadtrand von Industrie geprägt, doch der 1986 unter Denkmalschutz gestellte Ortskern blieb davon unberührt und ist einen Besuch wert.

Kamnik liegt etwa 24 km nördlich von Ljubljana. Der Ort wurde im 11. Jh. Besitztum der Grafen von Andechs-Meranien und verfügte ab 1195 über eine eigene Münzstätte; hoch entwickelt waren auch die Schmiedekunst und das Lederhandwerk. Bis zum 17. Jh. profitierte Kamnik von seiner Lage an der Handelsroute von Triest nach Kärnten. Erst als nach einer Reihe schwerer Erdstöße der Verkehr auf die alte Römertrasse, die heutige Fernstraße, verlegt wurde, büßte Kamnik seine Vorrangstellung ein.

Sehenswertes in Kamnik

Mestni muzej Die barockisierte Burg Zaprice beherbergt das Stadtmuseum mit archäologischen, historischen und ethnografischen Sammlungen (Muzejski pot 3; geöffnet: meist Di. und Do. – Sa. 9.00 – 12.00 Uhr).

Galerija Miha Maleš Die dem in Kamnik geborenen Maler Miha Maleš (1903 –1987) gewidmete Galerie am Hauptplatz birgt farbenprächtige, doch eher konventionelle Gemälde des Malers (Glavni trg 1; geöffnet: Di. – Sa. 9.00 – 12.00 und 16.00 – 18.00 Uhr).

Stari grad Den schönsten Ausblick auf die Stadt und die Alpenregion hat man von der Ruine der Alten Burg (Stari grad), die auf einem 585 m hohen Hügel am Ostufer der Kamniška Bistrica thront. Man erreicht sie zu Fuß in etwa 30 Minuten.

KAMNIK ERLEBEN

AUSKUNFT

Glavni trg 2
1241 Kamnik
Tel. 01/831 82 50
Fax 831 81 92
www.kamnik-tourism.si
info@kamnik-tourism.si

ÜBERNACHTEN/ESSEN

▶ **Günstig**
Špenko
Prešernova 14-C
Tel. 01/831 73 30
Zentral im Ort gelegene kleine Pension mit 10 Zimmern oberhalb des gleichnamigen Lokals.

Umgebung von Kamnik

4 km südöstlich von Kamnik liegt das Arboretum Volčji potok, ein 79 ha großer **Barockpark** mit seltenen Pflanzen und Wasservögeln. In einer Galerie werden Plastiken des Bildhauers Janez Boljka ausgestellt. Nach Voranmeldung (Tel. 01/831 23 45) erhalten Einzelbesucher und Gruppen eine Führung durch den Park (geöffnet: tgl. 8.00 – 20.00, im Winter 8.00 – 18.00 Uhr).

Arboretum

Über Stahovica geht es nordwärts weiter nach Kamniška Bistrica. 3 km vor dem Ort führt eine Seilbahn zu einer Höhe von etwa 1400 m empor. Anschließend muss man noch etwa 2 km zu Fuß zurücklegen, um Velika Planina zu erreichen: eine sanft gewellte **Hochebene** in ca. 1600 m Höhe vor der Silhouette der Kamniker Alpen. Auf grünen Wiesen liegen graue Steinblöcke verstreut; archaisch wirken die ovalen, silbergrauen **Sennhütten** (dimnice), die von Juli bis September von Hirten bewohnt werden. Wer sehen möchte, wie eine typische Sennhütte von innen aussieht, inspiziert das **Preskar-Haus** mit offener Feuerstelle und bäuerlichen Möbeln. Hier und in anderen Hütten gibt es im Sommer Sauermilch und hausgemachten Käse; Wanderern wird gern Quartier angeboten.

Velika Planina

Eine der typischen Berghütten auf der rauen Hochebene Velika Planina

★ Kobarid · Caporetto · Karfreit

F 5

Provinz: Primorska **Höhe:** 234 m
Einwohner: 1500

Für Peter Handke ist Kobarid Inbild des Südens: »Obwohl am Ausgang der Alpen, erschien Kobarid oder Karfreit dem jungen Menschen als das Inbild des Südens, mit dem Oleander an den Hauseingängen, dem Lorbeer am Kirchentor, den Steinbauten und den vielfarbigen rundköpfigen Pflasterwegen.«

Kobarid liegt am Fuße des 2244 m hohen, bis in den Mai schneebedeckten Krn. Die Alpen öffnen sich zum Tolminer Becken und zum Nadiža-Tal, Hibiskus, Agaven und Palmen verbreiten südländisches Flair. Der Ort im Schnittpunkt zweier Täler war in der frühen Neuzeit wichtige Handelsstadt: Kaufleute zogen von Friaul-Venetien über die Nadiža ins Soča-Tal oder kamen von der Adria via Gorizia.
Von früherem Wohlstand kündet der Marktplatz mit Häusern im **»Kobarider Stil«**, der mediterrane mit alpinen Elementen vereint: Einerseits sieht man steinerne Gebäude mit Flachdach, andererseits die typischen Holzumgänge, wie sie etwa in Bovec vorherrschen. In einem der Häuser (Trg svobode 12) soll **Ernest Hemingway** gewohnt haben, der als 19-jähriger Sanitäter auf italienischer Seite am Ersten Weltkrieg teilnahm. Seine Erlebnisse als Frontsoldat hat er in dem Roman »A Farewell to Arms« (In einem andern Land) verarbeitet.

Italiener in Kobarid
Zwischen den beiden Weltkriegen war das Verhältnis zwischen Italienern und Slowenen gespannt. Die Italiener, denen die Stadt am Verhandlungstisch der Siegermächte zugefallen war, gingen teilweise rigoros gegen die slowenischen Bewohner vor. Sie verbrannten slowenische Bücher, zerstörten Denkmäler und fällten die Dorflinden, das Symbol des Slowenentums. Im Zweiten Weltkrieg wurde Kobarid ein Zentrum des antifaschistischen Kampfes. 1943 war die Stadt kurzzeitig Sitz der **»Kobarider Republik«** – das befreite Territorium reichte bis Venetien und wurde gemeinsam von jugoslawischen und italienischen Partisanen verteidigt. Heute bilden Italiener die größte Gruppe ausländischer Besucher. Nach den **»Benzintouristen«** (Treibstoff war in Slowenien lange nur halb so teuer wie in Italien) kamen die **Feinschmecker**: Zwischen Triest und Venedig hat sich herumgesprochen, dass das kulinarische Angebot in Kobarid reich ist und man für relativ wenig Geld hervorragend schlemmen kann.

Sehenswertes in Kobarid

★ *Kobariški muzej*
Das 1991 eingerichtete Kobarid-Museum (Gregorčičeva 10) ist der Thematik des Krieges verpflichtet. Für seinen **Beitrag »zum besseren Verständnis des europäischen Kulturerbes«** wurde es 1993 als bestes

Museum des Jahres ausgezeichnet. Es informiert über die Kämpfe an der Isonzo-Front in der Zeit von Mai 1915 bis November 1917 und konzentriert sich auf die größte militärische Auseinandersetzung auf slowenischem Boden, den »ersten erfolgreichen Blitzkrieg in der Geschichte der Kriegsführung«. Gemeint ist die 12. Isonzo-Schlacht (24. Oktober bis 9. November 1917), als die vereinigten deutschen und österreichisch-ungarischen Truppen das **»Wunder von Karfreit«** (Karfreit = Kobarid) vollbrachten und die italienischen Einheiten bis zur Piave zurückdrängten (www.kobariski-muzej.si; geöffnet: tgl. 9.00 – 18.00 Uhr).

Nicht nur im Museum wird man mit dem Ersten Weltkriegs konfrontiert. Vom Trg svobode führt ein Kreuzweg zu Kirche und Hügel des hl. Anton, wo im September 1938 ein **italienisches Beinhaus** (kostnica) entstand – Mussolini höchstpersönlich wurde zur Einweihung eingeflogen. Im Beinhaus ruhen die sterblichen Überreste von knapp 9000 Soldaten, die man aus Friedhöfen der Umgebung exhumiert hat, wobei darauf geachtet wurde, dass nur Italiener christlich bestattet wurden. Alphabetisch angeordnet und mit ihrem Rang versehen, ruhen jeweils 35 Tote in einer Nische, das Wort »presente« (zu Diensten) unterstreicht noch im Tod ihren militärischen Auftrag. Vom Beinhaus kann man dem als Rundweg angelegten Geschichtslehrpfad weitere 4 km folgen. Nordwärts kommt man zur Befestigungsanlage **Tonočov grad** mit Resten einer spätantiken Siedlung. An Schützengräben, Schieß- und Beobachtungsposten vorbei geht es

Geschichts-lehrpfad

Mediterran und alpin zugleich: Häuser im sogenannten Kobarider Stil

zur Soča, die auf einem über 50 m langen Steg gequert wird. Durch ein Seitental gelangt man zu den spektakulären **Kozjak-Wasserfällen**. Auf dem Rückweg passiert man weitere Verteidigungsstellungen aus dem Ersten Weltkrieg und gelangt über die Napoleonbrücke (1750), über die der französische Feldherr zum Predil-Pass marschierte, nach Kobarid zurück (Rundweg, 5 km, ca. 2 Std. 30 Min.).

KOBARID ERLEBEN

AUSKUNFT
Gregorčičeva ulica 8, 5222 Kobarid
Tel. 05/380 04 90
Fax 380 04 83, 389 00 02
www.kobarid.si; www.lto-sotocje.si

▸ *Special Guide »Slow Food«*

ESSEN

▸ **Fein & teuer**
Hiša Franko
Staro Selo 1
Tel. 05/389 41 20, Fax 389 41 29
www.hisafranko.com
Valter, »Frankos« Sohn, hat das traditionsreiche Gasthaus (3 km Richtung Robič) in einen Slow-Food-Tempel verwandelt. Größter Wert wird auf frische Zutaten gelegt, vieles kommt aus dem eigenen Garten. Der Schwerpunkt liegt auf Fleisch, zubereitet mit raffinierten Kräutersoßen. Wer gerne schlemmt, bestellt das zwölfgängige Degustationsmenü. Und wer nach dem Mahl gleich im Haus ins Bett steigen will, findet bei »Franko« auch noch 11 extravagante Zimmer (Mo. u. Di. geschl.).

▸ **Erschwinglich**
Kotlar
Trg svobode 11, Tel. 05/389 11 10
Das gemütliche Lokal, das sich Slow Food verschrieben hat, ist eine gute Wahl. Mit großen Fischplatten, üppigen Risotti und hausgemachten Pasta-Spezialitäten, Di. u. Mi. geschl.

Gostilna Polonka
Gregorčičeva 1, Tel. 05/389 11 13
Das Gasthaus wurde in eine Weinschänke verwandelt und öffnet nur noch zu besonderen Anlässen.

Baedeker-Empfehlung

▸ **Erschwinglich**
Topli val – Hotel Hvala
Trg Svobode 1, Tel. 05/389 93 00
Beste mediterrane Küche und lockeres Ambiente. Zum Essen sollte man Zeit mitbringen – es lohnt sich! Liebhaber von Meeresfrüchten bestellen die Platte mit frischer Forelle und Riesengarnelen, für Fleischfreunde gibt es Rumpsteak mit Broccoli, Rinder-Carpaccio und »pršut« (luftgetrockneten Schinken). Zum Abschluss: »kobariški štruklji« – Klößchen, die mit Rumrosinen und Nusscreme gefüllt und mit heißer Butter übergossen sind. In der Weinkarte stehen 200 slowenische Weine zur Wahl! Und wer müde ist, bleibt über Nacht im angeschlossenen Hotel.

ÜBERNACHTEN

▸ **Komfortabel**
Hvala
Trg svobode 1
Tel. 05/389 93 00, Fax 388 53 22
www.hotelhvala.si
28 Zimmer, 3 Apartments. Von einem jungen Team schwungvoll geführtes Haus im Zentrum der Stadt. Die

Zimmer sind freundlich-komfortabel, ausgestattet mit Sat-TV und Balkon – helle Pastelltöne herrschen vor. Die Gäste können Mountainbikes ausleihen und werden mit maßgeschneiderten Tipps versorgt, wo sie am besten wandern und radeln können. Für Angler steht Gerät und Zubehör bereit. In der Eingangshalle ist eine klassische »Marmorata« (Soča-Forelle) ausgestellt: 1,21 m lang und 25 kg schwer, damit eine der größten, die bisher gefangen wurden. Halbpension zu buchen lohnt sich, denn das zugehörige Feinschmeckerlokal gehört zu den besten des Landes.

Prenočišče Kotlar
Trg svobode 11/Gregorčičeva
Tel. 05/389 11 10, Fax 389 11 12
Sechs gemütliche Gästezimmer mit Frühstück oberhalb des gleichnamigen Gasthofs am Platz: zur Straße hin liegt der große »goldene« Raum mit halbrunder Badewanne, zum Hinterhof kleinere, ruhigere Zimmer. Im Obergeschoss gibt es einen Pool, ein Dampfbad und ein Solarium.

Hiša Franko
Staro Selo 1
Tel. 05/389 41 20, Fax 389 41 29
www.hisafranko.com
Eine Luxusherberge gut 3 km westlich von Kobarid. Die 11 Zimmer oberhalb der gleichnamigen Gaststätte sind in minimalistisch-elegantem Design eingerichtet, am schönsten sind die Räume »Moja Afrika« und »La Sagesse« mit großer Whirlpool-Wanne. Morgens wird man vom Glockengeläut der Kühe geweckt.

Genüsslich speisen garantiert: Slow-Food-Tempel Hiša Franko

Kočevje · Gottschee

Provinz: Dolenjska
Einwohner: 9300
Höhe: 464 m

In der Industriestadt Kočevje, Verwaltungszentrum der Region, bleibt man nicht gern – um so mehr aber schätzen Naturfreunde die unbesiedelte Region östlich der Stadt: eine ursprüngliche Waldlandschaft, wie sie in Europa nur noch selten zu finden ist.

Ursprüngliche Waldregion: Kočevski Rog
Der Kočevski Rog erstreckt sich zwischen den Flüssen Krka und Kolpa und bietet Lebensraum für Wolf, Braunbär und Luchs. Die Hänge sind mit dichtem Mischwald bedeckt und bis zu 800 m hoch, dazwischen schieben sich trogartige Felseinbrüche.

Geschichte
1363 schenkte der Patriarch von Aquileia die Region Otto von Ortenburg. Der **deutsche Graf warb Bauern** aus Schwaben, Franken, Tirol und Bayern zum Urbarmachen der Wildnis an. Aus der Vermischung ihrer Dialekte entstand eine **eigentümliche Sprache**, die der Chronist Valvasor als »recht altertümlich und grob Teutsch« bezeichnete. Holz gab es in der waldreichen Region in Hülle und Fülle; Frauen schnitzten daraus Schüsseln, Löffel, Siebe und Töpfe, die ihre Männer als fliegende Händler in allen Winkeln des habsburgischen Reichs verkauften. Der Name **»Gottschee«** – so die deutsche Bezeichnung für den Ort Kočevje und für die gesamte Region – galt schon bald als **Synonym für »Krämer« und »Hausierer«**. Im Zweiten Weltkrieg wurden die etwa 20 000 deutschsprachigen Siedler, die sich als Fremdkörper in italienischem Umfeld empfanden, ins Deutsche Reich »heimgeholt«. Die von ihnen entwickelte Kunst der Holzschnitzerei blieb unter den Slowenen bis heute lebendig.

Sehenswertes in Kočevje und Umgebung

Kočevje
Im **Muzej Kočevje** wurde alles Wissenswerte zur Geschichte dieser Region zusammengetragen. Auf besonders großes Interesse stößt die Ausstellung über »Das verlorene Kulturerbe der Gottscheer Deut-

▶ KOČEVJE ERLEBEN

AUSKUNFT

Trg zbora odposlancev 72
1330 Kočevje
Tel. 01/895 49 79, 893 14 60
Fax 893 14 61
www.kocevje.si
tic.kocevje@siol.net

ÜBERNACHTEN

▶ **Komfortabel**
Valentin
Trg zbora odposlancev 64
Tel. 01/895 12 86, Fax 895 23 10
Sauberes Mittelklassehotel im Stadtzentrum, etwas überteuert. 30 Zi.

schen« – vielleicht auch deshalb, weil dieses Thema im Jugoslawien der Nachkriegszeit lange tabuisiert war. Das Haus, in dem sich das Museum befindet, hat für die Slowenen große Bedeutung. Denn als es den Partisanen am 9. September 1943 gelang, die Stadt zu befreien, fand hier drei Wochen später die **erste Abgeordnetenversammlung des slowenischen Volkes** statt. Sie kamen aus allen Teilen des Landes und waren teils geheim, teils offen gewählt worden. Am 24. Oktober wurde die Stadt von Deutschen besetzt – erst am 3. Mai 1945 wurden sie endgültig vertrieben. (Prešernova 11, www.pmk-kocevje.si; geöffnet: Mo. – Sa. 9.00 – 12.00 Uhr).

Von Kočevje nach Dvor

In bestem Zustand ist die Straße 214, die von Kočevje in nordöstlicher Richtung nach Dvor führt. Unterwegs lohnt ein Stopp im Dorf **Stari Log**, wo der Schnitzer Karel Vidmar in seinem Garten naive Holzskulpturen aufgebaut hat.

Baza 20

Den kommunistischen Partisanen diente der Kočevski Rog im Zweiten Weltkrieg als zentraler Stützpunkt, hier wurden Flugblätter und Zeitungen gedruckt. Am bedeutendsten war das »Basislager 20«, das mit seinen 26 Gebäuden fast den Charakter einer kleinen Stadt besaß. Zu ihm gehörten ein **Partisanenlazarett**, ein **Radiosender** und eine **Druckerei**. Das Lager wird zwar kaum noch gepflegt, kann aber besichtigt werden. Es liegt 7 km südlich von Podturn, der Aufstieg von der Straße ist ausgeschildert (geöffnet: 1. Mai bis 30. September Mo. – Fr. 8.00 – 16.00 Uhr).

✶ Koper · Capodistria

G 9

Provinz: Primorska
Einwohner: 47 000
Höhe: 11 m

Die Hafenstadt Koper ist Sloweniens »Tor zur Welt«, Startpunkt und Ziel unzähliger Handelsschiffe. Der mittelalterliche Stadtkern ist mustergültig restauriert – schmale Gassen, alte Häuser und Paläste machen mit der venezianischen Vergangenheit vertraut.

Stadtgeschichte

Viele Namen trug Koper im Laufe seiner Geschichte. Unter den Griechen hieß es Aegida und unter den Römern Capris. Die byzantinischen Herrscher nannten es Justiniopolis und die Patriarchen von Aquilea Caput Histriae, das **»Haupt Istriens«**. 1186 wurde es Stadtrepublik und erhielt ein eigenes Bistum. Knapp 100 Jahre später kam Koper unter die Herrschaft der Venezianer, die ihm den Namen **Capo d'Istria** gaben, woraus sich später die Bezeichnung Koper ableitete. Im 15. und 16. Jh. erlebte die Stadt ihre Blütezeit. Sie spielte eine wichtige Rolle im Salz- und Getreidehandel und profitierte von den weit gespannten Wirtschaftsbeziehungen der Serenissima. Welches

Ansehen Koper genoss, lässt sich daran erkennen, dass fünf Bürgermeister der Stadt zu Dogen Venedigs aufstiegen. Als das benachbarte Triest zum wichtigsten Hafen der habsburgischen Doppelmonarchie aufrückte (1719), setzte der Niedergang ein. Zwar wurde Koper 1797 selbst **österreichisch**, doch war damit kein Aufschwung verknüpft: Triest blieb das Lieblingskind der Österreicher.

Der Wiederaufstieg Kopers begann nach 1945, als Koper ans sozialistische Jugoslawien kam. Koper wurde zu einem **bedeutenden Seehafen** ausgebaut und wichtiger wirtschaftlicher Umschlagplatz. Diese Tendenz setzte sich nach der Auflösung Jugoslawiens fort. Ein nach der Staatsgründung Sloweniens in der Süddeutschen Zeitung erschienener Artikel (14. März 1995) trug den aufschlussreichen Titel: »Hafen Koper, Österreichs Zugang zu den Weltmeeren«.

Sehenswertes in Koper

Vrati Muda Die Altstadt liegt auf einer ehemaligen Insel, die zu Beginn des 19. Jh.s mit dem Festland verbunden wurde. Man betritt sie durch das triumphbogenartige, 1516 erbaute **Muda-Tor** am Südrand der »Insel«; früher diente es als Zollstation. In seinem oberen Teil ist Kopers Wappen eingelassen: eine strahlende Sonne, flankiert von zwei Löwenköpfen, die die Stärke der Republik Venedig symbolisieren.

Prešernov trg Durch das Muda-Tor kommt man zum Prešeren-Platz mit dem 1666 errichteten Da-Ponte-Brunnen, der von einer venezianischen Brücke überspannt wird. An der Ostseite des Platzes steht die Kirche des hl. Bas (Cerkev Sv. Basso) – die in ihr aufbewahrte Skulptur des Gekreuzigten (1260) gilt vielen Bewohnern als wundertätig.

★
Titov trg Über die Čevljarska, die ehemalige »Schustergasse«, gelangt man zum Titov trg, **einem der schönsten Plätze Sloweniens**. Dort haben weltliche und geistliche Macht Stellung bezogen, helle Fassaden mit filigranem Bauschmuck strahlen Eleganz aus. Alle Gebäude stammen aus dem 15. Jh., als Koper vom venezianischen Handel profitierte.

Pretorska palača Der Prätorenpalast an der Südseite erhielt sein heutiges Aussehen im 15. Jh., als **das städtische Rathaus und der venezianische Regierungssitz** zu einem imposanten Gebäude verschmolzen. Zinnen verleihen ihm wehrhaften Charakter, die Fassade ist mit Reliefs, Inschriften und venezianischen Löwen verziert. In den Nischen stehen Büsten von Podestá und Capitani: Erstere repräsentierten die Macht Venedigs, Letztere waren die gewählten Vertreter des städtischen Bürgertums. Die Festsäle im Obergeschoss kann man besichtigen.

★
Mestna loggia Auf der gegenüberliegenden Seite des Platzes wurde 1462 die Loggia gebaut, hier trafen sich die reichen Kaufleute. Die Marienplastik in der Ecknische erinnert an die Jahre der Pest (1554/1555). Seit 1846 ist die Loggia demokratisiert, der Arkadengang beherbergt ein Café.

Prätorenpalast am Titov trg – jahrhundertelang Rathaus und venezianischer Regierungssitz

Die dreischiffige Nazarius-Kathedrale wurde im gotischen Stil errichtet, der reiche Schmuck im oberen Fassadenteil stammt aus der Renaissance. Schmuckstück des barockisierten Innenraums ist das Altarbild »Madonna auf dem Thron« (1516) von Vittore Carpaccio. Hinter dem Altar entdeckt man die in einem Sarkophag ruhenden Reliquien des **hl. Nazarius, Kopers Schutzpatron**. Papst Johannes I. ernannte ihn 524 zum ersten Bischof der Stadt. Weitere Kostbarkeiten sind in der Schatzkammer des Doms aufbewahrt, darunter eine byzantinische Elfenbeinschatulle. Wer schwindelfrei ist, besteigt den **Campanile**, von dem sich ein weiter Blick über Koper bietet (geöffnet: tgl. 7.00 – 12.00 und 15.00 – 19.00 Uhr).

★ **Stolnica (Kathedrale)**

In der Kidričeva ulica, westlich des Titov trg, wird im barocken Belgramoni-Tacco-Palais die **Geschichte Kopers** veranschaulicht. Ausgestellt sind Fundstücke der griechischen Siedlung Aegida, mittelalterliche Adelswappen und Gemälde istrischer Meister, darunter von Benedetto Carpaccio. Anhand von Fotos und historischen Landkarten wird die Geschichte Kopers vom Fall der Stadtrepublik Venedig 1797 bis zum Anschluss an Jugoslawien 1947/1954 illustriert (Kidričeva 19; geöffnet: Sept. – Juni Mo. – Fr. 10.00 – 18.00, Sa/So. 9.00 – 13.00 Uhr, Juli – Aug. Di. – So. 9.00 – 13.00 u. 18.00 – 21.00 Uhr).

Pokrajinski muzej

Im Westen der Altstadt erinnert der Carpaccio-Platz an den Maler **Vittore Carpaccio** (ca. 1455 – 1526), der längere Zeit in Koper lebte, bevor er nach Venedig ging und dort zu einem der berühmtesten

Carpacciov trg

◀ weiter auf S. 188

KOPER ERLEBEN

AUSKUNFT

Koper
Titov trg 3
6000 Koper
Tel. 05/664 64 03, Fax 664 64 06
www.koper-tourism.si, www.koper.si
tic@koper.si

Ankaran
Jadranska cesta 25
6280 Ankaran
Tel. 05/652 04 44, Fax 652 04 45
www.koper-tourism.si, www.koper.si

ESSEN

▶ Fein & teuer

Grad Socerb
Socerb 7, Črni Kal
Tel. 05/659 23 03
In der tausendjährigen Burg hoch über dem Golf von Triest genießt man istrische Spezialitäten wie Ravioli mit Grana-Käse oder Rindersteak auf gebratenem Radicchio mit frischen Kräutern. Zur Burg gehört eine Vinothek, in der man nebst Teran allerlei Obstliköre kosten kann.

▶ Erschwinglich

① *Skipper*
Kopališko nabrežje 3
Tel. 05/626 18 10
Bei gutem Wetter, wenn man auf der Terrasse über dem Jachthafen sitzen kann, ist dies eine hervorragende Adresse. Originell schmecken die Mini-Forellen, die es laut Restaurantbesitzer Emil nur hier und nirgends sonst in Slowenien gibt. Allerdings sind die Preise in letzter Zeit empfindlich gestiegen.

Gostilna Švab
Hrastovlje, Hrastovlje 53
Tel. 05/659 23 24
Die bäuerliche Karstküche passt bestens zur Landschaft: Es gibt Pršut-Schinken, eingelegte Oliven, Steinofenbrot und Teran-Wein.

▶ Preiswert

② *Loggia Caffé*
Titov trg 1
Vom traditionsreichen Arkaden-Café lässt sich das rege Treiben am Hauptplatz bestens beobachten.

③ *Istrska Klet*
Župančičeva 39
Tel. 05/627 67 29
Das »istrische Gasthaus« bietet deftige Hausmannskost, dazu gibt es Wein vom Fass.

ÜBERNACHTEN

▶ Komfortabel

① *Garni Pristan*
Ferrarska 30
Tel. 05/614 40 00, Fax 614 40 40
www.pristan-koper.si
Futuristisch angehauchtes Komforthotel nahe der Altstadt. In erster Linie ein Treffpunkt von Geschäftsleuten und Kongressteilnehmern. Eigener Parkplatz. 18 Zi.

② *Koper*
Pristaniška 3
Tel. 05/610 05 00, Fax 610 05 94
www.terme-catez.si
Elegantes Mittelklassehotel mit 65 Zimmern in der Altstadt. Das Restaurant zählt zu den besten der Stadt, im Sommer sitzt man auf der Terrasse unter einer Pergola.

③ *Vodišek*
Kolodvorska 2
Tel. 05/639 24 68, Fax 639 36 68
www.hotel-vodisek.com
Unterkunft auf halber Strecke zwischen Bahnhof und Altstadt. 30 Zi.

▶ Koper **ZIELE** 185

④ **Aquapark Hotel Žusterna**
Istrska 67
Tel. 05/610 03 00
Fax 610 03 09
www.terme-catez.si
Modernes Haus mit 117 Zimmern, 1,5 km westlich der Stadt, durch die Uferstraße vom Meer getrennt. Mit einer 1200 m² großen, teilweise überdachten Pool-Landschaft, Wellness- und Fitnessangeboten.

Villa Andor
Ankaran
Vinogradniška 9
Tel. 05/615 50 00
Fax 615 50 17
www.andor.si
Restaurierte Villa mit 14 Zimmern ein paar Gehminuten vom Meer, 800 m westlich des Zentrums und beliebt bei den Gästen des angeschlossenen Spielcasinos. Zimmer mit Sat-TV und Klimaanlage, Fitness und Sauna, dazu ein gutes Restaurant mit istrischen Spezialitäten.

▶ **Günstig/Komfortabel**
Adria Ankaran Resort
(Dep. Bor/Cedra/Weekend/Cipresa/Convent)
Ankaran,
Jadranska 25
Tel. 05/663 73 40, Fax 663 73 70
www.adria-hoteli.si
600-Betten-Anlage mit Unterkünften unterschiedlichen Standards. Preiswerter als die Bungalows am Meer sind die ehemaligen Klausen des Benediktinerklosters im heutigen Hotel Convent (25 Zi.). Von einigen Räumen schaut man über den Garten aufs Meer. Zur Anlage gehören ein Campingplatz, Restaurants, Cafés, ein Privatstrand, ein Meerwasser-Pool, Tennisplätze, Minigolf.

Koper Orientierung

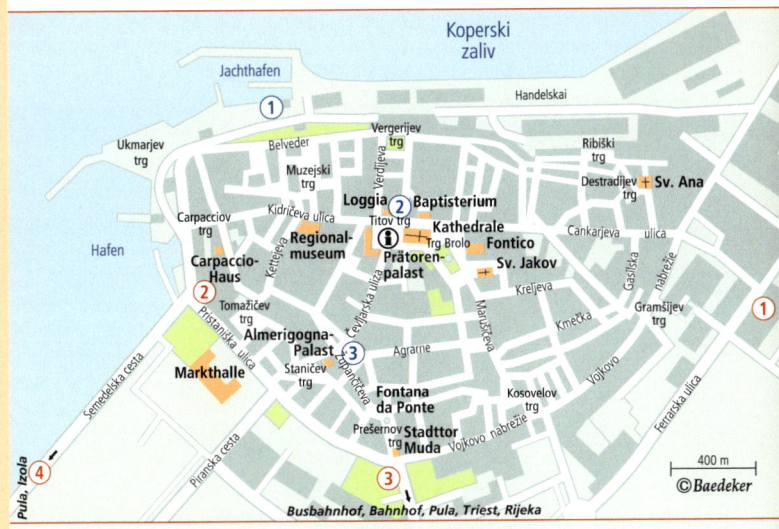

Essen
① Skipper
② Loggia Caffé
③ Istrska Klet

Übernachten
① Garni Pristan
② Koper
③ Vodišek
④ Aquapark Hotel Žusterna

Im Stadtbild von Koper wird es besonders deutlich: Die Region wurde jahrehundertelang von Venedig beeinflusst.

DIE KÜSTENREGION – EIN OBJEKT DER BEGIERDE

Die strategisch günstige Lage, reiche Fischgründe und ein fruchtbares Hinterland machten die Küste Istriens schon früh zu einem begehrten Objekt fremder Intervention. Die Herrscher kamen und gingen. Für die Bevölkerung bedeuteten die häufigen Wechsel teilweise tief eingreifende Veränderungen in ihrem Alltagsleben.

In antiker Zeit wurde die istrische Küste von **Illyrern** bewohnt, später kamen die **Griechen** und schließlich **Kelten** hierher. Ab dem 1. Jh. v. Chr. gehörte das Gebiet für mehrere Jahrhunderte zum **Imperium Romanum**, und die Bevölkerung wurde romanisiert. Nach dem Zerfall des Römischen Reichs bemächtigten sich im Jahr 489 n. Chr. **Germanen** der Küstenregion, 538 folgten die **Byzantiner** und im Jahr 788 kamen die **Franken.** Ab dem 6. Jahrhundert siedelten sich schließlich die **Slawen** an – nicht an der Küste, sondern im Hinterland.

Unter Venedig

Der Republik Venedig, seit Mitte des 9. Jh.s **unabhängig von Byzanz**, gelang es, ihre Herrschaft über die istrischen Küstenstädte schrittweise auszubauen und dabei deren Schutzbedürfnis gegenüber Seeräubern und rivalisierenden Nachbarorten geschickt zu nutzen. Um die Jahrtausendwende stieg die Lagunenstadt zur **wichtigsten Seemacht im Adriaraum** auf, ab Anfang des 12. Jh.s durfte sich der Doge von Venedig auch Herzog von Istrien nennen. Seine Statthalter in den einzelnen Orten tasteten die jeweilige

Verfassung nicht an, Venedig erwarb sich den Ruf einer an Frieden und Ausgleich orientierten Gebieterin. Das änderte sich, als bei Sečovlje Mitte des 13. Jh.s mit der **Gewinnung von Salz** begonnen wurde. Die Lagunenstadt Venedig wollte sich das Monopol auf den lukrativen Salzhandel nicht streitig machen lassen. Sie unterwarf die gesamte ostadriatische Region ihrer Herrschaft und beeinflusste über 500 Jahre lang die **Kultur des Küstenlandes**. Die schönsten Bauten zwischen Koper und Piran stammen aus dieser Zeit, es entstanden Patrizierhäuser, Kirchen und Paläste.

Österreich und Italien

Ab 1382 gehörte der Hafen von Triest zu Österreich, das Hinterland hatten sich die **Habsburger** schon früher gesichert. Nach dem Niedergang Venedigs 1797 bestimmten bis 1918 (mit Ausnahme der Zeit von 1806 bis 1813) die Österreicher das politische Leben der Region. An die nachfolgende Zwischenkriegszeit, als Istrien zu Italien gehörte, denken ältere Bewohner mit Verbitterung zurück: Über 20 Jahre stagnierte das wirtschaftliche und kulturelle Leben, der **italienische Faschismus** duldete nicht einmal Zweisprachigkeit.

Jugoslawien und Slowenien

Im Zweiten Weltkrieg wurde Istrien ein Zentrum der kommunistischen **Partisanenbewegung**. Nach 1945 wurde die Region Jugoslawien zugeschlagen, für die Slowenen bedeutete dies die **Wiederzulassung ihrer Sprache**. Seither sind alle Ortsnamen von Koper bis Sečovlje sowohl slowenisch als auch italienisch ausgeschildert, und für die italienische Minderheit gibt es eigene Schulen, Radio- und Fernsehstationen. Die Zweisprachigkeit gilt auch für die teilweise noch immer mittelalterlich anmutenden Dörfer im Hinterland.

Renaissance-Maler aufstieg. Die auf dem Platz aufgestellte Skulptur verweist auf die **Seeschlacht von Lepanto**: 1571 besiegten die vereinten christlichen Flotten das osmanische Heer und entledigten sich so der muslimischen Konkurrenz im Mittelmeer.

Trg Brolo Am Trg Brolo stehen zwei Brunnen aus dem Jahr 1485 und der **Fontico** von 1392, einst ein Getreidespeicher, in dem das Korn für Notzeiten gelagert war. Aus gleicher Zeit stammt die **Jakobskirche** (Cerkev Sv. Jakuba). Barock dekoriert sind das Brutti-Palais (Palača Brutti), das eine Bibliothek beherbergt, und das Gravisi-Barbabianca-Palais (Palača Gravisi-Barbabianca), heute Musikschule.

Ribiški trg Am ehemaligen Fischerplatz ist die **Annenkirche** (Cerkev Sv. Ane) sehenswert. Während sich in der Kathedrale Kopers Oberschicht zum Gebet traf, versammelten sich hier Fischer, Seeleute und Handwerker. Stifter vermachten ihnen zwei Meisterwerke der Renaissance: ein Gemälde von Benedetto Carpaccio (1541), dem Sohn des berühmten Vittore, sowie ein Bild von Cima de Conegliano (1513).

Etnološki muzej Im Osten der Stadt ist das ethnologische Museum untergebracht. Hier werden vor allem istrische Trachten und kunsthandwerkliche Artikel gezeigt (Gramscijev trg 4; geöffnet: Mo. – Fr. 9.00 – 13.00, Sa. 9.00 – 12.00 Uhr, im Sommer auch Mo. – Fr. 18.00 – 20.00 Uhr).

Umgebung von Koper

Ankaran/ Ancarano Der Küstenort nahe der italienischen Grenze hat sich aufgrund seines milden Klimas und der windgeschützten Lage bei den Slowenen als **beliebter Urlaubsort** etabliert. Die Ferienanlage Adria Ankaran Resort liegt auf dem Gelände des ehemaligen Benediktinerklosters. Der angrenzende Campingplatz gehört zu den besten an der slowenischen Küste. Baden kann man entlang eines etwa 500 m langen, betonierten Uferstreifens mit Badestegen, Pools und Kinderbecken. Die Umgebung ist geprägt von Kiefern und Zypressen, Lorbeer- und Olivenbäumen – ein wahres Eldorado für Wanderer und Radler.

Grad Socerb Unmittelbar an der italienischen Grenze thront die Burg Socerb mit **weitem Blick auf die Bucht von Triest**. Die strategisch günstige Position nutzten schon die Illyrer zum Bau einer Festung. Später wechselte diese in die Hand des Patriarchen von Aquileia, wurde von Triest und Venedig erobert. Heute ist die Burg ein beliebtes Ausflugsziel, das zugehörige Lokal bietet gute istrische Kost.

Hrastovlje
Öffnungszeiten: tgl. 9.00 – 12.00, 14.00 – 17.00

Das kleine Dorf im istrischen Hinterland östlich von Koper ist berühmt für seine Dreifaltigkeitskirche (Sv. Trojica), die von der UNESCO zum Kulturerbe erklärt wurde. Sie thront auf einer Felskuppe über dem Rižana-Tal und ist ringsum von einer hohen Wehrmauer eingefasst. Ihre schlichte Fassade lässt nicht erahnen, dass sie

Fresken in Hrastovlje: Der Tod nimmt unterschiedslos alle an die Hand und bringt sie ins Jenseits.

★★

◀ Fresken in der Dreifaltigkeitskirche

ein **kunsthistorisches Juwel** birgt: Sie ist vom Boden bis zur Decke mit mittelalterlichen Bibelszenen ausgemalt, die erst 1949 unter sage und schreibe acht Übermalungen entdeckt und freigelegt wurden. Die expressiven Fresken zeigen u. a. die Entstehung der Welt, die Erschaffung von Adam und Eva, die Vertreibung aus dem Paradies und Kains Mord an Abel. Die Szenen konfrontieren den Betrachter mit der **Welt des mittelalterlichen Menschen**, seinem Alltag und Arbeitsritual, Ängsten und Hoffnungen. Besonders eindrucksvoll ist der **»Totentanz«** im rechten Seitenschiff: Der Tod nimmt Bischof, Bauer, Kaufmann und Adelsherrn bei der Hand und führt sie in einer Prozession ins Jenseits – alle Menschen, so die Botschaft dieses Bildes, sind vor dem Tode gleich. Geschaffen hat die Fresken Meister Ivan aus Kastav (Johannes de Castua) im Jahr 1490 – zu einer Zeit also, als der Tod in Europa durch Krieg und Pest allgegenwärtig war.

★★ Kostanjevica na Krki · Landstraß

R 7

Provinz: Dolenjska
Einwohner: 800

Höhe: 151 m

Das fast 1000-jährige Kostanjevica ist ein kunsthistorisches Juwel. Das Städtchen liegt auf einer kleinen Flussinsel der Krka und besticht durch zwei gotische Kirchen, die den Ortskern im Westen und Osten begrenzen. Zudem gibt es in Kostanjevica Kunstgalerien, von denen man selbst in der Hauptstadt spricht.

Die beiden gotischen Kirchen, Jakobskirche und Nikolaikirche, entstanden, als Kostanjevica ein bedeutender Marktflecken mit florierender Münze war. Weit über die Landesgrenzen hinaus war die hier geschaffene **Moneta Landestrostensis** ein gültiges Zahlungsmittel.

KOSTANJEVICA NA KRKI ERLEBEN

AUSKUNFT
Grajska 45
8311 Kostanjevica na Krki
Tel. 07/498 70 08
Fax 07/498 73 35

ESSEN

▶ **Preiswert**
Kmečki hram
Oražnova 11, Tel. 07/498 70 78
Im kulinarischen Tempel auf der Stadtinsel kommt fast alles aus dem Holzofen: Ente und Lamm, Brot aus Buchweizen, Mais und Mehl sowie der mit Käse und Sahne übergossene »potica«-Kuchen. Dazu trinkt man leicht säuerlichen »cviček«-Wein.

ÜBERNACHTEN/ESSEN

▶ **Preiswert/Günstig**
Žolnir
Krška 4
Tel. 07/498 71 33
Fax 498 73 59
www.zolnir-sp.si
Das nordöstlich der Insel gelegene Restaurant bietet ausgezeichnete Hausmannskost, die gebratene Ente spült man am besten mit leichtem »cviček« (Roséwein) hinunter. Für Süßschnäbel empfiehlt sich »potica« (Hefestrudel) mit Nüssen. Und wer anschließend hier übernachten möchte: Im Haus gibt es auch 12 einfache Gästezimmer.

Kunstgalerien Bekannt sind der Kunstsalon Lamut (Oražnova ulica 5) im ehemaligen Spanheimer Schloss und die Gorjup-Galerie (Gorjanska 2) südöstlich der Insel, benannt nach Jože Gorjup (1907 – 1932), einem expressionistischen Künstler, der die Nikolaikirche ausgemalt hat. In der Galerie sind v. a. Werke slowenischer Expressionisten zu sehen.

Sehenswertes in Kostanjevica

Grad Kostanjevica 1,5 km südlich des Städtchens entdeckt man ein **Zisterzienserkloster** von 1234, ein architektonisches Prachtstück. Sein einstiger Reichtum spiegelt sich in der **gigantischen Anlage**. Eindrucksvoll sind das Renaissanceportal und der dreigeschossige Arkadenhof, durch den man zur Marienkirche mit gotischem Innenraum und barocker Fassade gelangt. 1786 wurde das Kloster durch Kaiser Josef II. aufgelöst. Seit 1961 treffen sich in den Räumen des Klosters alle zwei Jahre in- und ausländische Bildhauer zum Symposium Forma Viva (▶ S. 60). Die neu geschaffenen Skulpturen werden im Park rund um das Kloster ausgestellt: eine der spannendsten Sammlungen von Holzskulpturen in Europa (Grajska cesta 45; geöffnet: Di. – So. 9.00 – 18.00 Uhr).

Galerija Jakac In der nach dem expressionistischen Maler Božidar Jakac (1899 bis 1989) benannten Galerie im Kloster werden **slowenische Künstler** in Einzelausstellungen vorgestellt. Von unschätzbarem Wert ist die **Sammlung alter europäischer Meister**, die aus dem aufgelösten Kloster in Bosserville (Frankreich) stammt und heute als Leihgabe in

Kostanjevica ausgestellt wird. Die insgesamt 40 Bilder werden deutschen, flämischen und italienischen Meistern des 17. und 18. Jh.s zugerechnet. Lohnenswert ist auch der Abstieg in den Klosterkeller, wo man sich im Weinmuseum eine Kostprobe des Cviček-Weins genehmigen kann (www.galerija-bj.si, geöffnet: Di. – So. 9.00 – 18.00 Uhr).

Umgebung von Kostanjevica

Am Flüsschen Studena, 1,5 km südöstlich der Stadt, kann eine Höhle mit unterirdischem Teich und Tropfsteinen besichtigt werden, deren Eingang 1937 nach starken Regenfällen offengelegt wurde. Der Eingangsschacht führt zu einem **unterirdischen Teich** und steigt dann an zu einem **Kalksinter-Tropfsteinsaal**. Die Temperatur beträgt hier das ganze Jahr über 12 °C. Nirgendwo in Slowenien gibt es eine größere Kolonie von **Fledermäusen**. Ein ca. 300 m langer Abschnitt des Höhlensystems ist für Besucher hergerichtet und beleuchtet (www.kostanjevica-jama.com; Führungen: 15. April bis 30. Juni und 1. September bis 31. Oktober nur Sa. – So. 10.00 – 18.00, Juli und August tgl. 10.00 – 18.00 Uhr).

Kostanjeviška jama

Kloster Pleterje liegt in einem abgeschiedenen von Weingärten und Wäldern umgebenen Tal: fast doppelt so groß wie das von Kostanjevica, umgeben von einer 3 m hohen und 2800 m langen Mauer. Im Unterschied zum Kloster von Kostanjevica ist es bewohnt. Als »**Einsiedler in Gemeinschaft**« führen hier **Mönche des Kartäuserordens**

★ **Pleterje**

Hauptportal des Zisterzienserklosters von Kostanjevica mit den Renaissancetürmen und einer Mariendarstellung im Verbindungsbogen

Kartause von Pleterje. Die Mönche, die hier leben, haben ein lebenslanges Schweigegelübde abgelegt.

ein gottgefälliges Leben. Sie haben ein **lebenslanges Schweigegelübde** abgelegt, nur zum Gesang dürfen sie ihre Stimme erheben. Gemäß ihrer Auffassung, jede Kreatur sei ein Geschenk Gottes, sind sie strikte Vegetarier. Die **Klostergebäude** – Kapellen, herrliche Kreuzgänge, Höfe und Klausen – bleiben für die Besucher Terra incognita, niemand soll die Mönche bei ihrer Meditation stören.

Lediglich die alte Klosterkirche, ein einschiffiger, lichtdurchfluteter Bau, darf betreten werden. Doch auch hier dient ein raumhoher hölzerner Lettner als Sichtschutz zwischen Kartäusern und »normalen« Christen.

Nach Voranmeldung (Tel. 07/ 337 76 80) kann man sich im Rahmen einer Diashow mit der Geschichte des Klosters vertraut machen. 1403 waren die Kartäuser von Celje nach Pleterje gekommen. Sie wirkten bis 1595, mussten aber den Jesuiten und dann der Reformation weichen. 1899 kaufte es der Orden aus Privatbesitz zurück, ein neuer Bau entstand. Mönche einer in Frankreich aufgelösten Kartause zogen ein und brachten Altäre, Chorgestühl, ein umfangreiches Archiv und Meisterwerke europäischer Malerei mit. Letztere gingen als Leihgabe ans Kloster von Kostanjevica (geöffnet: tgl. 8.00 – 17.00 Uhr).

> ! **Baedeker TIPP**
>
> **Schnaps von Mönchen**
>
> Hinter dem harmlosen Namen »Pleterj-Birne« (Pleterjska hruša) verbirgt sich ein hochprozentiger Schnaps, der in dekorativer Flasche mit einer großen Birne darin verkauft wird. Mancher wird sich fragen, wie die Frucht in die Flasche kommt! Gern geben die Mönche das Geheimnis preis: Die Flasche wird der noch kleinen, am Baum hängenden Frucht übergestülpt, auf dass sie in jene hineinwachse! Außerdem im Angebot: Pflaumenlikör, Kräuterbitter, Cviček-Wein, Honig und Propolis (Mo. – Sa. 8.00 – 17.00 Uhr).

> Kranj   ZIELE   193

Kranj · Krainburg

K/L 5

Provinz: Gorenjska
Einwohner: 51 000
Höhe: 388 m

Ein Ort der Kontraste vor der malerischen Kulisse der Julischen Alpen: Kranj ist das wirtschaftliche und kulturelle Zentrum der Oberkrain. Der Elektrokonzern Iskra und andere Industrieansiedlungen umschließen die Altstadt, die auf einer Felsebene über dem Zusammenfluss von Sava und Kokra liegt.

Aus einer keltischen Siedlung entwickelte sich das römische Militärlager Carnium, die Franken gaben dem Ort den Namen Creina und bauten ihn zu einer Festung gegen die Ungarn aus. Kranj avancierte im Mittelalter zum wichtigsten Handelszentrum der Region.

Sehenswertes in Kranj

Am ehemaligen Marktplatz sieht man freskengeschmückte Bürgerhäuser mit aufwändig gestalteten Portalen, ihnen gegenüber steht das **Alte Rathaus** (Mestna hiša) mit einer Loggia. Im Erdgeschoss geht man über freigelegte frühslawische Gräber, die durch Glasplatten sichtbar gemacht wurden. Im Obergeschoss befindet sich das **Oberkrainer Museum** (Gorenjski muzej Kranj) zu dessen Schätzen die slowenische Bibelübersetzung von 1545 zählt (geöffnet: Di. – Fr. 10.00 – 12.00, 16.00 – 18.00 Uhr, Sa., So. 10.00 – 12.00 Uhr). *Glavni trg*

Architektonisches Glanzstück der Stadt ist die gotische Kanzian-Kirche mit reliefgeschmücktem Sterngewölbe, die musizierenden Engel wurden um 1460 gemalt. In einem unterirdischen Raum an der Nordseite sind römische und altslawische Funde ausgestellt. *Sv. Kancijan*

Die Renaissanceburg Khislstein liegt westlich des Hauptplatzes oberhalb des Sava-Übergangs. Sehenswert sind das Hauptportal von 1578 und die Arkadengänge im Hof. In der Burg sind **Künstlerateliers** und **Abteilungen des Regionalmuseums** untergebracht; außerdem finden hier Konzerte und Kulturveranstaltungen statt (Tomšičeva 44, geöffnet: Di. – Fr. 10.00 – 15.00 Uhr). *Burg Khislstein*

Sloweniens wichtigster Dichter, France Prešeren (1800 – 1849), verbrachte seine letzten Lebensjahre in Kranj. Das ihm gewidmete Museum zeigt seine einst zensierten Gedichte und das originalgetreu wiederhergestellte **Arbeitszimmer**.
Im **Prešeren-Theater** mit dem Prešeren-Denkmal davor werden seine Werke noch heute aufgeführt (Glavni trg 6). Sein **Grab** liegt 500 m nördlich an der Gregorčičeva ulica – der Friedhof wurde zu einem romantischen Park umgestaltet. *Prešernova hiša (Prešeren-Haus)*

KRANJ ERLEBEN

AUSKUNFT
Kranj
Infos im Internet:
www.tourism-kranj.si

ESSEN

▶ Preiswert
① *Kot*
Maistrov trg 4
Tel. 04/202 61 05
▶Baedeker-Tipp

> ## Baedeker TIPP
>
> **Krainer Wurst**
> Die beste Adresse, um die geräucherte, hausgemachte Krainer Wurst »Kranjska klobasa« zu probieren, ist das Gasthaus Kot am Eingang zur Altstadt – familiär geführt und sehr gemütlich.

② *Gostilna Mayr*
Glavni trg 16
Tel. 04/236 55 50
Gasthaus gegenüber dem ehemaligen Rathaus, etwas steril, doch mit großem Innenhof. Häufig Reisegruppen.

ÜBERNACHTEN

▶ Komfortabel/Günstig
① *Creina*
Koroška 5
Tel. 04/281 75 00
Fax 281 75 99
www.hotel-creina.si
Freundlich geführtes Dreisternehotel mit sozialistischem Flair, nur ein paar Schritte von der Altstadt. 89 Zi.

② *Bellevue*
Šmarjetna Gora 6
Tel. 04/270 00 00
Fax 270 00 20
www.bellevue.si
Das Hotel auf dem 651 m hohen Aussichtsberg ist nur geeignet für Touristen, die mit dem Auto unterwegs sind. Angeschlossen ist ein gutbürgerliches Restaurant, zum Wochenende kommen Hochzeitsgesellschaften. 15 Zi.

③ *Kokra*
Predoslje 39
Brdo-Kranj
Tel. 04/260 10 00
Fax 202 15 51
www.brdo.si
Dieses moderne Hotel mit 78 Zimmern liegt im Naturschutzpark Brdo-Kranj. Buchungen laufen über das benachbarte Schlosshotel Brdo, eine Nobelunterkunft, in der bei Bedarf Staatsgäste einquartiert werden.

M Hotel Preddvor
Preddvor
Hrib 4-A
Tel. 04/255 92 00
Fax 255 92 20
Im Alpinstil erbautes Hotel am Ufer des Stausees Črnava 11 km nordöstlich von Kranj; alle 35 Zimmer haben Sat-TV, einige Seeblick und Balkon. Zum Haus gehören eine Sauna und eine hauseigene Bootsanlegestelle.

▶ Günstig
Zaplata
Preddvor
Tupaliče 32
Tel. 04/255 62 50
Fax 255 16 11
www.pension-zaplata.com
Das angenehme Gästehaus mit 20 Zimmern ist am Fuße eines bewaldeten Hanges gelegen, 11 km nordöstlich von Kranj. Angeschlossen ist ein Lokal, das für seine Wildgerichte weithin bekannt ist.

► Kranj **ZIELE** **195**

Kranj *Orientierung*

Essen
① Kot
② Gostilna Mayr

Übernachten
① Creina
② Bellevue
③ Kokra

Umgebung von Kranj

Šmarjetna Gora Ein beliebtes Ausflugsziel ist der 2 km westlich gelegene Šmarjetna Gora (651 m), der zu Fuß oder mit Bus erreichbar ist. In der weißen Gipfelkirche geben sich Pärchen gerne ihr Jawort. Von der Terrasse des Hotels Bellevue, wo man auch gut essen kann, hat man bei klarer Sicht einen herrlichen Blick auf ganz Gorenjska.

Brdo-Kranj Im Nordosten von Kranj erstreckt sich der 500 ha große Naturpark Brdo-Kranj, ein **Paradies für Spazier- und Müßiggänger** mit elf kleinen Weihern, zu dem das Hotel Kokra und das Schloss Brdo gehören. Letzteres war nach dem Zweiten Weltkrieg **Residenz von Staatspräsident Tito**, heute finden hier diplomatische Empfänge statt.

Preddvor Im Schatten des Zaplata (1854 m) kauern die Alpenhäuser des Bergdorfes Preddvor, 11 km nordöstlich von Kranj. Eine **Legende** rankt sich um Berg und Wald bei Preddvor: Zwei Bauern gerieten in Streit ob eines kleinen Stückes Wald. Da wurde einer von ihnen so wütend, dass er ausrief: »Möge doch der Teufel ihn holen!« Dieser ließ sich das nicht zweimal sagen. Blitzschnell kam er herbeigeeilt, packte den Wald und trug ihn die Berge hinab. Er war noch nicht am Talgrund angelangt, da läutete zur siebten Stunde der Küster mit der Kirchenglocke. Der Teufel erschrak darüber so sehr, dass er den Wald noch mitten am Berg fallen ließ und sich – so schnell er konnte – aus dem

Vor der mächtigen Kulisse der Julischen Alpen: Kranj, wirtschaftliches und kulturelles Zentrum der Oberkrain

Staub machte. Seit diesem Tag trägt der Berg den Namen Zaplata (= Flickwerk), und der Wald wird »**Teufelswald**« genannt.

Am Ufer des **Stausees Črnava** bei Preddvor steht ein schlossartiges Gutshaus, das ein Hotel und ein Restaurant beherbergt. Im Sommer wird es von vielen Anglern und Bootsfahrern besucht; die waldreiche Umgebung lädt zu ausgedehnten Wanderungen ein.

Zgornje Jezersko (900 m) besteht aus einigen wenigen Alpenhäusern. Mitte Juli veranstalten die Hirten ihren **traditionellen Schäferball** (Ovčarski Bal) und laben sich an »**žganje**«, einem famosen hochprozentigen Schnaps. Das Bergdorf ist guter Ausgangspunkt für Bergtouren in die Kamniker Alpen. Eine attraktive Wanderung führt in zwei Stunden zur Berghütte Češka (1534 m). Von dort kann man den Grintovec (2558 m) besteigen und über die Gipfel Štruca, Skuta und Brana zur Berghütte am Kamniško-Sattel wandern.

Zgornje Jezersko

✱ Kranjska Gora · Kronau

G 4

Provinz: Gorenjska
Einwohner: 2800
Höhe: 810 m

Kranjska Gora ist das bekannte Wintersportzentrum Sloweniens. Mit 4500 übersteigt die Zahl der Touristenbetten bereits deutlich die Zahl der Einwohner. Da aber die meisten Hotels und Apartments relativ nahe am Skigelände liegen, hat sich das Zentrum des Ortes einen gewissen Charme aus früheren Zeiten bewahrt.

Das Alpendorf liegt im oberen Sava-Tal, das vom Dreiländereck südostwärts verläuft. Im Norden grenzt der Karawankenkamm das Tal von Österreich ab, im Süden sind Teile der Julischen Alpen als Nationalpark geschützt. **Weltcup-Skiwettbewerbe** finden regelmäßig am Skihang von Podkoren statt. Im Sommer kommen vor allem Wanderer und Radfahrer, die Touren in die Gebirgswelt führen zu herrlichen Panoramapunkten, die Wege sind vorbildlich markiert.

Urlaubsort für Wanderer und Wintersportler

> **? WUSSTEN SIE SCHON …?**
>
> ■ … dass in Planica 2 km westlich Kranjska Gora die meisten Weltrekorde im Skispringen erreicht wurden? 1936 übersprang hier Sepp Bradl die 100 m-Marke, 2003 brachte es der Finne Matti Hautamaeki auf 231 m. Wer sich in die Perspektive der Springer versetzen will, kann den Sprungturm besteigen oder schaut Ende März beim World-Cup-Springen zu.

Sehenswertes in Kranjska Gora

Das Zentrum von Kranjska Gora wird von der **Kirche Mariä Himmelfahrt** bestimmt, die im 15. Jh. gebaut und später barockisiert wurde. Ihre Fassade leuchtet im »Schönbrunner Gelb«, der Glockenturm trägt eine Barockhaube.

KRANJSKA GORA ERLEBEN

AUSKUNFT
Tičarjeva 2
4280 Kranjska Gora
Tel. 04/580 94 40, Fax 580 94 41
www.kranjska-gora.si,
tic@kranjska-gora.si

ESSEN
▶ Erschwinglich
Gostilna Cvitar
Borovška 83, Tel. 04/588 36 00
www.cvitar.com
Rustikales Gasthaus am zentralen Platz vor einer dramatischen Bergkulisse. Es gibt regionale Spezialitäten. Sehr gut passt dazu der Hauswein, eine gelungene Mischung aus Chardonnay und Sauvignon. Im Haus werden auch fünf gepflegte Zimmer und zwei Apartments vermietet.

Taverna Kotnik
Borovška 75, Tel. 04/588 15 64
Das Hotelrestaurant überrascht mit leckeren slowenischen Speisen, z. B. »štruklji« unterschiedlichster Füllung.

Gostilna Pri Martinu
Borovška 61, Tel. 04/582 03 00
Deftige Spezialitäten wie Kutteln oder Kalbsragout mit Buchweizensterz, daneben auch Wild und frische Forelle. Auch Zimmervermietung.

Gostilna Jasna
Vršiška 41, Tel. 04/588 57 00
2 km südlich vom Ort speist man vor der Alpenkulisse am See Jasna, z. B. Wildaufschnitt oder Gemüseplatte.

ÜBERNACHTEN
▶ Komfortabel
Lek
Vršiška 38
Tel. 04/588 15 20
Fax 588 13 43
www.hotel-lek.si
Viersternehotel 300 m vom Dorfzentrum entfernt am südwestlichen Ortsrand mit Hallenbad, Sauna und Tennisplätzen. Die meisten der gut 70 Zimmer haben Balkon und Bergblick.

Larix
Borovška 99
Tel. 04/588 41 00
Fax 588 44 79
www.hitholidays-kg.si
Das Viersternehotel (125 Zi.) bietet als einziges in Kranjska Gora ein großes Wellness-Zentrum: eine 400 m² große Poolfläche mit Wasserfällen und Luftgeysiren, dazu Jacuzzi, finnische, türkische und Infrarot-Sauna. Außerdem im Angebot: Massage und Bioenergetik-Programme. Die Zimmer sind komfortabel eingerichtet, einige mit herrlichem Blick auf die weiße Gebirgspyramide der Špik-Gruppe. Mit kleinem Casino und Konferenzzentrum.

Kompas
Borovška 100
Tel. 04/589 21 00
Fax 588 44 79
www.hitholidays-kg.si
Am westlichen Ortsrand gelegenes Mittelklassehotel im Alpinstil mit 115 Zimmern. Im Haupttrakt sind die Zimmer komfortabel, im Nebenhaus schlicht. Gutes Frühstücks- und Abendbüfett, Hallenbad, Whirlpool und Sand-Tennisplätze.

Alpina
Vitranška 12
Tel. 04/589 31 00, Fax 589 30 51
www.hitholidays-kg.si
Holzverschaltes Dreisternehotel mit 106 Zimmern am Südweststrand des Orts, schon mitten im Skigebiet.

► Kranjska Gora　　ZIELE　199

Vila Triglav
Naselje Ivana Krivca 6
Tel. 04/588 14 87
Fax 588 12 26
www.rozle.si
vilatriglav@g-kabel.si
2 km südlich der Stadt an dem türkisfarbenen Jasna-See gelegen; komfortables Haus im Alpinstil mit einem Glasanbau. Die 8 Zimmer sind geräumig, verfügen über Sat-TV und Internetanschluss. Außerdem gibt es im Haus ein Hallenbad, eine Sauna und einen Fitnessraum.

Špik
Jezero 21
Gozd Martuljek
Tel. 04/587 71 00
Fax 587 75 75
www.hit.si
4 km östlich von Kranjska Gora; großes Hotel im Alpinstil mit tief herabgezogenem Dach und herrlichem Blick auf die Martuljek-Berggruppe. Familienfreundliches Ambiente mit funktionalen 98 Zwei- bis Vierbettzimmern. Viele Sport- und Erholungsangebote: Sauna und Fitness, 3 Tennisplätze, Skischule und Mountainbikeverleih; auf dem Gelände des angrenzenden Campingplatzes Freibad und künstliche Kletterwand.

► **Komfortabel/Günstig**
Kotnik
Borovška 75
Tel. 04/588 15 64
Fax 588 18 59
www.hotel-kotnik.si
Architektonisch attraktives, einer Villa nachempfundenes Familienhotel mit 15 Zimmern; im Ortskern.

Sloweniens beliebtestes Wintersportzentrum: Skilaufen und Rodeln in Kranjska Gora

*Glasklares Wasser: die Quelle der Sava Dolinka bei Kranjska Gora.
Bei Radovljica vereint sie sich mit der Sava Bohinjka zur Sava.*

Liznjekova domačija

Das Liznjek-Haus ist original aus dem 18. Jh. erhalten. Mit dem holzgeschnitzten Balkon unter einem tief herabgezogenem Schindeldach repräsentiert es den typischen **slowenischen Alpinstil**, als Fassadenschmuck dient ein umlaufender Fries. Die Innenräume vermitteln einen Eindruck von der **Wohnkultur** wohlhabender Großbauern. Das Haus ist mit Möbeln aus der Umgebung von Kranjska Gora ausgestattet, im Hinterhof stehen alte Kutschen (geöffnet: Di. – Fr. 10.00 – 17.00, Sa. – So. 10.00 – 16.00 Uhr, April und Nov. geschl.).

Umgebung von Kranjska Gora

Zelenci

Westlich von Kranjska Gora liegt im Dreiländereck zwischen Podkoren und Rateče (südlich der Fernstraße) das Naturschutzgebiet Zelenci – ein **großes Sumpfgebiet**, das durch die Quelle der Sava Dolinka feucht gehalten wird. Hier entdeckt man interessante Pflanzen, z. B. das Zypressen- und Sumpffingerkraut.

Gozd Martuljek

Das Dorf Gozd Martuljek liegt 4 km östlich von Kranjska Gora im oberen Sava-Tal. Südwärts führt ein markierter Weg zu den beiden **Martuljek-Wasserfällen**. Spektakulär ist die Fahrt nach **Srednji vrh** (1000 m) wenige Kilometer weiter nördlich, von wo man den besten Blick auf die Gipfel der Martuljek-Gruppe genießt.

Mojstrana

Mojstrana ist beliebter **Ausgangspunkt für die Besteigung des Triglav**, des mit 2864 m höchsten Berges von Slowenien. Weniger Ambitionierte bescheiden sich mit einer Fahrt in das von Gebirgsketten umrahmte Vrata-Tal mit den berühmten **Peričnik-Wasserfällen** oberhalb der Hütte Koča pri Peričniku. Mit 52 m Höhe ist der untere besonders attraktiv: Man kann unter ihm hindurchgehen, im Winter verformt er sich in mächtige Eisorgeln. Zur Weihnachtszeit werden die Wasserfälle abends beleuchtet. Die Straße führt noch 6 km weiter, wild-romantisch und teilweise im Einbahnverkehr (max. 25 % Steigung). Sie endet an der 1015 m hoch gelegenen Schutzhütte Aljažev Dom v Vratih (Tel. 589 51 00; geöffnet: Ende April bis Mitte Oktober). Drei markierte Wanderpfade führen hinauf zum Triglav.

2 km südlich vom Ortskern von Kranjska Gora verlockt ein **kristallklarer Gletschersee** zum Sprung in die Fluten oder zum Bootsausflug. An seinem Ufer wacht Zlatorog (▶Baedeker-Special, S. 304).

★
Jezero Jasna

6 km südlich der Stadt steht zur Rechten der Straße eine russische Kapelle, 1917 von russischen Kriegsgefangenen errichtet, die für das kaiserliche Österreich eine Nachschubstraße zur Isonzofront bauten (▶ S. 177). Mehrere tausend Russen starben bei diesem Projekt, 110 von ihnen samt einigen Wachleuten wurden von Lawinen erfasst.

Ruska kapelica

Über eine serpentinenreiche, gut ausgebaute Bergstraße kommt man von Kranjska Gora aus in südwestlicher Richtung nach 12 km zum Vršič-Pass, dem mit 1611 m **höchsten Bergübergang Sloweniens**. Er bildet die Wasserscheide zwischen Sava und Soča, für Wanderer und Kletterer gibt es mehrere Schutzhütten. Dann geht es über 9 km in vielen Kehren ins Soča-Tal (▶Dolina Soče) hinab. An der (ausgeschilderten) 48. Kurve, fast schon am Ende der Passstrecke, ist ein **Denkmal für Julius-Kugy** (▶Baedeker-Special, S. 166) postiert.

★
Vršič-Pass

★★ Lipica · Lipizza

H 8/9

Provinz: Primorska **Höhe:** 403 m
Einwohner: 150

Lipica zählt zu den beliebtesten Ausflugszielen im Karstgebiet. Unweit der italienischen Grenze, umgeben von hundertjährigen Linden und Eichen, befindet sich das traditionsreiche Gestüt Lipica: eine grüne Oase inmitten gewellter Karstlandschaft.

Erzherzog Karl gründete das Gestüt 1580, da der habsburgische Adel Pferde für Paradeauftritte begehrte. Aus einer Kreuzung von andalusischen Hengsten und einheimischen Stuten gingen die **schneeweißen Lipizzaner** hervor. Sie waren duldsam, lernwillig und robust, verbrachten zunächst einige Jahre auf den Weiden Lipicas und wurden dann zu Dressurzwecken nach Wien gebracht. Dort mussten sie lernen, Pirouetten zu drehen und zu tänzeln. Seit Ende des Ersten Weltkriegs kommen die Pferde der

Geschichte

? WUSSTEN SIE SCHON …?

■ .. dass Lipizzaner die slowenischen Euro-Münzen schmücken?

250 der weißen Rassepferde gibt es heute in Lipica, weltweit zählt man nicht mehr als 3000.

Wiener Hofreitschule nicht mehr aus Lipica, denn dies war fortan italienisch und Österreich nicht willens, vom »Gegner« Pferde zu importieren. Eigene Lipizzaner mussten her, und die galt es auf eigenem Territorium zu züchten. So wurde die Pferdezucht bald nicht mehr nur in Lipica, sondern auch im steirischen Piber betrieben. Als 1943 deutsche Truppen in Slowenien einfielen, überführten sie die Lipizzaner ins Gebiet des heutigen Tschechien. Nur elf Pferde kehrten nach dem Krieg nach Slowenien zurück. Das Gestüt wurde nun dem jugoslawischen Staat unterstellt, der Zucht und Dressur der Tiere schrittweise wieder aufnahm. Über die Frage, wer den **Markennamen »Lipizzaner«** beanspruchen darf, ist mittlerweile ein **juristischer Streit** entbrannt: Wer darf den Anspruch auf die Führung des Zuchtbuches über den Ursprung der Pferderasse anmelden – die Österreicher oder die Slowenen? Anders gefragt: Welche sind die wirklichen »Lipizzaner«: die aus Lipica oder die aus Piber? Heute zählt man in Lipica gut 250 Pferde, ca. 500 sollen es in Slowenien insgesamt sein. Lipizzaner werden mittlerweile weltweit gezüchtet, jedoch nur in geringer Zahl – nicht mehr als 3000 Lipizzaner soll es geben. Neben staatlichen Gestüten versuchen in vielen Ländern auch private Züchter, die vom Aussterben bedrohten Tiere zu erhalten.

◂ »Echte« und »unechte« Lipizzaner ▸

Besichtigung Die alte Gestütsanlage kann im Rahmen von Führungen in verschiedenen Sprachen besichtigt werden. Man kann auch eine **Fahrt mit der Kutsche** durch das gesamte Gestütsgelände unternehmen. Außerdem werden **Vorführungen** der klassischen **Lipizzaner-Reitschule** mit Musikbegleitung veranstaltet. Hier kann die hohe Kunst der Lipizzanerdressur bewundert werden: präzise und ausdrucksstark durchgeführte Kunststücke, die die Tiere in etwa vier Jahren Ausbildung erlernt haben. Die höchste Bewunderung ruft die Kapriole hervor, wenn nämlich die Pferde – alle Viere im Sprung von sich gestreckt – mit allergrößter Leichtigkeit durch die Luft zu fliegen scheinen. Für Besucher bietet sich im Gestüt auch die Möglichkeit, selbst zu reiten (▶Baedeker-Tipp S. 116). Führungen durch das Gestüt von April bis Oktober finden täglich zwischen 10.00 und 17.00, Vorführungen der Reitschule: Di., Fr. und So. um 15.00 Uhr.

Umgebung von Lipica

Sežana

Sežana (5000 Einwohner) ist das wirtschaftliche Zentrum der Region und als Urlaubsort nicht attraktiv. Die Stadt verfügt über einen botanischen Garten. Eine Handelsfamilie aus Triest kultivierte ab 1890 Bäume und Pflanzen aus allen Teilen der Welt, die heutigen Verwalter kümmern sich um die Vergrößerung des Bestandes im Glashaus.

Vilenica

Die **»Feenhöhle«** von Vilenica, eine fantastische, 542 m lange Karstgrotte, liegt 4 km östlich von Lipica. Die »Feenhöhle« hat wunderschöne Tropfsteinsäulen, außerdem regelrecht gefaltete und vielfarbige Sintervorhänge (Besichtigung So. 15.00 Uhr oder n. V. Tel. 734 42 95). Im 19. Jh. erwarb sie den Ruf eines »heiligen Orts« und bot vielen Menschen Schutz vor Verfolgung. Seit 1986 findet in der Höhle alljährlich ein **internationales Literaturfestival** statt – Vilenica ist ein Forum gegen den Zeitgeist, Autoren kritisieren eine Gesellschaft, die ihrer nicht mehr bedarf. Die Tafel am Eingang zur Höhle nennt die Namen der bisherigen Preisträger, u. a. Peter Handke, Milan Kundera und Adolf Muschg. Wer sich für das Verhältnis von Literatur und Politik interessiert, erkundigt sich beim slowenischen Touristenbüro nach dem Termin für das nächste Literatentreffen: Es findet jeweils an drei Tagen im September statt (www.vilenica.com).

▶ LIPICA ERLEBEN

AUSKUNFT

Hotel Klub Lipica
6210 Sežana, Lipica 5
Tel. 05/739 15 80, Fax 739 17 30
www.lipica.org
lipica@siol.net, info@lipica.org

ESSEN

▶ Erschwinglich

Maestoso
Lipica 5
Tel. 05/739 15 80
Das für Reisegruppen konzipierte Restaurant versprüht nicht gerade romantischen Charme, doch die Karst-Küche mit terangewürzten Soßen und Pršut-Schinken kann sich durchaus sehen lassen.

ÜBERNACHTEN

▶ Komfortabel

Klub & Maestoso
Lipica 5
Tel. 05/739 15 80, Fax 739 17 30
www.lipica.org
Zwei Hotels mit insgesamt 171 Zimmern. Die Gäste beider Hotelanlagen haben freien Zugang zum Spielcasino und zur Golfanlage, zu den Tennisplätzen und zum Hallenbad.

Ljubljana · Laibach

L / M 6

Einwohner: 264 300   **Höhe:** 298 m

»Ljubljana ist eine der letzten Überraschungen in Europa, ein Prag ohne Massen«, so die Financial Times über die slowenische Hauptstadt, die nicht laut und nicht hektisch ist und Offenheit, Wärme und Gemütlichkeit ausstrahlt. Ihren Namen trägt sie nicht umsonst – Ljubljana heißt »die Geliebte«.

Die »Pforte von Ljubljana«

Die Stadt liegt an den Ufern der Ljubljanica in einer Senke zwischen den Ausläufern des Polhov Gradec und des Posavje-Gebirges. Das 1000 m breite Tal markiert die Scheidelinie zwischen dem fruchtbaren Land im Norden und dem tiefer gelegenen Moor im Süden. Zu allen Zeiten war die »Pforte von Ljubljana« ein **natürliches Durchzugsgebiet**. Durch sie kamen Handelskarawanen aus dem Donautal und zogen über Moor und Karst weiter zur Adria oder ins venezianische Tiefland.

Stadtgeschichte

Wahrzeichen der Stadt ist ein **geflügelter Drache**: Laut Legende wurde er vom Argonauten Jason erlegt, der sich in das Sumpfgebiet um das heutige Ljubljana verirrt hatte. Illyrer und Kelten ließen sich am Fuß des befestigten Burghügels nieder. Die Römer erkoren den Ort unter dem Namen **Emona** zur Hauptstadt der annektierten Provinz (1.–5. Jh. n. Chr.). Der Hunnenkönig Attila verwüstete sie 452, im 7. Jh. besiedelten Slawen die Ruinenplätze. Kärntner Herzöge aus dem Haus Spanheim erwählten im 12. Jh. den Burghügel zu ihrem Sitz. 1144 taucht in einer Urkunde erstmals der Name Laibach auf, zwei Jahre später der Name Luwigana. Die Spanheimer gründeten nach 1220 unterhalb der Burg eine Stadt, die in der zweiten Hälfte des 13. Jh.s in den Besitz der Herzöge von Krain überging. 1335 übernahmen die **Habsburger** die Herrschaft und regierten – abgesehen von der napoleonischen Herrschaft (1809–1813) – bis zum Ende des Ersten Weltkriegs.

Als sich die Slowenen auf die Seite des neu entstandenen Königreichs der Südslawen schlugen, verwandelte sich das ehemals habsburgische Provinznest binnen weniger Jahre in eine **elegante Metropole**. Im **Zweiten Weltkrieg** wurde Ljubljana von italienischen, dann von deutschen Truppen okkupiert. Nach Anschlägen auf die Besatzer wurde die Stadt durch einen 34 km langen Stacheldrahtring von der Außenwelt abgeriegelt, viele Bewohner starben in Konzentrationslagern. Nach dem Krieg war Ljubljana für 45 Jahre **Hauptstadt** einer der sechs Teilrepubliken im föderalistischen Jugoslawien. Seit dem 25. Juni 1991 ist sie Hauptstadt des Staats Slowenien und übt sich in den Pflichten der Repräsentation.

← *Die Türme und Kuppeln von Ljubljana: Franziskanerkirche und Dom*

Im Herzen der Hauptstadt: der Prešernov trg mit der Franziskanerkirche

Ljubljana heute Im Zentrum der Hauptstadt befinden sich **alle wichtigen Institutionen des Landes**: Parlament und Wirtschaftskammer, Staatsbibliothek, Nationalmuseum und Theater, Oper, Philharmonie, ein großes Kulturzentrum, das Museum der modernen Kunst, private Galerien und Experimentalbühnen. In der Universität und den drei Kunstakademien sind knapp 40 000 Studenten eingeschrieben – mitsamt den Straßenmusikern, die schon lange den Reiz Ljubljanas entdeckt haben, verleihen sie der Stadt ein aufmüpfiges, jugendliches Flair.

Plečniks Spuren Architektonisch ist Ljubljana vor allem von Jože Plečnik (▶ Berühmte Persönlichkeiten) geprägt. Binnen dreißig Jahren verwandelte er die 1895 von einem Erdbeben zerstörte Provinzstadt in die selbstbewusste Hauptstadt der Slowenen. Er gestaltete die Uferpromenade der Ljubljanica und den Hafen von Trnovo, schuf die Markthallen, die **National- und Universitätsbibliothek**. Seine wichtigsten Projekte sind die **Dreibrückenanlage** und die **Klosteranlage von Križanke**.

Erkundung der Stadt Ein guter Startpunkt für die Erkundung Ljubljanas ist der Prešeren-Platz (Prešernov trg) am Ufer der Ljubljanica an der Nahtstelle zwischen Neu- und Altstadt. Von hier aus kommt man über die Dreibrückenanlage auf das Ostufer der Ljubljanica mit der Burg. Ein weiterer Rundgang führt durch das Stadtgebiet westlich des Flusses.

★ Prešernov trg Ljubljanas berühmter Platz ist benannt nach dem Nationaldichter France Prešeren (▶ Berühmte Persönlichkeiten): Sein Denkmal ist von allen fünf hier zusammenlaufenden Straßen erkennbar. Es wurde 1905 enthüllt und stammt von Max Fabiani und Ivan Zajc. Charakteristisch für den Platz sind die Franziskanerkirche (17. Jh.), das am Beginn der Wolfova gelegene, mit farbigen Fliesen geschmückte Šmalc-Haus und diverse Jugendstilhäuser, allen voran das Urbanc-Haus (heute Centromerkur) und das frühere Kaffeehaus Valvasor (heute Apotheke). Ein bronzenes Miniaturmodell der Stadt wurde an der Westseite des Platzes aufgestellt. An Haus Nr. 4 sieht man das Relief eines imaginären Fensterrahmens mit der jungen **Julija Primi**, die sehnsüchtig zu dem Denkmal France Prešerens, ihres Geliebten, blickt. Vom Prešernov trg führt in Richtung Norden die Miklošičeva, eine Straße, in der mehrere interessante Hausfassaden zu sehen sind.

> ! **Baedeker** TIPP
>
> **Kaffee bei Prešeren**
>
> Ljubljanas Hauptplatz ist ein Ort der Geselligkeit: In seinem weiten Rund gibt es mehrere Cafés, in denen man bei einem Glas slowenischen Weins das Treiben beobachten kann. Gut sitzt man auch in der Verlängerung des Platzes, in den Bars und Kneipen entlang der Ljubljanica.

Rundgang östlich der Ljubljanica

Drei Brücken (Tromostovje) sind über den Fluss gespannt: eine Steinbrücke von 1842 und zwei Fußgängerbrücken, von Plečnik 1931 zu einem interessanten Ensemble vereint. Die Überführungen weiten sich wie ein eleganter Fächer, Treppen führen zur unteren Terrasse am Wasser hinab. Deutlich wird an der Dreibrückenanlage die **Anspielung auf Venedig**, das Plečnik als Vorbild galt.

★ **Tromostovje**

Südlich der Dreibrückenanlage liegt die im Schutz der Burg angesiedelte Altstadt. Der Rundgang führt links hinüber zum Pogačar-Platz (Pogačarjev trg), wo man von der Atmosphäre des **Stadtmarkts** eingefangen wird, auf dem Krainer Bauern Obst, Gemüse, Beeren und Pilze anbieten. In den lang gestreckten Hallen am Flussufer werden Brot, Gebackenes, Käse und Wurst verkauft. In der Fischhalle eine Etage tiefer kann man frisch zubereitete Meeresfrüchte kosten.

★ **Pogačarjev trg**

An dem Platz prunkt heute dort, wo Fischer und Seefahrer im 12. Jh. zu Ehren ihres Schutzpatrons eine romanische Kirche errichteten, die 1708 nach Plänen des römischen Jesuiten Andrea Pozzo erbaute Nikolauskathedrale. Ein Relikt der Vorgängerkirche ist rechts vom Haupteingang zu entdecken: ein gotischer Schlussstein mit Christushaupt. Die Kathedrale verdankt ihren Ruhm den illusionistischen **Fresken** Giulio Quaglios, die dem hl. Nikolaus gewidmet sind (1703 – 1705). Im Chorgewölbe erscheint der Schutzpatron dem Kaiser Friedrich III., um ihn vor einem Mordkomplott der Witwe des Fürsten Cilli zu warnen. Zum Dank stiftet der Kaiser die Kathedrale, der Papst segnet den ersten Bischof. Weitere **Heiligenwunder** werden an den Seitenwänden des Chors illustriert: Nikolaus rettet verzweifelte Seefahrer vor dem Untergang, dann schwebt er über dem zerbors-

★ **Stolnica sv. Nikolaja (Kathedrale)**

Tromostovje – die Dreibrückenanlage, von Jože Plečnik gestaltet

tenen Schiff und bannt einen teuflischen Fluch. Auch das Porträt des Künstlers ist zu entdecken: Auf der rechten Seite des Chors hat sich Quaglio unter die »Hungerleidenden von Lykion« gereiht, die von Nikolaus mit frischem Brot beglückt werden.

Škofijski dvorec Das Erzbischöfliche Palais (Škofijski dvorec, Eingang Ciril Metodov trg) ist leider nicht zu besichtigen. Der Arkadenhof von 1695 wird zu den **schönsten Barockdenkmälern der Hauptstadt** gerechnet. In dem Palais wohnten schon **viele berühmte Persönlichkeiten**, so die Kaiser Leopold I., Karl VI., Franz I., der russische Zar Alexander I., Napoleon und der französische Marschall Bernadotte.

Semenišče Hinter der Kathedrale befindet sich das **Priesterseminar** (Semenišče) mit einem von zwei Herkulessäulen gezierten Portal. Gegenwärtig werden hier über 60 junge Slowenen ausgebildet, darunter auch Vertreter des Deutschen Ordens. Nachmittags kann man sich die großartige Bibliothek mit ihren wertvollen Büchern aus dem 16. Jh. zeigen lassen. Der Raum ist mit kunstvoll geschnitztem Holzmobiliar ausgestattet, die Decken sind mit Fresken bemalt (Besichtigung nach Voranmeldung bei der Touristeninformation).

Vodnikov trg Der große Markt verlängert sich vom Pogačar- zum Vodnik-Platz, benannt nach dem Dichter Valentin Vodnik. An der Ostseite nahe der Drachenbrücke (Zmajski most) wird Kunsthandwerk verkauft. Beim Dichterdenkmal kann man die Straße queren und der Touristenroute zum 376 m hohen Burghügel hinauf folgen. Wer es bequemer mag, steigt in die Standseilbahn.

★ Ljubljanski Grad Die Burg ist das **Wahrzeichen der slowenischen Hauptstadt**. 1144 wurde erstmals eine Burg erwähnt: Hier residierten die Landesfürsten von Spanheim, nach deren Aussterben fiel sie ans Habsburger Haus. Ihr heutiges Aussehen erhielt die Festung auf Weisung des Kaisers Friedrich III. 1489 wurde die Burgkapelle eingeweiht, die Bauten rings um den Hof entstanden im 16. und 17. Jahrhundert. Nachdem die Burg lange als Gefängnis gedient hatte, wurde sie 1905 von der Stadt gekauft; in den 1990er-Jahren wurden umfangreiche Renovierungsarbeiten vorgenommen. Teile der Anlage, **Gemächer** und die gotische **Georgskapelle** können besichtigt werden. Mittwochs und freitags finden Hochzeiten und andere Feierlichkeiten statt, weshalb sich die Öffnung um bis zu zwei Stunden verzögern kann. In der Wartezeit vergnügt man sich im Schlosscafé oder steigt auf den Aussichtsturm, von dem man einen fantastischen Blick über die Dächer von Ljubljana bis zu den Steiner und Julischen Alpen genießt (geöffnet: tgl. 10.00 – 21.00 Uhr). Einen Blick in die Vergangenheit von Burg und Stadt bietet das »virtuelle Museum« (geöffnet: tgl. 10.00 – 18.00 Uhr).

Um zur Altstadt hinunterzukommen, folgt man dem Katzensteig (Mačja steza) abwärts bis zu einer Gabelung, von der man auf direktem Weg über die romantische Rebergasse zum Stari trg hinabsteigen kann. Wer den Gornji trg in den Rundgang einbeziehen möchte, geht gemächlich über die Burgstraße (Ulica na Grad) hinunter. Am Gornji trg stehen Häuser im Stil des Barock, im Schatten der freskenbemalten Floriankirche gibt es Lokale und Straßencafés.

Von der Burg hinunter in die Altstadt

Am Levstik-Platz wurde 1615 die **Jakobskirche** erbaut. Sehenswert sind das spätgotische Presbyterium und der Hochaltar mit Engelsfiguren, geschaffen von Francesco Robba 1732. Als Dank dafür, dass das Land im 17. Jh. von den Türken verschont geblieben war, wurde die Mariensäule aufgestellt, die Plečnik 1927 erneuerte. Das im Rokokostil erbaute **Gruber-Palais** an der Südseite des Platzes (Zvezdarska 1) beherbergt heute das slowenische Staatsarchiv.

Levstikov trg

Der Alte Platz (Stari trg) bildet mit dem Stadtplatz (Mestni trg) die **Lebensader des alten Ljubljana**. Die Bezeichnungen sind trügerisch, denn in beiden Fällen handelt es sich nicht um Plätze, sondern um enge, trichterförmig angelegte Gassen. Sie sind von hübschen kleinen

★
Stari trg und Mestni trg

◀ weiter auf S. 217

Highlights Ljubljana

Prešernov trg
Ljubljanas Hauptplatz – hier schlägt das Herz der Stadt.
▶ Seite 206

Stolnica sv. Nikolaja
Kathedrale mit herrlichen Fresken
▶ Seite 207

Ljubljanski Grad
Die Festung auf dem 376 m hohen Burghügel über der Altstadt
▶ Seite 208

Narodni muzej
Nationalmuseum: mit exquisiter archäologischer und ethnologischer Sammlung
▶ Seite 220

Friedhof Žale
Ein Muss für alle Plečnik-Fans
▶ Seite 222

Stična
Noch bewohnt: Sloweniens ältestes Kloster 26 km südöstlich von Ljubljana
▶ Seite 224

Ljubljana *Orientierung*

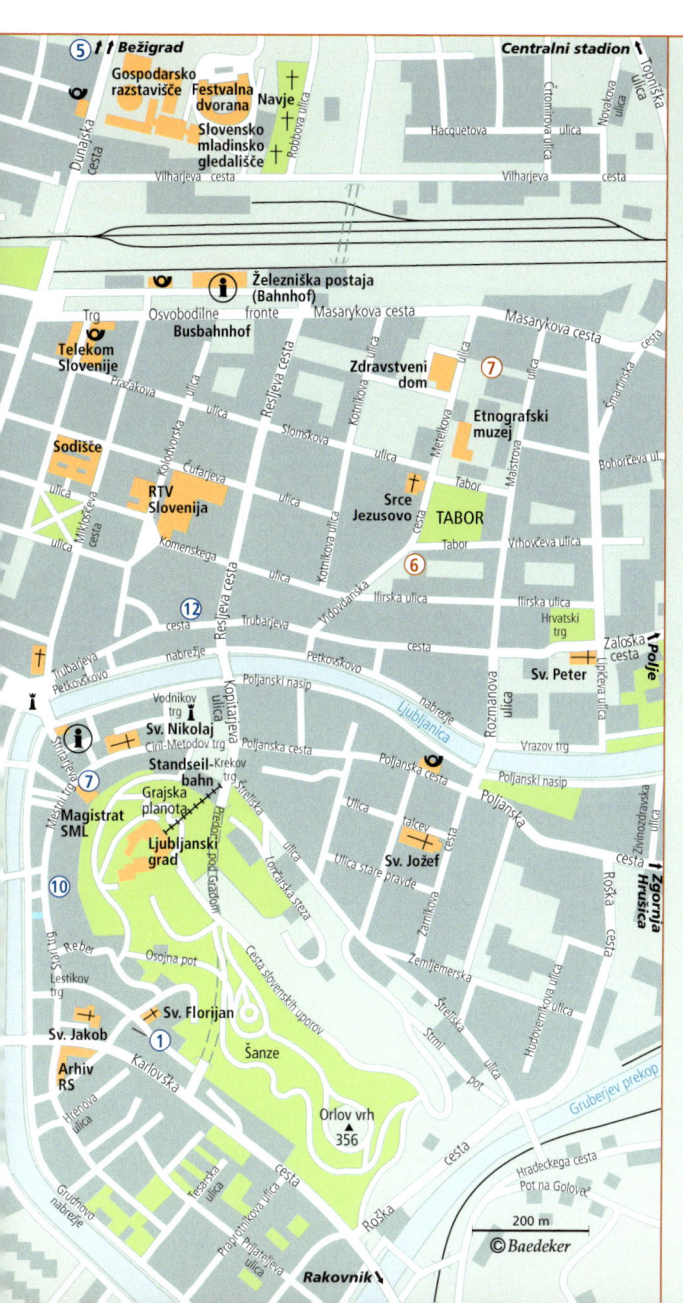

► Ljubljana ZIELE 211

Essen
① Pri Sv. Florijanu
② Casa del Papa
③ Zlata Ribica
④ Ljubljanski Dvor
⑤ Vinoteka
⑥ Šestica
⑦ Sokol
⑧ Le Petit Café
⑨ Grand Hotel Union
⑩ Cha
⑪ Slon
⑫ Salon

Übernachten
① Lev
② Slon
③ Grand Hotel Union
④ Pri Mraku
⑤ M Hotel
⑥ Park
⑦ Hostel Celica
⑧ Hotel Center

200 m
© Baedeker

LJUBLJANA ERLEBEN

AUSKUNFT
STIC
(Slowenisches Tourist-Info-Center)
Krekov trg 10
1000 Ljubljana
Tel. 01/306 45 75, 306 45 76
Fax 306 45 80
www.visitljubljana.si

Adamič Lundrovo nabrežje 2
(Ecke Stritarjeva)
1000 Ljubljana
Tel. 01/306 12 15, Fax 306 12 04
www.visitljubljana.si

VERKEHR
Die wichtigen Sehenswürdigkeiten liegen so nah beieinander, dass man alles zu Fuß machen kann. Das Auto sollte man auf jeden Fall stehen lassen, zentrumsnahe Parkplätze findet man am Hauptbahnhof und am Tivoli Park. Wer nicht in der Innenstadt wohnt, kann mit dem Bus so weit wie möglich hineinfahren, direkt im Zentrum fahren auch keine Busse.

LJUBLJANA CARD
Bei der Touristeninformation oder in Hotels bekommt man die Ljubljana Card, mit der man umsonst Bus fahren kann und freien Eintritt in zahlreichen Museen hat, Ermäßigungen bei Rundfahrten, Taxifahrten, in Geschäften und Restaurants erhält. Die Ljubljana Card ist drei Tage gültig.

EINKAUFEN
Der schönste Markt befindet sich am Vodnikov trg, nahe der Dreibrückenanlage, wo jeden Vormittag (außer So.) Obst und Gemüse, Brot und Wurst verkauft werden – nirgendwo ist das Angebot größer. Wer am Sonntag nach Ljubljana kommt, erlebt am Ufer der Ljubljanica (Cankarjevo nabrežje) einen Flohmarkt mit vielen preiswerten Antiquitäten, Trödel und Tand. Ansonsten gibt's im Zentrum jede Menge kleine und große Lädchen, Geschäfte und Boutiquen.

AUSGEHEN
Gut gefüllt ist es am Pogačarjev trg an der Dreibrückenanlage. An warmen Abenden kann man stundenlang an der Ljubljanica sitzen. An der Metelkova ulica in der Nähe der beiden Jugendherbergen gibt es Szenelokalitäten. Angesagte Diskothek ist das »Global«, Tomšičeva 4.

ESSEN

Baedeker-Empfehlung

▶ Fein & teuer
① *Pri Sv. Florijanu*
Gornji trg
Tel. 02/251 22 14
In entspannter Atmosphäre bekommt man fantasievolle slowenische Küche, dazu gute Weine. Bei gutem Wetter sitzt man draußen auf der Terrasse der Florianskirche. Ein Stockwerk tiefer lohnt »Moro«, wo es marokkanische Gerichte gibt.

▶ Fein & teuer
② *Casa del Papa*
Celovška 54-A
Tel. 01/454 31 58
Für Hemingway-Fans: legendäres Restaurant im Norden der Stadt, auf drei Stockwerken wird dem berühmten Autor gehuldigt mit Speisen aus der Karibik und dem Mittelmeerraum, in der Key West Bar genehmigt man sich einen von Hemingways Lieblingscocktails. Anschließend tanzt man im Untergeschoss zu Latino-Rhythmen.

▶ Erschwinglich

③ *Zlata Ribica*
Cankarjevo nabrežje 5, Tel. 241 06 90
In einem der ältesten Häuser der Stadt, direkt an der Flusspromenade, kommen Liebhaber deftiger Fischgerichte auf ihre Kosten. Aber es gibt auch Fleisch und Salat – und am besten schmeckt's auf der Sommerterrasse.

④ *Ljubljanski Dvor*
Dvorni trg 1, Tel. 251 65 55
Vornehmes, traditionsreiches Restaurant nahe dem Fluss, sehr beliebt sind die Gerichte aus dem Holzofen. Im Sommer öffnet zusätzlich das Terrassenlokal und serviert Pizzen.

⑤ *Vinoteka*
Dunajeska 18, Tel. 431 50 15
Großes, einer Dorfschenke nachempfundenes Lokal auf dem Messegelände nördlich des Bahnhofs. Der Schwerpunkt liegt auf mediterraner Küche. Die Weinkarte ist dick wie ein Wälzer, man kann zwischen 800 Tropfen aus aller Welt wählen!
So. geschl.

▶ Preiswert

⑥ *Šestica*
Slovenska 38, Tel. 251 95 75
200 Jahre altes Gasthaus mit slowenischer Hausmannskost wie Wurst, Sauerkraut und Gulaschsuppe, dazu preiswerte Mittags- und Abendmenüs. So. geschl.

⑦ *Sokol*
Ciril Metodov trg 18
Tel. 439 68 55
Zwei schwarze Holzvögel weisen den Weg; ein gemütliches Gasthaus zwischen Rathaus und Kathedrale mit herzhafter slowenischer Küche.

Gesehen beim Schaufensterbummel in der City

⑧ *Le Petit Café*
Trg Francoske Revolucije 4
Tel. 01/251 25 75
Hübsches Café am »Platz der Französischen Revolution«, auch gut für kleine Gerichte.

⑨ *Grand Hotel Union*
Miklošičeva 1
Traditionsreiches Café, in dem man als Lesestoff eine große Auswahl an internationaler Presse hat. Auf der Bühne des Hauses werden mehrmals wöchentlich Kleinkunst- und Chansonabende veranstaltet.

⑩ *Cha*
Stari trg 3
Das Teehaus ist in einem Altstadthaus mit gotischen Gewölben und Wandmalereien untergebracht, die Möbel erinnern ans Biedermeier. Es gibt Teesorten aus aller Welt, aber auch Kaffee und Kuchen. Sonntags geschlossen.

⑪ *Art Café im Hotel Slon*
Slovenska 34
Im Art Café schwelgt man in Torten und Pralinen aus der hauseigenen Confiserie; besonders lecker schmecken Ohrid-Kuchen und Cassata-Parfait. Außerdem gibt es einen Delikatessenladen mit traditionellen Köstlichkeiten. Sonntags geschlossen

⑫ *Salon*
Trubarjeva 23
Die ehemalige True Bar versucht sich mit weich gepolsterten Sesseln als »Salon« und schielt auf die besser verdienende Klientel. Im Angebot sind Cocktails, im Keller gibt es wie eh und je eine kleine Disco, die erst zu später/früher Stunde schließt.

ÜBERNACHTEN
▶ Luxus
① *Lev*
Vošnjakova 1
Tel. 01/433 21 55
Fax 230 25 78
www.hotel-lev.si
Der sechzehnstöckige Hotelklotz mit 170 Zimmern liegt auf halbem Weg zwischen Bahnhof und Tivoli-Park, etwa zehn Minuten vom Stadtkern entfernt. Zwei Stockwerke bleiben für Nichtraucher reserviert, zwei Zimmer sind behindertengerecht.

② *Slon*
Slovenska cesta 34
Tel. 01/470 11 00, Fax 251 71 64
www.hotelslon.com
Zentral gelegenes Komforthotel (171 Zi.) der Kette Best Western, nur wenige Schritte von der Altstadt entfernt. Die moderne Fassade verrät nicht, dass es sich um Ljubljanas älteste Unterkunft handelt: Schon seit über 450 Jahren steht hier ein Gasthaus! Den Namen Slon (Elefant) erhielt es 1552, als Herzog Maximilian in seinem Tross einen Elefanten mitführte, den ihm ein afrikanischer Herrscher geschenkt hatte. Seine Durchlaucht stieg im Gasthaus ab und mit ihm das Tier – und da man ein solch gewaltiges Tier nie zuvor gesehen hatte, wurde das Gasthaus nach ihm benannt. Doch nicht nur beim Namen wird Tradition groß geschrieben. Die Zimmer sind mit rötlichen Holzmöbeln gediegen eingerichtet, wobei die Räume zur Ostseite Burgblick bieten. Das Buffetfrühstück wird im lichtdurchfluteten Restaurant eingenommen und enthält allerlei Spezialitäten der slowenischen Küche. Mit Sauna, Whirlpool und mehreren Konferenzräumen.

Alteingesessenes Café: Im Grand Hotel Union kann man sich in aller Ruhe → niederlassen und Zeitungen aus aller Herren Länder studieren.

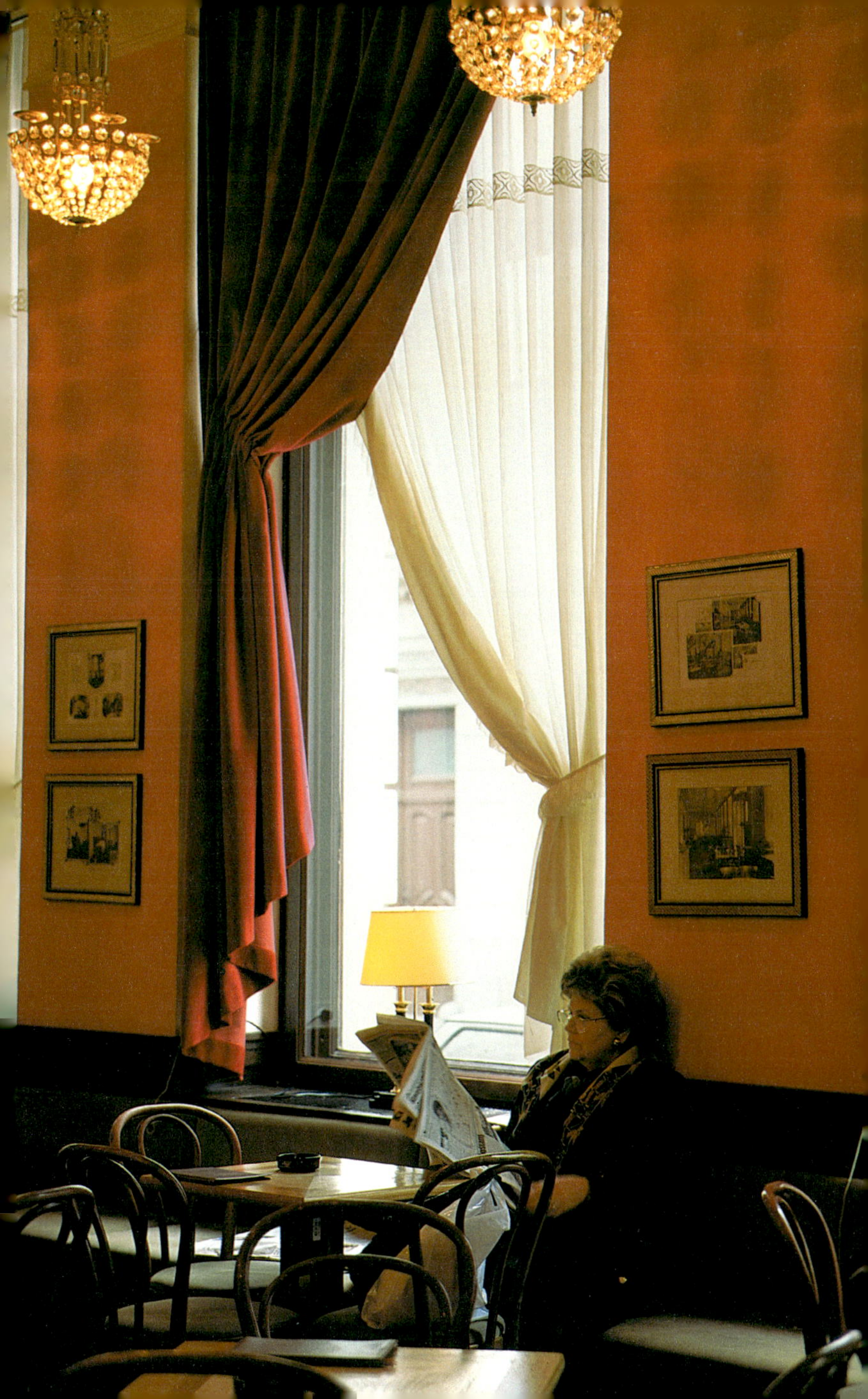

③ **Grand Hotel Union**
Miklošičeva 1–3
Tel. 01/308 12 70
Fax 308 10 15
www.gh-union.si
Traditionsreiches Hotel in der Altstadt mit 327 Zimmern. Außenfassade und Lobby in schönstem Art Nouveau, die meisten der Zimmer leider nur bequem-funktional. Nebenan gibt es das ehemalige Holiday Inn, heute Grand Hotel Union Business.

▶ Komfortabel
④ **Pri Mraku**
Rimska 4
Tel. 01/421 96 00, Fax 421 96 55
www.daj-dam.si
Kleines Hotel im Universitätsviertel mit 30 kleinen und leicht überteuerten Zimmern, das Frühstück ist spartanisch.

⑤ **M Hotel**
Derčeva 4
Tel. 01/513 70 00, Fax 513 70 90
www.m-hotel.si
In dem siebenstöckigen Hotel mit 152 Zimmern im Stadtteil Šiška (2 km nordwestlich vom Zentrum) findet man viele Geschäftsleute, mehr als 20 Zimmer haben Internetanschluss.

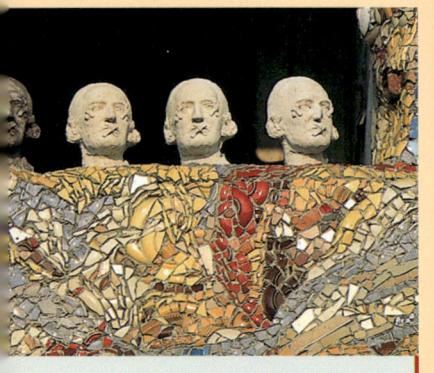

Die einstigen Zellen im Celica wurden von Künstlern aufgepeppt.

▶ Günstig
⑥ **Park**
Tabor 9
Tel. 01/300 25 00
Fax 433 05 46
www.hotelpark.si
Das zwölfstöckige Hotel mit insgesamt 122 Zimmern im Stadtteil Tabor, nur wenige Minuten von der Altstadt entfernt, ist trotz steigender Preise die immer noch beliebteste Adresse für Traveller.

▶ Jugendherbergen

Baedeker-Empfehlung

⑦ **Hostel Celica**
Metelkova 8
Tel. 01/230 97 00
Fax 01/230 97 12
www.hostelcelica.com
Schlafen in ehemaligen Gefängniszellen: Bis 1990 war das Gebäude in der Innenstadt ein Militärgefängnis. Es verfiel, wurde besetzt und schließlich in ein Kulturzentrum mit Galerien und Clubs verwandelt. Auch die Jugendherberge fand hier ihren Sitz: Sie heißt »Celica« (die Zelle). Just dort, wo früher Häftlinge einsaßen, wird heute übernachtet. Allerdings haben Künstler die Zellen derart aufgepeppt, dass jede einzelne ihren eigenen unverwechselbaren Charakter hat. Ein ziemlich spezielles Übernachtungserlebnis.

⑧ **Hotel Center**
Slovenska 51
Tel. 01/15 20 06 40
Fax 01/520 06 44
www.hotelcenter.si
2009 eröffnetes Hotel knapp nördlich des Zentrums: ein renoviertes Regierungsgebäude aus dem 19. Jh. mit acht einfachen, aber freundlichen Zimmern.

Lokalen und Straßencafés gesäumt. Einige Häuser haben ihr mittelalterliches Aussehen bewahrt, die meisten aber stammen aus dem Barock. Noble Läden und Boutiquen haben holzgeschnitzte Schaufenster aus früheren Zeiten, schmiedeeiserne Schilder und Laternen.
In der Galerija Škuc (Stari trg 21) werden Exponate der NSK, der **»Neuen Slowenischen Kunst«**, gezeigt, eines Kollektivs von sechs inzwischen auch außerhalb des Landes bekannten Avantgardegruppen (▶ Kunst und Kultur). Seit über 30 Jahren sorgen sie in der Altstadt für Furore und laden auch ausländische Provokationskünstler ein (geöffnet: Di. – So. 12.00 – 20.00 Uhr).

! *Baedeker* TIPP

Theater- und Filmmuseum

Das Theater- und Filmmuseum ist im Rakovec-Haus untergebracht, in dem auch Prešeren einige Jahre gelebt haben soll. Es zeigt die Entwicklung des slowenischen Theaters und enthüllt interessante Details aus dem Leben des Filmemachers Fritz Lang (siehe Berühmte Persönlichkeiten; geöffnet Mo. – Fr. 10.00 – 13.00 Uhr)

Die **Mestna galerija**, die Stadtgalerie, zeigt Ausstellungen zeitgenössischer Maler, Grafiker, Bildhauer und Fotografen (Mestni trg 5, geöffnet: Di. – Sa. 10.00 – 18.00 und So. 10.00 – 13.00 Uhr).

Ein weiteres Schmuckstück am Mestni trg ist das **Rathaus**, Sitz des Stadtparlaments. Ursprünglich aus dem 15. Jh., wurde es 1718 weitgehend umgebaut und birgt heute einen hübschen Arkadenhof. An besonderen Festtagen spielen Trompeter in historischer Kleidung für die Gäste ein Ständchen. **Rotovž**

Vor dem Rathaus, am Schnittpunkt dreier Straßenmündungen, steht ein interessanter, von Francesco Robba entworfener **Marmorbrunnen** (1751) mit einer allegorischen Figurengruppe: Drei antike Wassergötter verkörpern die Krainer Flüsse Sava, Krka und Ljubljanica. Am Brunnen links vorbei gelangt man in wenigen Minuten zurück zum Prešeren-Platz, dem Ausgangspunkt des Rundgangs.

Rundgang westlich der Ljubljanica

Auch dieser Rundgang startet am Prešeren-Platz, diesmal führt der Weg zunächst südwärts die Uferpromenade entlang. Eine rechts abzweigende Gasse trägt den Namen Židovska steza und erinnert daran, dass sich hier ab dem frühen 14. Jh. das jüdische Viertel befand.

Die Schusterbrücke (Čevljarski most) war früher – wie der Ponte Vecchio in Florenz – **überdacht** und mit **Schusterwerkstätten** versehen. Sie wurde mehrmals erneuert, war das Opfer von Feuersbrünsten und Überschwemmungen. 1867 wurde die Holzbrücke durch eine Eisenbrücke ersetzt, die Bürger aber, heißt es, fanden an dieser keinen Gefallen. Darum übernahm Plečnik 1931 die Aufgabe, die alte Schusterbrücke neu zu konzipieren: Er erweiterte sie zu einem platzähnlichen Übergang und schmückte ihn mit einem Konsolenkranz. **Čevljarski most**

Novi trg — Über den Jurčič-Platz (Jurčev trg) gelangt man zum Neuen Platz (Novi trg). Der große Barockpalast zur Linken (Nr. 3) erhielt sein heutiges Aussehen um 1750 und ist Sitz der **Akademie der Wissenschaften und Künste**. Gleich gegenüber residierte bis zum Erdbeben von 1895 die Adelsfamilie der Turjaks; heute befindet sich hier die National- und Universitätsbibliothek, erbaut in den Jahren 1936 bis 1941 nach Plänen von Plečnik.

★
National- und Universitätsbibliothek ▶

Ein »**Heiligtum der Geistigkeit**« nannte dieser sein ehrgeiziges Projekt, an dem jedes architektonische Detail an den Willen zur Askese gemahnt. Der Türgriff in Form eines Pferdekopfs eröffnet dem Besucher Zugang zur Welt des Geistes. Die Vorhalle mit dunklem Marmor und Kolonnaden erinnert an einen antiken Tempel. Der vierstöckige Lesesaal ist an seinen Breitseiten von großen Glaswänden abgeschlossen. Büsten slowenischer Literaturhistoriker und Slawisten finden sich an der Westseite der Bibliothek, im Osten ist der Prophet Moses zu sehen.

Mestni muzej — Der Weg folgt der Gosposka-Straße südwärts und führt zum Platz der Französischen Revolution (Trg francoske revolucije). Das **Stadtmuseum** ist in der einstigen Residenz der Familie Auersperg untergebracht, einem barocken Palais, unter dem vor einigen Jahren Wohnstätten aus dem 8. Jh. entdeckt wurden. Das Museum lädt ein zum Gang durch Ljubljanas Geschichte – anschließend entspannt man im schönen Café (Gosposka 15, geöffnet: Di.–So. 10.00–18.00 Uhr).

Krakovo — Wer sich für römische Geschichte interessiert, läuft noch weiter in Richtung Süden durch das alte Fischerviertel Krakovo und besichtigt Reste der römischen Stadtumfassung (westlich der Barjanska cesta) und den Jakopič-Garten. Das »**Römerhaus**« gilt als **wichtigste Fundstätte des antiken Emona**. Mosaiken, Fußbodenheizung und Kanalisationssystem beweisen den hohen Lebensstandard der römischen Patrizier (Mirje 4; geöffnet: April – Oktober 9.00–18.00 Uhr).

Križanke-Kuturzentrum — Westlich vom Stadtmuseum befindet sich am Trg francoske revolucije das in einem **früheren Kloster** eingerichtete Križanke-Kulturzentrum. Vor 700 Jahren siedelten sich hier Ritter des Deutschen Ordens an (Kreuzritter = križniki). Binnen weniger Jahre konnten sie den gesamten Südwestteil Ljubljanas in ihren Besitz bringen. Eine frühere gotische Kirche des Klosters Križanke existiert heute nicht mehr, an ihrer Stelle entstand die barocke Kreuzherrenkirche. Jože Plečnik gestaltete das Kloster in den 1950er-Jahren in ein attraktives Kulturzentrum um. Im östli-

> ### Baedeker TIPP
>
> **Konzerte und Theater im Križanke**
>
> Im Križanke finden im Sommer Musik- und Theaterveranstaltungen statt: an warmen Abenden im Open-Air-Theater, Kammermusik im barocken Rittersaal und in der Ordenskirche. Am schönsten sind Aufführungen im »Teufelshof«, der abends wunderschön beleuchtet wird. Auf dem Programm stehen auch Reggae, Pop, Hiphop und World-Music.

Detail der Drachenbrücke am Vodnikov trg. Der Drache ist das Wappentier von Ljubljana.

chen Arkadenhof schuf er eine Skulpturengalerie, den weitläufigen Haupthof schmückte er mit Sgraffiti.

Das **Illyrien-Denkmal** auf dem Trg francoske revolucije ist Napoleon gewidmet. Mit Versen des slowenischen Dichters Vodnik wird er als Befreier vom habsburgischen Joch gefeiert. Sein Kopf zeigt nach Süden zur Emonska ulica, das personifizierte Illyrien zur Vegova ulica.

Der Kongressplatz (Kongresni trg) wurde 1821 speziell für den **Laibacher Kongress** angelegt: Hier wurde über die politische Entwicklung in Italien beraten und eine Intervention Österreichs in Neapel und Piemont beschlossen. An der Westseite ist die Kopie des **»Bürgers von Emona«** zu finden – das Original wurde 1836 etwa an dieser Stelle gefunden und steht heute im Nationalmuseum. Wichtigste Gebäude am Platz sind die **barocke Ursulinenkirche** mit ihrer skurrilen Dachgestaltung, die **Universität** und die **Philharmonische Akademie**. Letztere wurde 1701 gegründet, zählt somit zu den ältesten Musikvereinigungen der Welt. Mitglieder waren u. a. Haydn, Beethoven und Brahms. Schubert bewarb sich – erfolglos – um die Stelle eines Musikdirektors, Mahler war hier 1881/1882 als Dirigent angestellt.

Kongresni trg

An der Nordseite des weitläufigen Platz der Republik (Trg republike) steht das **Parlamentsgebäude** mit einem monumentalen Portal. Der Cankarjev dom (Trg republike 3) ist das wichtigste Kultur- und Kongresszentrum der Stadt, u. a. gibt es in dem Gebäude im dritten Stock einen deutschen Lesesaal, der für Studenten eingerichtet wurde, die Deutsch lernen. Aber auch Urlauber sind willkommen!

Trg republike

Imposanter Treppenaufgang im Nationalmuseum

Narodni muzej

Das Nationalmuseum, eine der wichtigsten Kulturinstitutionen Sloweniens, befindet sich in einem wuchtigen **Neorenaissancebau** von 1885 nahe dem Platz der Republik und beherbergt drei umfangreiche Abteilungen (Muzejska 1 / Prešernova 20; geöffnet: Di. – So. 10.00 bis 18.00 Uhr). Zu den Höhepunkten der **archäologischen Sammlung** gehört u. a. das älteste Musikinstrument der Welt – eine 45 000 Jahre alte Flöte. Berühmt wurde die Vače-Situla, ein hervorragend gearbeitetes Gefäß aus der Bronzezeit. Außerdem sind Fundstücke aus dem römischen Emona ausgestellt, u. a. Skulpturen, wie beispielsweise das Original des Bürgers von Emona, dessen Kopie auf dem Kongresni trg steht. In der **ethnologischen Sammlung** sind Exponate der slowenischen Volkskunst zu sehen, wie Kleidungsstücke, festliche Trachten und Musikinstrumente, aber auch Gebrauchsgegenstände, u. a. die farbenfrohen Bienenstockbrettchen (▶Baedeker-Special, S. 280). Das **Naturkundemuseum** im Obergeschoss vermittelt Einblick in slowenische Geologie, Flora und Fauna. Zu den bekanntesten Stücken gehören ein Mammutskelett und der Moor-Einbaum.

Zugänglich ist auch der **Museumspark**, in dem ein Denkmal an den slowenischen Historiker und Naturwissenschaftler Johann Weichard Valvasor (▶Berühmte Persönlichkeiten) erinnert.

Narodna galerija

In der **Nationalgalerie** ist die slowenische Kunstproduktion der letzten 1000 Jahre zu sehen. In einem imposanten, dem Nationalmuseum nachempfundenen Bau werden mittelalterliche Schnitzarbeiten sowie Malerei (16. Jh. bis Ende 19. Jh.) ausgestellt (Cankarjeva 20, geöffnet: Di. – So. 10.00 – 18.00 Uhr). Eine Dependance der Nationalgalerie befindet sich in der Puharjeva ulica.

▶ Ljubljana ZIELE 221

Schräg gegenüber zeigt die umfassend renovierte **Moderne Galerie** Ausstellungen slowenischer Künstler des 20. Jh.s und der Gegenwart; alle drei Jahre findet hier und im Schloss Tivoli die renommierte **Grafikbiennale** statt (Tomšičeva 14, geöffnet: Di. – So. 10.00 – 18.00 Uhr). Weniger bedeutende Ausstellungen kommen in die »Kleine Galerie« (Mala galerija, Slovenska 35).

Moderna galerija

Von der Cankarjeva gelangt man durch eine Unterführung zum Erholungspark Tivoli. Ein Promenadenweg führt zum gleichnamigen Schloss (Tivolski grad), auch als Schloss Podturn bekannt (17. Jh.), in dem das **Internationale Grafikzentrum** untergebracht ist (Pod turnom 3; geöffnet: Di. – So. 11.00 – 18.00 Uhr). Das Cekin-Schloss (Cekinov grad) im Osten des Parks beherbergt das **Museum der neueren Geschichte** mit einer informativen Dauerausstellung zum 20. Jh. (Muzej novejše zgodovine, geöffnet: Di. – So. 10.00 – 18.00 Uhr). Im Westen sieht man den 394 m hohen Rožnik-Hügel, von dessen Spitze sich ein herrlicher Ausblick über die Stadt bietet. Nicht mehr weit ist es von hier zum **Zoo** am Südwestrand des Parks. Er ist ca. 20 ha groß und bietet über 700 Tieren Lebensraum, darunter Elefanten, Bären und Affen (Večna pot 70; geöffnet: Di. – So. 9.00 – 19.00, im Winter 9.00 – 16.00 Uhr).

Tivoli

Angesagte Kunst trifft in Ljubljana auf offene Augen.

Noch einmal Jože Plečnik: der spektakuläre Eingang des Friedhofs Žale

Pot Spominov   Beliebt bei **Joggern** ist der 34 km lange Weg, der am Südwestrand des Parks startet und um die gesamte Stadt führt. Pot Spominov (Pfad der Erinnerung) nennen ihn die Slowenen – italienische, später deutsche Besatzer hatten längs dieser Strecke einen Stacheldrahtverhau errichtet und Ljubljana in ein riesiges Gefängnis verwandelt.

Weitere Sehenswürdigkeiten

★ Žale   Ein **absolutes Muss für alle Plečnik-Fans** ist der Spaziergang über den vom Architekten meisterhaft entworfenen **Friedhof Žale** am nordöstlichen Stadtrand von Ljubljana. Vom Eingang, einer zweistöckigen Säulenhalle mit großem Portal, führt eine schnurgerade Säulenallee zu einem Betsaal, der wie ein antiker Tempel anmutet. Rings um ihn liegen 14 Kapellen, die die Geschichte des Todeskults versinnbildlichen: Die Palette reicht vom primitiven Tumulus über eine serbisch-mittelalterliche Grabkapelle bis zu modernen Bauformen. Der »Garten der Heiligen« soll die Trauernden vor fremden Blicken schützen.

Plečnik hiša   Im Stadtteil Trnovo schuf sich der Architekt Jože Plečnik ein originelles Domizil mit **rundem Arbeitszimmer** und herrlich wildem Garten. Er lebte hier von 1921 bis 1957. Kunst- und Gebrauchsgegenstände Plečniks spiegeln des Meisters breit gefächerten Geschmack wider (Karunova 4, Besuch nur möglich im Rahmen einer geführten Tour: Mo. 10.00 – 15.00, Di. – Do. 10.00 – 18.00, Fr. 10.00 – 15.00, Sa. 9.00 – 15.00 Uhr).

Botanični vrt   1810 wurde im Süden der Stadt der Botanische Garten angelegt. Er steht heute unter der Schirmherrschaft der Universität, beherbergt über 4 500 verschiedene Arten und ist erreichbar mit Bus 3 (Ižanska 15; geöffnet: im Sommer 7.00 – 19.00, im Winter 7.00 – 17.00 Uhr).

Südöstlich des Tivoli-Erholungsparks wurde 1871 von der »k. k. österreichischen Tabakregie« die berühmte **Laibacher Tabakfabrik** gegründet. Ein Teil der Anlage ist noch heute in Betrieb und gehört mehrheitlich dem Reemtsma-Konzern. Zur Gründungszeit waren hier über 2000 Arbeiterinnen beschäftigt, die »Zigarren-Ladies«. Sie stellten die Zigarren, Zigarillos und Zigaretten her, die den damaligen Weltruhm der »Regie« begründeten. Vor allem die dünnen und langen **Virginia-Zigarren** mit dem Strohhalm in der Mitte waren ausgesprochen begehrt.

Tobačni muzej

In dem angeschlossenen **Tabakmuseum** wird der Alltag der Arbeiterinnen illustriert, dazu gibt es eine Einführung in die Kulturgeschichte des Rauchens (Tobačna 5, geöffnet: jeden 1. Mi. u. 3. Do. eines Monats 10.00 – 18.00 Uhr).

Die Sammlung des Ethnografischen Museums zählt mehr als 30 000 vorwiegend slowenische Exponate. Wechselausstellungen machen mit Kulturen fremder Völker vertraut (Stadtviertel Tabor, Metelkova 2, geöffnet: Di. – So. 10.00 – 18.00 Uhr).

Slovenski etnografski muzej

Das **Eisenbahnmuseum** befindet sich in einem früheren Lokomotivschuppen in der Parmova 35, etwa 600 m nordwestlich vom Bahnhof. Liebhaber alter Dampfloks und Maschinen mögen begeistert sein. In der Kurilniška 3 gleich um die Ecke gibt es eine Dauerausstellung zur Eisenbahngeschichte (geöffnet: jeweils Mo. – Mi. 9.00 bis 13.00, Do. 9.00 – 18.00 Uhr).

Železniški muzej

Ljubljanas langjähriger Bürgermeister Veit Khisl, dessen Familie die protestantische Literatur in Slowenien ausgiebig förderte, ließ zu Beginn des 16. Jh.s das Renaissanceschloss Fužine 5 km östlich von Ljubljana erbauen.

Fužine

Heute befindet sich in dem 1990 renovierten Schloss das **Architekturmuseum** (Arhitekturni muzej) mit wechselnden Ausstellungen zu Stadtbau und Industriedesign. Auch ist hier die Ausstellung über das Lebenswerk Jože Plečniks zu sehen, die in Zusammenarbeit mit dem Pariser Centre Pompidou entstanden ist (Studenec 2-A, geöffnet: Mo. – Fr. 10.00 – 14.00 Uhr).

Umgebung von Ljubljana

23 km südöstlich Ljubljana liegt vor herrlicher Bergszenerie die Burg Turjak (Auersperg). Sie war die wohl mächtigste im ehemaligen Krain, gehörte zunächst der Adelsfamilie der Auersperg und ging im 13. Jh. an die Herzöge von Kärnten, die den Namen Auersperg übernahmen. Sie betätigten sich als Mäzene slowenischer Künstler und Gelehrter, unterstützten den Reformator Trubar (▶ Berühmte Persönlichkeiten) sowie den Bibelübersetzer Dalmatin. **Anton Alexander Auersperg alias Anastasius Grün** (1806 – 1876) wurde selbst berühmt mit Nachdichtungen slowenischer Volkslieder.

Burg Turjak (Auersperg)

Kreuzgang im Kloster Stična, dem ältesten Kloster in Slowenien

★ **Sloweniens ältestes Kloster** liegt 26 km südöstlich der Hauptstadt.
Stična/ Es wird seit 1136 **von den »weißen Mönchen«**, den Zisterziensern,
Sittich **bewohnt**. 1784 löste der aufgeklärte Kaiser Joseph II. das Kloster auf, um die Landbevölkerung vor kirchlichem Zugriff zu schützen, doch schon 1898 kehrten die Zisterzienser zurück. Heute wirken hier noch fünf Priester und sieben Mönche.

Ein Teil des Klosters ist als **Religionsmuseum** zugänglich: Kunstwerke, Stilmöbel und Manuskripte veranschaulichen, zu welchem Reichtum es der Orden im Laufe seiner fast tausendjährigen Geschichte gebracht hat (www.rkc.si/sticna.si; geöffnet: Di. – Sa. 8.00 – 12.00, 14.00 bis 17.00, So. 14.00 bis 17.00 Uhr).

Bogenšperk/ Die Burg 37 km östlich Ljubljana ist jedem Slowenen ein Begriff.
Wagensburg Hier lebte und arbeitete 20 Jahre lang (1672 – 1692) der Universalgelehrte **Johann Weichard Valvasor** (▶Berühmte Persönlichkeiten), der als Erster ihr Land, d. h. Krain, Kärnten und Istrien ausführlich beschrieben hat, wobei er nicht an Abbildungen sparte. Seine Arbeit trug ihm die Mitgliedschaft in der renommierten Londoner Wissenschaftsgesellschaft **Royal Society** ein, verschlang aber gleichzeitig sein gesamtes Vermögen. Um sein 15-bändiges Werk in Druck geben zu können, musste er schließlich die Burg verkaufen.

Die Burg ist original rekonstruiert. In dem in den Burgräumen eingerichteten Museum sind außer Valvasors imposanter **Grafiksammlung** auch von ihm beschriebene Trachten und Kultgegenstände zu sehen (Grad Bogenšperk, Šmartno pri Litiji, www.bogensperk. si; geöffnet: tgl. außer Mo. 10.00 – 17.00 Uhr).

Šmarna Gora

Wie ein Riegel schiebt sich der 676 m hohe Berg Šmarna Gora zwischen die Becken von Ljubljana und Kranj. Aufgrund seiner markanten Lage und der **weiten Aussicht auf halb Slowenien** ist er das beliebteste Ausflugsziel der Hauptstädter. Auf dem Gipfel thront die Wallfahrtskirche der Muttergottes. Anfahrt: Mit dem Auto oder dem Bus nach Tacen am Fuß der Šmarna Gora, dann folgt man der Straße bergauf. Bei Tacen startet auch ein Wanderweg auf den Gipfel.

Vrhnika und Bistra

20 km südwestlich von Ljubljana liegt Vrhnika, die Geburtsstadt des Schriftstellers Ivan Cankar (►Berühmte Persönlichkeiten). In Bistra (Freudenthal) 4 km südöstlich steht ein mächtiges, mit Türmen und Zinnen befestigtes **Kartäuserkloster**, ein christliches Bollwerk gegen die angreifenden Osmanen. Obwohl Teile der Anlage 1808 zerstört wurden, vermitteln die erhaltenen Gebäude noch heute eine Atmosphäre karger Entrücktheit. Seit den 1950er-Jahren beherbergen sie das **slowenische Technikmuseum** (Tehniški muzej slovenije). Die meisten Besucher zieht es zu **Titos Luxuslimousinen** (www.tms.si; geöffnet: Di. – Fr. 8.00 – 16.00, Sa. 8.00 – 17.00, So. 10.00 – 18.00; Juli / Aug. Di. – Fr. 10.00 – 18.00 Uhr.

Črna vas

Das »Schwarze Dorf« unmittelbar südlich der Hauptstadt ist Anlaufpunkt für **Architektur- und Designfans**. Seinen Namen verdankt es der dunklen Torferde – vor dem Bau neuer Häuser werden Stützpfähle in den moorigen Boden gerammt. Am Ortsrand steht die 1938 von Jože Plečnik fertiggestellte Michaeliskirche (Sv. Mihael), deren Grundmauern auch auf Baumstämmen ruhen. Clou der Kirche ist eine Freitreppe, über die man zum offenen Glockenturm gelangt. Der Kirchenraum befindet sich im Obergeschoss über der Wohnung des Pfarrers. Mit seinen klaren Konturen und der ausschließlichen Verwendung von Naturmaterialien erinnert das Mobiliar fast etwas an den puristischen Stil der Shaker in Neu-England.

✱ Maribor · Marburg

S/T 3

Provinz: Štajerska **Höhe:** 270 m
Einwohner: 109 000

Mit einem schönen mittelalterlichen Kern und dem malerischen Flussufer lädt Sloweniens zweitgrößte Stadt zu einem mehrtägigen Besuch ein. Dank vieler Studenten und der rührigen Theater- und Kunstszene ist das Ambiente erfrischend lebendig.

Nur 18 km trennen Sloweniens zweitgrößte Stadt von der österreichischen Grenze. Sie erstreckt sich zu beiden Seiten der Drava zwischen dem Pohorje-Gebirge und den an die Altstadt heranreichenden Weinhügeln von Slovenske Gorice.

Tourismus in Maribor

Maribor möchte sich verstärkt als touristisches Ziel profilieren: Historische Altstadtfassaden wurden renoviert, mit interessanten **Kulturveranstaltungen** macht die Stadt auf sich aufmerksam. **Naturfreunde** zieht es ins Pohorje-Gebirge – im Sommer wird gewandert, im Winter Ski gefahren. Auch als Kurbad macht die Stadt von sich reden: Am Fuße des Pohorje-Gebirges wurden 37 – 44 °C **warme Heilwasser** entdeckt, die als »Terme Maribor« erschlossen wurden. An der Quelle entstand das Fünfsternehotel Habakuk mit Medizin- und Rekreationszentrum.

> ### Baedeker TIPP
>
> **Sommer in Maribor: Stadtfestival**
> Ende Juni/Anfang Juli findet im einstigen Hafenviertel Lent das größte Festival der Stadt statt: Es beginnt mit einer »Flößertaufe« auf der Drau, dann folgen zwei Wochen Straßentheater, Tanz und Musik am Flussufer.

Stadtgeschichte

Marchburch, die **»Burg in der Mark«**, wurde erstmals 1164 erwähnt: Auf dem Pyramidenhügel wurde eine Grenzfestung des Heiligen Römischen Reiches deutscher Nation **zum Schutz gegen die Magyaren** errichtet. Am Fuße der Burg wuchs eine Siedlung, die 1254 das Stadtrecht erhielt. Schon bald erblühten Handwerk und Handel, die Kontakte reichten über Kärnten bis nach Prag, westwärts nach Oberitalien und südwärts bis Dubrovnik. Einen Niedergang erlebte die Stadt im 17. Jh., später fristete sie ihr Dasein als relativ wohlhabendes, aber doch unbedeutendes Provinzstädtchen im Habsburger Reich. 1918 erzwangen die in der Steiermark lebenden Slowenen den Anschluss an Jugoslawien, nur 1941 – 1945 gelang es den Nationalsozialisten, das Rad der Geschichte zurückzudrehen. Seit 1991 kämpft Maribor mit durch die Unabhängigkeit Sloweniens verursachten Problemen: Alte sozialistische Handelspartner wurden nur unzureichend ersetzt, die Wirtschaftskrise wird zum Dauerthema.

Sehenswertes in Maribor

Trg svobode

Der »Platz der Freiheit« im Norden des Fußgängerbereichs wird von einer riesigen Bronzekugel beherrscht, auf der mit Texten und Schraffierungen der Opfer des Faschismus gedacht wird. Der Eingang zu Vinag, der **größten Weinkellerei Sloweniens**, befindet sich an der Ostseite des Platzes (Trg svobode 3, ww.vinag.si). Der Tunnelkeller, in dem bis zu 7 Millionen Liter Weine gelagert werden können, ist über 200 Jahre alt und 20 000 m² groß. Gruppen können Vinag nach Voranmeldung besichtigen – probieren kann man den Wein auch in der Vinothek des Wasserturms.

▶ Vinag

Die **Stadtburg** (Mestni grad) an der Westseite des Platzes, die Kaiser Friedrich III. 1478 errichten ließ, diente von 1532 bis 1938 als Adelsresidenz. Im Laufe der Jahrhunderte hat sie viele Stilrichtungen in sich aufgenommen. Heute beherbergt sie ein **landeskundliches Museum** (Pokrajinski muzej), das mit vielen Kuriosa und Raritäten aufwartet. So ist ein habsburgischer Säbel zu entdecken, den der slowe-

Maribor an der Drava: mittelalterliches Stadtbild, jugendliche Lebendigkeit

nische General Rudolf Maister 1919 zerbrach, um mit der Donaumonarchie auch symbolisch zu brechen. In der Kostümabteilung fällt eine ordenübersäte Uniform auf, die Tito als oberster General der jugoslawischen Streitkräfte trug. Ungewöhnlich sind die Karnevalsmasken in der ethnologischen Abteilung; eine Apothekeneinrichtung erinnert daran, dass die Marburger Pharmazeutik schon im 16. Jh. hoch entwickelt war. In der kunstgeschichtlichen Abteilung sind u. a. Skulpturen des Barockkünstlers Josef Straub zu sehen (Grajska ulica 2; geöffnet: Di. 9.00 – 16.00, Mi. – Fr. 9.00 – 16.00, Sa. 9.00 – 16.00, So. 9.00 – 14.00 Uhr).

★ **Glavni trg**

Der Glavni trg war einst wichtigster Platz der Stadt; Rathaus, Aloysiuskirche und schmucke Bürgerhäuser erinnern noch an die frühere Bedeutung. In seiner Mitte prangt das barocke **Pestdenkmal** (1743), aufgestellt zur Erinnerung an den »Schwarzen Tod« von 1680. Auf einer Säule thront die Unbefleckte Maria, ihr zu Füßen stehen sechs Heilige, Fürsprecher in Krankheitsfällen. Im ehemaligen Großen Kaffeehaus nahe der Brücke entstand ein Spielcasino.

★ **Vodni stolp und idovski stolp**

Geht man vom Glavni trg zum Drava-Ufer und biegt dann links ein, kommt man zum Vodni stolp. Der Wasserturm, der letzte von ursprünglich vier mittelalterlichen Türmen am Flussufer, bildet ein wuchtiges, unregelmäßiges Fünfeck. Ein Steinwurf landeinwärts erhebt sich der Židovksi stolp inmitten des ehemaligen jüdischen Viertels. Der **Judenturm** wurde 1465 zur Befestigung der Stadtmauer errichtet und dient heute als Fotogalerie (Galerija Stolp, So geschl.). In

Brachte Maribor ins Guinness-Buch der Rekorde: die weltälteste Weinrebe.

Lent Westlich der Drava-Brücke (Stari most) befindet sich das ehemalige **Hafenviertel** Lent (Lände = Landeplatz) mit seinen anmutig verschachtelten Häusern. In den 1980er-Jahren wurde es restauriert und ist seitdem ein **beliebter Treffpunkt der Marburger**. Zwischen den Türmen der alten Wehrmauern finden sich Restaurants, Terrassencafés und Galerien. Die Seitengassen sind nach den Handwerkern benannt, die hier ihre Werkstätten hatten: Ledererstraße (Usnjarska), Mühlenstraße (Mlinska) und Fleischhauerdurchgang (Mesarski prehod).

> **? WUSSTEN SIE SCHON …?**
>
> - In Maribor trägt der laut Guinness-Buch der Rekorde weltweit älteste Rebstock Früchte. Am Haus Nr. 8 der Uferstraße rankt er sich empor. Mehr als 400 Jahre ist er alt und wird jedes Jahr Anfang Oktober feierlich geerntet. In einem kleinen Museum wird die Geschichte des slowenischen Weins vorgestellt – Kostproben inklusive (geöffnet: Di. – So. 10.00 bis 18.00 Uhr

Sodni stolp Geht man von dem Viertel Lent aus westwärts, gelangt man zum mittelalterlichen Gerichtsturm (1310), der die Südwestecke der Altstadt markiert. Einst diente er als Gefängnis und Kerker, heute findet in seinem Schatten, am Vojašniški trg, der große **Wochenmarkt** statt: Bauern verkaufen vormittags steirisches Obst und Gemüse.

Slomškov trg

Ein kleines Stück vom Fluss aus in Richtung Norden kommt man zum Slomškov trg. Die Ostseite des Platzes wird dominiert von der **Kathedrale**, dem geistlichen Mittelpunkt der Stadt. Im Laufe ihrer über 800-jährigen Geschichte hat sie das Aussehen häufig verändert. Die unmittelbare Umgebung der Kirche wurde nach Entwürfen **Jože Plečniks** gestaltet: Kleine Steinsäulen und pyramidenförmig geschnittene Eichen sollen an den Friedhof erinnern, der die Kathedrale früher einmal umgab.

Vor der Kirche ist außerdem ein Denkmal von **Martin Slomšek** zu entdecken, dem der Platz seinen Namen verdankt. 1859 war es dem Bischof gelungen, den Sitz der Lavantinischen Diözese von St. Andrä nach Maribor zu verlegen, wodurch das slowenische Nationalbewusstsein nachhaltig gestärkt wurde.

An der Südseite des Slomškov trg wurde die Post in einem mächtigen Neorenaissancebau eingerichtet; das Stadttheater präsentiert sich klassizistisch. Alljährlich im Oktober treffen sich die besten Theatergruppen des Landes zum renommierten **Festival »Borštnikovo srečanje«**.

Mestni park

Der Stadtpark ist eine ländliche Idylle fast mitten in der Stadt. Gepflegte Blumenbeete und kurz geschorener Rasen wechseln mit Wildwiesen, Weingärten und Wäldchen ab. Viele Marburger zieht es am Wochenende zu den drei Teichen, wo sie im Ausflugslokal »Pri treh ribnikih« frischen Fisch verspeisen. In der Nähe befinden sich ein **Aquarium** mit exotischen Fischen sowie Terrarien, in denen sich Krokodile und Echsen aalen (Akvarj; geöffnet: Di. – Fr. 9.00 bis 18.00, Sa. u. So. 9.00 – 12.00, 14.00 – 18.00 Uhr).

Kalvarienberg/ Pyramidenhügel

Wer mehr Einsamkeit sucht, hat etwas weiter nördlich zwei Alternativen: Er besteigt den Kalvarienberg mit einer Kapelle zu Ehren der hl. Barbara (375 m) oder den 386 m hohen Pyramidenhügel, auf dem einst die »Marchburch« stand – für den Aufstieg braucht man jeweils etwa 20 Minuten.

Umgebung von Maribor

Betnava

3 km südlich des Stadtzentrums liegt in einem Park das Betnava-Schloss mit prunkvoller Barockfassade (1784). Mehrere Räume sind mit wertvollen Fresken ausgeschmückt. Im Schloss gibt es ein ausgezeichnetes Restaurant und einen Weinkeller.

Pohorje-Gebirge

6 km südwestlich von Maribor erhebt sich das bewaldete Pohorje-Gebirge, das am Rogla eine Höhe von 1517 m erreicht. Es ist von Wanderwegen durchzogen, im Winter treffen sich Skifahrer. Seit 1964 finden hier internationale Wettkämpfe im Damentorlauf und Riesenslalom statt. Vom Dorf Zgornje Radvanje kommt man mit einer Gondelseilbahn in 15 Minuten zur oberen Bahnstation (1020 m) knapp unterhalb des Hotels Bellevue. Markierte Wanderwege führen

MARIBOR ERLEBEN

AUSKUNFT

Maribor
Partizanska 6a
2000 Maribor
Tel. 02/234 66 11
Fax 234 66 13
www.maribor-pohorje.si
tic@maribor.si

Slovenska Bistrica
Trg svobode 17
2310 Slovenska Bistrica
Tel. 02/843 08 10, Fax 02/843 08 11

Slovenske Konjice
Stari trg 28
3210 Slovenske Konjice
Tel. 03/759 31 10, Fax 03/759 31 11
www.konjize.si

AUSGEHEN

Am Flussufer und in den Nebengassen trifft sich die studentische Szene.

Satchmo Jazz Klub
Strossmayer jeva 6
Guter Jazzclub mit internationalem Programm.

ESSEN

▶ Erschwinglich

① *Anderlič*
Za Kalvarijo 10, Tel. 02/251 68 21
Im Gasthaus auf dem Kalvarienberg hoch über Maribor bekommt man gute Suppen, am Wochenende auch knuspriges Spanferkel aus dem Backofen (odojek iz krušne peči). Mit Pensionszimmern.

② *Pri treh ribnikih*
Ribniška 3, Tel. 02/234 41 70
»Bei den drei Teichen« im Stadtpark isst man nicht nur Fisch. Gut schmeckt auch das gefüllte Schweinsfilet (polnjena svinjska ribica).

③ *Marina*
Limbuško nabrežje 10
Tel. 02/420 07 50
Gasthaus im Vorort Limbuš, am Flussufer gegenüber dem Stadtzentrum. Es werden Fisch und Fleisch, aber auch vegetarische Gerichte serviert. Nach dem Essen kann man ein Boot mieten und zu einer kleinen Tour aufbrechen.

▶ Preiswert

④ *Tako's*
Mesarski prehod 3
Tel. 02/252 71 50
Das mexikanische Lokal in einer Seitengasse der Uferpromenade bietet schmackhafte »quesadillas« (Tortillas, überbacken mit Champignons) und »chilli con carne«, dazu Coronita-Bier. Am Wochenende wird ab 22 Uhr getanzt.

ÜBERNACHTEN

▶ Luxus

① *Habakuk*
Pohorska 59
Tel. 02/300 81 00, Fax 300 81 28
www.termemb.si
habakuk@termemb.si
Komfortables Hotel mit 137 Zimmern am Fuß des Pohorje-Gebirges südwestlich von Maribor. Angeschlossen ist ein großes Kurzentrum mit Thermalbad, Saunen und Therapie-Angebot.

▶ Komfortabel

② *Piramida*
Heroja Šlandra 10
Tel. 02/234 44 00, Fax 234 43 60
www.termemb.si
piramida@termemb.si
Hotel für Geschäftsleute im Zentrum Maribors, ein paar Gehminuten von der Altstadt entfernt. 80 Zi.

► **Maribor** ZIELE 231

③ *Orel*
Grajski trg 3
Tel. 02/250 67 00, Fax 251 84 97
www.termemb.si, orel@termemb.si
Traditionshotel in bester Lage in der Altstadt, 71 komfortable Zimmer, ausgezeichnetes Frühstücksbüfett im Wintergarten.

Dravinja
Slovenske Konjice, Mestni trg 2
Tel. 03/757 57 00, Fax 757 57 01
www.hotel-dravinja.com
Mittelklassehotel in Slovenske Konjice in einem Bürgerhaus am Flussufer mit rustikalem Restaurant u. Café. 30 Zi.

► **Günstig**
④ *Tabor*
Heroja Zidanška 18
Tel. 02/421 64 10, Fax 421 64 40
www.hoteltabor.podhostnik.si
Sauberes, funktionales Hotel mit 58 Zimmern am nicht besonders attraktiven Südrand der Stadt. Überwiegend Messebesucher kommen hierher.

Leonardo
Slovenska Bistrica, Leonova 18
Tel. 02/805 07 10, Fax 805 07 35
www.h-leonardo.com
Hotel am Stadtrand von Slovenska Bistrica. 20 gemütliche Zimmer.

Maribor Orientierung

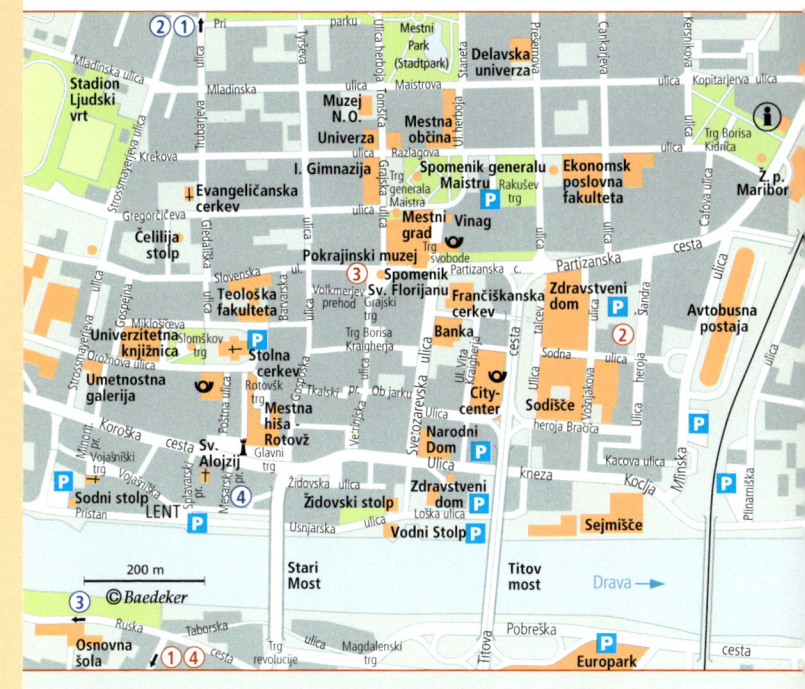

Essen
① Anderlič
② Pri treh ribnikih
③ Marina
④ Tako's

Übernachten
① Habakuk
② Piramida
③ Orel
④ Tabor

Slovenska Bistrica

Grad Bistrica ▶

zu Berghütten und laden zu ausgedehnten Spaziergängen ein. Auf dem Europäischen Fernwanderweg E-6 kommt man zum Wintersportort Rogla und erklimmt den Gipfel des Črni vrh (1542 m).

Am Fuß des Pohorje-Gebirges südlich von Maribor liegt die Industriestadt Slovenska Bistrica (7000 Einw.), eingebettet in eine schöne hügelige **Weinlandschaft**. Die Türme zweier Barockkirchen prägen die Stadtsilhouette, daneben ragen die Zinnen einer Burg auf. Im 18. Jh. fiel die mittelalterliche Burg an die Familie Attems, die sie standesgemäß aufpolieren ließ. Der mit mythologischen Fresken geschmückte **Festsaal** gilt als **einer der prächtigsten in Slowenien**, das Treppenhaus überwältigt mit heroischen Wandmalereien. Heute ist in der Burg ein städtisches Kulturzentrum eingerichtet; angeschlossen ist ein **ethnologisches Museum** (Grajska 11; geöffnet: Di.–Fr. 9.00–19.00, Sa. 11.00 bis 17.00 Uhr). Der mittelalterliche **Weinort Slovenske Konjice** (5000 Einw.) liegt südwestlich von Maribor im Dravinja-Tal am Südhang des Pohorje-Gebirges und ist für seine hervorragenden Backwaren bekannt. Der restaurierte Marktplatz wird von Cafés, einem Hotel und einer Kirche gesäumt. Überragt wird die hübsche Altstadt von einer Burg, die seit 1671 dem Verfall preisgegeben ist. In jenem Jahr wurde der letzte Spross der Familie Tattenbach als Drahtzieher einer gegen den habsburgischen Monarchen gerichteten Verschwörung hingerichtet.

> ! *Baedeker* TIPP
>
> **Tausendjähriges Kloster**
>
> Wenige Kilometer östlich Slovenske Konjice, jenseits der Autobahn Maribor-Ljubljana, versteckt sich im Wald das Kartäuserkloster Žiče. Im Schatten seiner verwitterten Türme und Mauern, die schrittweise restauriert werden, öffnet das »Kartäuserzimmer« mit deftiger Kost. Allerlei Verdauungselixiere bietet der Klosterladen nebenan (Gastuž, Žiče, Tel. 03/758 03 66, Mo./Di. geschlossen).

Metlika · Möttling

Q 9

Provinz: Bela Krajina
Einwohner: 3400

Höhe: 169 m

In dem kleinen Weinort an der kroatischen Grenze zeugen noch relativ gut erhaltene Befestigungen davon, dass Metlika in der frühen Neuzeit eines der wichtigsten Bollwerke auf slowenischem Gebiet war. Dicht drängen sich die kleinen Häuser auf dem Altstadthügel und streben aufwärts zur Wehrmauer.

Folklore Aufgrund der Abgeschiedenheit blieb in Bela Krajina die Folklore ein **lebendiger Bestandteil der Alltagskultur**: Frauen bemalen Ostereier mit archaischen, schwarz-weißen Ornamenten und weben weiße Leinenstoffe, die sie mit bunten Mustern besticken. An langen Wintertagen entstehen hübsche Körbe aus Weidenbast sowie Keramik nach tradiertem Vorbild. Und auch die **Lieder der Bela Krajina** verstauben nicht in irgendwelchen Archiven, sondern werden täglich gesungen – privat in den Bauernhäusern und öffentlich in Gasthöfen und bei Festen. Begleitet werden sie von typischen Instrumenten aus der Bela Krajina, dem Kontrabass »Berdo«, der Flöte »Bisernica« und der gitarrenähnlichen »Tamburica«. Und immer ist in der weinreichen Region ein edler Tropfen mit von der Partie, der leichte Rosé »Cviček« oder der fast schwarzfarbene »Metliška črnina«.

> ! *Baedeker* TIPP
>
> **Baden im Fluss**
> Der Fluss Kolpa genießt den Ruf, der wärmste und sauberste Fluss Sloweniens zu sein. Ein kleines Strandbad wurde knapp 2 km südlich der Stadt eingerichtet. Es ist leicht zu erreichen – man braucht nur der Straße »Bratstva in enotnosti« bis zum Südende zu folgen.

Sehenswertes in Metlika und Umgebung

Das mächtige Gebäude am Südende des Mestni trg gehörte dem Deutschen Orden, der nach den Kreuzzügen im Heiligen Land in Mitteleuropa eine neue Aufgabe suchte. *(Zentrum von Metlika)*

Nur einen Steinwurf entfernt steht eine mittelalterliche **Burg**, die heute das **Regionalmuseum der Bela Krajina** beherbergt: Archäologische Funde und kunsthandwerkliche Artikel sind hier ausgestellt, ferner Werke des in Metlika geborenen Bildhauers Alojz Gangl. In den Burgverliesen wird man anschaulich in die lange Keltereitradition des Orts eingeführt und erfährt einiges über den einheimischen Tropfen »Metliška črnina« (Belokranjski muzej, Trg svobode 4; geöffnet: Mo.–Fr. 9.00–17.00, Sa. 9.00–14.00, So. 9.00–14.00 Uhr). In einem Nebentrakt ist eine Abteilung der slowenischen Feuerwehr gewidmet.

▶ METLIKA ERLEBEN

AUSKUNFT

Metlika
Mestni trg 1
8330 Metlika
Tel. 07/363 54 70
Fax 363 54 71
www.metlika.si

Črnomelj
Trg Svobode 3
8340 Črnomelj
Tel. 07/305 65 30
Fax 305 65 30
www.belakrajina.si, www.crnomelj.si
turizem@crnomelj.si

ESSEN

▶ **Preiswert**
Vinoteka Pinot
Metlika, Trg svobode 1
Wer lokalen Wein kosten will, besucht die Vinothek. Im Angebot sind u. a. »metliška črnina«, ein dunkler Rotwein, sowie ein süßlicher Eiswein.

Rosalnice — Auf der ostwärts führenden Straße kommt man nach 2 km ins Dorf Rosalnice, berühmt für seine »drei Pfarren« (Tri Fare), **drei gotische Kirchen** auf einem Friedhof, Mitte des 12. Jh.s von Kreuzrittern des Deutschen Ordens erbaut. Am 31. August und 1. September treffen sich hier die Bewohner der umliegenden Orte zu einer festlichen **Wallfahrt** – fein gekleidet in weißer Tracht (bela krajina). Wer lieber ein **Weinfest** miterleben möchte, muss die Reise im Frühjahr antreten: Anfang Mai findet in Metlika die traditionelle Vinska Vigred statt, bei der dunkler Rotwein in Strömen fließt.

Črnomelj — Črnomelj ist der Verkehrsmittelpunkt der Bela Krajina. Berühmt wurde es im 15. und 16. Jh., als es alle **Türkenangriffe** abwehrte. Nach der Kapitulation Italiens (1943) rückte es wieder ins Rampenlicht der Geschichte: Die Front der **Partisanen** erwählte Črnomelj zu ihrer **Hauptstadt**. Das mittelalterliche, mehrmals umgebaute **Schloss** Črnomelj gehörte den Adelsfamilien Tschernombl, Frankopani und Lichtenberg, Mitte des 13. Jh.s auch deutschen Ordensrittern.

Mozirje

0 4

Provinz: Štajerska **Höhe:** 340 m
Einwohner: 2000

Mit knapp 2000 Einwohnern ist Mozirje der größte Ort des oberen Savinja-Tals, malerisch liegt er am Flussufer. National gesonnene Slowenen sprechen gerne von ihm, waren es doch die Bewohner Mozirjes, die nach der Märzrevolution von 1848 die erste slowenischsprachige Gemeindeverwaltung ertrotzten.

Sehenswertes in Mozirje und Umgebung

Mozirje — Der Ort hat sich ein fast geschlossen **klassizistisches Aussehen** bewahrt, vor allem die Fassaden am Markt zeigen einstigen Wohlstand. Beste Beispiele lokaler Architektur sind die Häuser Nr. 11, 15, 17.
Am Stadtrand befindet sich am rechten Ufer der Savinja das **Savinjski Gaj**, das »Savinjer Paradies«, ein beliebtes Ausflugsziel. In einem 6 ha großen botanischen Park wachsen Pflanzen aus aller Welt. Angeschlossen ist ein Freilichtmuseum mit einer alten Mühle und einem Bauernhaus mit Tenne und Schmiede im traditionellen Baustil. Im angrenzenden Vergnügungspark werden an Festtagen Alpenbräuche wiederbelebt, man tanzt zu Oberkrainer Musik und stärkt sich mit deftiger einheimischer Kost (geöffnet: April – Oktober).

Golte — Im Weiler Žekovec, 4 km nordwestlich von Mozirje, startet die **längste Seilbahn Sloweniens** zur 1573 Meter hohen Karstebene Golte. Von Ende November bis Mitte April sind zwei Sessel- und fünf

▶ Mozirje   ZIELE   235

MOZIRJE ERLEBEN

AUSKUNFT
Šaleška 3
3320 Velenje
Tel. 03/896 18 60, Fax 896 18 75
www.velenje-tourism.si, tic@velenje.si

ESSEN

▶ **Preiswert**

Gaj
Cesta v Loke 1, Tel. 03/837 07 60
Gasthaus nahe dem botanischen
Garten in Mozirje. Spezialität:
Wildragout mit Knödeln.

ÜBERNACHTEN

▶ **Komfortabel**

Kurkomplex Toplice Dobrna
Tel. 03/780 80 00, Fax 780 81 11
www.terme-dobrna.si
Die Hotels (200 Zi.) der Kuranlage in
Dobrna östlich von Velenje liegen in
einem gepflegten Park. Zur Anlage
gehören zwei Hallenbäder, Sauna,
Solarium, Tennis, Tischtennis, Boccia,
Kegelbahn und Gartenschach. Architektonisches Schmuckstück ist die
kastellartige Villa Higieia aus dem
19. Jahrhundert (30 Zi.).

Kurkomplex Terme Topolšica
Topolšica, Topolšica 77
Tel. 03/896 31 00, Fax 896 34 00
www.t-topolsica.si
Das Kurbad Topolšica liegt nordöstlich von Mozirje in einem idyllischen
Tal zu Füßen der Karawanken. Zur
Anlage mit 180 Zimmern gehören die
Dreisternehotels Vesna und Mladika
sowie zwei Hallenbäder und drei
Tennisplätze. Die Kurgäste können
reiten oder im Fluss Paka paddeln
und angeln.

Schlepplifte in Betrieb. Für den alpinen **Skisport** stehen Pisten von 10 km, für den Langlauf Loipen von 24 km Länge zur Verfügung. Außerdem kann man rodeln und Gleitschirm fliegen oder in Begleitung erfahrener Führer über vereiste Wasserfälle klettern.

Auf dem Weg ins malerische Savinja-Tal kommt man nach 2 km nach Nazarje, wo sich in der im Stil der Renaissance restaurierten **Burg Vrbovec** ein Restaurant und ein Weinkeller befinden. Über dem Zusammenfluss von Savinja und Dreta thront ein ehemaliges Kloster, das sich zu Beginn des 17. Jh.s aus Bosnien geflüchtete Franziskanermönche erbauen ließen.

Nazarje

! *Baedeker* TIPP

Knappenjause unter Tage
Mit der Stollenbahn fährt man 180 m unter die Erdoberfläche, erfährt dort eine Menge über die gefährliche Arbeit der Bergleute und erhält zum Abschluss eine Brotzeit, ähnlich der, mit der man sich einst fit machte für die nächste Schicht (1,5 km nördl. in Škale, tgl. 9.30 – 17.00 Uhr).

Der einzige größere Ort in der Umgebung von Mozirje ist **Velenje** (Wöllan) wenige Kilometer östlich. Die Stadt selber taugt nicht als Urlaubsort. Ausgedehnte Industrieanlagen und graue Hochhäuser beherrschen das Bild. Lohnend ist aber ein von der EU **preisgekröntes**

Bergbaumuseum, das Besucher mit den Arbeitsbedingungen unter Tage vertraut macht. Die Besichtigung ist nur im Rahmen einer geführten Tour möglich, aufgrund der kühlen Temperatur ist das Tragen warmer Kleidung zu empfehlen (Muzej premogovništva slovenije, Koroška/Stari jašek, geöffnet: tgl. außer Mo. 9.30 – 17.00, letzter Einlass 15.30 Uhr). Kunstfreunde besuchen die **Galerien** in der hoch über der Stadt thronenden mittelalterlichen Burg (Ljubljanska 54, www.riv.si/muzej; geöffnet: tgl. außer Mo. 9.00 – 19.00, im Winter 9.00 – 17.00 Uhr).

Weitere Ziele ▶Savinjska Dolina

Murska Sobota · Olsnitz

V / W 2 / 3

Provinz: Prekmurje
Einwohner: 14 000
Höhe: 190 m

Die Stadt auf einer weiten Ebene jenseits der Mura war fast 1000 Jahre lang ungarisch, 1919 wurde sie Hauptstadt der Provinz Prekmurje im neuen jugoslawischen Königreich. In der Umgebung gibt es außer kleinen Töpferdörfern mehrere schöne Thermalbäder.

Samstagsmarkt Murska Sobota verdankt seinen Namen einem Markt, der samstags (sobota) abgehalten wurde und Händler von weither anlockte. Heutigen Besuchern hat die Stadt nur wenig Sehenswertes zu bieten, besonders nach 1945 wurde viel Industrie angesiedelt.

Sehenswertes in Murska Sobota

Park Miru und Grad Sobota Westlich des zentralen »Siegesplatzes« (Trg zamage) liegt der nahezu 10 ha große **»Friedenspark«** (Park Miru). Hier wachsen Eichen, von denen die ältesten zweihundert Jahre alt sind, mächtige Eschen und Linden. Mitten im Park steht ein schönes vierflügeliges **Renaissance-Schloss** (Grad Sobota), das Fürst Peter Szapary Ende des 17. Jh.s erbauen ließ, nachdem ihm der ungarische König die Stadt »für alle Ewigkeit« als Privateigentum überschrieben hatte. Heute dient das Schloss als Regionalmuseum, in dem Alltagskultur vorgestellt wird und man sich von der wechselvollen Geschichte der Grenzregion ein Bild machen kann (Pokrajinski muzej, Trubarjev drevored 4; geöffnet: Di. – Fr. 10.00 – 17.00, Sa. – So. 10.00 – 13.00 Uhr).

! *Baedeker* TIPP

Galerija

Künstlerisches Zentrum von Murska Sobota ist die städtische Galerie. Alle zwei Jahre organisiert sie die Kleinplastik-Biennale, alle drei Jahre lädt sie außer slowenischen auch ungarische und kroatische Künstler ein. Viele Werke können käuflich erworben werden (Kocljeva ulica 7).

MURSKA SOBOTA ERLEBEN

AUSKUNFT

Murska Sobota
Slovenska ulica
9000 Murska Sobota
Tel. 02/534 11 30, Fax 530 33 25
www.murska-sobota.si

Lendava
Glavna ulica 38
9220 Lendava
Tel. 02/578 83 90, Fax 578 83 91
www.lendava-turizem.si

Moravske Toplice
Kranjčeva ulica 3
9226 Moravske Toplice
Tel. 02/538 15 20, Fax 538 15 22
www.moravske-toplice.com
tic.moravci@siol.net

ESSEN

▶ Erschwinglich

Rajh
Soboška 32, Bakovci
Tel. 02/543 90 98
Stilvolles, preisgekröntes Lokal in einem Dorf südlich von Murska Sobota. Serviert werden Spezialitäten Prekmurjes: deftiger »bograc« (Eintopf mit Fleisch, Zwiebeln und Kartoffeln), »bujta repa« (hausgemachte Würste aus Schweinefleisch) und »gibanica à la Prekmurje« (Baumstrudel mit Quark, Mohn und Walnüssen). Der Besitzer Ignac Rajh ist Mitglied des Europäischen Weinritterordens und präsentiert gern seinen imposanten Weinkeller.
Mo. geschl.

ÜBERNACHTEN

▶ Luxus

Kurkomplex Moravske Toplice
Kranjčeva 12, Martjanci
Moravske Toplice
Tel. 02/512 22 00, Fax 548 16 07
www.terme3000.si
Das Nobelhotel »Livada« rühmt sich, 100 Gesundheits- und Schönheitsquellen zu haben.

▶ Komfortabel

Diana
Slovenska ulica 52
Tel. 02/514 12 00
Fax 532 10 97
www.zvezda-diana.si
Von außen wirkt der fünfstöckige Hotelkasten steril, doch innen ist er ganz passabel. Es gibt ein Thermalbad, Whirlpool und Sauna, Fitness und Squash. Im Restaurant bekommt man Bier aus eigener Brauerei. 97 Zi.

Terme Banovci
9241 Banovci-Veržej 1-A
Tel. 02/513 14 00
Fax 587 17 03
www.terme-banovci.si
In der 12 km südlich von Murska Sobota gelegenen Kuranlage Terme Banovci kann man in der Feriensiedlung Zeleni Gaj mit Hallen- und Freibad, Sauna und Fitness wohnen. Zeleni Gaj hat 84 Zimmer.

Lipa
Tomšičeva 2-A
Lendava
Tel. 02/577 41 00
Fax 577 44 12
www.terme-lendava.si
Modernes, an die Thermen angeschlossenes Mittelklassehotel mit 120 Zimmern. Mit zwei Thermalschwimmbädern (34–36 °C), zwei zusätzlichen Freibädern, Tennisplätzen und Minigolf. Fahrräder sind ausleihbar. Auf dem ans Kurhotel angeschlossenen kleinen Campingplatz können sich Gäste in Bungalows einmieten.

Umgebung von Murska Sobota

Banovci-Veržej Der Kurort Banovci-Veržej liegt 12 km südlich von Murska Sobota an einer **Thermo-Mineralwasserquelle**. Das 42 °C heiße Wasser kommt aus 1350 m Tiefe und speist drei Frei- bzw. Hallenbäder. Wunderschön ist die Umgebung: In den **Sümpfen und Auenwäldern** zwischen den toten Flussarmen der Mura nisten seltene Wasservögel, das Gebiet soll zum Landschaftspark erklärt werden. Auf einer Flussinsel der Mura ist eine alte Mühle in Betrieb – als Monument einer längst vergangenen Industriekultur steht sie unter Denkmalschutz.

Moravske Toplice Der 1960 gegründete **Kurort** liegt am Rande der ruhigen Tiefebene von Prekmurje. Mit einer Temperatur von 72 °C schießt hier Quellwasser empor, das – abgekühlt auf 38 °C – sieben Thermalschwimmbäder nährt. Es gibt eine Badelandschaft mit spiralförmigen Riesenrutschen, Tennisplätze und Trimm-dich-Pfade. Man kann Fahrräder ausleihen, in der Umgebung Kajak fahren und auf einem See surfen.

Lendava Die östlichste Stadt Sloweniens erhielt ihren Namen von der **Linde**, einem **Nationalsymbol der Slowenen**. Sie liegt knapp 5 km von der ungarischen und 7 km von der kroatischen Grenze entfernt. Schilder in ungarischer Sprache verweisen auf die starke Präsenz der magyarischen Minderheit. Aus osmanischer Zeit stammt die makabre Mumie in der Pfarrkirche. Einen Besuch lohnt die mittelalterliche Burg mit ihrer rustikalen Weinstube. Nahe der 1965 entdeckten **Hyperthermen** mit hohem Paraffingehalt ist das kleine, moderne **Kurzentrum** Lendava entstanden. Attraktiv ist das Thermalbad mit einem Außenbereich, in dem man selbst an relativ kalten Tagen genussvoll baden kann.

? WUSSTEN SIE SCHON …?

- … dass die Region Prekmurje fast 1000 Jahre unter ungarischem Einfluss stand? Noch immer lebt hier eine starke ungarische Minderheit sowie die Mehrzahl der slowenischen Roma und Sinti. Auch kulinarisch gibt Ungarn den Ton an: Bograč, einen feurigen Fleischeintopf, und Gibanica, einen Strudel mit Quark-Nussfüllung, gibt es in jedem Gasthaus.

Nova Gorica · Neu-Görz

F 7

Provinz: Primorska
Einwohner: 35 000
Höhe: 92 m

Die Grenzstadt gilt als Vergnügungsstätte par excellence und wird als »bedeutendstes Unterhaltungs- und Spielzentrum Europas« angepriesen. Rund um die Uhr kann man im Casino sein Geld bei französischem Roulette, Black Jack und Bakkarat verlieren.

Östlich von Nova Gorica: Burg Kromberk mit ihren vier wuchtigen Ecktürmen

Sehenswertes in Nova Gorica und Umgebung

Als die Alliierten die Stadt Gorizia nach dem Zweiten Weltkrieg Italien zusprachen, wurde auf jugoslawischer Seite die Musterarbeitersiedlung Nova Gorica gegründet. Heute prallen Vergangenheit und Gegenwart hart aufeinander: auf der einen Seite angegraute Hochhäuser und Denkmäler verdienter Partisanen, auf der anderen ein gläserner Casino-Palast, in dem sich alles um das liebe Geld dreht.

Nova Gorica

Auf einer Anhöhe über der Stadt thront das Kloster Kostanjevica, das im 17. Jh. von den Franziskanern erbaut wurde. Dass es sich zu einem **Nostalgieort für französische Monarchisten** entwickelt hat, liegt daran, dass hier der letzte Bourbone begraben liegt: Während der Julirevolution 1830 war Karl X. nach Görz geflohen, wo er sechs Jahre später an Cholera starb.

Kloster Kostanjevica

Geschichtliches birgt auch das Regionalmuseum in der Burg Kromberk. Das quadratische, mit vier Ecktürmen bewehrte Gebäude zeigt antike Funde aus der Region, außerdem ethnografische und kunsthistorische Sammlungen (Goriški muzej, Grajska 1; geöffnet: Mo. – Fr. 8.00 – 14.00, So. 13.00 – 17.00 Uhr).

Kromberk

Der bekannteste Pilgerort der Region ist der 681 m hohe »Heilige Berg« (Sveta Gora, auch: Skalnica) 8 km nördlich Nova Gorica. Auf seinem Gipfel prangt die **Wallfahrtskirche Mariä Himmelfahrt**, die 1544 erbaut wurde, nachdem einer Ziegenhirtin die Jungfrau erschie-

Sveta Gora

NOVA GORICA ERLEBEN

AUSKUNFT

Nova Gorica
Bevkov trg 4
5000 Nova Gorica
Tel. 05/330 46 00
Fax 330 46 06
www.novagorica-turizem.com

Dobrovo/Brda
Trg 25, maja 2
5212 Dobrovo
Tel. 05/395 95 94, Fax 395 95 95
www.obcina-brda.si

ESSEN

▶ Erschwinglich
Šterk
Ajševica 13, Tel. 05/330 46 33
Gemütliches Gasthaus in Ajševica, 7 km südöstlich von Nova Gorica; nach dem Essen kann man den Tiergarten besuchen. Mo. u. Di. geschl.

ÜBERNACHTEN

▶ Luxus
Perla
Kidričeva 7
Tel. 05/336 30 00, 336 34 49
Fax 302 88 86, 336 32 98
www.hit.si
Glamouröses Viersternehotel mit 105 Zimmern, angeschlossenem Casino-Mekka, Hallenbad, Tennis, Sauna und Fitness.

▶ Günstig
Klinec
Medana 20, Dobrovo
Tel./Fax 05/304 50 92
www.klinec.si
Der rührige Aleks Klinec vermietet nicht nur 3 Zimmer, er stellt auch Spitzenweine her und organisiert im September ein »Wein- und Poesie-Festival«.

---

nen war. Aus Bosnien vertriebene Franziskaner bauten später ein Kloster an. Die heutigen Klostergebäude sind originalgetreue Nachbauten von 1927. Unterhalb der Kirche informiert ein Museum über die Kriegsjahre 1915 – 1918 (geöffnet: Mi. – So. 12.00 – 16.00 Uhr).

Goriška Brda Nordwestlich von Nova Gorica liegt das Hügelland Goriška Brda, das in weitem Bogen zur Friauler Ebene abfällt. Mit seinen tief eingeschnittenen Tälern, terrassierten Hängen und hübschen mittelalterlichen Dörfern macht es einen malerischen Eindruck. Die Gegend ist für ihren **vorzüglichen Wein** bekannt; außerdem wird hier Obst angebaut. Goriška Brda lässt sich über zwei Straßen erreichen. Der kürzere Weg führt über die exterritoriale, durch Italien führende Sabotin-Straße (bei Solkan muss man die Soča queren und dann Richtung Hum, 7 km), der längere führt in nördlicher Richtung nach Plave (12 km), wo man den Fluss quert und steil aufwärts zum Vrholje-Pass fährt, von dem sich eine großartige Aussicht bietet.

Dobrovo Zentrum der Region ist Dobrovo mit einem venezianischen Renaissanceschloss, das wertvolle Fresken besitzt. In einer Galerie sind Gemälde des in Paris lebenden slowenischen Malers Zoran Mušič ausgestellt, in der großen **Vinothek** können die Weine der Region gekostet werden: u. a. Weißburgunder, Merlot und Cabernet. Vorzüglich ist auch »Peneča Rebula«, ein **einheimischer Sekt**, der aus der autochthonen, dem Friauler Tokaj ähnlichen Rebula-Traube gewonnen wird. Am allerbesten schmeckt er, wenn man vor dem Genuss eine Kirsche ins Glas wirft (Vinoteka Brda, Grajska 10).

> **! Baedeker TIPP**
>
> **Movia: Kellerei von 1820**
> In einem imposanten Gutshaus in Ceglo gibt es eine traditionsreiche Kellerei von 1820. Seit Aleš Kristančič das Regiment führt, werden die hiesigen Weine von Experten zu den 50 besten der Welt gezählt. Zur Verkostung gibt es eingelegte Oliven und Käse mit Honig (s. beiliegender Special Guide »Slow Food«).

In der Nähe von Dobrovo kauert das Dorf **Šmartno v Brdih** auf einem Hügel. Das Dorf gilt mit seinen engen Gassen, mittelalterlichen Häusern und einer noch gut erhaltenen Wehrmauer als ein wichtiges Kulturdenkmal. Hübsche Winzerorte in der näheren Umgebung von Šmartno v Brdih sind **Ceglo**, Medana und Plešivo.

★ Novo Mesto · Rudolfswerth

P/Q 8

Provinz: Dolenjska **Höhe:** 188 m
Einwohner: 41 000

Die Hauptstadt von Dolenjska (Niederkrain) liegt in einem weiten, von Bergen eingefassten Tal. Die Altstadt erstreckt sich auf einer von der Krka umflossenen Landzunge – ein Postkartenidyll, das schon viele Maler und Fotografen festgehalten haben.

Im Südosten ragen die Gorjanci, im Südwesten der Ljuben, im Westen der Kočevski Rog und im Norden die Trška Gora auf. An dem der hübschen Altstadt gegenüberliegenden Flussufer geht es weniger pittoresk zu: Starker Verkehr sorgt dort für einen hohen Geräuschpegel, seit 1960 haben sich viele Industriebetriebe angesiedelt; allgegenwärtig ist der in Slowenien bekannte Pharmakonzern Krka.

Stadtgeschichte

»Neu«, wie der Name suggeriert, ist die Stadt keineswegs. Schon in der Bronzezeit war der Ort besiedelt, archäologische Funde zeugen von hier ansässigen Illyrern, Kelten und Römern. 1365 verlieh Rudolf IV. dem Ort die Stadtrechte und gab ihm den Namen Rudolfswerde (= Rudolfsinsel). Nach türkischen Invasionen büßte der Marktflecken im 16. Jh. seine wirtschaftliche Bedeutung ein. Den Todesstoß erhielt er 1579, als die habsburgische Regierung Ämter und Soldaten ins sicherere, heute kroatische Karlovac verlegte. Erst die Industrialisierung im 19. Jh. bescherte Novo Mesto einen neuen wirtschaftlichen Aufschwung.

Sehenswertes in Novo Mesto

Glavni trg Der lang gestreckte, kopfsteingepflasterte Hauptplatz bildet den Mittelpunkt der Stadt. Er ist von **Laubenhäusern** gesäumt, an seiner Ostseite ragt das neugotische, 1905 erbaute Rathaus auf. In seinem Schatten steht das Franziskanerkloster (1472), dessen wertvolle Bibliothek vor wenigen Jahren nach Ljubljana gebracht wurde. In der angeschlossenen Leonardkirche (Sv. Leonard) fanden Adelige ihre letzte Ruhestätte, entsprechend üppig präsentiert sich das Innere.

Jakčev dom Einen Steinwurf entfernt, südwestlich des Hauptplatzes, wurde das Geburtshaus des Malers Božidar Jakac (1899 – 1989) in eine Galerie verwandelt. Hier werden die Bilder gezeigt, die er Novo Mesto vermacht hat, darunter auch mehrere expressionistische Stadtansichten (Sokolska 1; geöffnet: Mo. – Fr. 8.00 – 17.00, Sa. 10.00 – 17.00 Uhr).

Sv. Nikolj Am Fluss entlang kommt man in die westliche Altstadt, die von der Nikolauskirche (Sv. Nikolaj) markiert wird. Sie entstand 1429 an der Stelle eines früheren Gotteshauses, wurde aber später barockisiert. Berühmt ist das farbenprächtige **Altargemälde** von **Tintoretto** (Ende 16. Jh.). Es zeigt den Schutzpatron in ekstatischer Pose beim Aufstieg in den Himmel, flankiert von ergriffenen Heiligen und Engeln.

Malerisch am Ufer der Krka gelegen: die Altstadt von Novo Mesto

Ein paar Schritte ostwärts in Richtung Hauptplatz geht es zum attraktiven **Regionalmuseum**. Die archäologische Abteilung zeigt wichtige Funde aus der Bronzezeit, die ethnologische Abteilung im Ropas-Haus Trachten und Kunsthandwerk. In einer **Galerie** nahebei werden Werke berühmter einheimischer Künstler ausgestellt; alle zwei Jahre findet hier die Slowenische Grafik-Biennale statt (Muzejska 3; geöffnet: Di. – Fr. 9.00 – 17.00, Sa. / So. 9.00 – 13.00 Uhr).

Dolenjski muzej

Umgebung von Novo Mesto

Weinreich sind die Hügel im Norden der Stadt (Trška Gora). Außer Chardonnay und Sauvignon wird hier eine spezifische Mischung von roten und weißen Trauben kultiviert, aus der »**Cviček**«, ein leichter, frischer Roséwein gekeltert wird. Probieren kann man ihn in den Gasthäusern der umliegenden Orte, von denen einer schöner ist als der andere.

Weinregion

Ausgesprochen lohnend ist eine **Fahrt entlang der Krka**. Direkt am Flussufer liegen mehrere alte Burgen und hübsche Weinorte, außerdem gibt es einige Traditions-Kurbäder, die einen wahrhaft altehrwürdigen Charme ausstrahlen wie beispielsweise Dolenjske Toplice, Žužemberk, ▶ Otočec ob Krki, ▶ Kostanjevica na Krki.

> ! *Baedeker* TIPP
>
> **Cviček**
>
> Aus einem halben Dutzend roter und weißer Traubensorten, darunter Kölner Blauer, Blaufränkischer und Welschriesling, wird ein Wein gekeltert, der trocken und zugleich leicht säuerlich schmeckt. Mit nur 9 % ist sein Alkoholgehalt erstaunlich niedrig – in Kostanjevica wurde ihm ein Museum gewidmet (s. S. 191), in Čatež feiert man im Juni ein großes Cviček-Fest.

Dolenjske Toplice 13 km südwestlich von Novo Mesto ist **Sloweniens ältestes Kurbad**, es liegt im Krka-Tal am Fuß des bewaldeten Gebirgszugs Kočevski Rog. Die Heilwirkungen seiner Thermalquellen waren bereits im 14. Jh. bekannt; eine erste Kuranlage wurde vom Fürsten Auersperg vor gut 300 Jahren eingeweiht. Spazierwege führen durch das burgenreiche Flusstal und in die umliegenden malerischen Weinberge. Einen romantischen Picknickplatz findet man vor den efeuumrankten **Ruinen der Burg Soteska** (Einöd) am Krka-Ufer – einst Bollwerk gegen die Türken, später Residenz der Grafenfamilie Auersperg. Von der 1943 niedergebrannten Anlage erhielten sich nur die Außenmauern – gähnend leere Fenster bieten Einblick in das verwilderte Innere des Gebäudes. Restauriert wurde aber der frühbarocke »Teufelsturm« (Hudičev turn) direkt am Fluss, den ein gewisser Meister Almanach mit üppigen Fresken ausgemalt hat.

Dolenjske Toplice

14 km südlich von Dolenjske Toplice liegt das **Skigebiet** Rog-Črmošnjice auf einer Höhe zwischen 730 und 970 Meter. Von Ende Dezember bis Ende März sind sechs Skilifte in Betrieb; Langläufern steht eine 5 km lange Loipe zur Verfügung.

Rog-Črmošnjice

NOVO MESTO ERLEBEN

AUSKUNFT
Glavni trg 6
8000 Novo Mesto
Tel. 07/393 92 63
Fax 332 25 12
www.novomesto.si
tic@novomesto.si

ESSEN
▶ Erschwinglich
Gostilna Štravs
Podturn 28
In Podturn, einem Dorf 3 km südwestlich des Kurorts Dolenjske Toplice, befindet sich eine der besten Gaststätten der Region mit hervorragenden Fisch- und Wildgerichten. Es gibt auch Gästezimmer.

▶ Preiswert
Gostišča na Trgu
Novo Mesto
Glavni trg 30
Tel. 07/332 18 82
Am Hauptplatz gegenüber vom Rathaus: beliebtes Café mit Sommerterrasse, Eissalon und Pizzeria, das Restaurant im Obergeschoss ist teurer.

Gostilna Loka
Novo Mesto
Župančičevo sprehajališče 2
Gaststätte mit guten Fischgerichten, besonders begehrt ist Forelle.

ÜBERNACHTEN
▶ Komfortabel
Krka
Novo mesto, Novi trg 1
Tel. 07/394 21 00, Fax 331 30 00
www.krka-zdravilisca.si
Das renovierte Hotel im Stadtzentrum ist vor allem bei Geschäftsleuten beliebt. 50 Zi.

Kurkomplex Zdravilišče Dolenjske Toplice
Dolenjske Toplice
Tel. 07/391 94 00, Fax 306 56 62
www.terme-krka.si
Zu den beiden renommierten Viersternehotels (Vital / Kristal) gehört die große Thermal-Badelandschaft Balnea mit Pools drinnen und draußen, Saunen von finnisch bis japanisch und einem umfangreichen Therapie-Angebot. 140 Zi.

Žužemberk

Žužemberk westlich von Novo Mesto bildet das Zentrum des 25 km langen Obertals der Krka und zählt mit seinen steilen, grünen Hängen und dem über Tuffsteinschwellen wasserfallartig hinabrauschenden Fluss zu den schönsten Flecken des Landes. Mit einer Burgruine, einer prächtigen Kirche und gepflegten Häusern ist Žužemberk ein beliebtes Ziel. Auch Aktivurlauber kommen gern hierher: Kanuten paddeln flussabwärts bis Novo Mesto, Radler und Wanderer starten zu Touren in den Hornwald (Kočevski Rog, ▶ S. 180).
Auf einer Felsterrasse über dem Fluss thronen die **Ruinen der Burg Grad Žužemberk** (1246), die erst den Bischöfen von Görz, dann den Habsburgern und Auerspergern gehörte. Bei den schweren Kämpfen 1944 brannte sie aus, erhalten blieben nur die Ringmauer mit den Basteien sowie der Burgkeller (Grajska klet). In den romantischen Gewölben werden von Juni bis September Konzerte aufgeführt.

Burgruine von Žužemberk, imposant oberhalb der Krka gelegen

Schon von weither sieht man **Sv. Mohor in Fortunat**, die Kirche der hl. Hermagoras und Fortunat auf einem Hügel über dem Dorf. Auch sie wurde 1944 zerstört, doch hat man sie anschließend weitgehend originalgetreu wiedererrichtet. An die bei den Kämpfen gefallenen Partisanen erinnert ein Denkmal auf einer Nachbarkuppe.

Ormož · Friedau

V 4

Provinz: Štajerska **Höhe:** 213 m
Einwohner: 2300

Die gemütliche Kleinstadt liegt auf einer hohen Uferterrasse der Drava, die hier die Grenze zu Kroatien markiert. Sie ist Mittelpunkt einer Weinregion, in der sehr gute Weißweine, allen voran Rhein- und Welschriesling, Weiß- und Grauburgunder gekeltert werden.

Jahrhundertelang verlief bei Ormož die Grenze zwischen dem Heiligen Römischen Reich Deutscher Nation und Ungarn. Ende des 12. Jh.s wurde hier ein Verteidigungsturm errichtet, aus dem sich später eine Burg entwickelte. Zur Zeit der Türkeneinfälle galt diese als wichtigste Befestigungsanlage im Lande Steiermark. Seit 1991 markiert das Weinstädtchen an der Drava abermals eine Grenze, diesmal zwischen Slowenien und Kroatien.

Stadtgeschichte

Sehenswertes in Ormož

Sv. Jakub Am Ostrand des trapezförmigen Mestni trg, von dem alle wichtigen Straßen abzweigen, steht die 1271 errichtete Jakobskirche (Sv. Jakub). Sie ist bekannt für ihre **Fresken** im Stil der Gotik und der Renaissance, die ein Loblied auf die Tugend der Demut singen.

Grad Ormož Das 1278 auf einem Hügel hoch über der Stadt entstandene **Schloss** erhielt zu Beginn des 19. Jh.s verglaste Arkadengänge. Über sie gelangt man in prunkvolle Säle, die mit mythologischen Wandbildern geschmückt sind. Sie gelten als Meisterwerk des Klassizismus in Slowenien, geschaffen wurden sie im Jahr 1810.

Umgebung von Ormož

Weinstraße Ormož liegt an der bekannten Weinstraße, die durch schönes Hügelland westwärts nach Ptuj und nordwärts nach Ljutomer führt.

Jeruzalem 9 km nördlich von Ormož bietet Jeruzalem einen Blick über schier endlose Weingärten. Zwischen den Rebstöcken klappern **»klopotec«**, Windräder, die Vögel vom Traubennaschen abhalten sollen. Der Ort wurde im 13. Jh. von deutschen Ordensrittern gegründet: Bei der Rückkehr von einem Kreuzzug blieben sie an diesem fruchtbaren

▶ ORMOŽ ERLEBEN

AUSKUNFT

Kerenčičev trg 12
2270 Ormož
Tel. 02/741 53 53
www.slovenia.info/ormož
tic.ormoz@siol.net

ESSEN

▶ Erschwinglich
Gostišče Brenholc
Jeruzalem
Jeruzalem 18
www.brenholc.com
Traditionelles Gasthaus in den Weinbergen, engagiert geführt von Vinko Brenholc. Vom Restaurant blickt man auf die österreichischen Alpen, im 300 Jahre alten Keller kostet man die Spitzenweine der Region. Angeschlossen ist ein Laden mit Weinverkauf.

▶ Preiswert
Vinothek Jeruzalem – Ormož
Kolodvorska 11
Tel. 02/741 57 00
Weinverkostung und -verkauf, dazu leckere Appetithäppchen wie Käse und Wurst.

ÜBERNACHTEN

▶ Günstig
Ormož
Vrazova 5
Tel. 02/741 08 30
Fax 741 08 40
www.hotel-ormoz-grozd.si
Das einzige Hotel der Stadt: sehr freundlich geführt, gemütlich eingerichtet und mit einem vorzüglichen Lokal und einer großen Vinothek. 30 Zi.

Bei Jeruzalem: liebliche Landschaft mit sanft gewellten Weinbergen

Flecken und nannten ihn nach der Heiligen Stadt. Die von ihnen erbaute Kirche der Schmerzhaften Muttergottes (Cerkev Žalustne Matere božje) wurde später barockisiert. In der Nähe entstand ein Park mit seltenen Bäumen und Blumen. Die meisten Besucher Jeruzalems streben schnurstracks dem Gasthaus Gostišče Jeruzalem zu, wo man Spitzenweine der Region probieren kann.

Die Stadt Ljutomer, 16 km nördlich von Ormož, ist für ihren Enthusiasmus für Pferde bekannt: Eine große **Traberzucht** sorgt für Nachwuchs, der viermal im Jahr auf der örtlichen Bahn ins Rennen geschickt wird. Einen Besuch lohnt der mittelalterliche Stadtkern um den Stari trg mit einer wehrhaften gotischen Kirche (Sv. Janez Krstnik), einer barocken Kapelle und der Mariensäule. Er ist Schauplatz des 1905 gedrehten Films **»Markttag in Ljutomer«** (▶S. 94)

Ljutomer

4 km westlich von Ormož liegt Velika Nedelja (Groß-Sonntag). Weiß leuchten Kirche und Schloss von einem sanft ansteigenden Hügel hinab. Über 700 Jahre gehörte der Ort dem Deutschen Ritterorden (1222 – 1945). An einem Ostersonntag schlug dieser hier seine erste erfolgreiche Schlacht – der Ort erhielt so seinen »sprechenden« Namen. Nordwärts steigt die Straße zum 303 m hohen Weinberg Kogel hinauf, der von einem traditionsreichen Landgasthof gekrönt wird. Im Keller lagern **riesige Weinfässer**, schon oft wurden die hiesigen Tropfen mit Preisen ausgezeichnet.

Velika Nedelja

✱✱ Otočec ob Krki · Wördl

Q 8

Provinz: Dolenjska
Einwohner: 500
Höhe: 173 m

Otočec 9 km nordöstlich von Novo Mesto ist Touristenmagnet wegen seines berühmten Wasserschlosses, das romantisch auf einer Flussinsel der Krka gelegen und nur durch zwei schmale Brücken mit dem Festland verbunden ist.

✱✱
Wasserschloss

Zwar entstand die Burg bereits im 12. Jh., doch erhielt sie ihre heutige Renaissance-Gestalt in den Jahren 1520 – 1547. In der Zeit der Türkeneinfälle wurde sie von einer mächtigen Wehrmauer umgeben, die vier damals errichteten Rundtürme blieben bis heute erhalten. Im 18. Jh. wurde der Komplex um eine Kapelle bereichert, im 19. Jh. ging man daran, das romanische Fundament der Burg zu erneuern. Nachdem sie im Zweiten Weltkrieg ein Opfer der Flammen wurde, bauten die traditionsbewussten Slowenen sie wieder auf und verwandelten sie in ein **Luxushotel** mit Golfplatz und Park.

Sehenswertes in der Umgebung

Entlang der Krka

Wanderwege führen an der Krka entlang in die umliegenden Wälder und Weingärten. Nur 1,5 km entfernt liegt am Ufer das Schloss Struga, einst ein Frauenkloster, heute ein bekanntes Reitsportzentrum, das auch Ausritte anbietet.

Begehrtes Künstlermotiv: das Wasserschloss von Otočec

OTOČEC OB KRKI ERLEBEN

AUSKUNFT
Glavni trg 6
8000 Novo Mesto
Tel. 07 / 393 92 63
Fax 393 92 68, -69
www.novomesto.si
tic@novomesto.si

ÜBERNACHTEN
▶ **Luxus**
Grad Otočec
Grajska cesta 2
Tel. 07/384 89 00, Fax 384 89 05
www.terme-krka.si
Das berühmte Wasserschloss wurde in eine Luxusherberge mit 15 Zimmern verwandelt. Gäste speisen stilvoll im Rittersaal oder im Jagdzimmer mit Kamin.

▶ **Komfortabel**
Therme Šmarješke Toplice
Šmarješke Toplice 100
Šmarješke Toplice
Tel. 07/384 34 00
Fax 307 31 07
www.terme-krka.si
Der Komplex besteht aus drei Viersterne-Kurhotels mit einem großen therapeutischen Angebot und mehreren Thermalbädern drinnen und draußen.

Šmarješke Toplice
Einst war der Kurort wenige Kilometer nordöstlich von Otočec exklusiver **Treffpunkt herzkranker Regierungsmitglieder**, heute ist er für alle geöffnet. Er liegt in einem kleinen, von Wäldern und Wiesen umgebenen Tal. Die Kuranlage verfügt über zwei Thermalhallenbäder (32 °C) und ein Waldschwimmbad, die mit kalzium- und magnesiumreichem Wasser gespeist werden.

✶✶ Piran · Pirano

F 9

Provinz: Primorska
Einwohner: 5000

Höhe: 1 – 90 m

Sloweniens schönste Küstenstadt liegt auf einer weit ins Meer ragenden Halbinsel, die durch eine halbkreisförmige Hügelkette vom Hinterland abgetrennt ist. Ihr Aussehen erhielt sie in venezianischer Zeit. Mit den engen Gassen und romantischen Plätzen, Kirchen und Palästen ist sie eines der beliebtesten touristischen Ziele.

Stadtanlage
Mitten im mittelalterlichen Gassengewirr liegt der Tartini-Platz, der sich zum Fischer- und Jachthafen öffnet. Eine Uferpromenade führt um die Landspitze herum, zahlreiche Terrassencafés und Restaurants bieten besten Ausblick aufs Meer. Mächtige Wehrmauern riegeln die Altstadt gen Südosten ab: Jenseits von ihnen liegen grüne Villenviertel, die fast nahtlos in die Nachbarbucht **Fiesa** übergehen.

Stadtgeschichte Der Stadtname leitet sich vermutlich vom griechischen »**pyros**« (Feuer) ab. Griechische Seefahrer entfachten auf der Landspitze **Leuchtfeuer**, um sicher zu ihrem Stützpunkt in Aegida, dem heutigen Koper zu gelangen: 178 v. Chr. wurden die Griechen von Römern verdrängt. Von ihrer Herrschaft künden Amphoren, die man bei Piran auf dem Meeresgrund fand. Reste eines römischen Hafens wurden weiter nördlich in der Bucht San Simon entdeckt. Anschließend fiel die Stadt erst an Byzanz, dann ans Fränkische Reich. 1210 geriet Piran unter die Herrschaft des Patriarchen von Aquilea, 1283 übernahmen die **Venezianer** die Kontrolle. Unter ihrer Herrschaft lebten die Piraner nicht schlecht. Sie unterstützten die neuen Herren im Krieg gegen Genua und erwarben so Handelsprivilegien und beträchtliche wirtschaftliche Freiheiten. Die Kaufleute der Stadt exportierten Salz, Wein und Öl und kauften im Gegenzug kostbare Waren aus dem Orient. Auch kulturell nahm die Stadt einen bedeutenden Aufschwung: Es entstanden Befestigungsmauern und Hafenanlagen, Kirchen und Paläste. Die Blütezeit endete 1797, als Napoleon Bonaparte Norditalien eroberte. Ab 1813 wurde Piran **Teil der habsburgischen Monarchie**. Unter österreichischer Herrschaft festigten sich Handwerk und Handel, die Salinen wurden ausgebaut und modernisiert. Nach 1918 fiel die Stadt an Italien; ab 1947 gehörte sie zur Zone B des Freistaats Triest, 1954 wurde sie Jugoslawien zugeteilt. Heute ist Piran die am besten erhaltene Stadt an der slowenischen Riviera und **wichtiges Touristenziel**: Den 5000 Einwohnern stehen im Sommer mehr als doppelt so viele Tagesausflügler gegenüber.

Piran Orientierung

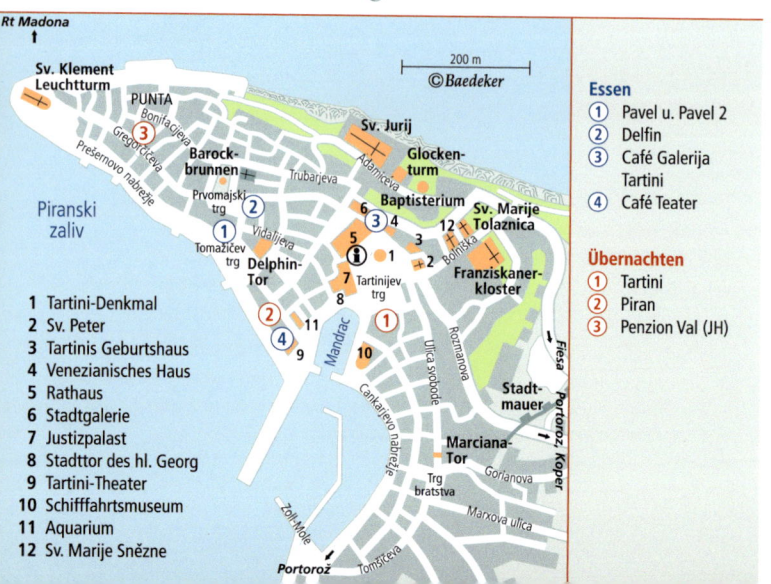

1 Tartini-Denkmal
2 Sv. Peter
3 Tartinis Geburtshaus
4 Venezianisches Haus
5 Rathaus
6 Stadtgalerie
7 Justizpalast
8 Stadttor des hl. Georg
9 Tartini-Theater
10 Schifffahrtsmuseum
11 Aquarium
12 Sv. Marije Snežne

Essen
① Pavel u. Pavel 2
② Delfin
③ Café Galerija Tartini
④ Café Teater

Übernachten
① Tartini
② Piran
③ Penzion Val (JH)

Tartinijev trg: Der Tartini-Platz gilt als einer der schönsten Plätze Sloweniens.

Sehenswertes in Piran

An dem ovalen Tartini-Platz stehen verschiedene prachtvolle Gebäude mit Stilelementen von der Gotik bis zur Moderne, u. a. das Rathaus, der Justizpalast, die Post und das **»Venezianische Haus«** (Benečanka) – so benannt nach einem Kaufmann aus der Lagunenstadt, der es im 15. Jh. für seine Geliebte erbauen ließ. In der Platzmitte wurde ein Bronzestandbild für den Geigenvirtuosen und Komponisten **Giuseppe Tartini** (▶Berühmte Persönlichkeiten) errichtet. Dessen Geburtshaus steht an der Ostseite neben der kleinen Petruskirche (Sv. Peter), ein Raum kann im Sommer besichtigt werden (geöffnet: Di. – So. 9.00 – 12.00 und 18.00 – 21.00, außerhalb der Saison 11.00 bis 12.00 u. 17.00 – 18.00 Uhr).

★ Tartinijev trg

Wo sich die Halbinsel von Piran zu einer Klippe aufwirft, thront die 1637 erbaute Georgskirche. Mit dem hoch aufragenden, nach **venezianischem Vorbild** entstandenen **Campanile** dominiert sie die Stadtsilhouette. Die Heiligenfigur an der Spitze des Turms zeigt die Windrichtung an. Von der Terrasse vor der Kirche hat man einen herrlichen Blick auf die Bucht von Triest und das zugehörige Hinterland; bei klarer Sicht kann man gar die Julischen Alpen und die Dolomiten erkennen. Doch auch das Innere der Kirche mit Gemälden italienischer und holländischer Maler aus dem 17. bis 19. Jh. lohnt einen Besuch. An der Nordseite entdeckt man die Figur des Namenspatrons – der hl. Georg im Kampf mit dem Drachen. Neben Kirche und Glockenturm wurde 1650 das **Baptisterium** errichtet. In einem Sarkophag aus römischer Zeit werden die katholischen Neugeborenen getauft – der Delphin, der es ziert, soll ihnen Glück bringen.

Sv. Jurij

Über kopfsteingepflasterte Gassen gelangt man zur Kirche Maria Schnee, die zwar schon im 15. Jh. entstand, aber – wie fast alle Repräsentationsbauten Pirans – barockisiert wurde. Die Wände des Kircheninnern sind mit Ölgemälden aus dem 17. Jh. geschmückt, die wichtige Szenen aus Marias Leben schildern.

Sv. Marije Snežne

PIRAN ERLEBEN

AUSKUNFT
Tartinijev trg 2
6330 Piran
Tel. 05/673 44 40, Fax 673 44 41
www.portoroz.si

ESSEN
▶ Fein & teuer
① *Pavel u. Pavel 2*
Prešernovo nabrežje
Tel. 05/674 71 01
Feine Fischküche auf einer Promenadenterrasse, auf Wunsch wird frisch aus dem Aquarium gefischt.

▶ Erschwinglich
② *Delfin*
Kosovelova 4, Tel. 05/673 24 48
Im Fischlokal auf Pirans ältestem Platz sorgen Schiffsmodelle und Windjammerbilder für maritimes Flair. Es gibt Risotto mit Meeresfrüchten, Fisch-Carpaccio, Muscheln in Busara-Soße.

▶ Preiswert
③ *Café Galerija Tartini*
Tartinijev trg 3
Noch spät abends ist das Café neben dem Rathaus geöffnet, wo sich vor allem Kunstliebhaber, Dichter und Journalisten treffen. U. a. gibt es hier ein hervorragendes Tiramisú!

④ *Café Teater*
Prešernovo nabrežje (Ecke Kidričevo nabrežje)
Beliebtes Café zwischen Theater und Hotel Piran, gut zum Sehen und Gesehenwerden.

ÜBERNACHTEN
▶ Komfortabel
① *Tartini*
Tartinijev trg 15
Tel. 05/671 10 00, Fax 671 16 65
www.hotel-tartini-piran.com
Komforthotel am Tartini-Platz. In der Vor- und Nachsaison reduzieren sich die Preise um die Hälfte. 45 Zi.

② *Piran*
Stjenkova 1
Tel. 05/676 25 02, Fax 676 25 20
www.hoteli-piran.si
Renoviertes Mittelklassehotel mit 90 Zimmern direkt am Meer.

Baedeker-Empfehlung

▶ Günstig
③ *Penzion Val*
Gregorčičeva 38
Tel. 05/673 25 55, Fax 763 25 56
www.hostel-val.com, yhostel.val@siol.net
Die engagiert geführte Pension liegt im historischen Viertel Punta. Die Zimmer sind einfach und sauber, die Gäste teilen sich Duschen und Toiletten auf dem Flur. Das Frühstück ist üppig, abends gibt es slowenische Spezialitäten. Besitzer eines Jugendherbergsausweises erhalten Rabatt.

▶ Günstig
Fiesa
Fiesa 57
Tel. 05/671 22 00, Fax 671 22 23
www.hotel-fiesa.com
Familiär geführtes Hotel direkt am Meer in der Nachbarbucht von Piran. Einige der 21 Zimmer haben Balkon und Meerblick. Zum Haus gehört ein Campingplatz an einem Süßwassersee.

Barbara
Fiesa 68
Tel. 05/617 90 00, Fax 617 90 10
www.hotelbarbarafiesa.com
Hotel in Fiesa mit freundlich-funktionalen Zimmern mit Balkon und Meerblick. 36 Zimmer, 6 Apartments.

Abendstimmung im Hafen von Piran

Gegenüber der Marienkirche steht die bedeutend größere Franziskanerkirche. Die Mönche ließen sie im 14. Jh. bauen und legten im Lauf der Zeit eine Kunstsammlung an, die von gotischen Kruzifixen bis zu Barockskulpturen reicht. Doch schöner als jedes Kunstwerk ist das Architekturensemble im benachbarten Klosterbau: Der quadratische, einen hellen Hof umspannende Kreuzgang dient im Sommer als **stimmungsvoller Rahmen für Konzerte** mit klassischer Musik.

Sv. Frančišek

Das Schifffahrtsmuseum liegt am Cankarjevo nabrežje 3 direkt am Hafen. Eine eigene Abteilung ist der Salzgewinnung gewidmet. Man sieht Originalwerkzeuge und -geräte, daneben Fotos von den **Salinen in Sečovlje und Lucija** unmittelbar vor ihrer Schließung vor gut 30 Jahren. Beeindruckend sind auch bis ins 14. Jh. zurückreichende Materialien zur Seefahrt: Urkunden, Modelle venezianischer Galeeren und anderer Boote, dazu zahlreiche Gemälde, u. a. ein Bild von Tintoretto aus dem Jahr 1578 (geöffnet: Di. – So. 9.00 – 12.00 und 15.00 bis 18.00 Uhr, im Sommer meist 9.00 – 12.00 und 18.00 – 21.00 Uhr).

Morski muzej

Das Aquarium am Hafen zwischen der Fischhalle und dem Theater gefällt vor allem den Kindern: In kleinen Becken tummeln sich Meeresbewohner der Adria, darunter Muränen, Tintenfische und Drachenköpfe (Akvarij Piran, Kidričevo nabrežje 4; geöffnet: Di. – So. 9.00 – 17.00 im Winter, und 10.00 – 22.00 Uhr im Sommer).

Aquarium

Punta (= Landzunge, Kap) nennt man den historischen Kern der Stadt. Er ist von engen, sich rechtwinklig kreuzenden Gassen durchzogen, in deren Mitte der Prvomajski trg (Platz des 1. Mai) liegt. Er

Punta

ist weniger repräsentativ als der Tartini-Platz, eher ein **Treffpunkt von Einheimischen** als von Touristen. Gesäumt wird er von Restaurants und Weinstuben, die ehemalige Kirche des hl. Donatus ist heute Verkaufsgalerie. Dominiert wird der Platz von einer erhabenen Brunnenplattform, unter der ein großes Wasserreservoir liegt.

Marčana Der südöstliche Teil von Piran heißt Marčana und ist vom zentralen Tartinijev trg über die steile Rozmanova ulica erreichbar. Unterwegs passiert man das Rašpor-Tor, Teil der Befestigungsanlagen (15./16. Jh.), von denen sich ein 200 m langes Stück mit sieben Türmen erhalten hat. Von den Mauern bietet sich eine schöne Aussicht auf die Georgskirche und die ihr zu Füßen liegenden Häuser von Piran.

Umgebung von Piran

Fiesa Von Piran kann man auf einem Küstenweg ostwärts zur 1 km entfernten **Nachbarbucht** Fiesa mit gutem Badestrand und Bootsverleih spazieren. Angler lieben die an das Hotel Fiesa grenzenden Süßwasserteiche, wo oft seltene Libellenarten zu beobachten sind.

Podčetrtek · Windischlandsberg

S 6

Provinz: Štajerska   **Höhe:** 211 m
Einwohner: 500

Podčetrtek ist die größte Ortschaft im Gebiet der längs der kroatischen Grenze fließenden Sotla. Sie liegt umgeben von Wäldern und sonnigen Weingärten inmitten einer sanft gewellten Landschaft.

Ortsname Der Name Podčetrtek – pod = unter, četrtek = Donnerstag = Markttag – deutet darauf hin, dass der Ort als Marktplatz lange schon zentrale Bedeutung in dieser Region hat.

Sehenswertes in Podčetrtek und Umgebung

Burg Podčetrtek Auf einer Anhöhe oberhalb des Dorfs thront die gleichnamige, im 12. Jh. erbaute und später von den Grafen Tattenbach und Attems mehrfach erweiterte Burg. Seit 1945, als die Adelsfamilie Attems den Besitz aufgeben musste, ist sie verwaist und harrt der Renovierung.

Kurbad Olimia 1 km nördlich des Ortes liegt das in den 1980er-Jahren errichtete Kurbad Olimia, das bis zum Jahr 2000 noch den wenig werbeträchtigen Namen »Atomske Toplice« (Radioaktive Thermen) trug, heute eine **attraktive Anlage**, die sich rings um eine Pool-Landschaft gruppiert. Das 30 – 37 °C warme Wasser speist fantasievoll gestaltete Innen- und Außenpools, die zu den schönsten des Landes zählen.

Olimje: Sloweniens älteste Apotheke, 1765 von Paulinermönchen eingerichet

3 km westlich von Podčetrtek liegt das **Schloss Olimje** (1550), ein ursprünglich kubischer, dekorativ bemalter Renaissancebau, der 1663 in ein Kloster für Paulinermönche umgewandelt wurde. Die Mönche richteten 1765 im Südturm des Klosters **Sloweniens erste Apotheke** ein. Diese blieb bis heute erhalten und kann besichtigt werden. Die herrlichen **Fresken**, mit denen der Raum vollständig ausgemalt ist, zeigen Szenen aus der Bibel, die in engem Bezug zu **Themen der Heilkunde** stehen. In Medaillons sind berühmte Ärzte wie Hippokrates und Paracelsus abgebildet. Auch Heilmittel kann man in der musealen Apotheke erwerben: Die Mönche bereiten auf Basis biologisch angebauter Kräuter Tees, Tinkturen und Elixiere zu (Di. – So. 10.00 – 18.00 Uhr). Abschließend kann man die ans Schloss 1675 angefügte Kirche Mariä Himmelfahrt (cerkev Marijinega vnebovzetja) besuchen, in der ebenfalls schöne Fresken zu sehen sind.

Olimje

> ! *Baedeker* TIPP
>
> **Asketisches & Opulentes**
> Eine Tasse Kräutertee aus einer der ältesten Apotheken Europas wirkt Wunder bei allerlei Wehwehchen. Wer dagegen süßen Lastern frönt, besucht die Chocolateria hinter dem Kloster, die mit Pralinen aus der benachbarten Fabrik bestückt ist (tgl. 10.00 – 17.00 Uhr).

Bei Bistrica ob Sotli, 14 km südlich von Podčetrtek, ist ein Abstecher zur Burg Podsreda (Herberg) zu empfehlen, die ihren Namen dem mittelalterlichen Markttag verdankt (pod = unter, sreda = Mittwoch). Streng-asketisch erhebt sie sich aus dichtem Laubwald: eine Festung, die in einer feindlichen Umwelt Schutz bot. Wohnen möchte man in

Burg Podsreda

PODČETRTEK ERLEBEN

AUSKUNFT
Škofja Gora
3254 Podčetrtek
Tel. 03/810 90 13
Fax 810 90 14
www.turizem-podcetrtek.si
tic@podcetrtek.si

ESSEN
▶ **Erschwinglich**
Amon
Olimje 14
Tel. 03/818 24 80
Mittlerweile wird schon in der vierten Generation auf dem Gut Amon Bauernkost in rustikalem Ambiente aufgetischt. Es gibt gute regionale Gerichte, z. B. gebackene Ente mit »mlinci« (Fladenbrot), hausgemachte Blut- und Bratwürste und »potica« (Hefestrudel) mit Estragon. Dazu trinkt man hauseigene Weine – sieben verschiedene Sorten stehen zur Wahl – oder frisch gepressten Obstsaft.

ÜBERNACHTEN
▶ **Komfortabel**
Kurkomplex Terme Olimia
Zdraviliška cesta 24
Tel. 03/829 70 00, Fax 582 90 24
www.terme-olimia.com
Zur Kuranlage (1 km nördl. des Ortes) gehören das Hotel Breza, das Aparthotel Rosa und das aus 25 Häusern bestehende »Dorf« Vas Lipa, insgesamt gibt es 150 Zimmer und 230 Apartments. Das Angebot umfasst Thermalbäder mit Wasserfall, einen Hotwhirl-Pool und einen für Nudisten reservierten Teil; zusätzlich gibt es Sauna und Solarium.

▶ **Günstig**
Amon
Olimje 14, Tel. 03/818 24 80
Reitzentrum Country Club mit 10 Zimmern, angeschlossen an Sloweniens älteste private Kelterei. Auch Kutschfahrten werden angeboten.

---

dieser massigen Trutzburg allerdings nicht, denn es gibt in ganz Slowenien keinen anderen Ort, der so viele **Schauergeschichten** provoziert hat wie dieser: Eingekerkerte Seelen, heißt es, kratzten am Gemäuer, Steine würden durch dunkle Gänge gewälzt… Die Burg hat seit dem 12. Jh. ihr Aussehen bewahrt, und auch die Kapelle und der Rittersaal blieben in romanischem Stil erhalten. In den Burgräumen gibt es eine Galerie für Glaskunst, außerdem kann man Skulpturen des slowenischen Bildhauers Jakov Brdar besichtigen. Interessant sind einige **Stiche** aus dem Werk **»Topographia Ducatus Stiria«** (1681) von Georg Matthäus Vischer, die illustrieren, in welchem Ausmaß Burgen und Klöster im 17. Jh. die Steiermark bestimmten.

> ! ***Baedeker* TIPP**
>
> **Kultur und steirische Kost**
>
> In den Sommermonaten finden in den Räumen der Burg Konzerte und andere Kulturveranstaltungen statt. In der authentisch rekonstruierten Burgküche wird nach alten Rezepten steirische Kost zubereitet (Grad Podsreda, geöffnet: April – November Di. – So. 10.00 – 18.00 Uhr).

Portorož · Portorose

F 9

Provinz: Primorska
Einwohner: 3100
Höhe: 1–150 m

Der Küstenort Portorož ist eine moderne Tourismusmetropole, die ihre Beliebtheit der windgeschützten Lage und dem milden Klima verdankt, vor allem aber dem 1 km langen, künstlich aufgeschütteten Strand. Zudem verfügt Portorož über einen Jachthafen, der mit mehr als 1200 Liegeplätzen ein Eldorado für Segler ist.

Der helle Sandstrand von Portorož ist der längste und schönste in Slowenien. Die Badesaison beginnt Ende Mai und dauert bis Anfang Oktober, wenn die Wassertemperatur noch immer 20 °C beträgt. An den Strand ist ein immenses Meerwasserbecken angeschlossen. Wer Thermalwasser bevorzugt, steigt in die Bäder der LifeClass Hotels, in denen auch **Wellnessprogramme** mit Sole- und Schlammbädern, Fangopackungen und Inhalationen angeboten werden.

Strand und Thermen

Einerseits versucht man den Ruf eines Kurorts neu zu begründen und investiert in moderne Thalasso- und Wellness-Tempel, andererseits tut man wenig, um die Einrichtung von **Vergnügungsstätten** billigen Zuschnitts einzudämmen. Allerorten entstehen Fastfood-Shops, Bars, Cafés, Discos. Im Casino des Hotels Metropol treffen sich die spielfreudigen Gemüter – die meisten kommen aus Italien.

Kuren oder vergnügen?

Im 19. Jh. war Portorož nicht mehr als eine Gruppe von Häusern im Umkreis der Madonnenkirche. Ab 1860 kamen immer häufiger Rheumakranke hierher, die an der seichten und schlammigen Küste badeten und sich eine Linderung ihrer Leiden erhofften. 1911 entstand mit dem »Palace« das vornehmste Hotel am östlichen Mittelmeer. Der entscheidende Aufschwung setzte erst 1964 ein. Binnen weniger Jahre wurde Portorož zum **größten Fremdenverkehrsort an der slowenischen Küste** und zählt heute 10 000 Betten. Der Kurtourismus wurde immer stärker vom Vergnügungstourismus verdrängt.

Geschichte

Sehenswertes in Portorož und Umgebung

Auf der Halbinsel Seča am Südrand von Portorož befindet sich eine große **Open-Air-Skulpturengalerie** (▶ S. 60). Seit 1961 erarbeiten im Sommer Künstler aus aller Welt Plastiken aus Marmor und vermachen sie der Stadt. Und auch wer mit moderner Kunst nicht viel anfangen kann, wird den Flecken genießen: Von der Anhöhe bietet sich ein herrlicher Blick auf die Buchten von Portorož und Piran.

Park Forma Viva

Weiter südlich, im Grenzland zu Kroatien, erstreckt sich eine riesige von Mauern durchzogene Lagunenlandschaft. Durch Kanäle wurde

Sečoveljske soline

hier einst Meerwasser in Salinenbassins befördert. Die **Salinen von Sečovlje** stehen unter Naturschutz, in einem **Salinenmuseum** (Muzej solinarstva) erhält man Einblick in die Salzgewinnung und Lebensverhältnisse der Arbeiter. Dank eines bis ins kleinste Detail getreuen 3-D-Modells im Maßstab 1:1000 verschafft man sich einen Überblick über die Anlage (www.kpss.soline.si, geöffnet: tgl. 9.00 – 17.00 Uhr). Im Museumsladen erhält man qualitativ hochwertiges Fleur de Sal sowie Salzschokolade! Zu den Salinen kommt man über die kleine Straße, die an der Dragonja-Brücke abzweigt und am rechten Flussufer entlangführt.

Hinterland

Während an der Küste vom 13. bis 18. Jh. vorwiegend Italiener lebten, war das Hinterland von slawischen Bauern bewohnt, die keinen Zugang zur Kunst und Kultur aus Venedig hatten, sondern auf sich gestellt waren – sie hatten nur ihre Fantasie und das, was die Erde ihnen gab. So entstanden die **typischen Karstdörfer** mit Häusern aus unbehauenem Kalkstein, die sich in die Umgebung einfügen, als seien sie Teil der Natur: dicht aneinander gebaut und schützend – selbst die Kirche mit fast fensterloser Fassade scheint eine Trutzburg.

Rundtour ▶

Von Portorož bietet sich eine **Rundtour** an: Kurz vor der kroatischen Grenze biegt man Richtung Dragonja ein und folgt der Straße landeinwärts. Ein erster Stopp lohnt in **Goreli**, wo man in der Tonina hiša, einem kleinen Ethno-Museum, die Funktionsweise einer Ölmühle kennen lernen kann (Mo. geschl.). Über das denkmalge-

Strand von Portorož: genüsslich Sonnenbaden an der Adria

schützte **Padna** mit einer Galerie des Malers Božidar Jakac gelangt man nach **Krkavče**, dessen Häuser sich um ein strahlend weißes Kirchlein scharen. Noch schöner ist das aus dem römischen Castrum Bonae hervorgegangene 300-Seelen-Dorf **Koštabona** mit steinernen Häusern in geschlossener Reihe und drei Kirchen. Zum Abschluss besucht man **Pomjan**, wo es ein hervorragendes Gasthaus gibt.

▶ PORTOROŽ ERLEBEN

AUSKUNFT
Obala 16
6320 Portorož
Tel. 05/674 22 20, Fax 674 82 61
www.portoroz.si, ticpo@portoroz.si

ESSEN
▶ Fein & teuer
Ribič
Seča 143, Tel. 05/677 07 90
Im ehemaligen Wohnhaus eines Salzwächters am Rand der Salinen gibt es Salat mit Drachenkopffilet (škarpinin file v solati), Alpen-Adria-Risotto mit Steinpilzen sowie gebackenen Seeteufel (morski vrag). Man sitzt in einem romantischen Garten. Di. geschl.

▶ Erschwinglich
Tomi
Letoviška 1, Tel. 05/674 02 22
Dieses Lokal ist bei Einheimischen ebenso beliebt wie bei Urlaubern. Von der Terrasse hat man einen herrlichen Blick auf Portorož. Man lässt sich kräftig gewürzten Fisch und Wein aus der hauseigenen Kelterei servieren.

ÜBERNACHTEN
▶ Luxus/Komfortabel
LifeClass Hotels
Obala 33 u. 43
Tel. 05/692 90 01, Fax 692 90 03
www.lifeclass.net
Die LifeClass-Hotels liegen direkt an der Promenade des Seebads. Komfortabel ist das Grand Hotel Palace, das – wie die Hotels Apollo und Mirna (je 89 Zi.) – an die Thermen angeschlossen ist. Großes Hallenbad, Thalasso- und Massagezentrum. Zur Kette gehören außerdem die Hotels Riviera (200 Zi.) und Slovenija (160 Zi.). Sie teilen sich ein 650 m² großes Erlebnisbad mit Wellness-Zentrum.

Hoteli Bernardin
Obala 2
Tel. 05/695 00 00
Fax 674 64 10
www.h-bernardin.si
Die westlich von Portorož an der Felszunge gelegene Ferienanlage umfasst das Fünfsternehaus Grand Hotel Bernardin (254 Zi.), das Viersternehotel Histrion (273 Zi.) und Vile Park mit drei Sternen (240 Zi.). Die Gäste aller Hotels können den 800 m² großen Wassererlebnispark Laguna Bernardin benutzen. Ansonsten: Sauna, Tennisplätze, Wasserski-, Tauchschule. Über einen Promenadenweg ist man in nur 15 Min. in Piran.

Baedeker-Empfehlung

▶ Komfortabel
Kempinski Palace
Das altehrwürdige Grand Hotel am Meer wurde stilsicher restauriert. Es bietet einen Mix von Art-déco bis Bauhaus, dazu eine Badelandschaft vom Feinsten und einen wunderbaren Rosengarten (Obala 45, Tel. 05/692 70 00, www.kempinski-portoroz.com, 164 Zi.).

Postojna · Adelsberg

K 8

Provinz: Notranjska
Einwohner: 3100

Höhe: 554 m

Berühmt wurde Postojna als Eingangstor zu einem Höhlensystem, das aufgrund seiner Größe und Schönheit zu den interessantesten der Welt gehört.

Die kleine Stadt liegt an der Pforte von Postojna (612 m), dem natürlichen Durchgang zwischen den Gebirgszügen des Javorniki und Hrušica. Seit ihrer Gründung im Mittelalter ist sie ein wichtiger Verkehrsknotenpunkt: Hier kreuzten sich die Handelswege zwischen Ljubljana, Triest und Rijeka. Im **Karstmuseum** (Notranjski kraški muzej) wird man in Geologie, Biologie und Geschichte der Unterwelt eingeführt (Ljubljanska cesta 10; geöffnet: Di. – Sa. 10.00 – 18.00, So. 10.00 – 13.00 Uhr); am Eingang der Postojna-Höhle steht eine Mühle aus dem 15. Jh., die in eine Galerie verwandelt wurde.

Postojnska jama · Adelsberger Grotte

»Wunderbarste Galerie der Natur«

1 km nordwestlich des Stadtzentrums befindet sich der Eingang zur Postojnska jama: Ein weitläufiger Parkplatz und ein klotziges Hotel zeigen an, dass es sich bei der Grotte um Sloweniens »Top-Sehenswürdigkeit« handelt. Von den mehr als 6000 Höhlen des Karsts ist sie die meistbesuchte und neben der stilleren von Škocjan (▶S. 268) auch die spektakulärste – laut Henry Moore die **»wunderbarste Galerie der Natur«**. Unter einer mehrere hundert Meter dicken Kalksteindecke verbirgt sich eine Märchenwelt bizarrer Tropfsteine, nebelumwaberter Seen und Flüsse.

Mit einer Länge von 16,5 km gehört die Höhle von Postojna zu den **größten Höhlensystemen der Welt**. Schon im 13. Jh. wusste man um die unterirdischen Wasserläufe, doch erst 1818 wurden die geräumigen Säle entdeckt. Eine elektrische Kleinbahn fährt Besucher ins Innere der Erde; dort beginnt ein Spazierweg durch das Höhlenlabyrinth. Allgegenwärtig ist das Geräusch herabfallender Tropfen. Lampen werfen ein flackerndes Licht auf die weißen, grauen und braunen Gebilde, die von einer glänzenden Wasserhaut überzogen sind. Mal wachsen Stalagmiten aus dem Boden empor, mal hängen Stalaktiten von der Decke herab. Oft verbinden sie sich auch zu fantastischen, vielgestaltigen Säulen. Zuweilen sind die Felswände so fein gefaltet, dass man glaubt, einen Vorhang zu sehen. Andere Tropfsteine formieren sich zu mächtigen, bunt melierten Stufen, die wie ein versteinerter Wasserfall anmuten.

Auf dem Spazierweg passiert man den eindrucksvollen so genannten **»Giganten-Stein«**, kurz darauf die Passage der **»Brillanten«**, die aus strahlend weißen Tropfsteinen besteht. Hinter dem **»Konzertsaal«**, der eine relativ gute Akustik hat und in dem schon viele Musikveranstaltungen stattgefunden haben, gelangt man zu einem dampfenden See, der von dem **unterirdischen Pivka-Fluss** gespeist wird.

Vor Verlassen der Höhle lohnt der Blick auf ein Wasserbassin: Dort schwimmt der **Grottenolm**, ein lebendes Fossil, das es nur im Postojna-Becken gibt. Sein wissenschaftlicher Name ist **»Proteus anguinus«**, und lange Zeit wurde geargwöhnt, es handele sich bei ihm um einen **Miniaturdrachen**. Der Körper des Lurches ist graurosa gefärbt und schlangenähnlich geformt. Seine Augen sind verkümmert und von Haut überwachsen – in der dunklen Höhlenwelt hat er sie nicht gebraucht. Obwohl er Kiemen hat, atmet er durch die Lunge. Dadurch kann er für längere Zeit an Land gehen. Er liebt die Seitenarme der Pivka, unterhalb der touristisch erschlossenen Gänge. Nicht selten erreicht er das biblische Alter von über 100 Jahren, er vermehrt sich teils durch Eier und teils durch Lebendgeburten.

Der **Besichtigungsweg** hat eine Länge von 5,2 km, davon 3,5 km mit einer Höhlenbahn und 1,7 km zu Fuß auf rutschfestem Beton. Für den Besuch muss man 1,5 Stunden einplanen, die Temperatur beträgt 8 °C. Touren finden auch auf Deutsch statt: Mai – September stündlich 9.00 – 18.00, ansonsten alle zwei Stunden 10.00 – 16.00 Uhr (Jamska cesta 30, Tel. 700 01 00).

◀ Besichtigung

◀ weiter auf S. 264

Postojnska jama: für Henry Moore die »wunderbarste Galerie der Natur«

KARST – BIZARRE WELT ÜBER UND UNTER DER ERDE

In Slowenien wurde das Phänomen des Karsts in größerem Umfang wissenschaftlich erforscht. Der hier geprägte geologische Wortschatz wurde in der Folgezeit auf alle ähnlich aufgebauten Landschaften übertragen. 2004 wurde der Karst zum UNESCO-Biosphärenreservat erklärt.

Heute werden sämtliche Kalksteinregionen der Welt, die ähnliche Erosionsformen zeigen, als »Karst« bezeichnet. **Dolinen** (slow.: dolina = Tal) sind meist trichterförmige Senken, die durch den Einsturz unterirdischer Hohlräume entstanden sind. **Poljen** (slow. polje = Feld) werden landwirtschaftlich nutzbare Talwannen genannt; ihre flachen, fruchtbaren Böden kontrastieren mit den kargen Hängen der umliegenden Berge. Wer in geologischen Fachbüchern auf das dem Slowenischen entlehnte Wort **Ponore** stößt, hat es mit so genannten Schlucklöchern zu tun, in denen Bäche, ja ganze Flüsse verschwinden, um unterirdisch als Höhlenbäche weiterzufließen.

Karst-Phänomene

Karst entsteht überall dort, wo es **wasserlöslichen Kalkstein** gibt. Regenwasser bindet Kohlensäure aus der Luft und aus der Erde und vermag beim Versickern den Kalk aufzulösen. Bereits 10 Liter Regenwasser sind imstande, 10 Gramm Kalk zu zersetzen. Jahrtausende vergehen, bevor sich typische Karsterscheinungen herausbilden. Felsrinnen weiten sich zu **Röhren**, aus Klüften entstehen **Höhlen**.

Wie von Zauberhand geformt: Stalagmiten und Stalaktiten sind zu Säulen zusammengewachsen.

Unterhalb der verkarsteten Oberfläche sammelt sich das Sickerwasser zu Bächen und Flüssen, eskaliert zu Kaskaden und rauscht durch die Stollen. Aufgrund der stetigen Wühlarbeit des Wassers stürzen Höhlendecken ein, steilwandige Schluchten treten ans Tageslicht. Besonders interessant ist das »**Abtauchphänomen**«: Bäche verschwinden plötzlich in einem dunklen Schlund, um an anderer Stelle, oft mehrere Kilometer entfernt, erneut aufzutauchen. Da man früher glaubte, es handele sich um gänzlich **verschiedene Flüsse**, konnte es geschehen, dass ein identischer Wasserlauf mit unterschiedlichen Namen versehen wurde. Besonders gut lässt sich dies am Beispiel der **Ljubljanica** erkennen, die einst oberirdisch floss und aufgrund der Verkarstung in sieben oberirdische Teilstücke zerfiel – alle mit einem eigenen Namen, obwohl sie **unterirdisch miteinander verbunden** sind.

Stalagmiten und Stalaktiten

Ganz typisch für den Karst sind **Tropfsteine** und **Sinterbildungen**. Unter der Erde ereignet sich nämlich der **umgekehrte chemische Prozess**: Sobald das Sickerwasser mit Sauerstoff in Berührung kommt, gibt es Kohlendioxid ab und sondert **Kalksinter** aus – dies ist der Stoff, aus dem im Laufe der Zeiten die Tropfsteine entstanden sind. **Stalaktiten** heißen sie, sofern sie zapfenförmig von der Decke hängen – **Stalagmiten**, wenn sie säulenartig vom Höhlenboden in die Höhe wachsen. Mitunter »wachsen« sie zu einem Gebilde zusammen und bilden dann regelrechte Höhlensäulen. Nicht zufällig entstanden die prächtigsten Höhlengrotten im »**bedeckten«, waldreichen Karst**; in den Wäldern gibt es säure- und manchmal auch mineralreiche Humusböden, deren Sickerwasser die schönsten **Verfärbungen** der Tropfsteine und Sinterbildungen bewirken.

Höhlen in der Umgebung

Otoška jama / Otoker Tropfsteinhöhle

Von der Postojnska jama führt eine schmale Straße in Nordwestrichtung nach Predjama. In Veliki Otok befindet sich 300 m hinter der Andreaskirche der Eingang zur Otoker Tropfsteinhöhle. Sie war **ursprünglich Teil des Höhlensystems von Postojna**, wurde aber durch einen Einsturz von dessen touristisch zugänglichen Stollen abgetrennt.

Besichtigung ▶ Der für Touristen erschlossene Weg ist 600 m lang, die Besichtigungsdauer beträgt 45 Minuten; die Temperatur liegt konstant bei 8 °C. Die Touren finden vom 1. Juni bis 30. September nach Vereinbarung statt; das Mitbringen einer Taschenlampe ist erwünscht.

Pivka jama und Črna jama / Pivka- und Schwarze Höhle

Folgt man der Straße weiter in Nordwestrichtung und biegt an der nächsten Gabelung rechts ab, gelangt man nach 3,5 km zur Pivka-Höhle, die **ab Postojna auch zu Fuß** auf gut markiertem Waldweg erreichbar ist (45 Min.). **Tickets** gibt es an der Rezeption des Campingplatzes Pivka jama. Der Eingang führt durch einen 65 m tiefen Einsturztrichter, über 317 Felsstufen steigt man zum Höhlenfluss hinab. Man folgt dem unterirdischen Flussbett, der Weg ist beleuchtet. Eine Verbindung führt von der Pivka-Höhle durch überflutete Gänge und einen künstlichen Stollen zu der **Schwarzen Höhle**. Unter der Decke des **»Großen Saals«** ist Tageslicht zu erkennen, über einen 600 m langen Waldweg gelangt man zum Ausgangspunkt zurück.

Besichtigung ▶ Der für Besucher erschlossene Weg ist 1,9 km lang, die Besichtigungsdauer beträgt 1,5 Stunden. Die Temperatur liegt bei 9,5 °C. Touren Juli – August tgl. 10.00 u. 14.00, sonst n.V. Tel. 05/700 01 63.

Predjamski Grad und Höhlensystem Orientierung

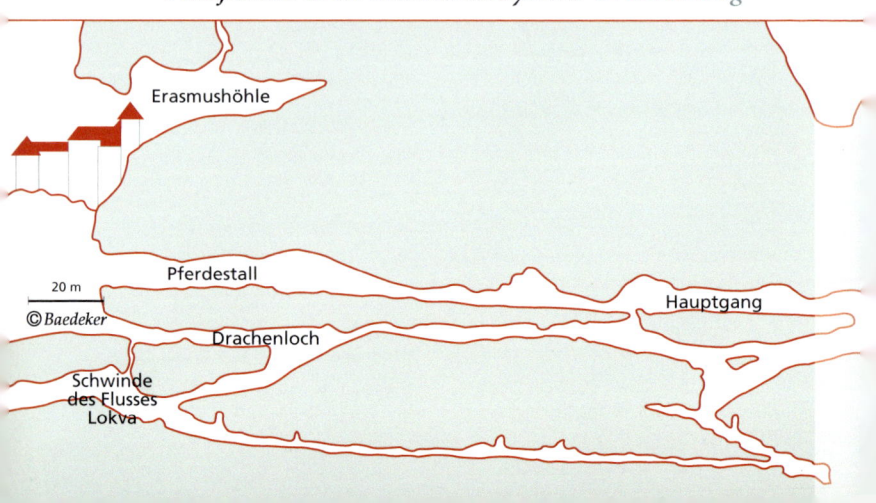

Erasmushöhle

Pferdestall

20 m
© Baedeker

Hauptgang

Drachenloch

Schwinde des Flusses Lokva

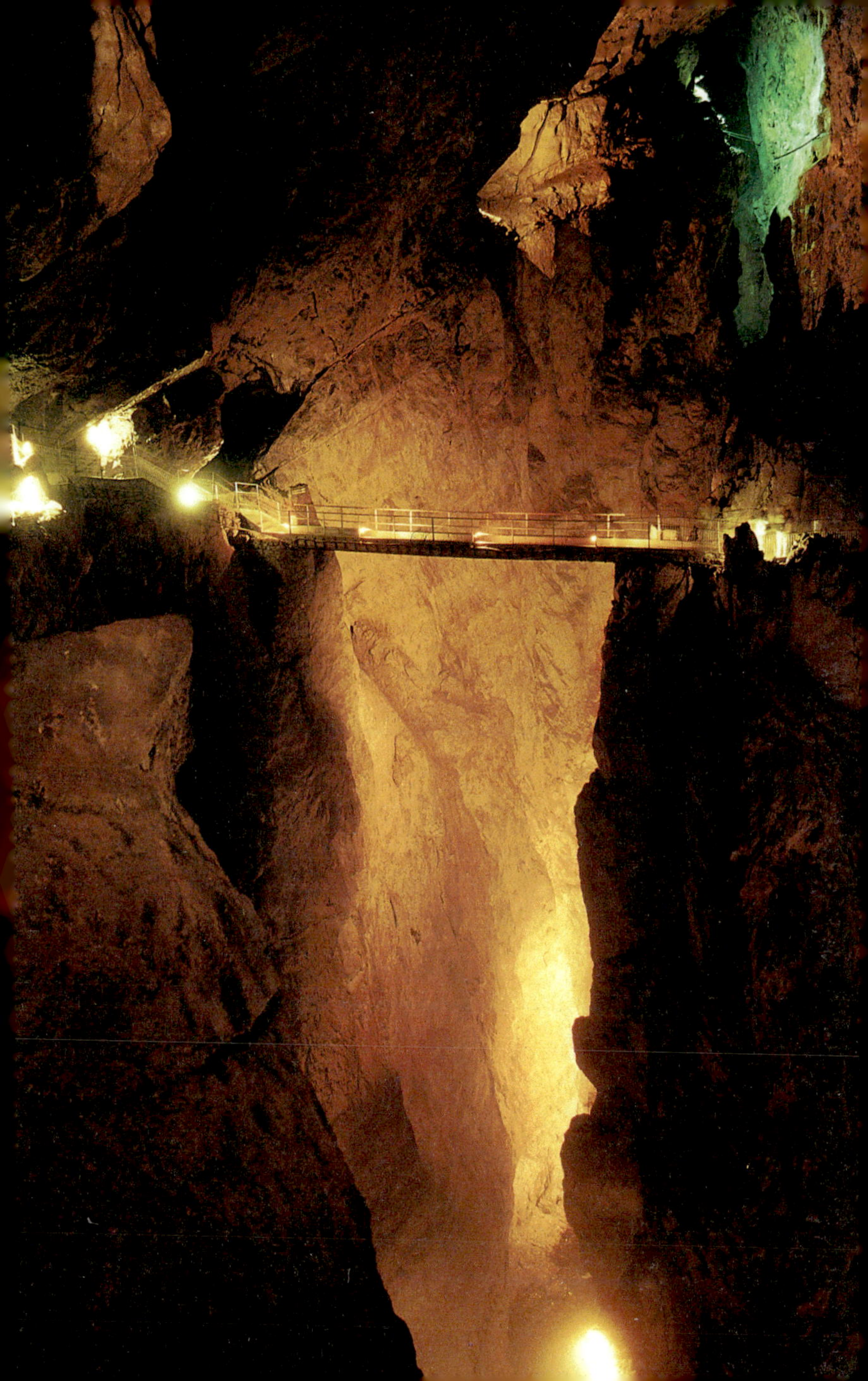

POSTOJNA ERLEBEN

AUSKUNFT
Ljubljanska cesta 4
6230 Postojna
Tel. 05/728 07 88, Fax 720 16 11
www.postojna.si
td.tic.postojna@siol.net

ESSEN
▶ **Erschwinglich**
Jadran
Titov trg 1
Tel. 05/720 39 00
Restaurant im Stadtzentrum neben dem Karstmuseum in einem Haus von 1793. Gut sitzt man auf der Terrasse und trinkt nur einen Cappuccino oder bestellt sich eine der Grillspeisen.

ÜBERNACHTEN
▶ **Günstig**
Jama
Jamska 30
Tel. 05/700 01 00, Fax 700 01 78
www.postojna-cave.com
Zweisternehotel mit 143 Zimmern am Eingang zur Höhle, tagsüber zwar etwas laut, nachts aber ruhig.

Epicenter Postojna
Kazarje 10
Tel. 05/700 22 00, Tel. 05/700 22 44
www.hotel-epicenter.si
Aparthotel am westlichen Stadtrand von Postojna mit 18 Apartments und 14 Doppelzimmern.

mit einer Zahnradbahn geht es zur Erdoberfläche zurück. Wer einen **Einsturztrichter** von oben sehen möchte, folgt abschließend dem laut Beschilderung 200 m, in Wirklichkeit mindestens doppelt so langen Waldweg zu einem Aussichtsplateau mit Blick in die 160 m tiefe Schlucht, die teilweise von Wasserfällen der Reka überspült wird.

Besichtigung ▶ Der Weg hat eine Länge von 2,5 km, die Besichtigung dauert 1 Stunde. Die Temperatur beträgt etwa 8 °C. Die Touren finden vom 1. Juni bis 30. September täglich um 10.00, 11.30, 13.00, 14.00, 15.00, 16.00 und 17.00 Uhr statt, in den übrigen Monaten nur 1–3-mal täglich (www.park-skocjanske-jame.si).

Weitere Ziele in der Umgebung

Nanos »Mons regius«, königlicher Berg, nannten die Römer das mehr als 1300 m aufragende Nanos-Gebirge, das sich wie ein Riegel zwischen Küste und Hinterland schiebt. Faszinierend ist die **durch Erosion geformte schroffe Oberfläche**. Wer sich vor Ort von der besonderen Verwitterung überzeugen möchte, folgt einer Schotterpiste, die von der Straße Postojna – Vipava nach 23 km rechts abzweigt und sich in unzähligen Kehren zum Gipfelgrat des Nanos emporwindet. Schon die Anfahrt bereitet Vergnügen: Die Hänge stehen in sattem Grün, auf Wiesen blühen seltene Pflanzen wie Seidenginster und die Krainer Lilie. Von einem **Aussichtspunkt** nahe der Bergkirche genießt man schließlich einen überwältigenden Ausblick auf weite Teile Sloweniens: im Süden die grandiose Kette des Karstgebirges, im Norden der fast 3000 m hohe Triglav in den Julischen Alpen.

Ptuj · Pettau

Provinz: Štajerska **Höhe:** 224 m
Einwohner: 12 000

Der Spaziergang durch die Stadt ist eine Reise in die Vergangenheit. Ptuj ist die älteste Stadt Sloweniens, ein von Weinhügeln umgebenes architektonisches Juwel an den Ufern der Drava. Die gesamte Altstadt ist denkmalgeschützt, die erhaltenen Bauten stammen vorwiegend aus dem 16. bis 18. Jahrhundert.

In ganz Slowenien ist Ptuj für sein Kurentovanje-Fest bekannt, das am Fastnachtssamstag und -sonntag stattfindet: Verkleidete Männer und Frauen ziehen durch die Straßen, wobei sie von »**kurenti**« angetrieben werden: in Tierfell gekleidete Gestalten mit Furcht einflößender Maske und herabhängender Zunge. Um den Gürtel gebundene Kuhglocken geben die »Musik« des Umzugs an. Zum Hofstaat gehören zwei- bis vierfüßige Fabelwesen (rusa) sowie Holzarbeiter (plokar) und Pflüger (orač). An dem Schauspiel, das den Winter austreibt und den Frühling willkommen heißt, nehmen Tausende von Menschen teil; das ganze Jahr über wird an den Kostümen gearbeitet.

Kurentovanje: Spektakel zur Fastnacht

Zur **Stadtgeschichte**: Grabfunde belegen, dass die Region bereits vor etwa 4000 Jahren besiedelt wurde. Die Römer gaben dem Ort den Namen Poetovio und erbauten einen kaiserlichen Palast, Tempel, Thermen und Theater. 69 n. Chr. wurde in Poetovio **Vespasian als Kaiser von Rom** bestätigt. Eine weitere Blüte erlebte der Ort erst wieder unter der Herrschaft der Salzburger Erzbischöfe, die ab dem 12. Jh. aus seiner strategisch günstigen Lage Kapital schlugen. Ptuj blieb bis 1918 unter österreichischer Herrschaft, sank im 19. Jh. unter dem Namen Pettau allerdings immer mehr zur unbedeutenden Provinzstadt ab. Heute wacht Ptuj aus seinem Dornröschenschlaf auf und besinnt sich seines touristischen **Reizes als Museumsstadt**.

Der Kurenti geht um – Fastnacht in Ptuj

Sehenswertes in Ptuj

Ptujska grad
An der Stelle älterer Burgen ließen die Salzburger ein Schloss errichten, das zu einer Festung erst gegen die Magyaren, später gegen die Osmanen ausgebaut wurde. Sein Aussehen erhielt es im 17. Jahrhundert. Nach außen wirkt es abweisend-karg, Pracht und Eleganz entfalten sich erst im Innern. Über einen dreigeschossigen Renaissancehof betritt man die Räumlichkeiten, die sich mit Stilmöbeln verschiedener Epochen als **Panoptikum feudaler Lebensart** präsentieren. Das Highlight aber ist die Faschingsabteilung mit furchteinflößenden Kurenti-Masken und -Kostümen (Pokrajinski muzej, Muzejski trg mit Zugang über Grajska ulica; geöffnet: tgl. 9.00 – 18.00 Uhr, im Juli und August Sa., So. bis 20.00 Uhr).

Dominikanski samostan
Das mächtige Kloster am Ufer der Drava schließt die Altstadt gen Westen ab. Im 13. Jh. wurde es für die Dominikaner errichtet, die hier 500 Jahre residierten. Heute dienen Kloster und Kirche als **Museum,** auch das städtische Geschichtsarchiv ist hier untergebracht. Eindrucksvoll ist der gotische Kreuzgang, über den sich alle wichtigen Räume der Anlage erschließen: die Klosterkapelle und die Münzsammlung im Refektorium, die Krypta mit einem rekonstruierten Mithra-Schrein sowie die Kirche mit einer Ausstellung römischer Sarkophage und Architekturfragmente (Muzejski trg 1; geöffnet: tgl. 10.00 – 17.00, im Juli und August Sa. – So. bis 20.00 Uhr).

Slovenski trg
Der trichterförmige Platz ist von Barockhäusern gesäumt, an der Nordostecke steht der mittelalterliche, 54 m hohe **Stadtturm**. Vor dem Turm prangt das 5 m hohe **Orpheus-Denkmal** – eigentlich ein römischer Grabstein, der seinen Namen einem eingemeißelten Relief verdankt. Auf dem Bild ist Orpheus dargestellt, der mit seinem Gesang ein Raubtier besänftigt. Die römische Grabstele wäre eines Kaisers würdig – in Poetovio wurde sie im 2. Jh. für den wohlhabenden Bürger Marcus Aurelius Vero errichtet. Die Ostseite des Platzes wird vom **Theater** eingenommen, einem kleinen, aber feinen Bau im klassizistischen Stil. Noch heute finden hier alljährlich drei Festivals statt (Monodrama, Kammertheater und Junge Dramaturgie). Von dem Platz leicht zurückversetzt steht die **Georgskirche** (Sv. Jurij), deren Ursprung ins 4. Jh. zurückgehen soll. Der heutige Bau stammt aus dem 12. Jahrhundert. Sein Inneres be-

---

! **Baedeker** TIPP

Sloweniens ältester Weinkeller

Einen kundigeren Führer werden Sie nicht finden: Herr Sajko, der bestens Deutsch spricht, geleitet Sie durch den mit 750 Jahren ältesten Weinkeller Sloweniens. In Eichenfässern lagern nicht nur Riesling und Burgunder, Muskat und grüner Silvaner, sondern auch kostbare Archivweine, u. a. ein süßer »Zlata trta« (goldener Rebstock) des Jahrgangs 1917. Der Weinkeller befindet sich im Osten der Altstadt, wo einst die römische Stadtmauer stand. Vinska klet Ptuj, Vinarski trg 1 (www.ptujska-klet.si; geöffnet: Mo. – Fr. 8.00 bis 20.00, Sa. 7.00 – 12.00 Uhr; Voranmeldung Tel. 787 98 10).

»Museumsstadt« Ptuj: die Altstadt vom gegenüberliegenden Ufer der Drava aus gesehen

eindruckt durch drei von Kreuzrippengewölben überspannte Schiffe und schmucke, seitwärts angebaute Kapellen. Die schönste von ihnen ist die durch ein schmiedeeisernes Gitter abgetrennte **Taufkapelle**, die ein Altarbild des Salzburger Meisters Konrad Laib (1467) birgt: Ungewöhnlich für die Zeit ist die realistische Darstellung der Heiligen, ihre expressive Gestik und Mimik.

Während die Burg und die umliegenden Gassen Mittelpunkt des feudalen Ptuj waren, war der Stadtplatz **Zentrum des Bürgertums**. Sein repräsentativstes Bauwerk ist das **Rathaus**, das zu Beginn des 20. Jh.s auf den Fundamenten des spätgotischen Vorgängers entstanden ist. Die übrigen Seiten des Platzes werden von stattlichen Bürgerhäusern gesäumt, in denen sich Lokale etabliert haben. In der Platzmitte steht die Figur des **hl. Florian**: In soldatischer Rüstung auf einer Wolke schwebend, gießt er einen Kübel Wasser über eine brennende Kirche. Die Figur wurde 1745 errichtet, nachdem ein Jahr zuvor ein verheerender Brand die Stadt verwüstet hatte – mit der Präsenz des Schutzheiligen sollte Ptuj vor weiteren Feuersbrünsten bewahrt werden.

Mestni trg

Umgebung von Ptuj

Ptujska Gora

Die Wallfahrtskirche von Ptujska Gora (Neustift) thront 12 km südwestlich von Ptuj auf einem 352 m hohen, aussichtsreichen Hügel. Von außen wirkt sie abweisend und karg, doch innen präsentiert sie sich als gotisches Meisterwerk. Berühmt ist ein um 1400 entstandenes **Relief der Schutzmantelmadonna** am Hauptaltar: Unter ihrem weit ausgebreiteten, von Engeln gehaltenen Gewand knien mehrere Dutzend Bürger, die ehrfurchtsvoll zu ihrer Schutzpatronin aufblicken. Die Madonna selbst ist entrückt, über die Köpfe der Menschen hinweg blickt sie gen Himmel.

Štatenberg

14 km südwestlich von Ptuj erhebt sich neben der Straße das Schloss Štatenberg (Stattenberg), 1720 – 1740 für den Grafen Attems erbaut und heute Museum adliger Wohnkultur. Einmal im Jahr treffen sich in dem Schloss **Sloweniens Schriftsteller** und in den Sommermonaten finden im Hofgarten **Konzerte** statt. Im Schloss gibt es ein Restaurant, im Westflügel werden preiswerte Gästezimmer vermietet.

Dornava

Das Barockschloss Dornava (Dornau) 7 km östlich von Ptuj dient derzeit als Heim für Behinderte und ist nicht öffentlich zugänglich.

Ptuj Orientierung

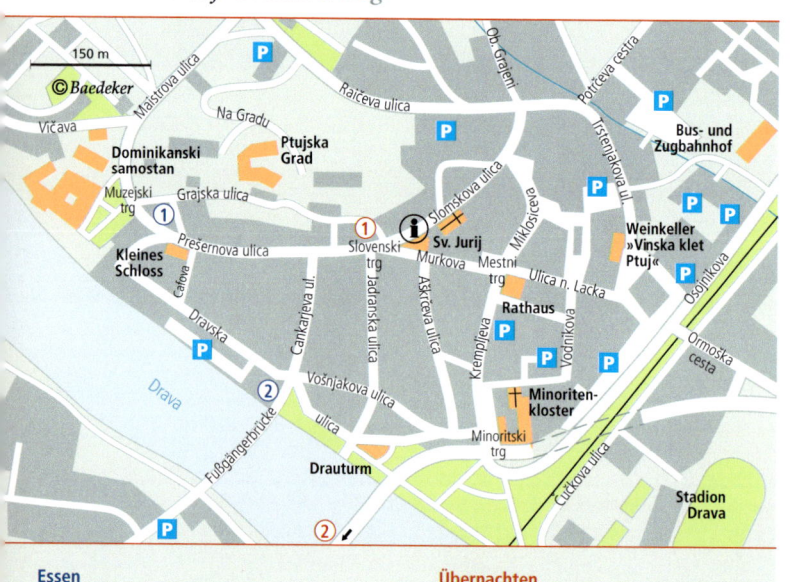

Essen
① Amadeus
② Ribič

Übernachten
① Mitra
② Grand Hotel Primus

In vielen Publikationen wird zu Recht der **Vergleich mit Schloss Schönbrunn** gezogen. Wie so viele andere Adlige seiner Zeit suchte auch Graf Attems, der Dornau 1793 erneuern ließ, die kaiserliche Hofarchitektur nachzuahmen: Zwei Pavillonflügel flankieren einen weitläufigen Hof, an dessen Frontseite sich das zweistöckige, reich gegliederte Hauptgebäude erhebt. Auch im Innern gibt sich das Schloss höchst feudal. So ist der Hauptsaal mit farbenprächtigen Deckenfresken ausgemalt, die den Empfang des Herkules auf dem Olymp schildern.

Fährt man von Ptuj via Spuhlja südostwärts, erreicht man nach 12 km die Festung Borl (Ankerstein). Borl heißt »Furt«, und tatsächlich befand sich am Fluss in früheren Zeiten eine Fähre mit Mautstation. Die Burg wechselte oft die Besitzer, gehörte mehreren Adelsfamilien und für kurze Zeit auch dem ungarischen König Matthias Corvinus. Im 18. und frühen 19. Jh. tagte hier das Landesgericht, die Galgen standen im Garten nahe dem Fluss. Auf markierten Wanderwegen kann man von Borl aus das Haloze-Weinbaugebiet erkunden.

Borl

▶ PTUJ ERLEBEN

AUSKUNFT
Slovenski trg 5
2250 Ptuj
Tel. 02/779 60 11
www.ptuj-tourism.si

ESSEN
▶ **Erschwinglich**
① *Amadeus*
Prešernova 36
Tel. 02/771 70 51
Das kleine Lokal am Fuß der Burg serviert slowenische Spezialitäten nach Großmutters Rezepten. Als Nachtisch empfiehlt sich die »Mozartschnitte« mit Vanillecreme. Freundlicher Service, dazu ein elegantes, aber keineswegs fömliches Ambiente.

② *Ribič*
Dravska 9
Tel. 02/749 06 35
Traditionsreiches Fischlokal in einem 400 Jahre alten Haus am Fluss, im Sommer kann man auf einer Aussichtsterrasse sitzen. Süßwasser- und Meeresfisch in vielen Varianten, Hecht und Zander in Wein, schwarzes Risotto oder Fischpaprika im Kupfertopf. Abends erklingt oft Folklore.

ÜBERNACHTEN
▶ **Komfortabel**
① *Mitra*
Prešernova 6
Tel. 02/787 74 55
Fax 787 74 59
www.hotel-mitra.si
Ein kleines und gepflegtes Mittelklassehotel mit 32 Zimmern in der Altstadt von Ptuj.

② *Terme Ptuj –*
Grand Hotel Primus
Pot v Toplice 9
Tel. 02/749 41 00, Fax 749 45 20
www.terme-ptuj.si
2 km südlich von Ptuj, im Thermalpark: Komforthotel mit römischer Therme; auch günstige Apartments.

Radenci · Bad Radein

Provinz: Prekmurje
Einwohner: 2300
Höhe: 207 m

Unter den zahlreichen Thermen der Region hat sich das traditionsreiche Radenci westlich von Murska Sobota einen Namen gemacht. Das Kurbad liegt inmitten einer malerischen, hügeligen Weinlandschaft in der Nähe einiger berühmter Weinkellereien.

»Europaregion der Thermen«
: Im Dreiländereck von Slowenien, Österreich und Ungarn treten aus Rissen in der Erdkruste mehr als zwei Dutzend Mineralwasserquellen zutage. Und so hat man eine »Europaregion der Thermen« ausgerufen, die in länderübergreifender Zusammenarbeit Kur- und Wellnessurlaub propagiert.

Sehenswertes in Radenci und Umgebung

Kuranlage
: Die klassizistische Kuranlage mit Trinkhalle und Pavillon verströmt **nostalgischen Charme**; das moderne Kurzentrum ist therapeutisch bestens ausgestattet. Ein attraktives Museum zeigt einen Dokumentarfilm über die Anfänge des Bades Radein: 1833 wurden die Heilquellen entdeckt, 36 Jahre später trat das Mineralwasser – werbewirksam »Drei Herzen« genannt – seinen Siegeszug durch Europa an; bald wurde es am Kaiserhof in Wien ebenso getrunken wie im Vatikan. Trinkkuren versprechen Heilerfolge bei Harn-, Leber- und Stoffwechselkrankheiten, bei Herz- und Kreislaufkrankheiten werden Badekuren verordnet. Es gibt auf 41 °C erwärmte **Thermalwasserpools**, die ganzjährig geöffnet sind, außerdem Hallen- und Freibäder. Um Radenci wurden Rad- und Wanderwege eingerichtet, im Winter fährt man auf den Kapela-Bergen Ski. Auch Kulinarisches bietet die Gegend: Der Wein der Marke Radgona-Kapela passt bestens zur deftigen steirischen Kost, die in den Landgasthöfen angeboten wird.

Slovenske Gorice
: Die bis zu 300 m hohen »slowenischen Hügel« westlich von Radenci zwischen Mura und Ščavnica sind ein beliebtes **Ausflugsziel**. An den sonnigen Südseiten wächst **Wein** – in den Dorfgasthöfen kann man

---

▶ RADENCI

AUSKUNFT
Slovenska ulica, 9000 Murska Sobota
Tel. 02/534 11 30

ESSEN

▶ Erschwinglich
Janžev hram
Janžev vrh 52
Traditionsgasthof auf »Janež' Gipfel«, wo Janževec angebaut wird, einer der besten Weine Sloweniens. Dazu passt Deftiges wie Rahmsuppe mit Buchweizen und Fleisch aus dem Schmalzfass.

ihn kosten. Besonders begehrt ist der Wein »Janževec«, der in Janžev hram, auf »Janež' Gipfel« angebaut wird. Im gleichnamigen Lokal ist eine uralte Weinpresse ausgestellt; die Besitzer geben Auskunft über Keltereitraditionen von römischer Zeit bis zur Gegenwart.

Die Stadt 6 km nordwestlich von Radenci ist **geteilt**: Nördlich der Mura liegt das österreichische Bad Radkersburg, südlich das slowenische Gornja Radgona (Oberradkersburg). Die Teilung rührt von der Zeit nach dem Ersten Weltkrieg, als die Untersteiermark von Österreich abgetrennt wurde und an Jugoslawien fiel. Im österreichischen Teil der Stadt steht Kurtourismus, im slowenischen Teil Weinherstellung hoch im Kurs. 1882 gründete der Franzose Clotar Bouvier hier eine Sektkellerei, in der nach klassischer »méthode champagnoise« produziert wurde. Bis heute erfreut sich der hier hergestellte **Sekt »Zlata radgonska penina«** großer Beliebtheit. Weinliebhaber werden gern zur Uferstraße Šlebingerjev breg 14 geführt, wo einer der größten und ältesten Weinstöcke Sloweniens wächst. Weinverkostungen finden u. a. während der Landwirtschaftsmesse im August statt.

Gornja Radgona

★ Radovljica · Radmannsdorf

J / K 4

Provinz: Gorenjska
Einwohner: 6300

Höhe: 496 m

Das mittelalterliche Städtchen liegt malerisch über der Sava. Rund um den Marktplatz stehen stattliche Bürgerhäuser, dazu eine gotische Pfarrkirche und ein Barockschloss. Doch viele Besucher kommen auch hierher, um nach Herzenslust zu schlemmen – die hiesigen Gasthäuser sind im ganzen Land bekannt.

Sehenswertes in Radovljica

Zentrum des Städtchens ist der rechteckige **Linhart-Platz**, benannt nach Anton Tomaž Linhart (1756 – 1795), der in Radovljica geboren wurde und die Grundlagen slowenischer Dramatik und kritischer Geschichtsschreibung schuf. An der Nordseite des Platzes befindet sich das Schloss, an der Ostseite die Peterskirche. Nach Süden zu fällt der Bergvorsprung, auf dem das Städtchen thront, jäh zur Ebene ab, in der Sava Bohinjka und Sava Dolinka zur Sava zusammen fließen.

Ortszentrum

Radovljicas Schloss stammt aus dem Mittelalter, präsentiert sich heute aber im Stil des Barock. Über eine Freitreppe gelangt man ins Obergeschoss, wo sich das bekannte Imkereimuseum befindet. Dort erfährt man alles Wissenswerte aus der Welt der Bienen. Eine eigene Ausstellung ist den Stirnbrettchen der Bienenstöcke gewidmet, die mit volkstümlichen Motiven bemalt sind (▶Baedeker-Special S. 280).

Čebelarski muzej (Imkereimuseum)

Originalgetreue Reproduktionen kann man im Museumsladen kaufen (www.lectar.com; geöffnet: Di. – So. 12.00 – 22.00 Uhr, Juli/Aug. tgl., Jan./Febr. meist geschlossen).

RADOVLJICA ERLEBEN

AUSKUNFT

Radovljica
Kranjska 13
4240 Radovljica
Tel./Fax 04/531 53 00
www.radovljica.si

Bled
Cesta svobode 15
4260 Bled
Tel. 04/574 11 22, Fax 574 15 55
info@dzt.bled.si
www.radovljica.si

ESSEN

▶ Erschwinglich

Gostilna Lectar
Linhartov trg 2, Tel. 04/537 48 00
Fantasievoll abgewandelte slowenische Küche in einem 500-jährigen Bürgerhaus im Zentrum. Früher wurden hier die bekannten Gewürzkuchen (lect) hergestellt, heute gibt es Leckereien wie Pilzsuppe im Brotlaib, gebratenen Kräuterkäse mit Rucola und zum Nachtisch mehr als ein Dutzend hausgemachter Eissorten, darunter Holunder! Vegetarier kommen gleichfalls auf ihre Kosten. Frau Lili serviert, Wirt Jože greift gern zur Mundharmonika. Di. und im August geschlossen.

Gostilna Kunstelj
Gorenjska 9, Tel. 04/531 51 78
Gleichfalls eine gute Wahl: Toni alias Anton Stiherle leitet das seit 1873 bestehende Lokal, das auch über Gästezimmer verfügt. Im Weinkeller kostet man den neuesten Rebensaft.

ÜBERNACHTEN

▶ Komfortabel

Grad Podvin
Mošnje 1
Tel./Fax 04/532 52 00
In eine Parklandschaft eingebettetes Schlosshotel mit Reitstall, Tennisplätzen und Pool, 3 km südöstlich Radovljica. 32 Zi.

▶ Günstig

Sport Penzion Manca
Gradnikova 2
Tel. 04/531 40 51, Fax 531 41 40
www.manca-sp.si
Preiswerte, familiär geführte Pension im Norden der Stadt, die meisten der 17 Zimmer mit Balkon, teils auf den Triglav, teils auf die Karawanken gerichtet. Türkische und finnische Sauna, Solarium und Wassermassage. Umfangreiches Aktivangebot: Tennis und Tischtennis, Ausflüge mit Rädern, Rafting in der Sava Dolinka.

Kunštelj
Gorenjska 9
Tel. 04/531 51 78
Fax 530 41 51
www.kunstelj.com
Die 9 Zimmer im gleichnamigen traditionsreichen Gasthaus verteilen sich auf drei Gebäude. Am schönsten sind die im Gartenhaus und einem Anbau, der verwegen an der Abbruchkante thront. Alle Zimmer haben Balkon mit Blick in die Berge. Für Familien (maximal 4 Personen) empfiehlt sich ein Apartment mit einer kleinen Küche.

Neben dem Schloss steht die Pfarrkirche mit drei gotischen Portalen und einem schönen Sternrippengewölbe. Barock präsentiert sich der Hochaltar, der 1713 von Angelo Pozzo gestaltet wurde. Zusammen mit dem Schloss bildet die Kirche den stilvollen Rahmen für das **Festival früher Musik**, das alljährlich in der zweiten Augusthälfte stattfindet. Renommierte Musiker aus aller Welt spielen auf historischen Instrumenten mittelalterliche und barocke Musik.

Cerkev Sv. Peter

Unter den vielen schönen Gebäuden am Platz ist noch das gotische Sivčev-Haus mit Fresken und der Eingangshalle mit einem Säulengang hervorzuheben. Im Erdgeschoss befindet sich eine Kunstgalerie, im Obergeschoss die original erhaltene »Rauchküche«, in der die Speisen über einer offenen Feuerstelle zubereitet wurden. Der ehemalige Wohnraum wird heute für Trauungen genutzt (Linhartov trg 22; geöffnet: tgl. außer Mo. 10.00 – 12.00 und 16.00 – 18.00 Uhr).

Sivčeva hiša

Begunje 5 km nördlich ist bekannt für seine Musiker Slavko und Vilko Avsenik, die als **»Original-Oberkrainer«** jahrelang das Publikum im Alpenraum begeisterten (▶Berühmte Persönlichkeiten; ▶Baedeker-Empfehlung, S. 144). Am Rand des alten Ortskerns steht **Schloss Katzenstein** aus dem 17. Jh., das in deutscher Besatzungszeit als **Gefängnis** diente und dessen Museumsflügel besichtigt werden kann. Von 1941 bis 1944 waren hier ca. 12 000 Slowenen als vermeintliche Partisanen interniert. Die Isolationszellen, in denen die Häftlinge ihre letzten Worte in die Wand ritzten, sind in das Museum integriert. Eine weitere Gedenkstätte findet man im Schlossgarten: Steinstümpfe mit den Namen vieler Erschossener sind in den Boden gerammt.

Begunje

Radovljica, anmutig auf einem Bergvorsprung gelegen

»ALLDA GEWALTIG VIELE« BIENEN

»Je bunter der Eingang zum Bienenstock«, so lautet eine alte Bauernregel, »desto mehr Bienen finden den Weg in sein Inneres.« Auf die ungewöhnlichen Bienenstockbrettchen stoßen Slowenienreisende allerorten – mitten in der Landschaft oder in Form von originalgetreuen kleinen Reproduktionen, die in Kunsthandwerkläden erhältlich sind.

Der **Chronist J. W. Valvasor** berichtete 1689 von »Zhébala« (Bienen), derer man »allda gewaltig viel« habe: Schuld, so vermutete er, sei der Anbau von Buchweizen, mit dem im 16. Jahrhundert begonnen worden war.

Kleinodien bäuerlicher Volkskunst. In bunten Farben wurden Szenen aus dem Alltag geschildert, Träume erzählt und Fabeln, historische Ereignisse oder Geschichten von Heiligen illustriert.

Schlauer Bauerntrick

Die slowenischen Bauern erkannten allerdings recht schnell, dass sich aus den »gewaltig vielen« Bienen durchaus **Nutzen** schlagen ließ. Mit Akribie widmeten sie sich der Welt der schwirrenden Brummer und erprobten alle möglichen Tricks, mit denen die kleinen Tiere **stimuliert** werden konnten, Pollen und Honig zu produzieren. Dabei kam ihnen auch die alte Bauernregel von der **Buntheit der Bienenstöcke** in den Sinn, und also bemalten sie die Holzbrettchen über dem Flugspalt und schufen wahre

Honigparadies

Der Erfolg gab ihnen Recht: Mit jedem Jahr konnten sie mehr **Honig** erzeugen und nach Wien und Salzburg **exportieren**. Honig wurde zum wichtigen Bestandteil der Landwirtschaft. Und auch heute noch wird in Slowenien sehr viel Honig produziert. Wer durch ländliche Gebiete fährt, sollte nach Schildern mit der Aufschrift **»med«** schauen: Hier erhält man Honig direkt vom Erzeuger. Und in der Nähe kann man mit etwas Glück fleißige Bienen in bunten Bienenstöcken ein- und ausfliegen sehen.

Der **denkmalgeschützte Alpenort** ca. 11 km südlich von Radovljica war einmal die Eisenschmiede des Landes. Noch heute findet man eiserne Verzierungen an Türen, Fenstern und Balkonen, hier und da ist ein Fußabtreter zu einem Drachen geformt. Im Schmiedemuseum (Kovaški muzej) ist dem Hüttenwesen eine große Ausstellung gewidmet. Werke von Meisterschmieden sind zu sehen, daneben Sammlungen von alten Werkzeugen und Modelle der ehemaligen Eisenhütten (geöffnet: Di. – So. 10.00 – 13.00, 15.00 bis 18.00 Uhr).

Kropa

Ribnica · Reifnitz

N 8

Provinz: Dolenjska
Einwohner: 3300

Höhe: 489 m

Seit dem 14. Jh. ist Ribnica als Ort der Holzarbeiter bekannt – das Material lieferte der urwüchsige Hornwald unmittelbar vor den Toren der Stadt. Sie produzierten Siebrahmen, Fässer, Schüsseln, Löffel, Zahnstocher und vieles mehr, zogen als Hausierer quer durchs Habsburgische Reich und verkauften ihre Produkte.

Die älteste Stadt der westlichen Dolenjska liegt südöstlich von Ljubljana zwischen den Hügelketten Velika Gora und Mala Gora. Insgesamt 400 verschiedene Holzprodukte wurden hier hergestellt. Mit schlagfertiger Zunge und originellen Werbesprüchen priesen die Hausierer aus Ribnica die Ware an und wurden auf diese Weise zu **Überlieferern volkstümlicher Spottlieder, Witze und Fabeln**. Heute wird das Hausieren nur noch als Nebenerwerb betrieben, die meisten Holzwaren werden auf Märkten verkauft.

Ort der Holzverarbeitung

Am ersten Wochenende im September wird das Festival Ribniški Sejem veranstaltet, auf dem Bauern der umliegenden Dörfer ihr **Kunsthandwerk** ausstellen und verkaufen. Während des Festes spielt man auf zu Musik und Tanz, gegessen werden regionale Spezialitäten.

Festival Ribniški Sejem

Sehenswertes in Ribnica

Am Südwestufer der Bistrica erhebt sich die Burg Ribnica, mit deren Bau bereits im 10. Jh. begonnen wurde. Einst residierten hier die Grafen von Cilli, die mit der Habsburger Dynastie um die Vormachtstellung in Krain konkurrierten. Heute ist in der Burg ein **ethnografisches Museum** untergebracht, in dem vor allem Kunsthandwerk aus Holz ausgestellt wird – im Museumsshop kann man es kaufen.

Burg Ribnica

Die neugotische Stefanskirche auf der gegenüberliegenden Flussseite besticht durch zwei auffällige, von **Jože Plečnik** geschaffene Türme.

Stefanskirche

RIBNICA ERLEBEN

AUSKUNFT
Škrabčev trg 23
1310 Ribnica
Tel./Fax 01/836 93 35
Fax 835 03 80
www.ribnica.si
turizem.ribnica@siol.net

ESSEN
▶ **Preiswert**
Mihelič
Škrabčev trg 22
Tel. 01/836 31 31
www.gostilna-mihelic.si

Das vor allem bei Einheimischen beliebte, rustikale Gasthaus befindet sich in zentraler Lage gegenüber der Kirche. Mo. geschlossen

Pri Pildarju
Škrabčev trg 27
Tel. 01/836 25 49
Seit mehr als 100 Jahren ist das Gasthaus in Familienbesitz. Gekocht werden ungarische Rindskutteln, Buchweizensterz und Nusskuchen, dazu gibt es täglich wechselnde Menüs. Di. geschlossen

Štekličkova hiša Gegenüber der Kirche befindet sich die Štekličkova hiša, eine ehemals berühmte Lehranstalt, in der auch Sloweniens Nationaldichter **France Prešeren** von 1810 – 1812 die Schulbank drückte. Eine Plakette erinnert an den Dichter.

Umgebung von Ribnica

Nova Štifta Auf dem Hügel Nova Štifta, 6 km westlich der Stadt, erhebt sich eine der **beliebtesten Wallfahrtskirchen Sloweniens**. Die barocke, achteckig gebaute Kirche ist reich an religiösem Schmuck, darunter drei prunkvolle Altäre mit vergoldetem Schnitzwerk und am Hochaltar ein monumentales Gemälde der Himmelfahrt der Maria. Ist die Kirche verschlossen, erhält man den Schlüssel im angrenzenden Franziskanerkloster; nahebei stehen vier Linden mit gewaltigem Stammesumfang.

Nemška vas Das **»Deutsche Dorf«** südlich von Ribnica besteht aus ein paar Häusern und einer schmucken Kirche. Einst lebten hier die **Gottscheer** (▶ Kočevje), Nachfahren jener Schwaben, Franken und Tiroler, die im 14. Jh. ins Land gekommen waren, um die Wildnis urbar zu machen. Im Zweiten Weltkrieg wurden sie »heim ins Reich« geholt, doch ihre Tradition – die Holzverarbeitung – ist bis heute lebendig geblieben.

Dolenja vas Waren Ribnica und Nemška vas auf Holz spezialisiert, so wurden in Dolenja vas, dem »unteren Dorf«, **Töpferwaren** hergestellt. Noch heute töpfern Frauen in Heimarbeit traditionelle Keramik, berühmt sind vor allem ihre schrill klingenden Tonpfeifen.

Rogaška Slatina · Rohitsch Sauerbrunn

Provinz: Štajerska
Einwohner: 5000
Höhe: 228 m

Bukolische Ländlichkeit umgibt den windgeschützten, zwischen Waldhügeln eingebetteten Kurort Rogaška Slatina nahe der kroatischen Grenze. »Karlsbad südlich der Alpen« wurde er von den Steirern genannt, als er sich zu einem Heilbad entwickelte.

Um die Entstehung der hiesigen Heilquelle ranken sich mehrere Legenden. Die bekannteste ist der griechischen Mythologie entnommen und erzählt von **Pegasus**, dem geflügelten Pferd, das durch einen Hufschlag die wundersame Mineralquelle aus dem Boden stampfte. Das erste Buch über das Heilbad wurde 1685 von Dr. Gründel, einem Arzt aus Marburg, verfasst, der die Heilwirkung der aus dem Erdinnern sprudelnden Quelle an mehreren Beispielen beschrieb. Vor allem die Nachricht von der Genesung des kroatischen Feudalherren Peter Zrinskij verbreitete sich rasch bis an den Wiener Hof. Im frühen 19. Jh. entwickelte sich aus einer kleinen Siedlung bei den Quellen ein modernes Kurzentrum. Schon 1846 – das prunkvolle Kurhaus war gerade fertig gestellt – gab hier **Franz Liszt** ein Konzert. Nach der Eröffnung der Südbahnlinie im Jahr 1857 wuchs die Zahl der Gäste schnell und stetig. Der Kurort wurde insbesondere von Mitgliedern zahlreicher Herrscherfamilien besucht, die **Namhaftesten des Hochadels** trugen sich in die **Gästeliste** ein: Sie kamen aus den Häusern Habsburg und Hohenzollern, Thurn und Taxis, Della Grazia, Fürstenberg, Windischgrätz, Liechtenstein und vielen anderen. Aber natürlich sei auch ein berühmt gewordener nichtadeliger Stammgast genannt: der **Nobelpreisträger Ivo Andrič**, der mit dem Buch »Die Brücke über die Drina« Weltruhm erwarb. Das Wasser aus Rogaška Slatina – bekannt unter den Markennamen Donat, Styria und Tempel – empfiehlt sich bei Stoffwechselstörungen und Erkrankungen des Verdauungsapparats.

Geschichte des Kurzentrums

ROGAŠKA SLATINA

AUSKUNFT
Zdravilíški trg 1, 3250 Rogaška Slatina
Tel. 03/581 44 14, Fax 811 57 30
www.rogaska-slatina.com
tic.rogaska@siol.net

ÜBERNACHTEN
▶ **Komfortabel**
Hotel Sava Rogaška
Zdravilíški trg 6
Tel. 03/811 40 00, Fax 811 47 32
www.hotel-sava-rogaska.si
Alteingesessenes Viersternehotel in der großzügigen Kuranlage mit umfangreichem Wellnessangebot.

Sehenswertes in und um Rogaška Slatina

Kuranlage Zur Kuranlage gehören mehrere mit der Trinkhalle und dem therapeutischen Trakt verbundene Hotels, dazu Schwimmbad, Tennisplätze etc. Im Kurpark-Pavillon finden im Sommer Promenadenkonzerte statt, im Kristallsaal wird getanzt. Zu fortgeschrittener Stunde öffnet das Casino, in den Cafés werden zu Klavier- und Geigenmusik Cocktails serviert. Ein kleines **Grafikmuseum** zeigt Werke aus dem 16. bis 19. Jh., u. a. Kupferstiche von Valvasor und Blätter von Dürer, Holbein und Daumier.

Steirische Glashütte Vor 400 Jahren sind in der Umgebung der Heilquellen zahlreiche Glashütten entstanden, in denen Flaschen für das Mineralwasser geblasen wurden. Mitte der 1980er-Jahre hat man das traditionelle Handwerk wiederbelebt: In Tržišče (2 km südöstlich des Kurorts an der Straße nach Rogatec) werden aus Abfallglas von Hand geformte bzw. mundgeblasene **Glasobjekte** hergestellt. Rogaška Slatina ist in ganz Slowenien für sein geschliffenes Glas und Kristall bekannt, im firmeneigenen Laden kann es gekauft werden.

Sladka Gora Wenige Kilometer nordwestlich der Stadt steht auf einem rebenreichen Hügel die Wallfahrtskirche von Sladka Gora, dem »süßen Berg«. Mit ihren verspielten, hoch aufragenden Türmen gilt sie als

Kuren tut gut. Badegäste in Rogaška Slatina

hervorragendes Beispiel für **slowenischen Barock**. Im Innern scheint jeder Zentimeter mit Fresken bemalt, Szenen aus dem Leben der Maria sowie Darstellungen von Krankheit und Heilung sind zu sehen.

Östlich von Rogaška Slatina, fast an der kroatischen Grenze, lohnt ein Besuch des **Freilichtmuseums** Muzej na Prostem Rogatec. Zu sehen sind steirisch-subpannonische Bauernarchitektur, Holzhäuser von Acker- und Weinbauern, ein Dorfladen, Heuharfen, Brunnen, Bienenstöcke (www.burger.si; geöffnet: Di.–So. 10.00 – 18.00 Uhr). Neben dem Freilichtmuseum steht das **Schloss Strmol**, dessen Kapelle und frisch restaurierte Säle mit Fresken geschmückt sind. Das Schlossrestaurant bietet gehobene Gastronomie; in der Vinothek kann man sich mit erstklassigen Weinen eindecken.

Rogatec

★★ Savinjska Dolina · Savinja-Tal

M–Q 4–6

Provinz: Štajerska
Einwohner: 3500

Höhe: 400 – 800 m

Das Obertal der Savinja präsentiert sich als naturgeschützte Oase. Es ist von mächtigen, teilweise über 2400 m aufragenden Bergen umrahmt. Markierte Wanderwege erschließen die schönsten Täler und Gipfel – man kann Kanu fahren, angeln, radeln und klettern.

Die Savinja entspringt in den Savinjer Alpen in 1280 m Höhe und rauscht über Solčava, Luče und Ljubno südwärts. Eine gut ausgebaute Straße verbindet den slowenisch-österreichischen Grenzübergang Pavličevo/Eisenkappel (im Winter geschl.) mit dem dichter besiedelten Untertal. An Unterkünften ist kein Mangel: Es gibt Hotels und Pensionen, und auch auf Bauernhöfen kann man sich einmieten.

Beliebtes Flusstal für Natururlauber

Sehenswertes im Savinja-Tal

Das hübsche Dorf am Zusammenfluss von Savinja und Ljubnica markiert den Übergang vom unteren zum oberen Savinja-Tal: Nach unten öffnet sich das Tal terrassenförmig zum weiten Schwemmland, oberhalb des Dorfes verengt es sich zu einer Klamm. Viele Jahrhunderte war Ljubno **Zentrum der Waldwirtschaft**: Von den steilen Hängen wurde das Holz auf Rutschen und Rinnen (slowenisch: riže) in die Savinja befördert und bis Ljubno geschwemmt, dort zersägt und zu Flößen zusammengebunden. Dann machten sich die Flößer auf eine lange Reise über Savinja und Sava bis zur Donau und weiter bis **zum Schwarzen Meer**. So intensiv war die Holzverarbeitung vor dem Zweiten Weltkrieg, dass in Ljubno mehr als ein Dutzend Sägewerke in Betrieb war, 20 Gaststätten versorgten die Holzfäller und die aus fernen Regionen hergereisten Flößer. Heute ist die Holzfälle-

Ljubno ob Savinji

▶ Savinjska Dolina

rei eingeschränkt – der Wald soll sich regenerieren und wurde unter Naturschutz gestellt. An die Vergangenheit erinnert nur noch der »Flößerball«, bei dem man beim Tanzen die Axt schwingt und selbst gebrautes Bier aus dem nahen »Hopfendorf« Braslovče fließen lässt.

Luče liegt im Schatten des 2062 m hohen Raduha, den der Fluss in langer Wühlarbeit vom zentralen Teil der Savinjer Alpen abgetrennt hat. Das Savinja-Tal, das flussaufwärts immer enger wird, verbreitert sich an der Stelle, an der die Lučnica in die Savinja einmündet, sodass Luče entstehen konnte. Seit dem Mittelalter widmet man sich hier der Försterei und der Viehzucht – für Landwirtschaft war auf den steilen, waldreichen Hängen kein Platz. Heute ist der **Aktivtourismus** eine weitere Einkommensquelle: Wanderer erkunden das Raduha-Massiv und Kanuten lassen sich vom 7 km oberhalb von Luče gelegenen Rogovilec-Hof bei hohem Wasserstand abwärts gleiten.

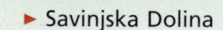

Einfache Holzbrücken führen über die Savinja.

Igla Oberhalb von Luče verengt sich die Schlucht erneut, nach gut 4 km scheint die Straße durch einen 40 m hohen **Felsobelisk** versperrt. Dieser wird aufgrund seiner schlanken Form Igla (Nadel) genannt, nur durch einen 2 m breiten Spalt ist er von der »Mutterwand« abgetrennt. Am Fuß des »Nadelfelsens« gibt es eine weitere Natursehenswürdigkeit: Eine Quelle spritzt im 10–20-Minuten-Takt ihr Wasser in eine Schottermulde. In einer Holzhütte am Flussufer werden Getränke, an Sommerwochenenden auch gegrilltes Fleisch serviert.

Robanov kot Weitere 4 km talaufwärts zweigt bei Rogovilec eine schmale Straße zum Robanov kot ab. Das **naturgeschützte Gletschertal** ist von über 2000 m hohen Bergen umschlossen und verläuft parallel zum Logar-Tal, dem Highlight der Savinjer Alpen. Hinter dessen Schönheit braucht sich Robanov kot aber nicht zu verstecken: Die steilen Hänge sind von alpinem Buchenwald bedeckt, an der sonnigen Südseite kauern behäbige Bauernhöfe, in denen man sich einmieten kann.

Solčava Das oberste Dorf im Savinja-Tal liegt wiederum an einer leicht erweiterten Uferterrasse. Seine Häuser ducken sich unter der hoch aufragenden Kirche Maria Schnee (Marija Snežna), die im 15. Jh. in der Einsamkeit der Bergwelt errichtet wurde. Ihr Boden ist mit Logarkalk bedeckt, einem vielfarbigen, marmorähnlichen Stein. Eine Madonnenskulptur am Hochaltar stammt aus dem 13. Jahrhundert.

4 km westlich von Solčava, am sog. Schwester-Logar-Haus (Dom Sestre Logar), gabelt sich die Straße: Rechts geht es zum Grenzübergang Pavličevo/Eisenkappel, links befindet sich der Zugang zur naturgeschützten Logarska Dolina (für motorisierte Besucher gebührenpflichtig). Das bis zu 500 m breite und 9 km lange Logar-Tal gilt als **eines der schönsten der Alpen**: Sein Boden ist mit einem üppigen Grasteppich bedeckt, über dicht bewaldeten Hängen erheben sich mehr als 2300 m hohe, schroff gezackte Bergriesen. Die Straße führt – am Hotel Plesnik vorbei – zum Wendeplatz an der Hütte Koča pod slapom Rinka, von wo man auf markiertem Weg in gut 1 Stunde zur Schutzhütte Frischauf (Frischaufov dom, 1378 m) kommt. In der Nähe **entspringt die Savinja**, die sich nach wenigen hundert Metern als Rinka-Wasserfall 90 m in die Tiefe ergießt.

✶ ✶
Logarska Dolina

◀ Abb. S.122/123

Folgt man der Straße von der Gabelung am Schwester-Logar-Haus 1 km weiter in Richtung Grenze, zweigt linker Hand die Straße zum

Matkov kot

▶ SAVINJSKA DOLINA ERLEBEN

AUSKUNFT

Luče
Luče 106
3334 Luče
Tel. 03/839 35 50
www.luce.si

Solčava
Logarska Dolina 9
3335 Solčava
Tel. 03/838 90 04
Fax 838 90 03
www.logarska-dolina.si
info@logarska.si

ÜBERNACHTEN/ESSEN

▶ **Fein & teuer**
Plesnik
Logarska Dolina
Logarska Dolina 10
Tel. 03/839 23 00, Fax 839 23 12
www.plesnik.si
Behagliches Viersternehotel mit 32 Zimmern im Logar-Tal. Mit Hallenbad, Sauna und gutem Restaurant. Etwas preiswerter ist die angeschlossene Komfortpension Vila Palenk (Logarska Dolina 9, 12 Zi.).

Baedeker-Empfehlung

▶ **Preiswert**
Gostilna Raduha
3334 Luče
Luče 67
Tel. 03/838 40 00
Fax 03/584 41 11
www.raduha.com
Schon wenn man eintritt, läuft einem das Wasser im Munde zusammen – welch großartige Gerüche! Vieles, was Emika und Martina verarbeiten, kommt aus dem eigenen Garten oder dem nahen Wald: Obst, Gemüse, Schnecken, Pilze und Wildbeeren. In dem Gasthaus, das schon in vierter Generation betrieben wird, kann man auch sehr gut übernachten. Alle 12 Zimmer haben ein Bad, einige einen Balkon, dazu gibt es einen schönen, bis zur Savinja hinabreichenden Garten. Buchung von Halbpension ist zu empfehlen: Morgens gibt es selbstgebackenes Brot und handverlesene Kräutertees, abends fantasievolle Regionalküche.
Das Restaurant ist tgl. ab 12.00 Uhr geöffnet, im Winter Mo., Di. geschl.

Matkov kotab. Das 6 km lange Gletschertal wird vom Bach Jezera durchflossen. Auf Wanderungen passiert man Wasserfälle und schroffe Kare; vier bewirtschaftete Höfe trotzen der Einsamkeit.

Snečna jama Eine weitere Attraktion des Savinja-Tals ist die **»Schneehöhle«**, die man nur zu Fuß erreichen kann: Von Luče führt ein etwa 7 km langer Wanderweg nordwärts zum Bergmassiv Raduha (2062 m). Von der Hütte auf der unterhalb des Gipfels gelegenen Loka-Alm (Koča na Loki) steigt man auf markiertem Pfad 30 Minuten aufwärts zum Höhleneingang. Die erst 1982 auf der Sohle einer Einsturzdoline entdeckte Grotte ist über 1300 m lang und reich an Tropfsteinschmuck. Ein Teil von ihr wurde als Museum eingerichtet und kann von Mai bis Oktober im Rahmen einer zweistündigen Tour besichtigt werden (Sa. u. So.); die nötige Ausrüstung wird gestellt.

Sevnica · Liehtenwalde

Q 6

Provinz: Dolenjska　　**Höhe:** 181 m
Einwohner: 5100

Am Ufer der Sava erstreckt sich das mittelalterliche Städtchen Sevnica, darüber thront imposant eine Burg. Mit ihren vier Ecktürmen und mächtigen Mauern erscheint sie unbezwingbar. Sevnica ist klein, gleichwohl ist es städtischer Mittelpunkt eines Hinterlands mit vielen verstreut liegenden Dörfern.

Stadtgeschichte Der deutsche Name des Orts – Liehtenwalde – wurde erstmals 1275 erwähnt. Die Burg entstand vermutlich aber erst im 14. Jh., als die Salzburger Erzbischöfe die Grenze ihres Herrschaftsgebiets befestigen wollten. Ende des 15. Jh.s fiel sie vorübergehend an Ungarn, doch konnten sie die Erzbischöfe zurückgewinnen. Nach ihnen kamen die habsburgischen Adelsgeschlechter der Auersperger und Moscon.

▶ **SEVNICA**

AUSKUNFT

TIP Sevnica
Prešernova ulica 1
8290 Sevnica
Tel. 07/816 54 62
www.obcina-sevnica.si

Sehenswertes in Sevnica und Umgebung

Heute dient die Burg **Grad Sevnica** als Museum: Durch ein wappengeschmücktes Portal gelangt man in den von zweigeschossigen Renaissance-Arkaden gesäumten Innenhof. Einige Räume mit Stilmöbeln und Gemälden verschiedener Epochen sind öffentlich zugänglich. Im Gewölbekeller des ehemaligen Vorratshauses entdeckt man ein **Kleinod der Renaissance-Kunst**:

▶ Škofja Loka ZIELE 289

Fresken zeigen Szenen aus dem Neuen Testament, darunter das Jüngste Gericht und Passionsmotive. Sie bildeten den Rahmen für Gebete der protestantischen Gemeinde, die ihre heimlichen Treffen im »Luther-Keller« im 16./17. Jh. abhielt (Besuch nach telefonischer Voranmeldung bei der Touristeninformation).

17 km östlich erhebt sich an der Straße nach Krško und Brežice die Burg Reichenburg. 885 wurde sie erstmals erwähnt. Im 12. Jh. erwarb sie der Salzburger Bischof Konrad, der sie aufwändig erneuern ließ. 1884 verwandelten sie französische **Trappistenmönche** in ein Kloster; die von ihnen hergestellten **Schokoladen und Liköre** waren im ganzen Land berühmt. Im 1968 eröffneten »Museum der Inhaftierten, Internierten und Exilierten Sloweniens« erfährt man, dass die Burg im Zweiten Weltkrieg den deutschen Besatzern als **Deportationslager** diente: Ca. 45 000 Slowenen wurden vor allem nach Serbien und Kroatien zwangsumgesiedelt (geöffnet: Di.–Fr. 9.00–15.00, Sa./So. 11.00–15.00 Uhr). **Brestanica/ Grad Rajhenburg**

✶ Škofja Loka · Bischoflack

K 5/6

Provinz: Gorenjska **Höhe:** 348 m
Einwohner: 12 500

Škofja Loka steht unter Denkmalschutz, sie gilt als eine der schönsten Städte Sloweniens. Museale, asketische Schönheit charakterisiert diesen Ort, der vor über 1000 Jahren am Zusammenfluss von Selška und Poljanska Sora entstand. Viele Gassen der Altstadt haben ihren mittelalterlichen Charakter bis heute bewahrt.

Škofja Loka war ein Geschenk des deutschen Kaisers Otto II. an den Freisinger Bischof Abraham. Im Gegensatz zu Loka (Lack) am anderen Flussufer wurde die Neugründung Bischoflack genannt. In dem kurzen Zeitraum von 1457 bis 1511 wurde sie dreimal Opfer von Angriffen und Zerstörung. Sie wurde niedergebrannt von den Gefolgsleuten des Vitovec, eines Feldherrn aus Celje (1457), attackiert von den Türken (1476) und schließlich durch ein Erdbeben fast vollständig vernichtet (1511). Doch Bischof Philipp ließ Škofja Loka innerhalb weniger Jahre wieder aufbauen. 1803 traten die bayrischen Bischöfe die Herrschaft an die Habsburger ab. **Stadtgeschichte**

❓ WUSSTEN SIE SCHON …?

■ In der Bischofsstadt wurde anno 1721 das erste Drama in slowenischer Sprache verfasst. Als die »Passion von Bischoflack« (Skofjeloški pasjon) 270 Jahre später zur Uraufführung kam, traten 600 Schauspieler und 80 Pferde in Aktion – die gesamte Stadt diente als Bühne. Das Spektakel ist so düster wie sein Anlass: Christi Leidensweg wird so lebensecht wie möglich in Szene gesetzt. Nächste Aufführung des Dramas: 2015!

Škofja Loka *Orientierung*

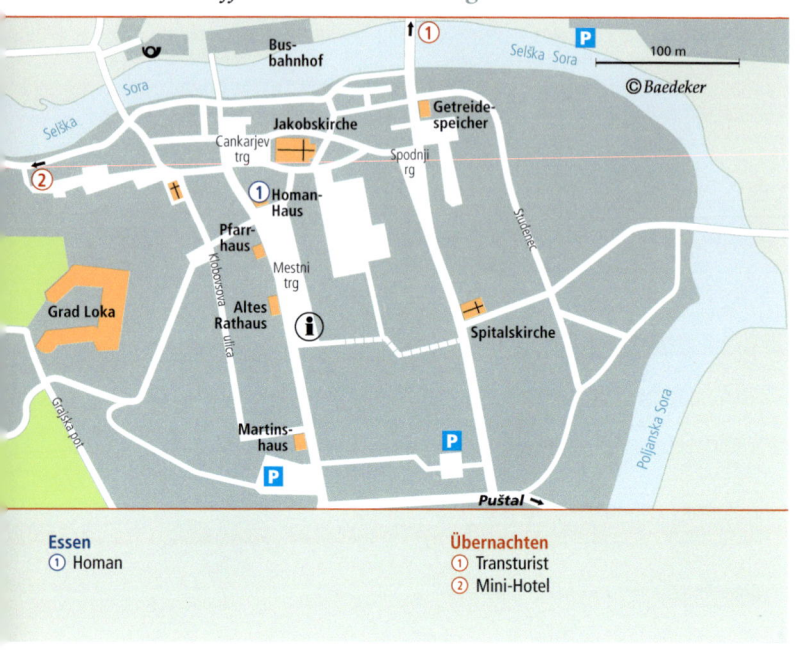

Essen
① Homan

Übernachten
① Transturist
② Mini-Hotel

Sehenswertes in Škofja Loka

Orientierung Das alte Škofja Loka bildet ein dicht bebautes, terrassenförmiges Rechteck hoch über der Flussschleife. Seine Mitte markieren zwei parallel angeordnete Plätze, bei denen es sich allerdings eher um zwei breitere Straßen handelt: den **Oberen Platz**, auch »Städtischer Platz« genannt (Zgornji bzw. Mestni trg) und den **Unteren Platz**, auch bekannt unter dem Namen »Langer Platz« (Spodnji trg bzw. Lontrg).

Mestni trg (Zgornji trg) Herzstück der Altstadt ist der Mestni trg mit seinen bunt verzierten Bürgerhäusern. Wer ihn betritt, fühlt sich in vergangene Zeiten versetzt: Alle Häuser stammen aus dem 16. und 17. Jh., eines ist schöner als das andere. Das **Homan-Haus** (Nr. 2) ist für seine Renaissancefresken berühmt, bemerkenswert sind die reliefartig geschnitzten Steinfenstergewände. Auch das **Alte Rathaus** (Nr. 35) besticht durch Wandmalereien; der Innenhof des Rathauses ist von einem dreigeschossigen Arkadengang gesäumt. Mehrere barocke Einzelgebäude wurden zum Pfarrhaus vereint (Nr. 38), das Martinshaus (Nr. 26) lehnt sich an die Stadtmauer. In der Platzmitte wurde 1751 eine **Mariensäule** aus Dank dafür aufgestellt, dass die Stadt vom »Schwarzen Tod« verschont blieb, der in jener Zeit in Europa grassierte.

Grad Loka

Über die Klobovsova-Gasse steigt man zum Schloss Loka, das majestätisch über der Stadt thront und ein Regionalmuseum (Loški muzej) birgt. Die **ethnografische Sammlung** gehört zu den **besten des Landes**. Vor allem die Zünfte sind hervorragend dargestellt: Weber, Gerber, Leder- und Schuhmacher erscheinen in traditioneller Tracht; die Lebküchler, für die Škofja Loka berühmt war, backen Honigbrot in Herzform und verzieren es mit Naschwerk. In einer Kunstabteilung sind Werke führender slowenischer Maler zu sehen (Grajska pot 13; geöffnet: April – Oktober Di. – So. 9.00 – 17.00, November bis März Sa. – So. 9.00 – 17.00 Uhr).

Cankarjev trg

Vom Mestni trg aus lohnt sich auch ein Abstecher zum benachbarten Cankarjev trg. Die Jakobskirche entstand im 13. Jh., wurde nach dem Erdbeben aber mehrmals umgestaltet. Im Innern sind schwarzmarmorne Altäre und bemalte Deckengewölbe zu sehen; die extravaganten Lampen und das Taufbecken stammen von **Joče Plečnik**.

Spodnji trg

Der Untere Platz ist für den Durchgangsverkehr freigegeben, weshalb er nicht zum mußevollen Verweilen einlädt. Gleichwohl lohnt ein Blick auf die meist zweigeschossigen Bürgerhäuser. Am Ostrand des Platzes erhebt sich der ehemalige bischöfliche Getreidespeicher aus unbehauenem Stein. Er beherbergt die **Kunstgalerie Mihelič**, in der

Herzstück von Škofja Loka: der Mestni trg mit schmucken Bürgerhäusern

ŠKOFJA LOKA ERLEBEN

AUSKUNFT
Mestni trg 7
4220 Škofja Loka
Tel./ Fax 04/512 02 68
www.skofjaloka.si

ESSEN
▶ Preiswert
① *Homan*
Mestni trg 2
Tel. 04/512 30 47
Das schönste Café im Ort lädt ein zu Obstsalat, ausgefallenen Torten, Eisbechern und Crêpes. Man sitzt bei schönem Wetter direkt am Markt unterm Lindenbaum, ansonsten im nostalgischen Innenraum.

ÜBERNACHTEN
▶ Komfortabel
① *Transturist*
Kapucinski trg 9
Tel. 04/512 40 26, Fax 512 40 96
Die 46 Zimmer sind funktional, für das Gebotene aber zu teuer. Ausblick ins Grüne aus den Seitenzimmern.

▶ Günstig
② *Mini-Hotel*
Vincarje 47
Tel. 04/515 05 40, Fax 515 05 42
9 behagliche Zimmer in ehemaligem Gutshof 1 km westlich der Stadt (ab Kapuzinerbrücke ausgeschildert). Pool, Tennis, Squash, Jacuzzi, Fitness.

---

viele expressive Werke des 1998 verstorbenen Malers France Mihelič ausgestellt sind; außerdem befindet sich dort eine Weinstube (Spodnji trg 2; geöffnet: Di. – So. 12.00 – 17.00 Uhr).

Puštal Architekturfreunde pilgern zum denkmalgeschützten, musealen **Holzhaus Nace** in Puštal, einer südwestlich des Flusses gelegenen Vorstadtsiedlung. Durch die »schwarze Küche« mit zwei offenen Feuerstellen gelangt man in die gute Stube. Im »Herrgottswinkel« steht der Bauernofen, der Tisch ist mit altem Geschirr gedeckt. Im Weinkeller stapeln sich die Flaschen (Načetova hiša, Puštal 74, aktuelle Öffnungszeiten bei der Touristeninformation erfragen).

Umgebung von Škofja Loka

Jelovica Nordwestlich von Škofja Loka steigen bewaldete Hänge steil zur Jelovica an, einer Hochebene zwischen den Flusstälern von Selška Sora und Sava. Die Gegend ist wenig besucht, doch landschaftlich reizvoll mit kleinen Dörfer, schmucken Kirchen und Häusern im Alpenstil.

Crngrob 4 km nördlich Škofja Loka gelangt man zur Wallfahrtskirche von Crngrob (Ehrengruben). Spätgotik und Barock sind zu einem einheitlichen Ensemble verschmolzen, Fresken an der Außenwand erzählen vom guten Christen und seinem sündigen Widerpart. Prachtstück ist ein vergoldeter Holzalter (1652), der größte in Slowenien. Ist die Kirche verschlossen, erbittet man den Schlüssel im Haus 10.

Slovenj Gradec · Windischgraz

Provinz: Koroška
Einwohner: 6800
Höhe: 410 m

Das Städtchen im Voralpenland ist obligatorischer Zwischenstopp auf dem Weg von Dravograd nach Celje. Bis heute hat sich der mittelalterliche Stadtkern erhalten, die Bürgerhäuser aus vergangenen Epochen wurden schmuck restauriert.

Slovenj Gradec ist kultureller Mittelpunkt der Provinz Koroška, des »Kärntner Ecks«. Mit Trauer erinnern sich viele Slowenen an das Jahr 1920, als die Entente-Mächte, die eine **»Karawankengrenze«** favorisierten, die mehrheitlich slowenische Bevölkerung des Klagenfurter Beckens über ihre Staatszugehörigkeit abstimmen ließen: Die Bewohner nördlich der Karawanken knüpften ihr wirtschaftliches Heil an Österreich, der südliche Teil Kärntens kam zu Slowenien und damit ins neu entstandene Königreich Jugoslawien. Slovenj Gradec ist heute wirtschaftliches Zentrum des Mislinja-Tals, außerhalb der Altstadt entstanden Industriebetriebe u. a. für Metallurgie und Textilien.

Geschichte

Sehenswertes in Slovenj Gradec und Umgebung

Ortszentrum ist der trichterförmige Hauptplatz (Glavni trg). Schmuckstück des Hauptplatzes ist das **Regionalmuseum** (Koroški Pokrajinski muzej, Galerija Likovnih Umetnosti) mit archäologischen Funden und Skulpturen aus mittelalterlichen Schnitzereiwerkstätten. Das obere Stockwerk ist moderner Kunst vorbehalten. Dort werden Werke des zeitgenössischen Künstlers Jože Tisnikar gezeigt, außerdem Bronzeskulpturen von Franc Berneker. Das schönste Stück der Sammlung steht vor dem Rathaus: ein in Lebensgröße geschaffenes »venezianisches Pferd« von Oskar Kogoj (Glavni trg 24; geöffnet: Di. – Fr. 8.00 – 18.00, Sa. – So. 9.00 – 12.00, 15.00 – 18.00 Uhr).

Glavni trg

Im Haus Glavni trg Nr. 40 wurde 1860 Hugo Wolf, Komponist und Meister des Sologesangs, geboren. Der **bedeutendste Liedschöpfer seiner Zeit** starb als 42-jähriger in der Wiener Landesirrenanstalt. Sein erstes bekanntes Werk, das Streichquartett d-Moll, schrieb er 1881, im selben Jahr, als Gustav Mahler seine Karriere als Dirigent an der Philharmonie von Laibach einleitete.

Geburtshaus Hugo Wolf

Die ursprünglich romanische Elisabethkirche (Sv. Elizabeta, 13. Jh.) wurde erst gotisiert, dann barockisiert. Die goldstrotzenden Altäre und die Kanzel stammen von Strauss, Mersi und Skobl, den führenden Künstlern im habsburgischen Slowenien des 18. Jahrhunderts. Neben der Pfarrkirche erhebt sich die Heiliggeistkirche (Sv. Duh), einst das Gotteshaus des örtlichen Spitals.

Sv. Elizabeta und Sv. Duh

Dravograd Dravograd (Unterdrauburg) liegt 4 km vom Grenzübergang nach Österreich entfernt an der Drava. Der Fluss trennt die alte, unter einer Burgruine kauernde Siedlung Podgrad von dem neueren Ortsteil Meža. Schon im Altertum kreuzten sich hier die Straßen aus Celeia (Celje) und Poetovia (Ptuj) nach Virunum. Im 12. Jh. wurde die Stadt wichtigster Marktflecken im Drava-Tal. Rasch entwickelten sich Handel und Gewerbe. Das Stadttor am oberen Teil des Markt-

⏵ SLOVENJ GRADEC ERLEBEN

AUSKUNFT
Slovenj Gradec
Glavni trg 24
2380 Slovenj Gradec
Tel. 02/881 21 16, Fax 881 21 18
www.slovenj-gradec.si
tic@slovenj-gradec.si

ESSEN
▶ Erschwinglich
Gostilna Murko
Francetova 24
Tel. 02/883 81 03
Gepflegtes, gleichwohl etwas steriles Lokal am nördlichen Ortsausgang von Slovenj Gradec. Zu den deftigen Spezialitäten zählen »meželi«, ein »Mischmasch« aus Leber, Ei, Brot und Milch.

Tina
Gmajna 30
Tel. 02/882 12 70
Auf dem Bauernhof der Familie Bošnik, 4 km nordwestlich von Slovenj Gradec, wird feinste Landküche serviert. Spezialität sind Wild- und Gämsenfleisch. So nobel ist das Essen, dass sich hier die in Slowenien akkreditierten Diplomaten öfters ein Stelldichein geben. Auch ein Apartment wird vermietet.

▶ Preiswert
Kaiser
Dravograd
Trg 4 Julija 27
Alteingesessenes, rauchgeschwängertes Gasthaus in Dravograd mit Kärntner Spezialitäten wie Gerstensuppe, geräucherte Forelle mit Topfen und als Nachtisch »Birne Kaiser Franz Josef«.
Im Sommer sitzt man schön auf einer Terrasse mit Blick auf die Drava.

ÜBERNACHTEN
▶ Komfortabel
Hotel Hesper
Dravograd, Koroška 47
Tel. 02/878 44 41
Fax 878 00 33
www.hesper.si
Postmodern gestyltes Hotel am Ortseingang von Dravograd mit 40 Zimmern. Das Hotel ist unter anderem auf durchreisende Gäste, die aus Österreich kommen, ausgerichtet. Restaurant im Haus.

▶ Günstig
Hotel Slovenj Gradec
Glavni trg 43
Tel. 02/883 98 50
Fax 883 98 58
www.vabo.si
Einfach, aber fast schon ein Traditionshotel. Die Lage ist gut: mitten in der Altstadt von Slovenj Gradec und nur wenige Schritte von den Sehenswürdigkeiten entfernt. 60 Zimmer.

platzes erinnert an die einstige Bedeutung als **Straßenmautstelle**. Schifffahrt auf der Drava wird seit 1290 erwähnt, erlebte aber erst im 16. Jh. mit dem Ausbau des Hafens den entscheidenden Aufschwung. Die Kärntner Zuglinie (1863) verlief von Klagenfurt via Dravograd nach Maribor. Die romanische, aus unbehauenem Stein zusammengefügte **Kirche St. Veit** (Sv. Vid) von 1177 gilt als das älteste urkundlich erwähnte Gotteshaus in Slowenien. Aus der gleichen Zeit stammt auch die **Alte Burg** auf dem Stadtberg, von der heute aber nur noch Ruinen erhalten sind.

Das Industriestädtchen Ravne na Koroškem südwestlich von Dravograd im Meža-Tal hat aber einen interessanten Stadtkern mit poppig bunt bemalten Häusern. Im Kärntner Museum wird die **Geschichte des Bergbaus** lebendig, der das Leben der hiesigen Bewohner über viele Jahre bestimmte (Koroški Muzej, Preški vrh; geöffnet: tgl. außer Mo. 9.00 – 11.00 und 14.00 – 17.00 Uhr). Inzwischen sind die 750 km langen Stollen stillgelegt worden. Während der **Forma-Viva-Symposien** (▶S. 60), die alljährlich in Ravne stattfinden, werden Skulpturen aus Eisen, dem hiesigen Material, geschaffen.

Ravne na Koroškem

★★ Štanjel · San Daniele

H 8

Provinz: Primorska **Höhe:** 311 m
Einwohner: 350

Štanjel ist eine der ältesten und schönsten Siedlungen des Karst. Oberhalb einer mit Türmen befestigten Mauer ziehen sich Natursteinhäuser den Hang hinauf und verleihen dem Ort das Aussehen einer Festung. Von vielen Plätzchen bietet sich ein weiter, zauberhafter Blick auf die umliegenden Täler, Weingärten und Wälder.

Mehrmals wechselte der Ort seine Besitzer. Erst gehörte er den Grafen von Görz, ab dem frühen 16. Jh. den Habsburgern, dann den Kobenzl, im 19. Jh. den Coronini und dem Grafen de Zahauyi. In der Zeit zwischen den beiden Weltkriegen wurde er von **reichen Triester Bürgern** als **Sommerfrische** entdeckt. Sie ließen sich vom Stararchitekten **Max Fabiani** repräsentative Residenzen errichten und lustwandelten in dem von ihm geschaffenen Ferrari-Park. Nach Zerstörungen im Zweiten Weltkrieg war Štanjel nahezu verlassen, seit der Jahrtausendwende wird der Ort mit EU-Hilfe restauriert.

Geschichte

Sehenswertes in Štanjel

Über eine Treppe und durch einen Wehrturm gelangt man zu einem romantischen, von Kastanienbäumen gesäumten Platz. Zur Rechten befindet sich die Kirche des hl. Daniel (Sv. Danijela) mit einem mi-

Sv. Danijela und Grad Štanjel

narettartigen **Glockenturm**. Auf einer Grabplatte liest man den Namen des bedeutenden Adelsgeschlechts der Kobenzl, das im 17. und 18. Jh. die Geschicke der Stadt entscheidend bestimmte. Die österreichischen Grafen residierten im villenartigen **Stadtschloss** (Grad Štanjel), das im Zweiten Weltkrieg zerstört und in den vergangenen Jahren originalgetreu wiederaufgebaut wurde. Es beherbergt eine **Kunstsammlung** mit Werken des Avantgardisten Lojze Spacal, dessen Grafiken auf der Biennale in Venedig preisgekrönt wurden (Galerija Lojzeta Spacala; geöffnet: Di. – Fr. 11.00 – 14.00, Sa. – So. 11.00 bis 17.00 Uhr). Hier bekommt man auch den Schlüssel für das kleine **Ethnologische Museum** im »Karsthaus« (Kraška hiša).

Ferrarijev vrt Ein breiter Weg verläuft auf nahezu gleich bleibender Höhe rund um den Burghügel. Durch das viereckige Osttor gelangt man in den für die reichen Triester 1923 angelegten Ferrari-Garten mit Teichen und einer Brücke im venezianischen Stil.

ŠTANJEL ERLEBEN

AUSKUNFT
Grad Štanjel
6222 Štanjel
Tel. 05/769 00 56
www.kras-carso.com
tic.stanjel@komen.si

ESSEN
▶ **Erschwinglich**
Špacapan
Komen
Komen 85
Tel. 05/766 04 00
Im ganzen Karst bekannt: Landgasthaus mit Gourmet-Küche: lecker z. B. »frtalja« (Omelette mit frischen Kräutern) oder Buchweizenpolenta mit Steinpilzen. Mo. u. Di. geschl.

▶ **Preiswert**
Restavracija Grad
Štanjel 1
Tel. 05/7690118
Lokal in der Burg von Štanjel mit Sommergarten: ein guter Ort, um Gnocchi mit Kaninchen zu kosten, vielleicht auch Ziegenkäse oder luftgetrockneten Schinken (Prosciutto).

Gostilna Grča
Hruševica 6
Tel. 05/769 02 24
Alter Bauernhof mit guter, herzhafter Hausmannskost.

ÜBERNACHTEN
▶ **Günstig**
Marija Švagelj
Štanjel 6-A
Tel./Fax 05/769 00 18
nassa.desella@siol.net
Beste Unterkunft auf dem Burghügel Štanjel; Ferienwohnung mit drei Zimmern.
Die Besitzerin spricht hervorragend Englisch und verkauft würzigen Akazien- und Kastanienhonig, Kerzen aus Bienenwachs und Likör.

Stanarjevi
Štanjel 29
Tel. 05/769 10 07
www.stanarjevi.com
Gleichfalls von privat zu mieten: Apartment mitten im Ort.

Umgebung von Štanjel

Kobjeglava und Hruševica

3 km westlich von Štanjel liegt Kobjeglava, das mit seinen weißgrauen Mauern wie aus einem Guss erscheint. Neben der Kirche befindet sich eine **»pršutarna«**, in der Karstschinken heranreift. Im Nachbardorf Hruševica kann man ihn in zwei Gasthäusern kosten.

Komen

9 km westlich von Štanjel liegt am Schnittpunkt wichtiger Straßen der Ort Komen. Aus Rache für einen von hier aus erfolgten Partisanenangriff wurde der Ort in Schutt und Asche gelegt – zu den wenigen Gebäuden, die verschont blieben, gehören die barocke Georgskirche (Sv. Jurij) und die 1644 errichtete Wallfahrtskirche Mariä Himmelfahrt (Marija Obršljan).

Dutovlje und Tomaj

Südlich Štanjel kann man in Dutovlje und Tomaj einkehren. Die beiden Dörfer sind Mittelpunkt eines großen **Weinbaugebiets**, in dessen eisenhaltiger »roter Erde« (terra rossa) die Refosco-Traube gedeiht, aus der die Winzer den Spitzenwein Teran keltern.

Štanjel – eine der ältesten und schönsten Siedlungen in der Karstregion

Tolmin · Tolmein

G 5

Provinz: Primorska
Einwohner: 4000

Höhe: 200 m

Tolmin liegt auf einer Anhöhe zwischen Soča und Tolminka. Der Ortskern rund um den Mestni trg wurde restauriert und lohnt zumindest einen ausführlichen Zwischenstopp auf der Fahrt hinunter zur Küste. In der Umgebung kann man gut wandern, und weil die Soča hier schon etwas ruhiger fließt, bekommen viele Besucher Lust auf eine Bootstour.

Marmorata-Aufzucht
Passionierte Angler besuchen die über 400 ha große **Fischzuchtanlage**. Alljährlich erblicken hier 100 000 reinrassige **Soča-Forellen** (Marmorata) das Licht der Welt und werden anschließend in die freie Wildbahn entlassen. Mit dieser Initiative soll das Überleben der seltenen Spezies gesichert werden, ohne dass auf das einträgliche Geschäft mit den Angellizenzen verzichtet werden muss.

Stadtgeschichte
Aufgrund seiner günstigen Lage war der Ort schon früh besiedelt. Urkundlich erwähnt wurde er erstmals 1065, als die Patriarchen von Aquileia auf dem Berg Kozlov rob (428 m) eine Festung bauen ließen. Später war die Burg in Besitz der Grafen von Görz, der Habsburger und der Grafen von Coronini. Bauern suchten sich 1713 vom Joch ihrer Herrschaft zu befreien – ein Denkmal vor der Burgruine erinnert an den blutig niedergeschlagenen Aufstand. Im Ersten Weltkrieg war Tolmin Ausgangspunkt des siegreichen Durchbruchs der österreichisch-deutschen Truppen gegen die im Soča-Tal verschanzten Italiener. Daran erinnern drei Mahnmale im Umkreis der Stadt.

! *Baedeker* TIPP

Dante in der Höhle

Auf Einladung der Patriarchen von Aquileia kam der italienische Dichter Dante Alighieri (1319) nach Tolmin. Nach ihm wurde eine Höhle 2 km nördlich der Stadt benannt, zu der heute ein Wanderweg führt. Die Grotte kann im Rahmen einer organisierten Tour besichtigt werden (Infos im Touristenbüro). Dante ließ sich von dieser Höhle zum Höllenkapitel in der »Göttlichen Komödie« inspirieren, möglicherweise allerdings auch von den Höhlen in Škocjan bzw. Postojna.

Sehenswertes in Tolmin und Umgebung

Tolminski muzej
Das Stadtmuseum befindet sich in der ehemaligen Residenz des Grafen Coronini am Mestni trg. Der Bau aus dem 17. Jh. beherbergt eine vielfältige Sammlung, sie reicht von archäologischen Exponaten der eisenzeitlichen St.-Lucien-Kultur über Illustrationen der Bauernaufstände bis zu Beispielen für die traditionelle Wohn- und Volkskultur der Region (Mestni trg 4; geöffnet: Mo.–Fr. 10.00–16.00, Sa., So. 13.00–17.00 Uhr).

Mahnmale bei Tolmin

Am Zusammenfluss von Soča und Tolminka wurde 1938 ein **deutsches Beinhaus** für 960 Soldaten errichtet. Das Tor zur Vorhalle ist aus österreichischen und italienischen Gewehrläufen geschmiedet. Eichenplatten sind mit den Namen der Toten beschriftet, das Grabmal des unbekannten Soldaten wird zur Sommersonnenwende durch eine Lücke im Glockenturm von einem Lichtstrahl gestreift.

Auf der 571 m hohen **Javorca**, einer Anhöhe 8 km nördlich der Stadt, steht auf einer Bergwiese die Heiliggeistkirche (Sv. Duh). **Österreichisch-ungarische Soldaten** der 3. Gebirgsbrigade erbauten sie 1916. An der Außenwand sieht man die Wappen sämtlicher Länder der Doppelmonarchie, drinnen erinnert ein **»Totenbuch«** an 2808 auf den umliegenden Bergen gefallene Soldaten.

▶ TOLMIN ERLEBEN

AUSKUNFT
Petra Skalarja 4
5220 Tolmin
Tel. 05/380 04 80
Fax 380 04 83
www.lto-sotocje.si
info@lto-sotocje.si

ESSEN
▶ Erschwinglich
Gostilna Pri Štefanu
Postaja 3
Most na Soči
Tel. 05/388 71 95
Gasthof am Bahnhof über der Talenge der Idrijca, spezialisiert auf Forelle, Wild und Tolminer Käse. Es werden auch 10 Zimmer vermietet.

ÜBERNACHTEN
▶ Komfortabel
Penzion Rutar
Mestni trg 1
Tel. 05/380 05 00
Fax 381 17 01
www.pension-rutar.si
Die Pension befindet sich in einer alten Villa neben dem Museum der Stadt und verfügt über 8 geräumige Zimmer mit Sat-TV. Zum Haus gehören ein Restaurant im Art-déco-Stil und ein Café.

▶ Günstig
Krn
Mestni trg 3
Tel. 05/382 11 00, Fax 382 11 28
www.hotel-krn.com
Gediegenes, im Sezessionsstil erbautes Haus am Hauptplatz in der Altstadt (51 Zi.), das engagiert von Herrn Marjan Zavadlav geführt wird. Im romantischen, 300 Jahre alten Burgkeller werden originelle Regionalgerichte wie Soča-Forellenpastete, Tolminer Käse und Kartoffeln mit Quark serviert.

Lucija
Most na Soči, Most na Soči 57
Tel. 05/381 32 90, Fax 381 31 77
www.hotel-lucija.com
Hotel mit 20 Zimmern am Ufer des Sees, im Sommer öffnet ein schattiger Garten. Auf der Speisekarte entdeckt man auch viele vegetarische Gerichte.

Penzion Šterk
Most na Soči
Most na Soči 55
Tel. 05/388 70 65, Fax 388 70 63
www.penzion-sterk.si
11-Zimmer-Pension mit Sommergarten und Pool, Kinder freuen sich am Minizoo.

Bei **Gabrje**, 5 km nordwestlich Tolmin, wurde 1920 die italienische Militärkapelle Torneranno errichtet. Angehörige des IV. Regiments der Gebirgsjäger wollten damit jene 219 Soldaten ihrer Einheit ehren, die 1915 und 1916 bei Kämpfen gefallen waren. Acht Marmorplatten sind mit ihren Namen beschriftet.

Tolminska Korita Die Tolminska Korita, eine spektakuläre Klamm, in der zwei Wildbäche ineinander fließen, liegt 2 km südlich der Stadt. Am Wasser entlang führt der Weg zu einer geheimnisvollen Felsschlucht (Korita Skakale), dann vorbei am Eingang zur Dante-Höhle zur Teufelsbrücke (Hudičev Most).

Most na Soči Most na Soči wenige Kilometer südlich von Tolmin zählt heute 500 Einwohner und ist **Endstation des Museumszugs**, der in Jesenice startet und ins Soča-Tal rattert (▶Baedeker-Tipp, S. 127). Viele Ausflügler nutzen den Aufenthalt in Most zu einer zweistündigen Dampferfahrt auf der gestauten Soča, andere erkunden die Umgebung des Sees auf einem der Spazierwege. Ein Lehrpfad führt zum Geburtshaus des bekannten slowenischen Dichters Ciril Kosmač. Wo die warme Idrijca in die Soča fließt, gab es, wie **archäologische Grabfunde** belegen, bereits vor mehr als 3000 Jahren eine größere Siedlung.

Uraltes Siedlungsgebiet: Most na Soči am Zusammenfluss von Soča und Idrijca

Kanal ob Soči

Der Ort Kanal ob Soči ist malerisch auf einem Felsplateau über der Soča gelegen. Auf den terrassenförmigen Hängen wachsen Weinreben und Feigen, Zypressen und Ölbäume künden von der Nähe zum Mittelmeer. Die Geschichte des Ortes lässt sich bis ins 12. Jh. zurückverfolgen, als sich im Schutz einer Burg eine erste kleine Siedlung herausbildete. Von den vier Wehrtürmen der Burg blieb nur einer erhalten, in dem eine Galerie eingerichtet ist. Außer der renovierten Burg lohnen die im 15. Jh. erbaute, später barock umgestaltete Marienkirche sowie die spätgotische Annakapelle eine Besichtigung.

★★ Triglavski narodni park · Triglav-Nationalpark

F–J 4/5

Provinz: Gorenjska **Höhe:** 575 m
Einwohner: 3500

Der Triglav-Nationalpark ist ein Paradies für Naturfreunde, eine fast unberührte Alpenwelt mit seltenen Pflanzen und Tieren. Von steilen Felsstufen stürzen Wasserfälle herab, Gletscherseen ruhen in tiefen, eiszeitlichen Mulden.

Paradies für Naturfreunde

1908 wurde erstmals ein Vorschlag zum Schutz der Triglav-Region gemacht, 1981 wurde das Gebiet zum Nationalpark erklärt. Das Parkareal erstreckt sich über 83 807 ha und umfasst den zentralen Teil der Julischen Alpen mit ihren höchsten Gipfeln und spektakulärsten Tälern. Er lässt sich am besten von ▶Bohinj erkunden, aber auch von ▶Bled, ▶Kranjska Gora, ▶Bovec und ▶Kobarid. Sehenswertes im Nationalpark ist auch unter ▶Dolina Soče beschrieben.

Triglav

Herzstück des Parks ist der von den Slowenen verehrte Triglav (Dreihaupt), mit 2864 m **höchster Berg des Landes**. Seine schroff abweisenden, von Wolken verhüllten Felswände galten jahrhundertelang als unbezwingbar. Gefürchtet und geliebt zugleich erregte er die Fantasie der Bergbewohner, die sich von ihm zu Legenden und Märchen inspirieren ließen. Nach der Unabhängigkeit erkor man ihn zum **nationalen Symbol**. Er repräsentiert die Einheit der slowenischen Landschaften: der himmelstürmenden Alpen, der fruchtbaren Ebenen und der Karst-Region mit ihrer geheimnisvollen Unterwelt. Vom Gipfel öffnet sich ein imposanter Blick bis zum österreichischen Großglockner im Nordwesten, zu den italienischen Dolomiten im Westen und den Inseln des kroatischen Kvarner im Süden.

Flora

Die reiche Pflanzenwelt der Julischen Alpen hat schon Ende des 18. Jh.s die Aufmerksamkeit bekannter europäischer Botaniker erregt. Sie fanden dort zahlreiche endemische Arten. Noch heute wachsen dank des alpin-mediterranen Klimas einzigartige Gewächse ungestört in Felsspalten und auf Steilhängen. Im Alpinum Juliana, einem botanischen Garten bei Trenta (Soča-Tal), sieht man sie auf engem Raum vereint. Zu den schönsten gehören die **rote Triglav-Rose**, die violette Zois-Glockenblume und der Julische Mohn.

Wer den Triglav-Nationalpark durchstreift, kann unterschiedliche **Vegetationsstufen** studieren: Buchen, die vor allem in den südwärts ausgerichteten Tälern wachsen, werden in höheren Lagen von Fichten abgelöst. Oberhalb der **Baumgrenze**, die im Westen bei 1700 m, im Osten bei 2000 m liegt, wachsen Legföhren, in deren Schutz Raritäten wie die Bewimperte Alpenrose und die Zwergalpenrose gedeihen. Der **alpine Mattengürtel** gewährt nur eine kurze Vegetationsperiode. Im Frühsommer stehen die **Almen** in bunter Pracht: Stengelloser Enzian, Kohlröschen und Siebers Teufelskralle sorgen für eine Vielzahl von Farbnuancen. In Felsmulden und Gipfellagen, wo sich der Schnee am längsten behauptet, entdeckt man den Zweifarbigen Alpenlattich und den blau leuchtenden Himmelsherold.

Fauna Dank des strengen Naturschutzes gibt es zahlreiche seltene Tierarten wie Steinbock, Murmeltier und Luchs. **Steinböcke** wurden im Nationalpark neu angesiedelt, nachdem sie hier im 17. Jh. ausgerottet wor-

Triglav-Nationalpark *Orientierung*

den waren. Weitere Säugetiere sind Schneehasen, Kleine Mauswiesel sowie Braunbären, die sich aus den Wäldern im Süden Sloweniens in die Alpen »verirrt« haben. Auf Wanderungen sieht man häufig **Steinadler**, die in den Lüften ihre einsamen Kreise ziehen, seltener Auer- und Birkhähne. In Acht nehmen sollte man sich vor zwei Giftschlangen: Während mit Sandottern überall zu rechnen ist, haben sich die Kreuzottern ins Hochgebirge zurückgezogen.

Regeln im Nationalpark

Im Kernbereich des Nationalparks herrschen strenge **Naturschutzbestimmungen**, deren Einhaltung von Mitarbeitern der Nationalparkverwaltung in Bled überwacht wird. Autos und Wohnwagen dürfen nur auf dafür vorgeschriebenen Plätzen parken, auch für **Mountainbiker** sind besondere Wege ausgewiesen. Wildes Campen ist ebenso untersagt wie das Entzünden von Lagerfeuern. Es dürfen keine Gebirgsblumen gepflückt, keine Pilze gesammelt, keine Vögel und auch keine Schmetterlinge gefangen werden. Abfälle müssen zu den aufgestellten Entsorgungsstellen gebracht werden.

◀ weiter auf S. 306

Der mächtige Triglav, mit 2864 m der höchste Berg der Julischen Alpen und Sloweniens

Zlatorog – am Ufer des Jasna-Sees bei Kranjska Gora

DIE LEGENDE VOM GOLDHORN

Die Legende von Zlatorog mit den goldenen Hörnern ist in vielen Varianten überliefert, doch immer sind Liebe und Verrat, Gier und Vernichtung die Themen. Rudolf Baumbach, ein in Thüringen geborener Botaniklehrer, hat sie niedergeschrieben, und viele slowenische Schriftsteller hat sie zu Nachdichtungen inspiriert. Eine besonders lebendige Schilderung überlieferte Julius Kugy in seinem Buch »500 Jahre Triglav«:

Der Legende nach war es in früheren Zeiten im Winter oft möglich, Schicksalsfeen dabei zu beobachten, wie sie über die verschneiten Berggipfel zogen. Sie waren in weiße Felle gehüllt und weideten Ziegen auf fast senkrecht abstürzenden Hängen. **Zlatorog**, der ihnen voraneilte, hatten sie unsterblich gemacht: Wurde er von einem Pfeil oder einer Kugel getroffen, so entsprang jedem auf den Boden fallenden **Blutstropfen** augenblicklich eine **rote Triglav-Rose**. Fraß Zlatorog davon, kehrten seine Lebensgeister in Windeseile zurück. Seine Hörner, die in der Sonne golden leuchteten, galten als Schlüssel zum Berg Bogatin, in dem immense Schätze lagerten.

Ein reicher Venezianer und die ländliche Anmut im Soča-Tal

Tief im Tal – dort, wo die Koritnica in die Soča fließt – stand ein Gasthaus, in dem Bauern und Jäger, aber auch Boten und Kaufleute einkehrten. Eines Tages kam ein **reicher Venezianer** in einer prächtigen Karosse vorbei. Er wurde von der **Wirtstochter** bedient und war von ihrer ländlichen Anmut betört. Er überhäufte sie mit kostbaren Geschenken und versprach ihr das Himmelreich auf Erden. Die junge Frau, die eigentlich einen **Jagdgesellen** liebte, erlag den Verlockungen des Geldes und zog mit dem Fremden davon.

Der arme Verlassene auf der Suche nach dem Bergschatz

Der Verlassene sann auf Abhilfe: »Wenn **Reichtum** mehr zählt als **Gefühl**«, sagte er sich, »gibt es für mich **nur eins:** Ich muss Zlatorog finden und in den Besitz des Bergschatzes gelangen!« Gesagt, getan: Er bewaffnete sich mit einer **Schrotflinte** und erklomm den Hang, auf dem Zlatorog weidete. Mit einem Schuss traf er den Bock, verwundet sank dieser zu Boden. Im Glauben, Zlatorog sei schwer verletzt, ging er auf das Tier zu. Doch der Gamsbock kaute bereits an den Rosen, die dem Blut entsprossen. Als sich der Jagdgeselle ihm näherte, erhob sich Zlatorog und stieß ihn mit aller nur möglichen Wucht in die Tiefe.

Die Heimkehr der Wirtstochter und die Flucht von Zlatorog

Bald zog wieder der Frühling ins Land. Die Wirtstochter war aus Venedig heimgekehrt – sie hatte den Kaufmann, der nichts als Prunk und Protz im Kopf hatte, **verlassen**. Doch so sehnsüchtig sie auch auf ihren Jagdgesellen wartete, sie sollte ihn nicht lebend wiedersehen – eines Tages schwemmten die wilden Wasser der Soča seine **Leiche** an das Flussufer. Und auch die Hirten wussten Schlimmes zu berichten: Die blühenden Bergwiesen, das Reich der weißen Feen und der Ziegen, hatten sich in eine öde Steinwüste verwandelt – entsetzt über die maßlose Gier des Menschen waren Zlatorog und die Feen **fortgezogen**. Für immer, wie wir heute wissen.

TRIGLAV-NATIONALPARK ERLEBEN

AUSKUNFT

Triglav Nationalpark
Bled
Kidričeva cesta 2, 4260 Bled
Tel. 04/578 02 00, Fax 578 02 01
www.tnp.si

Soča
Dom Trenta
5253 Soča
Tel./Fax 05/388 93 30
www.tnp.si
dom-tnp.trenta@tnp.gov.si

ESSEN

▶ Erschwinglich

Metoja
Trenta, Trenta 20 (Straße 206, km 5.2)
Tel. 04/388 93 61
▶Dolina Soče

ÜBERNACHTEN

▶ Günstig

Dom Trenta
Trenta, Na Logu
Tel. 05/578 02 26, Fax 578 02 01
www.tnp.si
Das Besucherzentrum des Triglav-Nationalparks, bekannt als »Trenta-Haus«, bietet 8 Apartments für 4 Personen mit Küche und Bad an; preiswerter sind die 7 Doppelzimmer im benachbarten Ferienhaus, die nicht immer mit eigenem Bad ausgestattet sind. Wenn man länger als eine Woche bleibt, gibt es Rabatt.

Metoja
Trenta, Trenta 20
(Straße 206, Km. 5.2)
Tel. 05/388 93 61
bozo.bradaskja@siol.net
Drei gemütliche Apartments werden 400 m südlich vom Besucherzentrum oberhalb der gleichnamigen Gaststätte vermietet. Wer gern mit dem Plätschern der Soča einschlafen will, muss das von der Straße abgewandte Apartment wählen. Božo, der Besitzer des Metoja, spricht Englisch. Angeschlossen ist ein beliebtes Restaurant.

Kekčeva domačija
Trenta
Trenta 76
Tel. 04/141 30 87
www.kekceva-domacija.si
Vor einer grandiosen Gebirgskulisse liegt die »Hütte von Kekec«. Sie ist nach einem Kinderfilm benannt, der 1963 hier gedreht wurde und im ehemaligen Jugoslawien sehr beliebt war. Die vier Apartments sind für 3 – 5 Personen eingerichtet und tragen die Namen der Filmhelden Kekec, Pehta, Mojca und Rožle. Neuerdings wird auch »Schlafen im Heu« angeboten. Wer sich spontan entschließt: Schlafsäcke werden gestellt.
Anfahrt: Von der 49. Kurve (ausgeschildert) 1,2 km zur »Hütte an der Soča-Quelle«, dann noch etwa 1,3 km weiter auf einer Piste.

Wanderungen zum Gipfel Es gibt über 7000 km markierte und in Stand gehaltene Wege mit Gasthöfen und Schutzhütten. Nützlich ist die **Wanderkarte** »Triglav«, Verlag Planinska zveza Slovenije (Maßstab 1 : 25 000). Den Gipfel des Triglav kann man auf über 20 Wegen erklimmen. Relativ leicht ist der Aufstieg über die Südseite ab Bohinj, als extrem abenteuerlich gilt der »Deutsche Weg« über die Nordwand, der erstmals 1906 von einer deutsch-österreichischen Seilschaft erprobt wurde.

Vipavska Dolina · Wippacher Tal

Provinz: Primorska
Einwohner: 1700 (Vipava)
Höhe: 104 m (Vipava)

»Garten von Triest« wurde das Wippacher Tal in früheren Zeiten genannt: Die hier wachsenden Früchte landeten auf den Tischen der Triester. Heute gehört die Region mit ihren an Äpfeln, Birnen und Aprikosen reichen Gärten zu Slowenien.

Gradlinige, regelmäßige Felder wechseln ab mit saftigen Kuhweiden. Die unteren Hanglagen werden mit **Wein** bepflanzt. Im Norden wird das Tal von den 1200 m hoch aufschießenden Karstwänden des Nanos begrenzt, im Süden steigen sanfte Hügel bis auf etwa 600 Meter. In der kalten Jahreszeit ist aber alle Lieblichkeit dahin: Dann peitscht die Bora eisig durchs Tal, und die als Windschutz angepflanzten **Pappeln** bieten nur wenig Schutz. Wenn die Anzeigetafeln mehr als 100 km/h Windstärke angeben, sollte man lieber Reißaus nehmen.

»Garten von Triest«

Sehenswertes in der Vipavska Dolina

Die gemütliche Kleinstadt ist ein Zentrum des Weingebiets. Auf einem steilen Hügel thronen die Ruinen einer alten Burg, darunter erstrecken sich die Gassen mit blumengeschmückten Steinhäusern. Mittelpunkt des Ortes ist das 1762 vollendete Barockschloss der Grafen Lanthieri, denen damals die gesamte Gegend gehörte. Der Garten ist mit Skulpturen und Fontänen verziert, auf der Rückseite wird das Schloss von Wasser umspült, das von den nahebei sprudelnden Vipava-Quellen kommt. Der Schlossplatz wird von Terrassencafés gesäumt, schön sitzt man vor allem im ehemaligen Kloster.

Vipava

▶ VIPAVSKA DOLINA ERLEBEN

ESSEN

▶ Erschwinglich

Vipavski Hram
Vipava, Vinarska cesta 5
Tel. 05/366 53 44
An die staatliche Kellerei angeschlossenes Restaurant. Weinprobe mit Schinken und Käse. Mo. u. Di. geschl.

Pri Lojzetu
Zemono, Dvorec Zemono
Tel. 05/368 70 07
Slow Food im Sommerschloss 2 km nördlich Vipava: Es gibt Sauermilchsuppe in gebackener Brotschüssel (pogače), sowie Wildgerichte mit Buchweizenpolenta. Mo. u. Di. geschl.

▶ Preiswert

Pri Marjanci
Vipava, Glavni trg 3
Nostalgische Café-Bar in einem hübschen Bürgerhaus direkt am Hauptplatz. U. a. gibt es köstliches Eis. Im Sommer sitzt man auf einer Außenterrasse mit Blick auf den Platz.

Weinliebhaber können die 1964 gegründete **Großkellerei Vipavski hram** südlich des Ortes besuchen. Sie wirkt eher industriell, doch im zugehörigen Restaurant kann man den Vipava-Wein mit lokalen Spezialitäten wie Pršut-Schinken und Nanos-Käse kosten. Am besten zeigt der Sauvignon den Reichtum der Weinregion, in der sich mediterranes mit alpinem Klima mischt: Der Wein im östlichen Teil des Tals (Zemono) zeichnet sich durch ein mildes, der im westlichen Teil (Kromberk, Lože) durch ein herbes Bouquet aus.

Zemono In Zemono 2 km nördlich steht ein weiteres Schloss der Grafen Lanthieri, das bereits vom italienischen Dramatiker Carlo Goldoni bewundert wurde. Das ehemalige Jagdpalais liegt auf einer Anhöhe in einem Park mit alten Bäumen. Ausflügler kommen hierher, um den weiten Blick ins Tal zu genießen, aber auch, um sich an der ausgezeichneten Schlossküche (Dvorec Zemono, ▶S. 307) zu laben.

Ajdovščina 6 km nordwestlich liegt die Industrie- und Handelsstadt Ajdovščina (Haidenschaft), das wirtschaftliche Zentrum des Tals. Vom antiken Ursprung der Stadt künden römische Mauer- und Turmrelikte. Laut Chronik wurde hier 394 n. Chr. der entscheidende Kampf zwischen Konstantin und Theodosius ausgefochten, der die Teilung des Imperiums in ein ost- und weströmisches Reich besiegelte. Von Ajdovščina lassen sich schöne Ausflüge starten. Wandertouren führen in den dichten Wald Trnovski Gozd, sehr beliebt ist die **Gegend um Lokve**, ein Bergdorf 7 km nordöstlich von Trnovo. **Freeclimber** erklettern die Steilwände der über 1000 m hohen Bergkette, **Paraglider** starten von den Gipfeln zu spektakulären Gleitflügen über das Tal.

Vipavski Krič 4 km westlich von Ajdovščina liegt auf einem Hügel das denkmalgeschützte Karstdorf Vipavski Križ (Santa Croce). Die Ruinen einer großen Burg, die gotische Pfarrkirche und das barocke Kapuzinerkloster bilden zusammen mit den weißgrauen Bürgerhäusern ein wunderbar **geschlossenes architektonisches Ensemble**. Vipavski Križ rühmt sich, Wirkungsstätte des Predigers Janez Svetokriški alias Tobia Lionelli (1647 – 1714) gewesen zu sein, der sein »Heiliges Handbuch« mit witzig-unterhaltsamen Geschichten würzte.

Dornberk Folgt man der Vipava flussabwärts in Richtung Nova Gorica, gelangt man nach Dornberk, einem im 13. Jh. von bayrischen Adligen erbauten **Weinort**. Mittelalterliche Gassen führen zum Flussufer hinab, in der Dorfkirche sind Fresken zu bewundern.

GLOSSAR

Cerkev Kirche
Cesta Straße, Gasse
Dolina Tal
Gora Berg
Grad Burg, Schloss
Hiša Haus
Izvir Quelle
Jama Höhle
Jezero See
Mesto Stadt
Most Brücke
Muzej Museum
Otok Insel
Potok Bach
Planina Alm, Hochebene
Reka Fluss
Rt Landspitze
Rotovž Rathaus
Samostan Kloster
Slap Wasserfall
Stolnica Kathedrale
Stolp Turm
Trg Platz, Markt
Ulica Straße, Gasse
Vas Dorf
Vrh Gipfel
Vrt Garten

REGISTER

a

Adelsberg **260**
Adelsberger Grotte **260**
Agrotourismus **112**
Ajdovščina **308**
Aktivurlaub **114, 126, 162**
Alexander, König von Jugoslawien **47**
Alpen **15**
Alpen-Adria-Route **128**
Alpinum Juliana **165**
Angeln **114**
Ankaran **188**
Anreise **76**
Arboretum Volčji potok **175**
Argonauten **37**
Ärztliche Hilfe **90**
Atomske Toplice **254**
Aufklärung **61**
Außenpolitik **30**
Auskunft **79**
Autonomiebestrebungen **51**
Avsenik, Slavko **65, 279**
Avsenik, Vilko **279**

b

Bad Radein **276**
Badeurlaub **114, 126**
Balkan **42**
Banovci-Veržej **238**
Baza 20 (Basislager 20) **181**
Begunje **279**
Behindertenhilfe **81**
Bela Krajina **19, 234**
Belvedere **171**
Bergbaumuseum Velenje **236**
Betnava-Schloss **231**
Bevölkerung **23**
Bienenstöcke **280**
Bildung **27**
Bischoflack **289**
Bistra **225**
Bled **140**
Bodenschätze **35**
Bogenšperk **224**
Bohinj **146**
Bohinjer See **147**
Bohinjska Bistrica **147**
Borl (Festung) **275**
Bosnien-Herzegowina **43**
Botschaften **80**
Bovec **150**
Braunbär **180**
Brdo-Kranj **196**
Brestanica **289**
Brežice **152**

c

Cafés **85**
Camping **112**
Cankar, Ivan **62, 65, 93, 225**
Capodistria **181**
Caporetto **176**
Čatež **154**
Celje **154**
Cerknica **160**
Cerknica-See **18, 268**
Cerkno **169**
Christianisierung **39**
Cilli **29, 154, 157**
Cilli, Grafen von **41, 156**
Črna jama **264**
Črna vas **225**
Crngrob **292**
Črni vrh **169**
Črnomelj **234**
Cviček **243**

d

Dalmatien **42**
Dante **298**
Deutsch **45**
Deutsche Welle **95**
Deutschland **47**
Dienstleistungssektor **35**
Divje jezero **169**
Dobrovo **240**
Dolenja vas **282**
Dolenjska **18**
Dolenjske Toplice **243**
Dolina Soče **162**
Dom Trenta **165**
Domobranci **26, 49**
Donau **19**
Dornava (Schloss) **274**
Dornberk **308**
Dragonja **19**
Drava **16, 19, 134**
Dravograd **294**
Dutovlje **297**

e

Einkäufe **99**
Elektrizität **82**
Essen und Trinken **82**
EU **53**
EU-Mitgliedschaft **31**
Events **87**

f

Fabiani, Max **150, 207, 295**
Feiertage **87**
Fernsehen **95**
Fiesa **254**
Flagge **29**
Flitsch **150**
Flohmarkt **100**
Flüsse **19**
Flüsse, unterirdische **15**
Folklore **232**
Forma Viva **257**
Forma-Viva-Symposien **60, 295**
Forstwirtschaft **34**
Franken **39**
Friedau **245**

g

Gabrje **300**
Gegenreformation **61**
Gegenwartskunst **60**
Geld **90**
Geschichte **36**
Gesellschaft **27**
Getränke **85**
Gewässer **19**
Gewerkschaften **30**
Glashütten **284**
Golf **114**
Golte **234**
Gorenjska **17**
Goriška Brda **240**
Gornja Radgona **277**
Gotik **56**
Gottschee **180**
Gottscheer **180**
Gozd Martuljek **200**
Grad Mokrice **154**
Grad Rajhenburg **289**
Grad Socerb **188**
Griechen **37**

► Register

Großlandschaften,
   Historische **17**
Grottenolm **22**

h

Habsburg **41**
Handke, Peter **66, 94, 176**
Hemingway, Ernest **93, 176, 212**
Historismus **58**
Hotels **111**
Hrastovec **232**
Hrastovlje **57, 188**
Hruševica **297**
Höhle von Planina **268**
Höhlen **260**
Höhlen von St. Kanzian **268**

i

Idrija **167**
Igla **286**
Illyrer **37**
Illyrien **219**
Illyrismus **44**
Impressionisten **58**
Industrie **35**
Islam **42**
Isola **170**
Isonzo-Schlacht **177, 201**
Istrien **15**
Italien **31, 46, 47, 176**
Italienisch (Sprache) **23**
Izola **170**

j

Jančar, Drago **63, 94**
Jasna See **201**
Javorca **299**
Jelovica **292**
Jeruzalem **246**
Jezero Jasna **201**
Jugendherbergen **112**
Jugoslawien, föderative
   Volksrepublik **50**
Jugoslawien, Königreich **46**
Julija Primič **207**

k

Kajak **116**
Kamnik **174**

Kanal ob Soči **301**
Karantanien **39**
Karawanken **17**
Karfreit **176**
Karlin, Alma **66, 156**
Karneval **87**
Karniola **39**
Karst **16, 131, 262**
Karstseen **20**
Karten **91**
Kärnten **17, 39, 41**
Kelten **37**
Keltisches Kulturerbe **55**
Kinder **91, 126**
Klassizismus **58**
Klettern **114**
Klima **22**
Kluže **150**
Knigge **92**
Kočevje **180**
Kobarid **176**
Kobjeglava **297**
Kocbek, Edvard **63**
Kolpa **19**
Komen **297**
Kommunistische Partei **47, 49**
Koper **181**
Koritnica-Schlucht **150**
Koroška **17**
Kosmač, Ciril **63**
Kostanjevica (Kloster) **239**
Kostanjevica na Krki **189**
Kostanjeviška jama **191**
Krain **41**
Krainburg **193**
Kranj **193**
Kranjska Gora **197**
Krese, Maruša **63**
Kreuzberghöhle **268**
Križna jama
   (Kreuzberghöhle) **268**
Krka **19, 20, 137**
Krka-Tal **137, 244, 248**
Kroaten **42**
Kroatien **32**
Kromberk **239**
Kronau **197**
Kropa **281**
Kučan, Milan **52**
Kugy, Julius **166, 201**
Kulturfestivals **87**
Kulturprogramm **126**
Kunstgeschichte **55**

Kunsthandwerk **100**
Kurentovanje (Ptuj) **271**
Kurorte **134**
Kururlaub **120**
Küste **15**

l

Laibach **205**
Laibach (Musikgruppe) **68**
Laibacher Barock **57**
Landstraß **189**
Landwirtschaft **34**
Lang, Fritz **68**
Laško **159**
Lendava **238**
Liehtenwalde **288**
Lipica **201**
Lipizza **201**
Lipizzaner **115, 202**
Literatur **60, 203**
Literaturempfehlungen **93**
Ljubljana **23, 205**
   -Altstadt **209**
   -Botanični vrt **222**
   -Burg **208**
   -Čevljarski most **217**
   -Fužine **223**
   -Kathedrale **207**
   -Kongresni trg **219**
   -Krakovo **218**
   -Križanke-
      Kulturzentrum **218**
   -Levstikov trg **209**
   -Ljubljanski grad **208**
   -Mestni muzej **218**
   -Mestni trg **209**
   -Moderna galerija **221**
   -Narodna galerija **220**
   -Narodni muzej **220**
   -National- und Universi-
      tätsbibliothek **218**
   -Nationalgalerie **220**
   -Novi trg **218**
   -Philharmonische
      Akademie **219**
   -Plečnik hiša **222**
   -Pogačarjev trg **207**
   -Pot Spominov **222**
   -Prešernov trg **206**
   -Rotovž **217**
   -Semenišče **208**
   -Slovenski etnografski
      muzej **223**

-Stari trg **209**
-Škofjijski dvorec **208**
-Tivoli **221**
-Tobačni muzej **223**
-Trg republike **219**
-Tromostovje **207**
-Vodnikov trg **208**
-Zoo **221**
-Žale **222**
-Železniški muzej (Eisenbahnmuseum) **223**
Ljubno ob Savinji **285**
Ljutomer **247**
Logarska Dolina **287**
Luče **286**
Luchs **180**

m

Mangart-Pass **152**
Marburg **225**
Maribor **225**
Marmorata-Forelle **22, 114, 162**
Matkov kot **287**
Märkte **99**
Metlika **232**
Mietwagen **120**
Minderheiten **23**
Mobiltelefon **97**
Mojstrana **200**
Moravske Toplice **238**
Most na Soči **300**
Mostnica-Schlucht **149**
Mozirje **234**
Mura **16, 20**
Murska Sobota **236**
Museen **126**
Mussolini **165, 177**
Möttling **232**

n

Nachbarstaaten **31**
Nanos-Gebirge **270**
Nationalbewusstsein **62**
Nationalfeiertag **61**
Nationalhymne **61**
Nationalmuseum **220**
NATO **53**
Naturschutzgebiete **96**
Nazarje **235**
Nebotičnik **59**
Nemška vas **282**

Neu-Görz **238**
Nord-Süd-Gefälle **50**
Notranjska **18**
Notrufnummern **97**
Nova Gorica **238**
Nova Štifta **282**
Novo Mesto **241**
NSK (Neue Slowenische Kunst) **60, 68, 217**

o

Oberkrainer Sound **65**
Olimia **254**
Olimje (Schloss) **255**
Olsnitz **236**
Ormož **245**
Osmanen **42**
Osmanische Reich **18**
Österreich **17, 31, 47**
Österreich-Ungarn **45**
Oströmisches Reich **38**
Otočec ob Krki **248**
Otoker Tropfsteinhöhle **264**
Otoška jama (Otoker Tropfsteinhöhle) **264**
Ötscherbär **21**

p

Pahor, Boris **63, 94**
Pannonische Ebene **16**
Parlament **28**
Parteien **28**
Partisanen **49, 181**
Partisanendruckerei **169**
Partisanenlazarett **169**
Pettau **271**
Pflanzen **20**
Piran **249**
Pivka jama **264**
Planinska jama **268**
Plečnik, Jože **59, 69, 206, 222, 223**
Pleterje **191**
Plezzo **150**
Podčetrtek **254**
Podsreda (Burg) **255**
Pohorje-Gebirge **226, 231**
Pokljuka-Hochebene **145**
Pokljuka-Klamm **143**
Portorose **257**
Portorož **257**
Post **97**

Postojna **260**
Postojnska jama (Adelsberger Grotte) **260**
Preddvor **196**
Predil-Pas **152**
Predjama (Burg) **265**
Predjamski Grad **265**
Preise **98**
Prekmurje **19**
Prešeren, France **61, 69**
Primorska **17, 47, 82**
Primoz, Trubar **61**
Privatzimmer **112**
Pršut **83**
Ptuj **271**
Ptujska Gora **274**

q

Quecksilberförderung **167**
Quellen **19**

r

Rad fahren **115**
Radenci **276**
Radmannsdorf **277**
Radovljica **277**
Rak **162**
Rakov Škocjan (Naturschutzgebiet) **162**
Rann **152**
Ravne na Koroškem **295**
Reformation **44, 61**
Regierung **28**
Reifnitz **281**
Reisedokumente **78**
Reisezeit **98, 126**
Reiten **115**
Reka **19**
Religion **26**
Renaissance **57**
Restaurants **85**
Ribčev laz **147**
Ribnica **281**
Rižana **19**
Robanov kot **286**
Robba, Francesco **70**
Rog-Črmošnjice **243**
Rogaška Slatina **283**
Rogatec **285**
Rohitsch Sauerbrunn **283**
Romanik **56**
Rosalnice **234**

Register

Rudolfswerth **241**
Rundfunk **95**
Römer **37**

S

Sava **15, 19**
Sava Bohinjka **147**
Savica-Wasserfall **147**
Savinja **20**
Savinja-Tal **234, 285**
Savinjska Dolina (Savinja-Tal) **285**
Schneeberg **161**
Schwarze Höhle **264**
Sečovlje (Salinen) **258**
Seen **20**
Šempeter **158**
Serbien **42, 47**
Sevnica **288**
Sežana **203**
SHS (Unabhängigen Staat der Slowenen, Kroaten und Serben) **46**
Sittich **224**
Škocjanske jame (Höhlen von St. Kanzian) **268**
Škofja Loka **289**
Sladka Gora **284**
Slap Boka **150**
Slawen **24, 39**
Slovenj Gradec **293**
Slovenska Bistrica **232**
Slovenske Gorice **276**
Slovenske Konjice **232**
Slowenen **24**
Slowenien, Republik **52**
Slowenisch **44, 48, 60, 101**
Slowenische Riviera **15**
Slowenisches Fremdenverkehrsamt **80**
Šmarješke Toplice **249**
Šmarjetna Gora **196**
Šmarna Gora **225**
Šmartno v Brdih **241**
Snežna jama **288**
Snežnik **160**
Soča (Fluss) **19, 298**
Soča (Ort) **165**
Soča-Quelle **164**
Soča-Tal **17, 162, 302**
Socerb **188**
Solčava **286**
Souvenirs **99**

Sozialistischer Realismus **59**
Speisekarte **128**
Sport **114**
Sprache **100**
Srednja vas **149**
Srednji vrh **200**
Staat **27**
Staatsform **27**
Štajersko **17**
Štanjel **295**
Stara Fužina **149**
Štatenberg (Schloss) **274**
Stausee Črnava **197**
Steiermark **17, 41, 47**
Stein **174**
Stična **224**
Straßenverkehr **119**
Strände **15**
Strmec **151**
Strunjan **173**
Sveta Gora **239**

t

Tartini, Giuseppe **71**
Telefon **97**
Thermalbäder **134, 236, 276**
Tiere **2021**
Tiere, endemische **22**
Tito **49, 50**
Tolmein **298**
Tolmin **298**
Tolminka **298**
Tolminska Korita **300**
Tomaj **297**
Tourismus **35**
Trenta **165**
Triglav **17, 29, 149, 301**
Triglav-Nationalpark **301**
Triglavski narodni park (Triglav-Nationalpark) **301**
Trinkgeld **93**
Trojane **159**
Trubar, Primož **71**
Turjak, Burg **223**

u

Übernachten **111, 127**
Ukanc **147**
UNESCO **57, 268**
Ungarisch **19, 23**

Ungarn **31, 48**
Universitäten **27**
UNO **53**

v

Valvasor, Johann Weichard **72, 160, 224**
Vegetationszonen **20**
Veldes **140**
Velenje **235**
Velika Nedelja **247**
Velika Planina **175**
Venedig **41, 57, 170, 181, 182, 250**
Veranstaltungen **87**
Vergünstigungen **98**
Verkehrsmittel **119, 127**
Vilenica **203**
Vintgar-Klamm **143**
Vipava (Fluss) **17, 19**
Vipava (Ort) **307**
Vipavska Dolina (Wippacher Tal) **307**
Vipavski Kriz **308**
Vodnik **61**
Vodnik, Valentin **208**
Vojščica **169**
Vojsko **169**
Voranc, Prežihov **63**
Vrhnika **225**
Vršič-Pass **201**

w

Wagensburg **224**
Wald **20**
Wandern **116**
Wappen **29**
Wassersport **116**
Wein **82, 83**
Weinfeste **87**
Weinstraße **133, 246**
Wellness **120**
Weltkrieg, Erster **45**
Weltkrieg, Zweiter **47**
Windische **24, 48**
Windischgraz **293**
Windischlandsberg **254**
Wintersport **116, 169, 197**
Wippacher Tal **307**
Wirtschaft **32**
Wirtschaftssystem **34**
Wochein **146**

Wocheiner See **147**
Wolf **180**
Wolf, Hugo **293**
Wördl **248**

y

Ydria **167**

z

Zeit **121**
Zeitschriften **96**
Zeitungen **96**
Zelenci **200**
Zelše **161**
Zemono **308**
Zgornje Jezersko **197**

Zirknitz **160**
Zirknitzer Feld **160**
Žižek, Slavoj **72**
Zlatorog **201, 304**
Zlatorog (Biermarke) **159**
Zollbestimmungen **79**
Žužemberk **244**

BILDNACHWEIS

apa/Eggenberger S. 30
Baltzer/Zenit/laif S. 68
Bilderberg/Steinhilber S. 24, 26
dpa S. 48, 52, 69, 71
Frei S. 5 (oben), 83, 84, 101, 107, 115, 117, 132 (oben links), 179, 216, Umschlagklappe hinten
Freyer S. 3, 6, 7, 9, 56, 61, 78, 109, 125 (oben rechts), 129 (Mitte rechts, unten links), 132 (oben rechts), 141, 196, 206, 208, 220, 227, 228, 251, 253, 280, 297
Gawin S. 1, 11 (Mitte), 33, 39, 85, 87, 99, 130, 132 (oben Mitte), 135 (oben rechts, unten rechts, unten links), 142, 155, 166, 177, 191, 200, 245, 247, 286, 304, Umschlaginnenseite vorne
Gerth S. 10, 11 (oben), 12 (Mitte), 13, 14, 16, 54, 75, 98, 122/123, 125 (unten links, unten Mitte), 129 (oben rechts), 135 (oben links), 139, 136, 189, 202, 273, 284, 303
Haltner S. 121
Interfoto/Hug S. 67
Interfoto/Pladeck S. 64
Kladnik S. 267 (oben links)
Köthe S. 5 (unten), 59, 86, 88, 125 (unten rechts), 129 (oben links), 132 (unten rechts), 135 (unten Mitte), 157, 161, 165, 167, 175, 192, 199, 204, 215, 222, 224, 239, 242, 255, 258, 268, 271, 291
Laif/Babovic S. 8/9, 34
Laif/Kreuels S. 138/139
Laif/Kristensen S. 12 (oben), 27, 219
Laif/Linkel S. 4, 32, 213, 221
Laif/Modrow Umschlag hinten
Look/B. v. Dierdonck S. 22
Movia S. 82
Müller S. 12 (unten), 132 (unten links), 261
Nowak S. 269
picture-alliance/dpa S. 62
pa/dpa/Schmitt S. 73
pa/Hackenberg S. 263
pa/Huber/Fantzus Olimpio S. 74/75
Sachau S. 57, 129 (unten rechts)
Šajn S. 266, 267 (oben rechts, Mitte rechts, Mitte links, unten links)
Schulze S. 11 (unten), 21, 36, 47, 125 (oben links), 127, 136, 146, 149, 152, 163, 187, 248, 279, 300
Stopar S. 267 (unten rechts)
Transit/Haertrich S. 89, 92, 129 (Mitte links), 171

Titelbild: Getty Images/Gary Yeowell (Kircheninsel im Bleder See)

VERZEICHNIS DER KARTEN & GRAFISCHEN DARSTELLUNGEN

Top-Reiseziele 2
Landschaftsräume und Regionen 18
Lage Slowenien 29
Slowenische Flagge 29
Bereich Slowenien um 1000 40
Klimadiagramm 99
Touren durch Slowenien 125
Tour 1 129
Tour 2 132
Tour 3 35
Bled 143
Celje 158
Izola 173
Koper 185
Kranj 195
Ljubljana 210/211

IMPRESSUM

Ausstattung:
163 Abbildungen, 23 Karten und grafische Darstellungen, eine große Reisekarte
Text:
Dr. Dieter Schulze
Bearbeitung:
Baedeker Redaktion
(Dr. Eva Missler, Beate Szerelmy)
Kartografie:
Christoph Gallus, Hohberg;
Franz Huber, München;
MAIRDUMONT, Ostfildern (Reisekarte)
3D-Illustration:
jangled nerves, Stuttgart
Gestalterisches Konzept:
independent Medien-Design, München
(Kathrin Schemel)

Chefredaktion:
Rainer Eisenschmid,
Baedeker Ostfildern

4. Auflage 2011

Urheberschaft:
Karl Baedeker Verlag, Ostfildern
Nutzungsrecht:
MAIRDUMONT GmbH & Co KG; Ostfildern

Der Name Baedeker ist als Warenzeichen geschützt. Alle Rechte im In- und Ausland sind vorbehalten. Jegliche – auch auszugsweise – Verwertung, Wiedergabe, Vervielfältigung, Übersetzung, Adaption, Mikroverfilmung, Einspeicherung oder Verarbeitung in EDV-Systemen ausnahmslos aller Teile des Werkes bedarf der ausdrücklichen Genehmigung durch den Verlag Karl Baedeker.

Anzeigenvermarktung:
MAIRDUMONT MEDIA
Tel. 0049 711 4502 333
Fax 0049 711 4502 1012
media@mairdumont.com
http://media.mairdumont.com

Printed in China
Gedruckt auf 100% chlorfrei gebleichtem Papier

atmosfair

nachdenken • klimabewusst reisen
atmosfair

Reisen bereichert und verbindet Menschen und Kulturen. Jedoch wer reist, erzeugt auch CO_2. Dabei trägt der Flugverkehr mit bis zu 10% zur globalen Erwärmung bei. Wer das Klima schützen will, sollte sich somit nach Möglichkeit für die schonendere Reiseform entscheiden (wie z. B. die Bahn). Wenn keine Alternative zum Fliegen besteht, kann man mit atmosfair handeln und klimafördernde Projekte unterstützen.

atmosfair ist eine gemeinnützige Klimaschutzorganisation unter der Schirmherrschaft von Klaus Töpfer. Die Idee: Flugpassagiere spenden einen kilometerabhängigen Beitrag für die von ihnen verursachten Emissionen und finanzieren damit Projekte in Entwicklungsländern, die dort den Ausstoß von Klimagasen verringern helfen. Dazu berechnet man mit dem Emissionsrechner auf **www.atmosfair.de** wieviel CO_2 der Flug produziert und was es kostet, eine vergleichbare Menge Klimagase einzusparen (z.B. Berlin – London – Berlin 13 Euro). atmosfair garantiert die sorgfältige Verwendung Ihres Beitrags. Auch der Karl Baedeker Verlag fliegt mit *atmosfair*. Unterstützen auch Sie unser Klima. Alle Informationen dazu auf www.atmosfair.de.

Notizen

BAEDEKER VERLAGSPROGRAMM

- Ägypten
- Algarve
- Allgäu
- Amsterdam
- Andalusien
- Argentinien
- Athen
- Australien
- Australien • Osten
- Bali
- Baltikum
- Barcelona
- Belgien
- Berlin • Potsdam
- Bodensee
- Brasilien
- Bretagne
- Brüssel
- Budapest
- Bulgarien
- Burgund
- Chicago • Große Seen
- China
- Costa Blanca
- Costa Brava
- Dänemark
- Deutsche Nordseeküste
- Deutschland
- Deutschland • Osten
- Djerba • Südtunesien
- Dominik. Republik
- Dresden
- Dubai • VAE
- Elba
- Elsass • Vogesen
- Finnland
- Florenz
- Florida
- Franken
- Frankfurt am Main
- Frankreich
- Fuerteventura
- Gardasee
- Golf von Neapel
- Gomera
- Gran Canaria
- Griechenland
- Griechische Inseln
- Großbritannien
- Hamburg
- Harz
- Hongkong • Macao
- Indien
- Irland
- Island
- Israel
- Istanbul
- Istrien • Kvarner Bucht
- Italien
- Italien • Norden
- Italien • Süden
- Italienische Adria
- Italienische Riviera
- Japan
- Jordanien
- Kalifornien
- Kanada • Osten
- Kanada • Westen
- Kanalinseln
- Kapstadt • Garden Route
- Kenia
- Köln
- Kopenhagen
- Korfu • Ionische Inseln
- Korsika
- Kos
- Kreta
- Kroatische Adriaküste • Dalmatien
- Kuba
- La Palma
- Lanzarote
- Leipzig • Halle
- Lissabon
- Loire
- London
- Madeira
- Madrid
- Malediven
- Mallorca
- Malta • Gozo • Comino
- Marokko
- Mecklenburg-Vorpommern
- Menorca
- Mexiko
- Moskau
- München
- Namibia
- Neuseeland

- New York
- Niederlande
- Norwegen
- Oberbayern
- Oberital. Seen • Lombardei • Mailand
- Österreich
- Paris
- Peking
- Piemont
- Polen
- Polnische Ostseeküste • Danzig • Masuren
- Portugal
- Prag
- Provence • Côte d'Azur
- Rhodos
- Rom
- Rügen • Hiddensee
- Ruhrgebiet
- Rumänien
- Russland (Europäischer Teil)
- Sachsen
- Salzburger Land
- St. Petersburg
- Sardinien
- Schottland
- Schwäbische Alb
- Schwarzwald
- Schweden
- Schweiz
- Sizilien
- Skandinavien
- Slowenien
- Spanien
- Spanien • Norden • Jakobsweg
- Sri Lanka
- Stuttgart
- Südafrika
- Südengland
- Südtirol
- Sylt
- Teneriffa
- Tessin
- Thailand
- Thüringen
- Toskana
- Tschechien
- Tunesien
- Türkei
- Türkische Mittelmeerküste
- Umbrien
- Ungarn
- USA
- USA • Nordosten
- USA • Nordwesten
- USA • Südwesten
- Usedom
- Venedig
- Vietnam
- Weimar
- Wien
- Zypern

BAEDEKER ENGLISH

- Andalusia
- Austria
- Bali
- Barcelona
- Berlin
- Brazil
- Budapest
- Cape Town • Garden Route
- China
- Cologne
- Dresden
- Dubai
- Egypt
- Florence
- Florida
- France
- Gran Canaria
- Greece
- Iceland
- India
- Ireland
- Italy
- Japan
- London
- Mexico
- Morocco
- New York
- Norway
- Paris
- Portugal
- Prague
- Rome
- South Africa
- Spain
- Thailand
- Tuscany
- Venice
- Vienna
- Vietnam

LIEBE LESERINNEN, LIEBE LESER,

ein herzliches Dankeschön, dass Sie sich für einen Baedeker Allianz Reiseführer entschieden haben. Er wird Sie zuverlässig auf Ihrer Reise begleiten und Sie nicht im Stich lassen.
Natürlich beschreibt er die wichtigen Sehenswürdigkeiten, aber er empfiehlt auch die nettesten Kneipen und Bars, dazu Hotels für den großen und kleinen Geldbeutel, gibt Tipps für Restaurants, Shopping und für vieles mehr, was eine Reise zum Erlebnis macht. Dafür hat unser Autor Dr. Dieter Schulze Sorge getragen. Sie sind für Sie regelmäßig nach Slowenien gereist und haben all ihre Erfahrungen und Kenntnisse in diesen Reiseführer gepackt.

Trotzdem: Die Erfahrung zeigt, dass Fehler und Änderungen nach Drucklegung, für die der Verlag keine Haftung übernehmen kann, nicht ausgeschlossen werden können. Für Kritik, Berichtigungen und Verbesserungsvorschläge sind wir Ihnen außerordentlich dankbar. Schreiben Sie uns, mailen Sie uns oder rufen Sie an:

▶ **Verlag Karl Baedeker GmbH**
Redaktion
Postfach 3162
D-73751 Ostfildern
Tel. (0711) 4502-262, Fax -343
E-Mail: info@baedeker.com

Besuchen Sie uns auch im Internet unter www. baedeker.com. Hier finden Sie jeden Monat den aktuellen Reisetipp der Redaktion und das gesamte Verlagsprogramm. Hier können Sie auch lesen, wer Karl Baedeker war und wie er seinen ersten Reiseführer geschrieben hat. Mit seinen über 180 Jahren ist der Karl Baedeker Verlag der älteste Reiseführer-Verlag der Welt.

www.baedeker.com

ZU GEWINNEN: STADTREISE NACH LONDON

**Unter allen Einsendungen verlost der Verlag am Jahresende – unter Ausschluss des Rechtswegs – eine Städtekurzreise für zwei Personen nach London.
Freuen Sie sich auf ein spannendes Wochenende in London. Natürlich ist ein Baedeker Allianz Reiseführer London auch dabei!**